AF536706

Michael Morris

WAS SIE NICHT WISSEN SOLLEN! 2

Terror, Revolutionen, Kriege –
wer und was dahintersteckt!

amadeus-verlag.com

Sonderauflage

fünfte Auflage

Copyright © 2023 by
Amadeus Verlag GmbH & Co. KG
Birkenweg 4
74579 Fichtenau
Fax: 07962-710263
www.amadeus-verlag.com
Email: amadeus@amadeus-verlag.com

Druck:
CPI – Ebner & Spiegel, Ulm
Satz und Layout:
Jan Udo Holey
Umschlaggestaltung:
Atelier Toepfer, 85560 Ebersberg
Email: info@ateliertoepfer.de

ISBN 978-3-938656-40-2

INHALTSVERZEICHNIS

Vorwort

Dieses Buch ist keine wissenschaftliche Arbeit. Es stellt über weite Strecken meine persönliche Meinung und Einschätzung dar, dennoch zitiere ich zahlreiche andere Publikationen, zum Teil auch wissenschaftliche. Einerseits nenne ich viele Quellen aus juristischen Gründen, andererseits weil ich von ihnen beeinflusst und inspiriert wurde. Ich möchte Ihnen, liebe Leserin, lieber Leser, damit aber auch die Möglichkeit geben, selbst weiter zu recherchieren – ja, ich bitte Sie sogar darum, selbst weiter zu recherchieren. Das, was ich in meinem Buch abbilde, ist nur ein bestimmter Teil der Wirklichkeit, jener Teil, den ich allgemein in unserer heutigen, westlichen Welt für unterrepräsentiert halte. Ich wiederhole hier nicht, was die Politik und die Leitmedien verbreiten, ich konzentriere mich auf das, was sie unterschlagen!

Einige Themen und Motive tauchen in diesem Buch immer wieder auf. Es gibt thematische Wiederholungen und Überschneidungen, die genau so gewollt sind. Zum einen, um bestimmte Dinge hervorzuheben, zum anderen, um zu zeigen, dass man jedes Thema aus verschiedenen Blickwinkeln betrachten kann – und auch sollte.

Es gibt im ersten Teil dieses Buches auch leichte Überschneidungen mit meinem ersten Buch *„Was Sie nicht wissen sollen!“*, weil ich nicht voraussetzen kann, dass jeder es gelesen hat. Daher muss ich einige Begriffe hier erneut erläutern. Ich tue es jedoch mit anderen Worten und aus einem anderen Blickwinkel. Speziell *ein* Thema greife ich im ersten Teil dieses Buches nochmal auf, weil man es aus meiner Sicht nicht oft genug wiederholen kann und weil es sich dabei um einen gigantischen Schwindel handelt, der diese Welt maßgeblich beeinflusst. Sie werden bestimmt merken, welches Thema damit gemeint ist...

Während mein erstes Buch den Fokus auf die Wirtschafts- und Finanzwelt legte, konzentriert sich dieser zweite Band vor allem auf den politischen und militärischen Aspekt der *Neuen Weltordnung* sowie auf den medialen, ideologischen Einfluss auf unsere Gesellschaft und unser Bildungssystem. Er konzentriert sich im Speziellen auf die Rolle der USA, genauer gesagt jener Kräfte, die hinter der US-Außenpolitik stehen und die Welt in Geiselhaft halten. Meine Ausführungen sind nicht als Anbiederung an Russland oder China gedacht, auch nicht als Beschönigung der dortigen

Verhältnisse. Vielmehr sollen sie einen Ausgleich zur einseitigen Berichterstattung und Geschichtsschreibung des Westens, der USA und Europas liefern und Einsichten in die Sichtweisen der „anderen“ bringen. Ich möchte keine Schwarzmalerei betreiben, vielmehr möchte ich dem Schwarzweißbild des westlichen Establishments einige Grautöne und Farbnuancen hinzufügen, um das Gesamtbild des Weltgeschehens ein wenig zu bereichern.

Ich habe dieses weitere Buch geschrieben, weil ich dazu beitragen möchte, diese Welt ein wenig besser zurückzulassen, als ich sie vorgefunden habe. Dafür bedarf es aus meiner Sicht umfänglicher Aufklärung darüber, wer und was wirklich hinter den aktuellen Umbrüchen auf diesem Planeten steht. Ich hoffe, dass ich dazu einen vernünftigen Beitrag leisten kann!

Mit besten Grüßen,

Michael Morris

Teil 1 – NICHTS IST, WIE ES SCHEINT

Stellen Sie sich vor, Sie würden auf dem Dachboden Ihres Hauses nach etwas suchen. Sie suchen nach einem Stück Wahrheit. Sie wissen, Sie müssen es finden. Es ist dunkel, staubig und eng. Sie drehen sich um und knallen gegen einen Querbalken. Sie haben sich den Kopf gestoßen und gehen benommen in die Knie. Sie spüren einen stumpfen Schmerz. Ihnen ist leicht schummrig, und Sie fühlen sich der Welt leicht entrückt. Dann atmen Sie einige Male tief durch, sammeln sich wieder und tasten Ihren Kopf ab. Es ist alles heil. Sie richten sich auf, gehen vorsichtig zur Tür und schließen sie hinter sich. Langsam und vorsichtig steigen Sie wieder die Stufen hinab. Unten angekommen, stellen Sie fest, dass Sie alles um sich herum etwas anders wahrnehmen als gewohnt. Etwas hat sich verändert. Sie hören Stimmen aus dem Radio, das wie immer die ganze Zeit über lief. Es war Ihnen gar nicht mehr aufgefallen. Doch nun hören Sie es ganz bewusst.

Sie erkennen einen Unterton in der Stimme des routiniert freundlichen Moderators, den Sie noch nie zuvor bemerkt haben. Etwas ist anders als sonst, auch wenn Sie nicht genau sagen können, was. Leicht irritiert sehen Sie sich um. Ihre Bilder, Ihre Möbel, all das, was Sie repräsentiert, fühlt sich etwas fremd an. Was ist hier los?

Sie stellen den Fernseher an, schalten zwischen den Kanälen umher und bleiben bei einem bestimmten Programm hängen. Sie sehen und hören das Ende einer Nachrichtensendung, die Ihnen vertraut ist, zumindest im ersten Moment. Doch Sie haben das unerklärliche Gefühl, dass der Nachrichtensprecher lügt. Er bemüht sich zwar, seriös und glaubhaft zu wirken, doch Sie glauben ihm kein Wort.

Dann übergibt er an die sympathische Dame vom Wetter. Sie steht auf einer Wiese und berichtet vor Ort von der aktuellen Wetterlage. Sie kündigt eine Schönwetterlage an und verspricht für den Rest des Tages Windstille und strahlenden Sonnenschein. Das Sonderbare daran ist, dass im Hintergrund des Bildes unübersehbar ein Gewitter aufzieht. Der Himmel hinter ihr ist schwarz. Der Wind bläst der Wetterfee das Haar ins Gesicht, und sie hat Mühe, es im Zaum zu halten. Hinter ihr wehen Gegenstände durchs Bild, dennoch erklärt sie weiterhin stoisch, das Hoch bliebe wetterbestimmend.

Sie schalten den Fernseher aus und sehen aus dem Fenster. Der Sonnenschirm fliegt quer durch den Garten, Laub wird aufgewirbelt. Sie sind verwirrt. Es blitzt und donnert. Sie gehen nach draußen, um alles festzuzurren und für den aufziehenden Sturm zu sichern. Dann sehen Sie Ihren Nachbarn hinter der Hecke in seinem Garten sitzen. Er sieht zu Ihnen herüber, als ob nichts wäre. Ein Ast fliegt knapp an seinem Kopf vorbei, doch er scheint es nicht zu bemerken. Er bleibt regungslos. Sie fanden ihn schon immer seltsam. Doch nun wirkt er auf Sie stumpf und teilnahmslos. Da ist eine Leere in seinen Augen, die fast beängstigend ist.

Der Sturm zieht weiter an, Fensterläden klappern und Bäume ächzen. Sie spüren die ersten Regentropfen auf der Haut. Es blitzt erneut. Sie sehen hoch in den dunklen Himmel, haben keine Angst. Sie breiten die Arme aus und lassen sich vom Wind durchpusten. Der Regen wird stärker. Er fühlt sich warm und reinigend an. Er scheint alle Illusionen, Trugbilder und Lügen abzuwaschen. Auf diesen Moment haben Sie lange gewartet. Es war längst Zeit für ein reinigendes Gewitter.

Ein kleiner Schlag gegen den Kopf hat Ihre Wahrnehmung von der Welt verändert. Alles um Sie herum erscheint Ihnen nun klarer und intensiver. Sie haben so viele Fragen. Denn offenbar ist nichts mehr das, was es bis vor kurzem zu sein schien.

Die Welt, wie wir sie aus dem 20. Jahrhundert kennen, befindet sich in Auflösung. Das dürfte kaum jemandem entgangen sein. Das, womit wir aufgewachsen sind, womit wir uns bislang identifiziert haben, verändert sich so rapide, dass viele Menschen den Halt verlieren. Dieser Prozess des Wandels ist zum Teil natürlich, zum Teil jedoch auch geplant und gesteuert.

Der Wind, der uns entgegenweht, wird zunehmend rauer, und mit ihm der Umgangston und die Umgangsformen. Es gibt offenbar in der Bevölkerung kein Unrechtsbewusstsein mehr. Jeder schiebt die Schuld dem anderen zu und sieht sich selbst pauschal im Recht. Es mangelt an positiven Vorbildern ebenso wie an klaren Perspektiven. Es mangelt an substanzieller Information. Wir spüren, dass man uns in vielen Bereichen nicht die Wahrheit sagt, dass untragbare Zustände schöngeredet werden. Wir alle wünschen uns, dass es anders wäre, doch wir wissen nicht, wie wir gegensteuern können.

Mit Freundlichkeit und Anstand kann man heute anscheinend keinen Blumentopf mehr gewinnen. Je größer der Druck von außen wird, desto mehr halten wir dagegen, um nicht unter die Räder zu kommen. Wir wissen, dass es auf Dauer so nicht weitergehen kann. Wir wissen auch, dass es so nicht weitergehen wird. Doch wissen wir, wie es zu dieser kollektiven geistigen Apathie gekommen ist?

Im 20. Jahrhundert hatten wir bereits zwei Weltkriege, die auf europäischem Boden ausgetragen wurden und großes Leid über die Menschen gebracht haben. Dieses Leid ist bis heute in Europa präsent. Selbst siebzig Jahre nach dem letzten Weltkrieg leiden ganze Völker immer noch unter dessen Nachwirkungen. Ihr Denken und Handeln, ihr Selbstbild und ihr Ausdruck werden immer noch durch diesen fatalen Krieg bestimmt. Um einen neuen, einen Dritten Weltkrieg zu verhindern, sollten wir uns dringend ein realistisches Bild der Lage machen und dann danach handeln. Nur so können wir uns aus einer Schockstarre befreien, die seit Jahren unsere westliche Zivilisation lähmt.

Wir laufen Gefahr, erneut einer Propaganda aufzusitzen, die uns wieder in einen Krieg gegen Russland führen will. Das Jahr 2014 war dem Gedenken an den Ausbruch des Ersten Weltkriegs im Jahr 1914 gewidmet, und den meisten Menschen ist dabei nicht aufgefallen, dass sie wieder auf ähnliche Lügen und Tricks hereinfielen wie jene, die schon unsere Großväter und Urgroßväter an die Front und in die Massengräber zwangen. Gerade diejenigen, die besonnen und ausgleichend hätten agieren sollen, haben vielfach Öl ins Feuer gegossen und uns an den Rand eines neuen Weltkriegs gebracht.

Die Fassaden unserer modernen Zivilisation bröckeln. Manchen Menschen macht das Angst. Sie versuchen, die Fassade weiter aufrechtzuerhalten. Sie bezeichnen ‚Kriege' als ‚Friedensmissionen'. Sie bezeichnen eine zunehmend ungerechte, zerrüttete, kulturell und geistig gespaltene Gesellschaft ohne klare Regeln als schicke ‚Multi-Kulti-Gesellschaft'. Sie belügen sich selbst. Doch sie werden den Prozess des gesellschaftlichen Wandels nicht aufhalten können.

Die meisten wissen das, oder sie ahnen es, dennoch benehmen sie sich wie Narren, die sich Augen und Ohren zuhalten. Sie plappern laut vor sich hin, um die Wahrheit nicht hören zu müssen. Sie umgeben sich mit Lärm, lenken sich ab, nur um eine unbequeme Wahrheit aus ihrem Leben auszusperren. Doch immer mehr Menschen fangen an, kritische Fragen zu stellen. Die meisten Menschen brauchten keinen Schlag auf den Kopf, um die Welt eines Tages mit anderen Augen zu sehen. Oft war es ein einschneidendes Erlebnis, das ihre Sicht auf die Dinge veränderte. Es kann auch ein Gespräch gewesen sein, ein Film oder ein Buch, das sie aufweckte und ihnen klarmachte, dass vieles nicht so ist, wie es öffentlich dargestellt wird.

Lassen Sie es mich drastisch ausdrücken: Niemand in der Politik, in der Wirtschaft oder in den Medien interessiert sich tatsächlich für Sie! Man benutzt Sie, saugt Sie aus, manipuliert Sie und gibt Ihnen dabei das Gefühl, dass Sie ein gebildeter, aufgeschlossener Mensch wären, der Rechte hätte. Man gaukelt Ihnen vor, dass Ihnen alle Informationen offenstünden und dass Sie sich frei bewegen dürften. Man benutzt Sie, so lange Sie von Nutzen sind. Wenn Sie das nicht mehr sind, lässt man Sie im Regen stehen, und Sie müssen selbst sehen, wie Sie klarkommen.

Das oberste 1 Prozent der Weltbevölkerung betrachtet uns andere 99 Prozent als Ballast. Sie wollen uns weghaben, weil sie uns nicht mehr brauchen. Sie haben künstliche Intelligenzen geschaffen, die ihre Arbeiten ausführen und ihren Befehlen folgen. Wir Menschen werden zunehmend überflüssig. Wir sind zu viele, und wir sind ihnen im Weg.

Eine kleine Gruppe eiskalter Wesen strebt nach Allmacht. Dafür ist es nötig, die Menschheit zu kontrollieren, zu absolutem Gehorsam zu zwingen, sie willenlos zu machen und jede Form von Widerstand zu brechen – am besten so, dass sie es nicht merken. **Die erste Maßnahme jeglicher Verschwörung besteht darin, jedermann davon zu überzeugen, dass es keine Verschwörung gibt!**

Doch wenn Sie einmal durch die löchrige Fassade unserer modernen Gesellschaft hindurchgesehen haben, können Sie das nicht mehr rückgängig machen. Sie können es nicht vergessen. Sie können es wohl für eine Zeit lang verdrängen, doch es wird Sie einholen. Irgendwann werden Sie sich die Frage stellen: *„Wie kann es sein, dass ich all die Jahre nicht bemerkt habe, dass man mir etwas vorgemacht hat?“*

Sollten diese ersten Zeilen Sie bereits ängstigen oder erzürnen, legen Sie das Buch bitte wieder weg, und machen Sie weiter wie bisher. Sollten Sie jedoch Antworten suchen, auch wenn sie unangenehm sein mögen, dann lade ich Sie ein weiterzulesen.

Gehorche!

Wir leben in einem Informationszeitalter. Man kann Informationen mit dem Element ‚Wasser' vergleichen. Es ist lebenswichtig für uns. Wir lieben es und brauchen es. Es zieht uns magisch an. Wir genießen es, am Wasser zu sitzen oder den warmen Sommerregen auf unserer Haut zu spüren. Wasser ist lebenswichtig. Doch ein Zuviel an Wasser ist nicht gut, denn wir könnten darin ertrinken.

Dasselbe gilt für **Informationen**. Wir brauchen sie, um uns weiterzuentwickeln und um geistig zu wachsen. Von unseren ersten Lebenstagen an werden wir mit Muttermilch und Informationen gefüttert, mit physischer und geistiger Nahrung. Diese Informationen kommen in Form von Erlebtem, jedoch auch in Form von Märchen und Geschichten. Wir beziehen Informationen zuerst aus der Interaktion mit anderen Menschen, je älter wir werden aber auch zunehmend aus Filmen, Videospielen, Werbung, Nachrichten, Schulbüchern und aus dem Internet.

All diese Informationen prägen unsere Sicht auf die Welt und machen uns zu dem, was wir sind. Sie bestimmen unser späteres Denken und Handeln. Sie bestimmen allerdings auch immer deutlicher unseren Lebensrhythmus. Sowohl die Quantität als auch die Qualität dieser Informationen haben sich in den letzten zwanzig Jahren durch das Internet und durch den Einsatz von Computern, Tablets und Smartphones massiv verändert.

Information erhält ihren Wert durch die Interpretation der Daten. So wird sie zu Wissen. Um Informationen richtig einordnen und verwerten zu können, um daraus hilfreiche Erkenntnisse zu ziehen, brauchen wir Wissen *und* Erfahrung. Was für den einen eine wichtige Information ist, kann für den anderen völlig bedeutungslos sein. Doch um Informationen vernünftig verarbeiten zu können, brauchen wir Zeit. Doch genau daran mangelt es heute vielen Menschen.

Generell werden Informationen häufig in zwei Kategorien eingeteilt: *nützlich* und *unterhaltsam*. Doch was scheinbar reine Unterhaltung ist, etwa lustige Videos im Internet, beeinflusst unser Denken nachhaltiger als wir oft glauben. Die meisten Menschen sind davon überzeugt, dass andere sehr wohl von den Medien, der Werbung und der Politik beeinflusst werden. Sie sind sich jedoch sicher, dass das auf sie selbst nicht zutrifft. Dieser Trugschluss wird als ‚**Third-Person-Effect**' bezeichnet, und er spiegelt ein falsches Selbstbild wider, eine Fehleinschätzung der eigenen Person. Er ist ein Zeichen für das mangelnde Wissen in Bezug auf die Bedeutung von Informationen und er betrifft Menschen aller Alters- und Bildungsschichten.

Obwohl wir heute die freie Wahl haben, alle möglichen verfügbaren Informationen einzuholen, an die wir vor zwanzig Jahren nicht rangekommen wären, beschränken sich immer mehr Menschen darauf, diese Vielfalt ganz bewusst nicht zu nutzen. Schlicht und ergreifend deshalb, weil sie von der Fülle an Information erschlagen werden. Sie sind nicht mehr in der Lage, diese adäquat zu verarbeiten. Das führt dazu, dass sie nicht mehr in die Tiefe gehen können. Sobald sie eine Meldung oder Nachricht zu lesen beginnen, kommt bereits die nächste. Sie können kaum noch mehr als die Überschriften lesen, daher hat sich auch die Qualität der modernen Medien an dieses Phänomen angepasst und arbeitet mit immer kürzeren Texten, die sich im Grunde, wie in der Werbung, nur noch auf suggestive Schlagworte beschränken. Das ist somit praktisch für die Medienmacher, weil sie heute kaum noch echte Journalisten brauchen, die recherchieren und reisen – sie brauchen nur noch billige Arbeitskräfte, die das abschreiben und umformulieren, was die Presseagenturen vorgefertigt haben. Im Grunde besteht ihre Hauptaufgabe darin, möglichst viel wegzulassen!

Die nicht enden wollende Flut an Kurzmeldungen, die wir heute für ‚Nachrichten' halten, hat einen entscheidenden Effekt, nämlich den des raschen Vergessens. So können Institutionen oder Personen Gerüchte in die Welt setzen, Stimmung machen und Angst verbreiten. Wenn sich die Meldung als falsch herausstellt, dann wird sie einfach durch ein neues Thema ersetzt. Und kaum einer macht sich auch nur zwei Sekunden lang darüber Gedanken, ob dahinter vielleicht Berechnung steckte.

„Das Interessenspektrum von Unter-30-Jährigen ist heute interessanterweise enger als vor zehn Jahren. Wir haben heute auch eine wachsende

Ungeduld gegenüber allem, wofür es einen längeren Atem braucht... Der Anteil der Bürger, denen es wichtig ist, gut informiert zu sein, sinkt. Vor acht Jahren war es noch 51 Prozent wichtig, sich gründlich zu informieren, um Hintergründe und Zusammenhänge besser zu verstehen, jetzt sind es nur noch 45 Prozent. In der Altersgruppe der 20- bis 29-Jährigen ist dieser Anteil von 48 auf 39 Prozent zurückgegangen.“[(1)]

Renate Köcher, Meinungsforscherin

Eine große Gefahr in Bezug auf Information ist die Einseitigkeit. Wer seine Informationen tagtäglich immer aus ein- und denselben Quellen, denselben Zeitungen, Internetseiten oder Kurznachrichtendiensten bezieht, läuft Gefahr, immer nur denselben kleinen Ausschnitt von der Welt zu sehen. Dadurch engt man sich selbst geistig ein, obwohl man das Gefühl hat, „auf dem Laufenden zu sein“. So etwas wie eine einzige absolute Wahrheit gibt es nämlich nicht. Es gibt aber die Wirklichkeit. Sie besteht darin, dass es viele Sichtweisen und Perspektiven gibt. Wenn ich mich also in einem Themenbereich der Wirklichkeit nähern möchte, dann muss ich dafür möglichst viele unterschiedliche Informationen einholen. Ich muss unterschiedliche Blickwinkel einnehmen. Das ist anfangs aufwendig. Daher muss man lernen, zwischen wichtigen und unwichtigen Informationen zu unterscheiden. Man muss selektieren. Doch der unentwegte Konsum oberflächlicher Information ist zur Sucht geworden und lässt vielen Smartphone-Junkies keine Zeit mehr für den nötigen Tiefgang. Viele Menschen sind nicht mehr in der Lage abzuschalten. Sie sind immer und überall erreichbar und kommen nicht zur Ruhe. Diese Unruhe äußert sich darin, dass sie jeden noch so unbedeutenden Moment ihres Daseins einem virtuellen Freundeskreis mitteilen müssen. Wenn sie sich nicht permanent mitteilen, haben sie das Gefühl, sich aufzulösen. Sie müssen ‚posten’, um zu existieren. Ich ‚texte’, also bin ich! Dabei werden sie natürlich immer oberflächlicher. So dürfen beispielsweise die ‚Tweets’ vom Kurznachrichtendienst *Twitter* nur maximal 140 Zeichen aufweisen. Kein Wunder, dass immer mehr Politiker diese Form der Kommunikation nutzen. Sie passt perfekt zur Inhaltsleere ihrer Äußerungen.

Der vermeintlich gebildete Mensch versendet und empfängt heute Kurzinformationen fast im Sekundentakt. Dabei bleiben nicht nur Inhalte auf der Strecke, sondern auch die Sprache selbst. Sogar sogenannte ‚Qualitätsmedien' strotzen heute vor sprachlichen und inhaltlichen Fehlern. Lange Worte oder Sätze werden verknappt, teils auch verstümmelt. Sprache verkommt zur Idiotie: *„Lol. 143. BF. Krass. EOM: ...Lall, stammel, sabber... so muss Technik...“*

> *„Die große Tragödie unserer Gesellschaft ist, dass wir quantitativ über- und qualitativ unterinformiert sind. Wir wissen bedeutend mehr als unsere Vorfahren, doch wir wissen es bedeutend weniger gut. Wir müssen besser informiert werden, im wahren Sinne des Wortes: auf bessere Weise, nicht durch mehr Informationen. Zu oft geht das Spektakuläre dem Wesentlichen vor, das Wichtige wird von Unfällen und Verbrechen überlagert, das Bedeutsame vom Sensationellen verdrängt. Überbordende Quantität und unzureichende Qualität bewirken eine ernsthafte Desinformation der Information, die viele Leute daran hindert, klar zu sehen und Zusammenhänge richtig zu erkennen.“*[(2)]
>
> Pierre Lévy, Philosoph und politischer Berater

Ein Übermaß an seichten Informationen führt zum Gegenteil von Bildung: Es führt zu Abstumpfung, sozialer Inkompetenz und Isolation. Moderne Technologien, die uns immer und überall erreichbar machen, haben genau diesen Effekt. Immer mehr Menschen fühlen sich als Getriebene. Sie empfinden eine oft dubiose Angst davor, die Kontrolle über ihr Leben zu verlieren. Doch sie haben ebenso Angst davor, aus dem Hamsterrad auszusteigen, weil sie ‚dazugehören' wollen. Das führt so weit, dass Menschen nächtelang vor Smartphone-Shops campieren, wenn ein bestimmtes neues Modell auf den Markt kommt. Sie sind süchtig und besessen. Sie sind krank! Und wie jeder Süchtige können sie nicht aufhören. Sie müssen Teil einer modernen Kommunikations- und Informationsgesellschaft bleiben, die von den Besitzern einiger Großkonzerne geschaffen wurde und diese reich macht. Doch nicht nur das, moderne Kommunikationsmittel können sich äußerst negativ auf die eigene Entwicklung auswirken!

Es ist nachgewiesen, dass der Umgang mit Tablets und anderen Computern für kleine Kinder schädlich ist. Er führt vielfach zu Entwicklungsstörungen, die bis hin zu ADS und Autismus reichen können![(3)] Im Jahr 2010 gab Steve Jobs – der Erfinder des iPad! – in einem Interview mit der *New York Times* zu, dass seine Kinder solche Geräte zuhause nicht benutzen dürfen![4] Der Autor führte daraufhin eine Reihe von Interviews mit hochrangigen Führungskräften von Technologiekonzernen durch. Alle bestätigten ihm, dass sie den zeitlichen Umfang, den ihre Kinder mit elektronischen Geräten verbringen dürfen, sehr streng reglementieren.[5] Doch viele solcher Informationen werden zurückgehalten, weil sie für die IT-Branche geschäftsschädigend sind.

Wer seiner eigenen Sucht nach permanenter, seichter Information entkommen möchte, sollte die Quantität an Input beschränken, um die Qualität zu erhöhen. Ein wichtiger Schlüssel dazu ist, **nicht permanent erreichbar zu sein!** Es genügt, sich morgens oder abends einen Überblick über das Weltgeschehen zu verschaffen und die Stunden dazwischen wirklich ausschließlich der Arbeit oder der Familie oder der Freizeit zu widmen. Man muss weder beim Fahrradfahren noch auf dem Laufband im Fitnesscenter Kurznachrichten im Handy lesen. Der Trainingeffekt ist höher, wenn man voll bei der Sache ist. Die Unfallgefahr im Straßenverkehr ist geringer, wenn man auf die Straße schaut. Es ist auch weder nötig noch höflich, wenn man sein Mobiltelefon im Restaurant eingeschaltet lässt, eingehende Kurznachrichten überfliegt und etwaige Anrufe entgegennimmt. Das meiste, was an vermeintlicher Information auf uns einprasselt, ist ohnehin keine. Vielfach handelt es sich dabei um gezielte Desinformation.

Unter **‚Desinformation'** verstehe ich die absichtliche Verbreitung falscher, ungenauer oder irreführender Informationen. Ihr Ziel ist die Beeinflussung der Meinung von Gruppen oder Einzelpersonen, um daraus einen bestimmten politischen oder wirtschaftlichen Vorteil zu ziehen. Je ungebildeter, leichtgläubiger und oberflächlicher eine Gesellschaft ist, desto leichter akzeptieren Menschen Desinformationen. Das kann entweder über Falschmeldungen erfolgen oder auch durch Weglassen bestimmter wichtiger Details.

Tatsächlich mangelt es immer mehr – vor allem jungen – Zeitgenossen an substanzieller und ausgewogener Information. Dieses zunehmende Abspeichern von Halbwissen und Schlagworten führt zu zunehmender Schwarz-Weiß-Malerei und gleichfalls zunehmend verhärteten politischen, sozialen und religiösen Fronten. Wenn keiner mehr dem anderen in Ruhe zuhören kann, dann greift die Idiotie um sich. *„Entweder ich bin für Mus-*

lime oder gegen sie. Entweder ich bin für Zuwanderung oder dagegen.“ Es findet kein kritisches Hinterfragen mehr statt. Niemand wagt mehr, ins Detail zu gehen. Viele junge Menschen leben heute in der Vorstellung einer Welt, die Comic-Heften entsprungen sein könnte.

George Orwell hat genau diese Entwicklung bereits kurz nach dem Zweiten Weltkrieg in seinem utopischen Roman „1984“ vorhergesehen. Er prophezeite uns, dass der ‚große Bruder' uns mittels gezielter Manipulation der Sprache desinformieren und verdummen wird. Er nannte diese Beeinflussung des Denkens der Masse durch das diktatorische Regime ‚Neusprech'. Durch gezielte Wortschöpfungen und Vereinfachung der Sprache verschleierten die Machthaber die Wahrheit. Mittels konsequenter Propaganda wurde im Buch „1984“ die Bedeutung von Worten verändert. Nach und nach wurden immer mehr Worte verboten und aus dem Bewusstsein gelöscht, andere wurden pervertiert. Dadurch wurde das Denken der Menschen immer schlichter und uniformer. Orwell beschrieb auch eine **Gedankenpolizei**, welche die Gedanken der Menschen überwachte und jeden gefangen nahm, der revolutionäre oder von der Parteilinie abweichende Gedanken hegte.

Orwell war Visionär. Er hat im Grunde exakt den Zustand unserer heutigen Gesellschaft vorausgesehen. Was nicht ‚politisch korrekt' ist, darf heute nicht mehr ausgesprochen werden. Stattdessen werden immer häufiger Allgemeinplätze verwendet und Phrasen benutzt, die frei von Inhalten sind. Die Medien und die Politik sprechen unentwegt von ‚den Märkten', die unsere Wirtschaft beeinflussen sollen. Solche Ausdrücke verschleiern gezielt die Wahrheit, machen die Vorgänge in der Wirtschaft nebulös und nicht greifbar. Dabei ist die Wahrheit einfach: Es sind die obersten 1 Prozent, die unsere Wirtschaft beeinflussen. Sie sind ‚die Märkte', und sie sind greifbar. Wenn es heißt ‚die Wirtschaft fordert' – diese oder jene Maßnahme –, dann sind es in Wahrheit die Lobbyisten der Großkonzerne, die etwas fordern.

Sprache ist immer ein Spiegel des Denkens, und es scheint mir oft so, als hätte die Gedankenpolizei uns alle schon längst fest im Griff, denn die Liste der ‚Neusprech-Worte', jener Worte, die nur die Wahrheit verschleiern sollen oder sie verdrehen, wird immer länger.

Wir alle werden auf die eine oder andere Weise von anderen beeinflusst. Das ist nicht weiter ungewöhnlich. In jeder Beziehung versuchen Partner, einander zu beeinflussen, versuchen Eltern oder Lehrer, ihre Kinder zu beeinflussen. Die Werbung versucht das Verhalten von Konsumenten zu beeinflussen, der Staat das Verhalten seiner Bürger. Jede Vereinsregel ist eine Form der Einflussnahme auf die Mitglieder des Vereins. Im Allgemeinen dient solche Einflussnahme dem Wohlergehen des Einzelnen oder der Gemeinschaft, sie soll das Zusammenleben vereinfachen oder definieren und den Einzelnen fördern.

Eine klare Definition von **Einflussnahme** und von Manipulation ist schwierig, doch es gibt so etwas wie einen allgemeinen Konsens darüber, wo Einflussnahme enden sollte. Wenn ich mein Kind dazu bringen möchte, sich nicht nur von Junkfood zu ernähren, sondern auf eine ausgewogene, gesunde Ernährung zu achten, dann gehe ich selbst davon aus, dass dies zum Wohle meines Kindes geschieht. Die meisten Menschen werden darin übereinstimmen, dass eine solche Beeinflussung in Ordnung ist. Bei der Wahl der Mittel zur Beeinflussung des Kindes jedoch werden sich bereits die Geister scheiden. Wenn die Werbung etwa Tricks und Kniffe einsetzt, um Konsumenten Dinge zu verkaufen, die sie sonst nicht kaufen würden, dann wird das Ganze schon unangenehmer. Wenn Menschen jedoch dazu gebracht werden, Dinge zu tun, die sie nicht tun wollen, die ihnen selbst gar schaden, dann ist die Grenze der positiven Beeinflussung definitiv überschritten. Dann sprechen wir von reiner **Manipulation**.

Beeinflussung erfolgt durch gezieltes Einsetzen von Information. Manipulation ist der Versuch der Beeinflussung, um damit ein bestimmtes Resultat zu erzielen – etwa um die Gedanken oder Handlungen anderer Menschen zu steuern.

„Es ist leichter, eine Lüge zu glauben, die man tausendmal hört, als die Wahrheit, die man nur einmal hört."

Abraham Lincoln, 16. Präsident der USA, 1865 ermordet

Eine der simpelsten und gleichzeitig wichtigsten Techniken der Manipulation ist die **Wiederholung**. Die Wiederholung hat einen großen Verstärker-Effekt. Je öfter man etwas hört, am besten von verschiedenen Seiten, desto eher ist man geneigt, es für ‚wahr' zu halten. Auch eine falsche

Behauptung, Desinformation oder Lüge kann so vermeintlich zu ‚Wissen' werden. So kann man aus der schlichten, unbelegten Behauptung, unser Erdklima würde sich aufgrund unseres CO_2-Ausstoßes konstant erwärmen, einen vermeintlichen allgemeinen Konsens formen, der von den meisten Menschen nicht mehr hinterfragt wird. Das ist eine Form von geistigem Terrorismus! Man kann behaupten, die pro-russischen Rebellen in der Ukraine hätten Malaysia Airlines Flug MH-17 abgeschossen, ohne jemals Beweise dafür vorzulegen. Da viele Menschen ohnehin nur noch Kurznachrichten von ein und demselben Anbieter lesen, bekommen sie nicht mit, dass viele neutrale Beobachter dies für unwahrscheinlich halten.

Wenn eine Meinung mehrfach unwidersprochen angehört wurde, glaubt man sie, auch wenn sie nicht einleuchtet. Wenn viele, zumindest vermeintlich einer Meinung sind, stellt man lieber seine eigene zurück! Wer es versteht, eine Minderheitsmeinung als Mehrheitsmeinung darzustellen, kann letztlich eine Minderheitsmeinung in eine Mehrheitsmeinung umgestalten. Das geschieht in den Medien durch das Zitieren angeblicher Experten zu einem bestimmten Thema oder aber, wie auf manchen Fernsehkanälen, dadurch, dass man jede Woche in Diskussionsrunden immer wieder dieselben vermeintlichen Experten einlädt, die immer wieder dasselbe sagen. Bei fast jedem kennt man ohnehin von vornherein dessen Haltung zu einem bestimmten Thema. Es scheint die Zuschauer auch nicht zu interessieren, dass diese Menschen dafür bezahlt werden und dass es oftmals zuvor Absprachen gibt. Sie sind nichts anderes als Schauspieler, die Teilnehmer an einer Diskussionsrunde spielen. Hier verschwimmen die Grenzen zwischen Fiktion und Wirklichkeit immer mehr, genauso wie bei den zahlreichen Gerichts-Serien der Fernsehsender, wo echte Ex-Richter auf falsche Straftäter stoßen.

Sogenannte **‚Scripted-Reality-Shows'**, in denen Laiendarsteller so tun, als seien sie echte Detektive, Anwälte, Polizisten oder Autohändler, sind mittlerweile allgegenwärtig. Diese schlechten Doku-Formate sind Fiktion, die sich als Realität tarnt. Scripted-Reality-Shows sind eine perfide Form der Manipulation, weil viele Zuschauer sie für die Wirklichkeit halten, auch wenn sie nach Drehbuch ablaufen und völlig frei erfunden sind. Mithilfe von Laiendarstellern formt man so für die Massen ein falsches Abbild der Welt. Mittlerweile schrecken Medienmacher offenbar vor gar nichts mehr zurück. In den USA gibt es nämlich seit 2012 sogar eine Scripted-Reality-Show, die eine fiktive Amisch-Mafia zeigt. Die *Amischen* sind eine konservative Glaubensgemeinschaft, die großen Wert auf Traditionen legt, die moderne Technik ebenso ablehnt wie Gewalt und die sehr zurückgezogen lebt. Sie verweigern sich Computern ebenso wie dem Internet und unterrichten ihre Kinder selbst in eigenen Schulen. All das macht sie für staatliche Autoritäten und für die Industrie nicht greifbar. Doch wer nicht konsumiert, wird attackiert!

Diese Scripted-Reality-Show ‚Amish Mafia' wurde als ‚Reality-TV' vermarktet, also als Abbildung der Wirklichkeit. Millionen von Zuschauern rund um den Globus wurde so vorgegaukelt, dass diese kleine, zurückgezogene Gemeinschaft in Wahrheit ein Haufen von Gangstern und Lügnern sei. Und viele Menschen glaubten diesen frei erfundenen Schund.

Die öffentliche Wahrnehmung wird heute in einem Ausmaß manipuliert, wie man es früher nur faschistischen Regimes zugetraut hätte, und man sollte sich immer die Frage stellen: „*Wem nützt es?*"

„*Wenn wir den Mechanismus und die Motive des Gruppendenkens verstehen, wird es möglich sein, die Massen, ohne deren Wissen, nach unserem Willen zu kontrollieren und zu steuern.*"

Edward Bernays, Vater der ‚Public Relations'

Seit Jahren werden für manche vermeintlich authentische Fernsehbeiträge, etwa für Berichterstattungen oder TV-Magazine, sogenannte ‚**Crisis Actors**' (Krisendarsteller) eingesetzt. Crisis Actors sind Laiendarsteller, die zum Teil als Statisten bei Katastrophenübungen eingesetzt werden. Manchmal tauchen sie aber auch im Fernsehen auf. Sie treten etwa als Polizisten oder Feuerwehrleute auf, als Zeugen eines Desasters oder als Angehörige oder Nachbarn von Opfern. Sie sagen vorgefertigte Texte auf und bekommen fiktive Identitäten und Namen verpasst. Es gibt Firmen, die auf die Vermittlung von Crisis Actors spezialisiert sind. Ich werde Ihnen hier aus juristischen Gründen keine Bilder zeigen, doch wer will, kann das Thema selbst nachrecherchieren. Das erste Mal sind solche falsche „Zeugen" in großem Umfang im Rahmen der Berichterstattung über 9/11 aufgefallen. (Suchen Sie im Internet nach „crisis actors".)

Gerade in Internetforen wird heute sehr viel Desinformation und Manipulation betrieben. Als Beispiel kann ich etwa anführen, dass Amazon mindestens 10 Fünf-Sterne-Rezensionen meines Buches „Was Sie nicht wissen sollen!“ gelöscht hat, aber keine einzige negative. Zudem gab es ‚Rezensionen‘ von Lesern, die das Buch eindeutig nicht gelesen, es aber verrissen haben. Der Versuch, mein Buch zu diskreditieren, scheiterte in dem Fall, weil es schließlich zu viele positive Stimmen und Rezensionen gab – doch in vielen anderen Fällen führte diese Vorgehensweise bereits zum Erfolg. Es ist bekannt, dass es Personen gibt, die dafür bezahlt werden, andere im Internet schlechtzumachen. Die Dienste sogenannter „Debunker“ reichen von falschen Einträgen oder Kritiken in Foren, von **Internet-Mobbing**, und der Verbreitung von falschen Informationen bis hin zum **‚Bashing‘** (Runtermachen), also der öffentlichen Beschimpfung einer bestimmten Person oder Personengruppe, oft auch in extremerer Ausprägung als **‚Shit-Storm‘** bezeichnet. Solche Phänomene entstehen nicht zufällig, sondern sie werden von Personen gelenkt, die dafür bezahlt werden. Doch neben Privatpersonen, die für das Runtermachen anderer Geld erhalten, gibt es seit langem sogar eigene Abteilungen von Regierungen und Geheimdiensten, die sich solcher Aktivitäten annehmen.

Durch Edward Snowdens Enthüllungen wissen wir heute, dass die geheime US-Einheit *JTRIG* (Joint Threat Research Intelligence Group) und die britische *GCHQ* (Government Communications Headquarters) eng mit der amerikanischen *NSA* (National Security Agency) zusammenarbeiten. Sie alle sind unter anderem damit befasst, ‚potentielle Feinde‘ im Internet anzugreifen, ihre Aktivitäten zu stören oder sie unschädlich zu machen. Neben solchen ‚verdeckten Internet-Operationen‘ werden auch Cyberangriffe ausgeführt, die zu Überlastungen und Ausfällen von bestimmten Servern oder Internetdiensten führen können (Denial-of-Service-Angriffe). Die NSA soll weltweit alle Internetknotenpunkte anzapfen können, womit sie Zugang zu jeder einzelnen E-Mail hat und von jeder einzelnen Person Daten abrufen und auch verändern kann. Das *GCHQ* soll seit Jahren auch ‚renommierte Journalisten‘ für seine Propagandazwecke und für die gezielte Desinformation der Bevölkerung nutzen. Dieses Vorgehen läuft unter dem Codenamen *‚Credential Harvest‘* und ist eine Weiterentwicklung des altbekannten CIA-Programms ‚Operation Mockingbird‘, bei dem die amerikanischen Medien beeinflusst werden sollten.

Systemkritiker, Aktivisten und kritische Journalisten werden seit einigen Jahren in den USA und in Europa im Rahmen dieser Geheimaktionen lückenlos, zuhause, im Büro oder im Hotel überwacht. Sogenannte ‚**Debunker**' machen in ihrem Namen falsche Einträge im Internet oder kritisieren echte Einträge mit negativen Kommentaren unter falschen Namen. Sie hacken deren E-Mail-Konten und verschicken in ihrem Namen schädliche Nachrichten an deren Freunde. Debunker werden auch als V-Leute in Zirkel von Aktivisten oder ‚Verschwörungstheoretikern' eingeschleust, um Zwietracht zu säen und falsche Informationen zu streuen. All das ist darauf ausgerichtet, kritische Personen zu diskreditieren und einzuschüchtern.[(6)] Das betrifft Sie persönlich nicht? Sind Sie sich da sicher?

Man muss heute kein Revolutionsführer sein, um den staatlichen Autoritäten zu missfallen. In der Zukunft könnte es schon ausreichen, wenn Sie einmal am Stammtisch oder in einem sozialen Netzwerk ein kritisches Wort äußern. Schon sind Sie vielleicht auf einer schwarzen Liste, werden abgehört, gemobbt oder diskreditiert. Die Gedankenpolizei kennt kein Pardon. Bei der nächsten Polizeikontrolle werden Sie mit einem Mal anders behandelt. Dann erhalten Arbeitskollegen oder Kunden anonyme E-Mails über Sie, die Unangenehmes aus Ihrem Privatleben ausplaudern. Dabei ist es egal, ob die Details wahr sind oder gelogen, denn Sie selbst werden davon nicht einmal etwas wissen. Sie werden vielleicht nur bemerken, dass Sie mit einem Mal gemieden werden, keiner mehr Zeit für Sie hat und Sie beruflich immer weniger Erfolg haben. Und Sie werden die Welt nicht mehr verstehen, denn Sie wissen nicht, woher das kommt.

Ich möchte Sie damit nicht ängstigen oder paranoid machen, doch solche Fälle gibt es zuhauf, und ich denke, je mehr Menschen darüber Bescheid wissen, desto weniger funktionieren letzten Endes solch hinterhältige staatliche Repressionen.

„Die bewusste und intelligente Manipulation der organisierten Gewohnheiten und Meinungen der Massen ist ein wichtiges Element in der demokratischen Gesellschaft. Wer die ungesehenen Gesellschaftsmechanismen manipuliert, bildet eine unsichtbare Regierung, welche die wahre Herrschermacht unseres Landes ist. Wir werden regiert, unser Verstand geformt, unsere Geschmäcker gebildet, unsere Ideen größtenteils von Männern sug-

geriert, von denen wir nie gehört haben. Dies ist ein logisches Ergebnis der Art, wie unsere demokratische Gesellschaft organisiert ist... In beinahe jeder Handlung unseres Lebens, ob in der Sphäre der Politik oder bei Geschäften, in unserem sozialen Verhalten und unserem ethischen Denken, werden wir durch eine relativ geringe Zahl an Personen dominiert, welche die mentalen Prozesse und Verhaltensmuster der Massen verstehen. Sie sind es, die die Fäden ziehen, welche das öffentliche Denken kontrollieren."[7]

Edward Bernays, in dem Buch „Propaganda"

Dies ist ein Auszug aus Edward Bernays Buch **‚Propaganda'** aus dem Jahr 1928. Bernays, ein Neffe Sigmund Freuds, gilt als der Urvater der modernen Propaganda, die er später in **Public Relations (PR)** umtaufte, da der Begriff ‚Propaganda' im Umfeld des Zweiten Weltkriegs unpopulär wurde. ‚PR' ist also nichts anderes als die moderne Form von Propaganda!

Propaganda (PR) dient dem Zweck, die Massen zu beeinflussen, ihr Denken und Handeln so zu manipulieren, wie es die Propagandisten wünschen. Bernays war auch als hervorragender **Spin-Doktor** bekannt, also als jemand, der es versteht, Politiker ins rechte Licht zu rücken, ihr Image aufzupolieren und sie sympathischer darzustellen, als sie es womöglich in Wahrheit sind. Solche Spin-Doktoren werden häufig von Politikern für Kampagnen angeheuert, etwa in einer Wahlkampfphase oder wenn sie einen Imagewechsel benötigen. Die meisten großen Politiker und Spitzenmanager nehmen gelegentlich die Hilfe solcher Manipulatoren in Anspruch. Barack Obamas Spin-Doktor heißt *David Axelrod*[8], und Angela Merkel verdankt ihre Popularität den geschickten Kampagnen des Deutschen *Lutz Meyer*[9], um nur zwei zu nennen.

Das Prinzip der Beeinflussung oder Manipulation findet in allen Bereichen des Lebens statt, in denen Menschen von anderen Menschen, von rigiden Arbeitgebern oder von staatlichen Autoritäten abhängig sind. Die meisten Staaten haben heute eigene Abteilungen in Ministerien, die für die Manipulation des Volkes zuständig sind – immer öfter wird dies sogar offen zugegeben. Doch werden solchen Manipulationen und solcher Propaganda heute andere Namen verliehen.

So gründete der englische Premier *David Cameron* etwa 2010 das **‚behavioural insights team'**, auch **‚Nudge Unit'** genannt, als eigene Abteilung in seinem Kanzleramt. Diese Abteilung ist für **‚nudging'** zuständig, was so viel wie ‚anstupsen' bedeutet. Nudging ist ein modernes Werkzeug, das Politik und Wirtschaft nutzen, um die Massen mit sanftem Druck dazu zu bringen, das (aus ihrer Sicht) ‚Richtige' zu tun. Das ist Manipulation neu verpackt! Camerons Anstups-Team machte vor so gut wie nichts Halt. Es brachte mehr Engländer dazu, sich als Organspender anzumelden, ihre Häuser und Dachböden zu isolieren, sogenannte ‚Energiesparlampen' einzusetzen und in Schulen gesündere Pausennahrung anzubieten.(10) Das sind nur einige wenige Beispiele.

„*Was ist daran verkehrt?*", mag sich der eine oder andere jetzt denken. „*Gesünderes Essen in Schulen ist doch eine gute Sache!*" Doch das mit der „guten Sache" ist eine heikle Angelegenheit. Das Heikle besteht darin, dass professionelle Werbefachleute angeheuert werden, um die Interessen von Politikern oder ihnen nahestehenden Lobbyisten durchzusetzen. Die Art der Beeinflussung wandelt sich. Diese moderne Art der Lenkung des Bürgers nennt sich **libertärer Paternalismus**, übersetzt: *sanfte Bevormundung*. Dies erinnert mich an den Umgang mit schwer erziehbaren oder leicht zurückgebliebenen Jugendlichen. *Sanfte Bevormundung!* Wohin das führt, werde ich auf den kommenden Seiten noch ausführlich beleuchten.

Das Hauptproblem dabei ist die Haltung der staatlichen Autoritäten, die ihre Wähler wie Kleinkinder behandeln. Diese Form des Verhaltens schafft eine immer größer werdende Kluft zwischen ‚denen da oben' und ‚denen da unten'. Wenn man das Konzept weiterdenkt und sich vor Augen führt, dass die meisten Menschen heute all ihre Daten freiwillig an große Konzerne preisgeben, dann sollte diese Entwicklung doch Fragen aufwerfen.

Auch das Deutsche Bundeskanzleramt hat 2014 signalisiert, dass es an dem Aufbau einer eigenen ‚Anstups-Abteilung' interessiert ist. Überrascht es, dass daraufhin die Vodafone-Stiftung im Januar 2015 eine internationale Konferenz zu dem Thema an der Berliner *Humboldt-Universität* großzügig mit finanziellen Mitteln ausstattete? Der Titel der Lobby-Veranstaltung lautete übrigens: ‚*Choice Architecture in Democracies: Exploring the Legitimacy of Nudging*' – zu gut deutsch: ‚*Die Architektur der Wahlmöglichkeiten in Demokratien: Ausloten der Rechtmäßigkeit von Nudging!*'(11) Einer der

Beiträge hatte das Thema *Behavioural Economics and Choice Architectures* zum Inhalt. Falls Sie sich jetzt fragen, was das sein soll, dann sollten Sie sich vielleicht auch fragen, ob es Absicht sein könnte, dass man über uns in einer Form diskutiert, die wir nicht verstehen können und sollen? Diese Form des Umgangs mit der Bevölkerung ist völlig kalt und findet auf einer rein intellektuellen und berechnenden Ebene statt. Hier sind ganze Industrien entstanden, denen es komplett an Menschlichkeit mangelt.

,***Choice Architecture***' (Entscheidungsarchitektur) ist ein häufig benutzter Begriff in der Verhaltensökonomie, einem Teil der Wirtschaftswissenschaft, der versucht, das Kaufverhalten von Menschen zu beeinflussen. Was für den einen oder anderen jetzt vielleicht eher lächerlich klingen mag, ist nur die Spitze eines Eisberges der Manipulation der Massen. ,***Behavioral Economics***' (Verhaltensökonomie) ist ein neueres Teilgebiet der Wirtschaftswissenschaft, für das es eigene Lehrstühle an Universitäten gibt. Sie beschäftigt sich mit menschlichem Verhalten in wirtschaftlichen Situationen, mit dem Kaufverhalten ebenso wie mit dem irrationalen Verhalten an den Finanz- und Kapitalmärkten. Das Ziel dieser Forschungen ist es, das Verhalten von Menschen besser lenken zu können.

Wir werden mittlerweile auf unzähligen Ebenen kontrolliert und manipuliert, ohne es zu bemerken. Man macht daraus sogar eine Wissenschaft. Wir werden wie Ratten im Versuchslabor getestet und betrachtet. Dieses Prinzip der Kontrolle oder Steuerung zu durchbrechen, setzt voraus, dass man es erkennt. In Diktaturen ist das leichter zu durchschauen als in vermeintlichen Demokratien. In der DDR etwa wusste jeder Unterdrückte, wer der Unterdrücker war, wie er aussah und hieß. Man kannte zwar nicht alle seine Schergen, doch es war dennoch möglich, das System als solches zu benennen und zu durchschauen. Dennoch war es extrem gefährlich, sich dem System zu widersetzen. Der Einzelne, der vom System als Feind ausgemacht war, wurde meist mit brutalsten psychologischen Mitteln gefügig gemacht. Er wurde überwacht, manipuliert und erpresst. Der Schriftsteller und ehemalige politische Häftling Jürgen Fuchs nannte diese Strategie der ,Zersetzung' einen ,Angriff auf die Seele des Menschen':

„Die ,Zielperson', der ,Gegner' oder der ,Feind', wie die Stasi ihre Opfer in den Akten bezeichnete, sollten durch die Maßnahmen der Stasi verunsichert werden. Sie sollten zu keiner anderen Handlung mehr fähig sein, als

sich mit ihrem zusammengebrochenen Leben zu beschäftigen... Das Ziel der ‚Zersetzung' war es, Selbstvertrauen zu zerstören. Die Stasi wollte Angst, Panik und Verwirrung erzeugen, ihren Zielpersonen Liebe und Geborgenheit von Freunden und Familie entziehen, Enttäuschung und Unzufriedenheit provozieren oder eine öffentliche Stigmatisierung erreichen. Die Konstanten eines menschlichen Lebens wollte sie so schrittweise zerstören.«[(12)]

Im Grunde passiert heute genau dasselbe in unseren westlichen ‚Demokratien', nur dass es als solches kaum zu erkennen ist. Der Westen hat sich insgesamt seit dem 11. September 2001 zu einem einzigen großen Überwachungsstaat gewandelt, in dem der Einzelne immer weniger Freiheiten hat und immer detaillierter kontrolliert wird. Die politischen Führer misstrauen dem Volk. Die Massenmedien gleichen den staatlichen Propagandaorganen von Diktaturen. Sie stoßen großteils in dasselbe Horn und lassen immer weniger Platz für alternative Meinungen, was nicht weiter verwundert, weil diese Massenmedien alle im Besitz einiger weniger Familien sind – Familien, die Teil jener Geheimen Weltregierung sind, auf die ich später noch eingehen werde.

Wie aber kann man diesen Teufelskreis der nicht enden wollenden Desinformation durchbrechen? Indem man sich dazu diszipliniert, den Konsum sinnloser, oberflächlicher und meist falscher Informationen zu reduzieren und sich wieder Zeit nimmt, einzelne Themen in Ruhe und von verschiedenen Seiten aus zu betrachten. Wenn nicht anders möglich, dann müssen Sie vielleicht ganz auf ein Smartphone verzichten. Glauben Sie mir: Das ist möglich! Ich habe noch nie eines besessen, und ich denke nicht, dass ich schlechter informiert bin als das Gros der Bevölkerung. Man erfährt wesentlich mehr, wenn man in Ruhe und in entspannter Atmosphäre mit realen Menschen persönliche Gespräche führt. Natürlich ist niemand frei von Beeinflussung, doch man sollte sich nach Möglichkeit der Mechanismen dahinter bewusst sein, um sie auf ein geringeres Maß zu beschränken.

Die dringendsten Probleme auf Erden

Was eine Bevölkerung offiziell als die gravierendsten Probleme ansieht, hängt sehr stark von der jeweiligen Statistik ab, davon, wer sie erstellt und wem sie dienen soll. Natürlich hängt es ebenso stark davon ab, für welches Land eine Statistik erstellt wird. Die Menschen in der sogenannten Dritten Welt sehen vor allem Armut, Hunger, Mangel an sauberem Trinkwasser, mangelnde medizinische Versorgung, mangelnde Bildung, Ungleichheit und Unterdrückung als ihre größten Probleme an. Die Menschen in der westlichen Welt haben hier ganz andere Prioritäten. Welche das sind, hängt wiederum zum größten Teil von der Politik und von den Medien ab, denn sie *machen* die Probleme. Anders ausgedrückt: Sie schaffen ein Bewusstsein dafür, was unsere dringendsten Probleme auf Erden angeblich sein sollen. Dabei ist es vollkommen irrelevant, ob das Problem tatsächlich existiert oder nicht. Wenn etwas immer und immer wiederholt wird, dann prägt es sich schließlich bei den meisten Menschen als ‚Wahrheit' ein.

Wenn ich mit gebildeten, vermeintlich intelligenten Menschen in den Jahren 2013 und 2014 in Europa und den USA darüber sprach, was sie am meisten ängstigte, dann waren sich die meisten von ihnen darin einig, dass die größten Probleme auf diesem Globus folgende waren:

- die globale Erderwärmung (wahlweise als ‚Klimawandel' bezeichnet) und unser viel zu hoher CO_2-Ausstoß
- die Bedrohung des ‚Friedens' durch Russland und die Angst vor einem Dritten Weltkrieg
- Terrorismus und die zunehmend aggressive Ausbreitung des Islam
- die Angst vor Arbeitslosigkeit
- das rasante Bevölkerungswachstum
- wachsende Armut und Ungleichheit
- die Gefahr von Seuchen

Diese Reihenfolge wurde im Jahr 2014 so oder so ähnlich von den meisten Statistiken und Umfragen bestätigt. Was ich dabei am bemerkenswertesten finde, ist, dass die weltweite Finanzkrise und ein möglicher Kollaps der Weltwirtschaft im Bewusstsein der Menschen deutlich weniger präsent waren als noch in den Jahren 2009 bis 2011. Auch die Angst davor, dass die

Politik die Probleme nicht lösen könne, war massiv zurückgegangen – und das, obwohl die Welt wirtschaftlich am Abgrund stand.

Wirtschaftlich gesehen, ging es den meisten Menschen in der westlichen Welt im Jahr 2014 deutlich schlechter als noch im Jahr 2010. In diesen vier Jahren war unglaublich viel Geld von den Ärmeren zu den Reichen umverteilt worden, und jeder, der nicht zu den obersten 10 Prozent in der Einkommenspyramide gehörte, spürte das deutlich. Dennoch war das Bewusstsein für die Gefahr möglicher Staatsbankrotts und all der daraus resultierenden Folgen – wie höhere Steuern, Streichung von Sozialleistungen und Renten – für die Bevölkerung in der westlichen Welt einer diffusen Angst vor der Klimakatastrophe, vor Seuchen und vor der Bedrohung durch den Islam gewichen.

Im Jahr 2014 kam ein neues heißes Thema dazu, welches das kriminelle Verhalten von Politik, Zentralbanken und Geschäftsbanken vergessen ließ: *„Die Angst vor Wladimir Putin und einer möglichen russischen Invasion in Europa.“* Wie viele durchaus gebildete Menschen habe ich sagen hören, dass ‚die Russen' ihnen Angst machten, weil sie den Frieden in Europa bedrohten, dass Wladimir Putin ein äußerst gefährlicher Mann sei, den man ausschalten sollte. Ich war immer wieder schockiert über solche Aussagen, weil sie beweisen, wie schlecht informiert und unreflektiert die meisten Menschen heute sind. Menschen, die solche Sätze und Überzeugungen direkt an ihre Mitmenschen, Kinder und Enkelkinder weitergeben, schaffen nicht nur ein aktuelles Umfeld von Hass und Zwietracht, sondern sie prägen damit auch das Bild und das Bewusstsein zukünftiger Generationen.

Ich möchte hier versuchen, einige Themen in ein etwas anderes Licht zu rücken und den massiven Fehlinformationen von Seiten der Leitmedien und der Politik, der Pseudo-Wissenschaft und der zahlreichen *Think-Tanks* und *NGOs* des westlichen Geldadels andere Informationen und eigene Gedanken gegenüberzustellen. Ich möchte Sie anregen, selbstständig zu denken und Ihr bisheriges Weltbild zu hinterfragen.

Im Jahr 2011 waren die heißesten Themen in den USA und in Europa noch die Themen *Geld* und *Banken*. Angefacht durch die *Occupy-Bewegung*, die ihren Start an der Wallstreet nahm, demonstrierten Millionen von Menschen gegen die Diktatur der Banken und gegen eine völlig unmenschliche Form der Wirtschaft. Sie besetzten und blockierten Parks,

Straßen, Brücken, Universitäten und Bankzentralen. „*We are the 99 percent*“ („*Wir sind die 99 Prozent*“), schien der Slogan einer neuen, aufgeklärten und selbstbewussten Generation zu sein. Bis die Polizei rund um den Globus gewaltsam gegen die friedlichen Demonstrationen vorging und sie zerschlug.

> *„Gegen Ansätze wie die Occupy-Bewegung ist die Staatsmacht, speziell in den USA, mit einer martialischen Kontrolldrohung vorgegangen, wie ich es nicht für möglich gehalten hätte. Ich konnte das in New York selbst beobachten. Das ist die praktizierte staatliche Verlängerung des autoritären Kapitalismus. Und das Signal gerade an junge Leute ist klar: ‚Bewegt Euch ja nicht! Sonst kriegt ihr richtig Ärger.‘“*(13)
>
> Wilhelm Heitmeyer, Soziologe und Konfliktforscher

Ist das nicht faszinierend? Noch im Jahr 2012 dachte man, dass es der Finanzelite an den Kragen gehen würde, dass die 99 Prozent sich gegen das oberste 1 Prozent, das alles kontrolliert und steuert, erheben würden. Man hatte das Gefühl, die Menschen wären endlich aufgewacht und würden anfangen, selbstständig zu denken und sich zu emanzipieren. Man dachte, der aggressive Wallstreet-Kapitalismus würde in seine Schranken gewiesen. Doch das Gegenteil ist eingetreten. Nur zwei Jahre später war davon nichts mehr übrig. Nichts! Die Geldelite hatte in den Köpfen der Menschen Umleitungs-Schilder aufgestellt, und alle rannten brav in die Gegenrichtung. Die größten Probleme auf Erden waren zwei Jahre später der angeblich zu hohe CO_2-Ausstoß und die daraus resultierende Erderwärmung. Wenn es nicht so traurig wäre, müsste man herzhaft lachen! Die Bankenelite hatte es im Handumdrehen geschafft, aus der Schusslinie zu gehen. Sie hatte den Spieß umgedreht. Mit einem Mal waren nicht mehr die Reichen für die Übel in der Welt verantwortlich, sondern die Armen. Sie stießen zu viel CO_2 aus! Und wer diese Lüge nicht glauben wollte, für den gab es ja immer noch *Wladimir Putin* als Feindbild. Als die Dämonisierung Putins zu offensichtlich wurde, ereigneten sich plötzlich Terroranschläge in Europa. Mit einem Mal waren alle „Charlie“!

Das oberste 1 Prozent der Weltbevölkerung schafft es immer wieder, die übrigen 99 Prozent nach Belieben nach seiner Pfeife tanzen zu lassen. Und die Tänzer haben keine Ahnung, wer dabei den Takt angibt. Sie wissen nicht, nach wessen Musik sie eigentlich tanzen – und oft scheint es, als wollten sie es gar nicht wissen. Viele glauben sogar, dass sie selbst die Musik machen.

Ist es nicht bemerkenswert, dass die zahlreichen Fälle ausufernder Polizei-Gewalt in den USA im Jahr 2014 zwar zu endlosen Berichten und Diskussionen in den Medien herhielten und Betroffenheit auslösten, dass jedoch niemand jene zur Rechenschaft zog, die für diese Zustände verantwortlich waren, nämlich jene politischen Hardliner, die in den vergangenen Jahrzehnten einen aggressiven Polizei- und Überwachungsstaat geschaffen haben? Jene Politiker und Banker, die durch ihr skrupelloses Verhalten und durch ihre kriminelle Selbstbedienungsmentalität ein leuchtendes Vorbild für asoziales Verhalten abgaben, waren in den Medien kein Thema.

Ist es nicht bemerkenswert, dass islamistischer Terror seit Jahren die Welt in Atem hält und wir immer aggressiver und verzweifelter über den Umgang mit dem Islam streiten, doch niemand jene zur Rechenschaft zieht, die für die zunehmende Spaltung der Welt verantwortlich sind, nämlich jene Politiker und Militärs, die diese islamistischen Gruppierungen erst geschaffen haben und sie bis heute finanzieren und mit Waffen ausstatten? Warum wohl wird noch jede öffentliche Diskussion zu den Themen *Migration* und *Islam* im Keim erstickt? Warum wird jeder, der versucht, diese Themen auf den Tisch zu bringen, von der Gedankenpolizei automatisch als ‚Rechtsradikaler' und ‚Ausländerhasser' diffamiert?

Wer es versteht, eine gute Geschichte oder ein gutes Märchen zu erzählen, der hat die ungeteilte Aufmerksamkeit der Massen. Und wenn er ein guter Geschichtenerzähler ist, dann schafft er es, die Menschen mit seiner Geschichte zu ‚fesseln' und in seinen Bann zu ziehen. Das Wunderbare an Märchen ist, dass sie sehr einfach gestrickt sind. Es gibt Archetypen, und es gibt *Gut* und *Böse*, und es gibt eine klare Moral. Märchen sind wichtig, denn sie erklären uns als Kind anhand brutaler, aber einfacher Abläufe, wie diese Welt funktioniert. Einzig beim Ende lügen sie oft, denn im Märchen gewinnt immer das *Gute*.

Lassen Sie mich Ihnen im Folgenden ebenfalls ein Märchen erzählen, das Märchen von der globalen Erderwärmung. Dieses Märchen trägt den schönen Titel *„eine unbequeme Wahrheit"*.

Eine unbequeme Wahrheit

Bereits im 19. Jahrhundert dachten Wissenschaftler wie der Schwede *Svante August Arrhenius* darüber nach, ob CO_2 vielleicht Auswirkungen auf die Erdatmosphäre haben könnte, doch sie kamen damals zu keinem brauchbaren Ergebnis. Der englische Kraftwerksingenieur *G. S. Callendar* knüpfte in den 1930er-Jahren dennoch an Arrhenius' Überlegungen an. Er schätzte, dass die menschlichen CO_2-Emissionen dank wachsender Bevölkerung künftig steigen würden, was eine minimale globale Erwärmung hervorrufen könnte. *Callendar* sah diesen, nach ihm benannten *Callendar-Effekt* aber als etwas Positives an. Er hoffte, eine mögliche Erwärmung könnte die Ausbreitung der Gletscher aufhalten, die bis dahin als Bedrohung angesehen wurde. Auf diese Theorien bauten wiederum andere Theorien der 1940er- und 1950er-Jahre auf. Doch im Grunde beginnt das Märchen ganz anders, es beginnt mit Meeresrauschen und unberührter Natur, mit dem Schrei von Möwen und mit einem kleinen Volk, das auf einigen kleinen, abgelegenen Inseln wohnte und niemandem etwas Böses getan hatte. Es handelt sich um das Volk des Bikini-Atolls.

Also, es war einmal ein Volk, das nach dem Zweiten Weltkrieg zwangsumgesiedelt und durch Ziegen, Schweine und Hunde ersetzt wurde, weil die Amerikaner auf den Bikini-Inseln Atomwaffen testen wollten, was sie dann auch für Jahre sehr exzessiv taten. Und es war einmal ein Meeresforscher namens *Roger Revelle*, der während des Zweiten Weltkriegs in der Marine gedient hatte. Nach dem Krieg wurde er der Direktor des *Scripps Oceanographic Institute* in *La Jolla* (Kalifornien). Das US-Militär testete immerfort seine Atombomben im pazifischen Ozean, und *Revelle* und sein Team führten Messungen und Untersuchungen über die Folgen dieser Bombentests rund um das Bikini-Atoll und seine Nachbaratolle durch. *Revelle* verstand es, geschickt das Aufgabenfeld und den Umfang seines Instituts zu erweitern. Es arbeiteten zehntausende Menschen am Bikini-Projekt, und das Geld floss in Strömen. Unter anderem verpflichtete *Revelle* den österreichischen Chemiker und Physiker *Hans Eduard Suess,* der gerade an der *Universität von Chicago* begonnen hatte, die Spuren von Kohlenstoff in der Umwelt durch die Verbrennung von fossilen Brennstoffen zu messen. Gemeinsam veröffentlichten *Revelle* und *Suess* 1957 ein Papier, das erneut die Möglichkeit erörterte, dass atmosphärisches CO_2 einen

‚Treibhauseffekt' verursachen und zu einer Erwärmung in der Atmosphäre führen könnte. Wohlgemerkt: Das war erneut eine hypothetische wissenschaftliche Annahme! Wir sprechen hier von einer reinen Behauptung!

Es gibt in den Wissenschaften immer zahlreiche Theorien und Gegentheorien. Wissenschaftler können sich nur dadurch profilieren, dass sie neue Theorien entwickeln und sie (wenn möglich) auch umfangreich mit vermeintlichen Beweisen untermauern. Je spektakulärer eine Theorie ist, je mehr sie irgendjemandem von Nutzen sein kann, desto leichter ist es für den Forscher, neue Gelder zu lukrieren, Artikel zu schreiben oder Vorträge zu halten. Es ist aber wichtig zu verstehen, dass es zu jeder wissenschaftlichen Theorie auch eine oder mehrere Gegentheorien gibt, die ebenso von vermeintlichen ‚Beweisen' gestützt werden. Das ist das Wesen von Theorien: Keiner weiß, ob sie tatsächlich richtig sind.

Dennoch reichte *Revelles* Theorie für die Finanzierung weiterer Studien aus. Sein Mitarbeiter *David Keeling* veröffentlichte 1958 die nach ihm benannte *Keeling-Kurve*, eine graphische Darstellung für den Anstieg der globalen CO_2-Konzentration in der Erdatmosphäre. Obwohl in keiner Studie ein wirklicher Zusammenhang zwischen dem atmosphärischen Spurengas CO_2 und dem Klima nachgewiesen werden konnte, wurde diesen Arbeiten große Beachtung geschenkt. Warum?

In den 1950er-Jahren nahm die Zahl der Autos und LKW in den amerikanischen Städten rasant zu. Da der Treibstoff sehr schlecht und schlampig raffiniert wurde, führten diese Autoabgase, zusammen mit den rauchenden Fabrikschloten, rasch zu gewaltigem Smog und einer hohen Feinstaubbelastung. Es entstanden die ersten Umweltschutzbewegungen, und sie forderten von Politik und Industrie rasche Maßnahmen. Es wurden Umweltschutzbestimmungen und Abgasnormen erlassen, die den Schadstoffausstoß innerhalb von zwei Jahrzehnten radikal verringerten. Doch mittlerweile waren immer mehr Gruppierungen entstanden, die sich den Begriff der *Ökologie* auf die Fahnen schrieben und die immer mehr mit den Hippies, der Anti-Kriegs-Bewegung und der Anti-Atomkraft-Bewegung verschmolzen. Sie machten dem Establishment Angst. Jahrelang bespitzelten und unterwanderten US-Geheimdienste diese Aktivisten im Rahmen der Geheimoperation ‚MKChaos', auf die ich später noch zurückkommen werde.

Sowohl die Politik als auch die Wirtschaft waren bestrebt, die Anti-Kriegs-Bewegung und die Anti-Atomkraft-Bewegung zu schwächen oder die Menschen in eine andere Richtung zu lenken. Ökologie kam da durchaus gelegen. Die „Ökos" wurden sowohl eine treibende Kraft in der Gesellschaft als auch ein gelenkter Wirtschaftsfaktor. Wenn die Menschen um die Umwelt so besorgt waren, dann wären sie bestimmt auch bereit, für ihre Erhaltung zu bezahlen!

Im März 1972 veröffentlichte der *Club of Rome* eine Studie unter dem Titel „The Limits to Growth" (Die Grenzen des Wachstums) über die Zukunft der Wirtschaft und unserer Welt, von der weltweit mehr als dreißig Millionen Exemplare vertrieben wurden. Die Kernaussage der Studie lautet frei übersetzt: *„Da die weltweiten Ölressourcen begrenzt sind und die USA sich nicht einschränken wollten, müssten sie danach trachten, die Weltbevölkerung zu reduzieren!"* Sollte dies nicht gelingen, würden die Grenzen des Wachstums im Jahr 2020 erreicht sein, und alles würde zusammenbrechen. So weit, so klar. Darauf aufbauend, unterbreitete US-Außenminister und *Club of Rome*-Mitglied *Dr. Henry Kissinger* dem Nationalen Sicherheitsrat der USA am 24. April 1974 das ‚*National Security Memo 200*' mit dem Titel „Folgen des weltweiten Bevölkerungswachstums für die US-Sicherheits- und Übersee-Interessen". Es besagte, dass die *„Entvölkerung die höchste Priorität der US-Außenpolitik gegenüber der Dritten Welt haben müsse"*. Das ist relativ deutlich.

Zwischenbemerkung: Der ***Club of Rome*** besteht aus den ältesten Familien des Schwarzen Adels und den 13 Top-Illuminati-Familien Amerikas. Er fördert „regimetreue" Wissenschaftler und den talentierten Nachwuchs für die diversen Gremien der weit verzweigten Organisationen der Geheimen Weltregierung. Die Organisation hatte ihren Sitz zunächst in Hamburg, hat diesen jedoch 2008 nach Winterthur in der Schweiz verlegt. Der *Club of Rome* finanziert eigene Ganztagsschulen und Universitäten und vergibt Stipendien. Er wurde im April 1968 im Haus von David Rockefeller im italienischen Bellagio gegründet.[(14)] Er ist die zentrale Propaganda-Abteilung der Geheimen Weltregierung.

Und dann ist da in dem Märchen noch eine andere wichtige Figur: ein Kanadier mit Namen ***Maurice Strong.*** Er war in der Erdölbranche tätig, und er war sowohl mit *Henry Kissinger* als auch mit der Familie Rockefeller eng verbunden. *Strong* bezeichnete sich selbst einst als einen „ideologischen Sozialisten und methodischen Kapitalisten“. Was auch immer das bedeuten mag, ich fürchte, es bedeutet nichts Gutes, denn *Strong* ist davon überzeugt, dass gerade die Mittelschicht im Westen von allem zu viel verbrauchte und daher dezimiert werden sollte.[15]

Als *Maurice Strong* auf die Texte von *Revelle, Suess* und *Keeling* stieß, kam ihm eine zündende Idee: Drei Monate nach der Veröffentlichung von „The Limits to Growth“, im Juni 1972, fand in Stockholm die allererste UNO-Weltkonferenz zum Thema „Umwelt“ statt. Es verwundert nicht, dass Rockefellers UNO *Maurice Strong* die Leitung übertrug, denn *Strong* saß seit 1971 im Vorstand der Rockefeller-Stiftung, die auch die Konferenz finanzierte. Die **UNO-Umweltkonferenz in Stockholm** gilt als der eigentliche Beginn der internationalen Umweltpolitik. *Strong* warnte die Weltöffentlichkeit eindringlich vor dem Waldsterben, dem Verlust der Artenvielfalt, der Meeresverschmutzung und vor der Zeitbombe „Überbevölkerung“. Doch ganz besondere Aufmerksamkeit schenkte er einer kommenden globalen Erderwärmung. Es folgten zahlreiche weitere Konferenzen, die immer mehr Gremien und Arbeitsgruppen schufen und immer mehr Forschung in Auftrag gaben.[16]

Wer als Wissenschaftler in diesen Kreis aufgenommen wurde, hatte für den Rest seines Lebens finanziell ausgesorgt – solange er jene Ergebnisse lieferte, die seine Aufraggeber erwarteten. Doch genau das war zu jener Zeit schwierig, denn alle Vorhersagen beruhten auf Schätzungen, und es gab überhaupt keine Einigkeit innerhalb der wissenschaftlichen Welt, was die künftige Entwicklung des Klimas anging. Man wollte zwar beweisen, dass der Mensch einen Einfluss auf das Klima hatte, denn der Mensch wollte auf alles einen Einfluss haben – er sieht sich schließlich als die Krone der Schöpfung an. Aber man war sich unsicher, wie dieser Einfluss aussehen könnte. Man schwankte zwischen einer Erwärmung des Erdklimas und einer Abkühlung. Das ist wie bei der Wettervorhersage: *„Heiter bis wolkig, trocken bis feucht!“*

Expert Says Arctic Ocean Will Soon Be an Open Sea

Catastrophic Shifts in Climate Feared if Change Occurs

Col. Bernt Balchen, polar explorer and flier, is circulating a paper among polar specialists proposing that the Arctic pack ice is thinning and that the ocean at the North Pole may become an open sea within a decade or two.

Although he bases his thesis on predictions in recent years by several experts in polar weather and ice behavior, interviews with a number of other specialists have shown a widespread belief that the progressive shrinkage of the Arctic pack ice over the last century has reversed itself, at least temporarily.

Disappearance of the Arctic pack would enable the largest tankers to reach the newly discovered oil fields of northern Alaska. However, of major concern is the possibility of catastrophic climate changes.

A number of specialists believe that an ice-free Arctic Ocean would not freeze again. If so, it has been predicted that storm paths would change and the food-producing areas of the Central United States and Eurasia might become deserts. Likewise, it is thought that great ice sheets would form farther north.

Soviet scientists reportedly agree with their American colleagues that the warming trend in the Arctic has shifted to a slow cooling. The Russians, because of their dependence on sea routes to ports along their long Arctic coastline keep the closest watch of anyone on weather trends and the drifting pack ice of the Arctic Ocean.

A number of Soviet and American specialists nevertheless believe with Colonel Balchen that the ice cover of that ocean is "vulnerable." A moderate increase in solar heat production or a change in transparency of the atmosphere (man-made or natural) could remove the ice.

Because removal of the pack would probably have cataclysmic effects, investigation of

ice, storm paths, it is thought, would move farther north, depriving the plains of North America and of central Eurasia of rainfall. Winds blowing off the Arctic Ocean would become moist, and snowfall on mountains in the path of those winds would be almost continuous.

This would start the formation of ice sheets such as those that several times have flowed south across North America and Eurasia.

The warning sounded by Colonel Balchen has stirred up enough excitement in Washington for the Navy to ask Dr. Norbert Untersteiner of the University of Washington to prepare an assessment of trends in the pack. His report will appear shortly in Naval Research Reviews.

Dr. Untersteiner, who has spent a good part of his professional career living on or studying the Arctic pack, summarized his report in a telephone interview. In essence, he believes not only that the climatic trend in the Arctic has turned toward cooling, but that the evidence for swift and dramatic thinning of the pack is unreliable.

Those who argue for such radical thinning cite a report by Fridtjof Nansen from 1893 that the pack was 43 feet thick. Col. Balchen cites a succession of subsequent reports indicating a steady thinning of the pack that, the data suggest, could vanish by 1970 or sooner.

Col. Balchen, who has retired from the Air Force and is now with General Dynamics, flew Adm. Richard E. Byrd across the Atlantic and to the South Pole in the nineteen-twenties. He has been concerned with polar flight operations ever since.

The weakness in drawing conclusions from old ice-thickness reports, according to Dr. Untersteiner, is that the pack varies widely in thickness in terms of season and location. Newly frozen leads, or channels between the floes may be only a few inches thick.

Yet in the central Arctic, particularly where the circular drift of the ice has subjected it to great compression, the floes become rugged conglomerations many yards in thickness.

Walter I. Wittmann of the Naval Oceanographic Office, who has made five of the seven under-ice journeys of American nuclear submarines, reports no evidence of impending disintegration of the pack.

The journeys, totalling 40,000 nautical miles, were made in winter and summer. The submarines carry devices that accurately record the vessel's depth, in terms of open water, as well as the distance to the bottom of the ice overhead. From these two figures it is possible to calculate ice thickness along the entire route.

Dr. Waldo Lyon of the Navy Electronics Laboratory in San Diego, another leading specialist on Arctic ice, agrees with Mr. Wittman's assessment. He said this week that the pack thickness seems to respond less to climate warming than does the areal extent of the pack.

During the century of climate warming before 1940 or 1930, he said, there was a decrease in areal extent of the pack. However, climate cooling during the last decade or two seems to have reversed this trend, he added. The Navy keeps track of pack ice distribution through monthly Project Birdseye flights over a large part of the Arctic Ocean.

Both Soviet and American

Other Specialists See No Thinning of Polar Ice Cap

specialists predict continued cooling in step with an expected decline in sunspot activity through the nineteen-eighties. Col. Joseph O. Fletcher, a retired Air Force polar specialist now with the Rand Corporation in California, has cited the presence or absence of pack ice around Iceland as an index of such trends.

From the 9th century to the 13th century almost no ice was reported there. This was the period of Norse colonization of Iceland and Greenland. Then, conditions worsened and the Norse colonies declined. After the Little Ice Age of 1650 to 1840 the ice began to vanish near Iceland and had almost disappeared when the trend reversed, disastrously crippling Icelandic fisheries last year.

Colonel Fletcher shares with others a belief that these bad conditions will continue with the cooling trend.

Until recently there was a suspicion that the warming trend of the century preceding 1940 was a by-product of the industrial revolution. Carbon dioxide, produced by combustion, makes the atmosphere less transparent to infra-red radiation, thus trapping the earth's heat like the roof of a greenhouse.

There is evidence that the carbon dioxide content of the world's air has risen from 10 to 15 per cent during the last century. However, the cooling trend of recent years indicates that other factors are at work, including perhaps the volume of dust and smog in the air. This tends to reduce the solar heat reaching the surface.

According to Dr. Reid A. Bryson, professor of meteorology at the University of Wisconsin, transparency of the atmosphere above the highest summit of the Hawaiian Islands has been decreasing at a rate of 30 per cent each decade. In view of the summit's remoteness from industrial areas, this is taken as an index of global air pollution.

The New York Times Feb. 20, 1969
Substantial heat is carried into the Arctic Ocean, as shown above, from the Atlantic Gulf Stream and to lesser extent from the Pacific. But the Arctic ice pack prevents warming of the ocean surface. Some scientists believe that if the pack disappeared, the Arctic Ocean would become too warm to freeze over again. The map was adapted from studies published by the Rand Corporation.

Abb. 1: Die *New York Times* vom 20.2.1969: *„Experte sagt, der arktische Ozean wird bald eisfrei sein."*

Bereits in den 1920er- und in den 1960er-Jahren hatten Wissenschaftler und Medien Panik verbreitet, weil das Polareis schmolz. Daraus folgerten sie einen drastischen Anstieg des Meeresspiegels. (siehe Abb. 1) Doch jedes Mal hatte das Eis sich einige Jahre später wieder erneuert. Auch der dramatische Anstieg des Meeresspiegels blieb aus. Das ist ein völlig normaler Zyklus, der genauso bei Gletschern stattfindet. Immer wieder machten „Wissenschaftler" jedoch den Fehler, momentane, kurzzeitige Phänomene auf die Zukunft zu projizieren und daraus langfristige Schreckensszenarien zu entwerfen. In der Wissenschaft nennt man dies „Verfügbarkeits-Heuristik".

The New York Times

WORLD | U.S. | N.Y. / REGION | BUSINESS | TECHNOLOGY | SCIENCE | HEALTH | SPORTS | OPINION

Article Preview

Scientists Ask Why World Climate Is Changing; Major Cooling May Be Ahead; Scientists Ponder Why World's Climate Is Changing; a Major Cooling Widely Considered to Be Inevitable

By WALTER SULLIVAN (),
May 21, 1975,
, Section The Week In Review, Page 92, Column , words

E-MAIL

Abb. 2: 1975 behauptete die *New York Times*, dass eine deutliche weltweite Abkühlung laut allgemeinem Konsens unausweichlich sei. Seit 1895 hat die NYT viermal eindringlich vor drastischen Klimaveränderungen gewarnt, immer abwechselnd vor Eiszeiten, dann wieder vor Erwärmungen.

Entweder sie taten es aus Unwissenheit oder sie taten es, um im Gespräch zu bleiben, um sich dadurch weitere Forschungsgelder zu sichern. Der Presse war jedes Horrorszenario recht, um markige Schlagzeilen abdrucken zu können. So schrieb die *New York Times* im Jahr 1975, dass **ein wissenschaftlicher Konsens** darüber bestehe, **dass eine deutliche weltweite Abkühlung unausweichlich sei.** (siehe Abb. 2) Im Jahr 1988 behauptete sie dann genau das Gegenteil. Seit 1895 hatte die *New York Times* viermal eindringlich vor drastischen Klimaveränderungen gewarnt, immer abwechselnd vor Eiszeiten, dann wieder vor Erwärmungen. Doch wurde sie nicht müde zu warnen. Katastrophen verkaufen sich eben gut.

Doch die *New York Times* war nicht allein. Die meisten Medien berichteten in den 1970er-Jahren von einer bevorstehenden neuen Eiszeit, weil viele Wissenschaftler davon überzeugt waren. Es gab keine Einigkeit unter den Wissenschaftlern, und es gibt sie bis heute nicht. (siehe Abb. 3)

Doch genau das war dem militärisch-industriellen Komplex und den Großkonzernen nicht unrecht. So konnte man ein Schreckgespenst immerfort am Leben halten und unentwegt Angst schüren. Klimakatastrophen waren hervorragend dafür geeignet, um wahlweise von anderen Themen abzulenken.

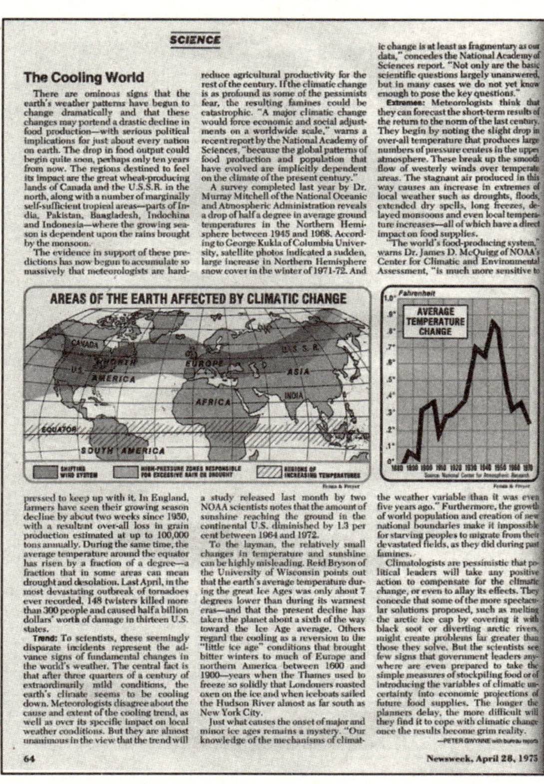

SCIENCE

The Cooling World

There are ominous signs that the earth's weather patterns have begun to change dramatically and that these changes may portend a drastic decline in food production—with serious political implications for just about every nation on earth. The drop in food output could begin quite soon, perhaps only ten years from now. The regions destined to feel its impact are the great wheat-producing lands of Canada and the U.S.S.R. in the north, along with a number of marginally self-sufficient tropical areas—parts of India, Pakistan, Bangladesh, Indochina and Indonesia—where the growing season is dependent upon the rains brought by the monsoon.

The evidence in support of these predictions has now begun to accumulate so massively that meteorologists are hard-pressed to keep up with it. In England, farmers have seen their growing season decline by about two weeks since 1950, with a resultant over-all loss in grain production estimated at up to 100,000 tons annually. During the same time, the average temperature around the equator has risen by a fraction of a degree—a fraction that in some areas can mean drought and desolation. Last April, in the most devastating outbreak of tornadoes ever recorded, 148 twisters killed more than 300 people and caused half a billion dollars' worth of damage in thirteen U.S. states.

Trend: To scientists, these seemingly disparate incidents represent the advance signs of fundamental changes in the world's weather. The central fact is that after three quarters of a century of extraordinarily mild conditions, the earth's climate seems to be cooling down. Meteorologists disagree about the cause and extent of the cooling trend, as well as over its specific impact on local weather conditions. But they are almost unanimous in the view that the trend will reduce agricultural productivity for the rest of the century. If the climatic change is as profound as some of the pessimists fear, the resulting famines could be catastrophic. "A major climatic change would force economic and social adjustments on a worldwide scale," warns a recent report by the National Academy of Sciences, "because the global patterns of food production and population that have evolved are implicitly dependent on the climate of the present century."

A survey completed last year by Dr. Murray Mitchell of the National Oceanic and Atmospheric Administration reveals a drop of half a degree in average ground temperatures in the Northern Hemisphere between 1945 and 1968. According to George Kukla of Columbia University, satellite photos indicated a sudden, large increase in Northern Hemisphere snow cover in the winter of 1971-72. And a study released last month by two NOAA scientists notes that the amount of sunshine reaching the ground in the continental U.S. diminished by 1.3 per cent between 1964 and 1972.

To the layman, the relatively small changes in temperature and sunshine can be highly misleading. Reid Bryson of the University of Wisconsin points out that the earth's average temperature during the great Ice Ages was only about 7 degrees lower than during its warmest eras—and that the present decline has taken the planet about a sixth of the way toward the Ice Age average. Others regard the cooling as a reversion to the "little ice age" conditions that brought bitter winters to much of Europe and northern America between 1600 and 1900—years when the Thames used to freeze so solidly that Londoners roasted oxen on the ice and when iceboats sailed the Hudson River almost as far south as New York City.

Just what causes the onset of major and minor ice ages remains a mystery. "Our knowledge of the mechanisms of climatic change is at least as fragmentary as our data," concedes the National Academy of Sciences report. "Not only are the basic scientific questions largely unanswered, but in many cases we do not yet know enough to pose the key questions."

Extremes: Meteorologists think that they can forecast the short-term results of the return to the norm of the last century. They begin by noting the slight drop in over-all temperature that produces large numbers of pressure centers in the upper atmosphere. These break up the smooth flow of westerly winds over temperate areas. The stagnant air produced in this way causes an increase in extremes of local weather such as droughts, floods, extended dry spells, long freezes, delayed monsoons and even local temperature increases—all of which have a direct impact on food supplies.

"The world's food-producing system," warns Dr. James D. McQuigg of NOAA's Center for Climatic and Environmental Assessment, "is much more sensitive to the weather variable than it was even five years ago." Furthermore, the growth of world population and creation of new national boundaries make it impossible for starving peoples to migrate from their devastated fields, as they did during past famines.

Climatologists are pessimistic that political leaders will take any positive action to compensate for the climatic change, or even to allay its effects. They concede that some of the more spectacular solutions proposed, such as melting the arctic ice cap by covering it with black soot or diverting arctic rivers, might create problems far greater than those they solve. But the scientists see few signs that government leaders anywhere are even prepared to take the simple measures of stockpiling food or of introducing the variables of climatic uncertainty into economic projections of future food supplies. The longer the planners delay, the more difficult will they find it to cope with climatic change once the results become grim reality.

—PETER GWYNNE with bureau reports

64

Newsweek, April 28, 1975

Abb. 3: Die Zeitung *Newsweek* berichtete am 28. April 1975 darüber, dass die Erde sich nach Meinung der wichtigsten Wissenschaftler deutlich abkühle und weiter abkühlen würde. Ein Diagramm (rechts) zeigt den drastischen Abfall der Temperaturen zwischen 1940 und 1970.

Doch US-Präsident *Jimmy Carter* wollte Klarheit. Also gab er im Jahr 1977 eine Studie in Auftrag, in der erörtert wurde, wie die Welt im Jahr 2000 aussehen könnte, wenn wir so weitermachten wie bisher. Drei Jahre später, am 23. Juli 1980, legten die mehr als einhundert Wissenschaftler, die daran beteiligt waren, ihren Bericht unter dem Titel **„Global 2000"** vor. Ihre Grundlagenstudie über die Zukunftsaussichten der Menschheit war äußerst düster. Sie rechneten mit zunehmender Überbevölkerung, knapper werdenden Nahrungsmitteln, stärker belasteter Umwelt, und sie brachten erstmals vor einem weltweiten Forum einen Klimawandel durch CO_2-Emission ins Spiel. Der rund 1.500 Seiten dicke Bericht wurde in mehrere Sprachen übersetzt und etwa eine Million Mal verkauft. *Global 2000* wurde die Bibel der Umweltschutzbewegung und der Grünen, die sich in Deutschland im Jahr 1980 gründeten.

Jahrelang hatten Forscher Computer mit Daten gefüttert, um am Ende Modelle zu erhalten, die Aufschluss über unsere Zukunft geben sollten. *Global 2000* stützte die Theorie einer massiven Überbevölkerung und erweckte den Eindruck, als wäre der Zusammenhang zwischen unseren CO_2-Emissionen und einer Erderwärmung bewiesen. Wer dem künftig widersprach, wurde als Idiot oder Lügner dargestellt – schließlich hatte daran die führende Elite der US-Wissenschaft mitgearbeitet. Die Daumenschrauben wurden immer fester angezogen. Daten, die nicht in das Bild passten, wurden fortan entweder ignoriert oder angepasst.

Im Jahr 1986 kam es zu einer tragischen nuklearen Katastrophe im sowjetischen Tschernobyl. Das war für den militärisch-industriellen Komplex und die Atomkraftlobby ein wenig ungünstig. Plötzlich waren schmelzende Pole vergessen, und die Atomindustrie stand in weiten Teilen der westlichen Welt wieder im Fokus der Aktivisten. Davon musste man die Massen ablenken. Nun lancierte man neben der Erderwärmung noch die Bedrohung durch sich rasch ausbreitende Ozonlöcher.

Dann zerfiel Ende 1989 die Sowjetunion, was den Weg für eine umfassende Neugestaltung der Welt und für eine umfassende *Neue Weltordnung* frei machte. Im Jahr 1992 leitete *Maurice Strong* die *Konferenz für Umwelt und Entwicklung der Vereinten Nationen* (UNCED) in Rio de Janeiro, in der die staatlichen und nichtstaatlichen Teilnehmer einen Leitfaden beschlossen und niederschrieben, um unsere Welt an die *„Herausforderungen des 21. Jahrhunderts anzupassen"*. Der Titel: **Agenda 21**.

Die Kernaussage des 359 Seiten langen Werkes ist zusammengefasst: *„Wir müssen die Welt komplett umgestalten, weil sie sonst kollabieren wird. Wir verbrauchen von allem zu viel! Wir sind zu viele! Wir müssen das Bevölkerungswachstum und die Verschwendung von Ressourcen stoppen."*

Besonders die westliche Mittelschicht verbrauchte in den Augen der Klimatisten zu viel von allem. Man wollte sie dezimieren, denn sie war nutzlos. Man brauchte die Arbeiter, und man brauchte natürlich die Reichen, denn sie waren die einzigen, die wussten, wo es langging. Der Mittelstand war ebenso nutzlos wie die Armen in der Dritten Welt.

Daher sah der Plan vor, dass **der private Grundbesitz deutlich eingeschränkt werden sollte**, die Menschen sollten möglichst alle in Städten leben, um sie besser kontrollieren zu können. Die Städte sollten jedoch flächenmäßig nicht weiter wachsen dürfen. Jedem würde daher künftig weniger Platz zur Verfügung stehen, es sei denn, es würde gelingen, die Weltbevölkerung zu reduzieren, was fortan wieder zu einem erklärten Ziel der Elite wurde. Es wurde ausdrücklich darauf hingewiesen, dass die Zukunft der Landwirtschaft in *genetisch veränderten Organismen* (GVOs) liegen würde und die Zukunft der Energieversorgung im Atomstrom.

Die *Agenda 21* lobpreiste die Globalisierung und forderte den weiteren Abbau von Ländergrenzen und Handelsschranken. Und da die Menschen im Westen nach dem Fall der Berliner Mauer im Friedens-Freudentaumel waren, fanden sie die Abschaffung aller Grenzen toll und dachten nicht weiter über mögliche Konsequenzen nach. Doch das große Problem, das die Architekten dieser Neuen Weltordnung 1992 hatten, war, den doch recht radikalen Inhalt – die Mittelschicht einzudämmen – so zu formulieren, dass man ihn jedermann verkaufen konnte, also auch der Mittelschicht selbst. Es galt, diese Maßnahmen so zu verpacken, dass die Menschen sie akzeptieren konnten – wenn möglich sogar als Verbesserung für sich selbst ansahen. Es galt, einen positiven Begriff für all das zu finden, und man fand sogar zwei: **„Nachhaltigkeit"** und **„soziale Gerechtigkeit"**. Unter der Aufsicht der UNO sollte weltweit ein Bewusstsein für „Nachhaltigkeit" geschaffen werden, das in alle Ebenen der Gesellschaft einsickern sollte. Man wollte die Gesellschaft des 21. Jahrhunderts unter dem Deckmantel des „Umweltschutzes" und der „Nachhaltigkeit" komplett umgestalten. Und das ist auch gelungen!

Die *Agenda 21* ist ein zutiefst faschistisches Papier, das die Enteignung von Menschen und ihre Tötung propagiert. Ureinwohnern rund um den Globus wird darin unterstellt, sie seien unfähig, mit ihrem eigenen Land nachhaltig umzugehen, deshalb müssten sie an die „Notwendigkeiten nachhaltigen Lebens" angepasst werden. *Das glauben Sie nicht? So etwas kann doch niemand ernst meinen?* Dann lesen Sie das Papier, das Sie kostenlos im Internet herunterladen können![16a] Den Bewohnern der Bikini-Inseln hatte man übrigens bei ihrer Umsiedlung in den 1950er-Jahren versprochen, dass sie einige Jahre später wieder zurückkehren könnten, doch die Inseln werden für immer unbewohnbar sein.

Zurück zu *Roger Revelle*. Der heute anerkannte Ozeanograph, nach dem mehrere Auszeichnungen benannt sind, war im Jahr 1963 an die *Harvard-Universität* gegangen, um dort (als Ozeanograph!) ein Zentrum für Bevölkerungsstudien zu etablieren. Er stellte wenig überraschend den Zusammenhang zwischen dem Bevölkerungswachstum und der Erderwärmung her und inspirierte seine Studenten mit seinen neuen, revolutionären Thesen. Vor allem ein Student beschrieb *Revelle* als seinen Mentor, als Inspiration, als Vordenker. *„Er war einer der ersten Menschen in der akademischen Welt, der auf die beängstigende globale Erderwärmung aufmerksam machte."*, schrieb der damalige Student und spätere US-Vizepräsident *Al Gore* später in seinem Buch „Earth in the Balance".

Auf *Revelles* Theorien basierend gründete *Maurice Strong* im Jahr 1988 unter dem Deckmantel von David Rockefellers UNO den ***Intergovernmental Panel on Climate Change*** (IPCC), auf deutsch oft als „Weltklimarat" bezeichnet – vermutlich weil sich dort Menschen treffen, um zu erraten, wie sich das Klima verändern werde. Hauptaufgabe des IPCC ist es, *„Risiken der globalen Erwärmung zu beurteilen sowie Vermeidungs- und Anpassungsstrategien zusammenzutragen"*. Der willkürlich zusammengestellte Beirat soll also nicht neutral über die Klimaentwicklung berichten, sondern er muss ausdrücklich Beweise für eine Erderwärmung liefern. Das brachte ihn von Haus aus in eine schwierige Lage, weil das Klima nicht so wollte wie *Maurice Strong.*

Im Jahr 1975, im Alter von 65 Jahren, war *Roger Revelle* von Harvard in den Ruhestand versetzt worden. Er ging nach Kalifornien und hatte nun Zeit, über das, was er losgetreten hatte, nachzudenken. Nach der Gründung des IPCC im Jahr 1988 schrieb er zwei warnende Briefe an dessen Mitglieder. Er schrieb: *„Meine persönliche Überzeugung ist, dass wir noch zehn oder zwanzig Jahre warten sollten, bevor wir wissen können, ob der Treibhauseffekt auf den Menschen eine große Auswirkung hat, im positiven wie im negativen Sinne! Wir sollten trachten, nicht zu laut Alarm zu schlagen, bis wir über das Tempo und das Ausmaß der Erwärmung mehr Klarheit haben!"*[(17)]

Doch dafür war es zu spät. Das hätte er sich früher überlegen müssen. Niemand kann eine rollende Lawine aufhalten. *Roger Revelle* starb 1991 an einem Herzinfarkt. *Al Gore* schob die späten Bedenken seines früheren Mentors beiseite und behauptete 1992 im Wahlkampf für seine Vize-Präsidentschaft, dass die von Menschen verursachte globale Erderwärmung wissenschaftlich bewiesen sei und es daran keinen Zweifel gäbe. Das ist eine wirklich „unbequeme Wahrheit"!

Seit 1990 gab das IPCC nun in regelmäßigen Abständen „Sachstandsberichte" und „Sonderberichte" heraus, die weiter beweisen sollten, dass der Mensch an einer angeblichen Erderwärmung schuld sei. Doch immer wieder musste der UN-Ausschuss, der aus Lobbyisten diverser Geschäftsfelder bestand, seine früheren Prognosen korrigieren. Viele IPCC-Berichte hatten sich als wissenschaftlich falsch und fehlerhaft erwiesen. Immer wieder wurden Zweifel an einer Erderwärmung laut, doch das IPCC und die UNO konnten und wollten nicht mehr zurückrudern. Was nicht passte, wurde passend gemacht. Zweifler wurden als „Klimaleugner" beschimpft und öffentlich mit Häme überzogen. Daher schwiegen die meisten Wissenschaftler und ordneten sich den Klimatisten unter.

> *„Zunehmend werden von führenden IPCC Wissenschaftlern kritische Hinterfragungen – auch zum sogenannten Treibhauseffekt – als unlauterer und unsachlicher Skeptizismus abgewertet... Kritik an den IPCC-Thesen vom anthropogen bedingten Klimawandel scheint mittlerweile sogar der ‚political correctness' zu widersprechen. Und der ‚Kampf gegen den Klimawandel bzw. die Klimakatastrophe' zum guten Ton zu gehören."*[(18)]
>
> PD Dr. Harald Kehl, Institut für Ökologie an der TU-Berlin

Die Klimadaten, die den Berichten des IPCC zugrundelagen, stammten großteils vom Klimaforschungszentrum der englischen *University of East*

Anglia. Doch sie waren gefälscht. Noch im Jahr 2008 sprach der US-Präsidentschaftskandidat *Barack Obama*, ebenso wie sein Widersacher *John McCain*, von der Gefahr der „globalen Erwärmung". Doch dann, im November 2009, gelang es Computer-Hackern, den Rechner der *University of East Anglia* zu knacken. Sie veröffentlichten Daten, die belegten, dass die Universität dreizehn Jahre lang Zahlen gefälscht hatte, damit sie zu der Behauptung passen würden, dass es einen von Menschen verursachten Klimawandel gäbe. Man hätte „*Tricks*" benutzt, um den Rückgang der Temperaturen der letzten 20 Jahre „*zu verstecken*", schrieb der Direktor der Klimaforschungs-Abteilung *Phil Jones* in E-Mails an Kollegen.

Dieser Betrug wurde im Zuge der Veröffentlichung dieser E-Mails unter dem Namen **„Climate-Gate-Skandal"** bekannt. Man würde meinen, dass eine solche Meldung es auf die Titelseiten aller Printmedien schaffen würde, schließlich hatten sie jahrzehntelang darüber berichtet. Doch den Zeitungen war offenbar genau das peinlich. Der Skandal fand in den Leitmedien nicht statt. Das politische Establishment hatte ebenfalls kein Interesse daran, die Lügen aufzuklären. Man tat das, was man am besten konnte, nämlich NICHTS. Man machte weiter wie bisher. **Man ersetzte fortan nur den Begriff „Erderwärmung" durch den Begriff „Klimawandel".** Damit war man auf der sicheren Seite. Das Spiel hatte man nun ohnehin schon seit hundert Jahren gespielt. In den Köpfen der Bevölkerung lösten beide Begriffe dasselbe Bild aus, da man sie zuvor lange genug parallel benutzt hatte und sie auch fortan immer wieder miteinander vermischte. Heute spricht man vom „Klimawandel", und die meisten Menschen sehen sterbende Eisbären vor sich und haben ein schlechtes Gewissen.

Das Märchen von der vom Menschen verursachten Erderwärmung ist in meinen Augen einer der größten und umfangreichsten Betrugsfälle in der jüngeren Geschichte der Menschheit. Er ist ungeheuerlich, sowohl in seiner Größe als auch in seiner Auswirkung auf unser aller Leben. Denn die Lawine rollt unaufhörlich weiter. Weltweit gibt es heute über 10.000 Städte und Gemeinden, in denen Bürger, Gruppen, Vereine, Verbände und Initiativen, gemeinsam mit Verwaltungen und Wirtschaftskonzernen, auf lokaler Ebene an der Umsetzung der *Agenda 21* arbeiten, im Kleinen **„Lokale Agenda 21"** genannt. Ohne es zu wissen, setzen sie brav das um, was ihnen *David Rockefeller* und *Maurice Strong* vorgaben.[(19)] Sie befassen sich mit ihrem „ökologischen Fußabdruck“ und der Verringerung ihres CO_2-Ausstoßes.

Im Rahmen der *Agenda 21* werden Menschen zur „**Energetischen Gebäudesanierung**“ gezwungen. Sie müssen Polystyrol-Platten (Styropor) an die Außenwände ihrer Häuser kleben, einen Stoff, der keine lange Lebensdauer hat, dessen Recycling sehr teuer ist und der letztlich als einer der giftigsten Bestandteile des Treibmülls in den Ozeanen endet. Und die Nachhaltigkeitswelle brachte uns auch die **Energiesparlampe**, die zwar keine Energie spart, dafür aber ewig braucht, bis sie hell wird, dann unangenehmes Licht abgibt und giftig ist. Dennoch schwärmen die braven Aktivisten davon, wie etwa die *Lokale Agenda 21* Wiefelstede: „*Wir empfehlen, an möglichst vielen Stellen Energiesparlampen einzusetzen. Damit kann man seine Stromkosten senken – gleichzeitig wird man für den Klimaschutz aktiv.*“[(20)]

„*Der Welt stehen geflutete Küsten, schmelzende Gletscher und Hitze bevor: Der neue Bericht des IPCC bestätigt den menschengemachten Klimawandel deutlicher als je zuvor!*“[(21)] Und 2014 soll wieder einmal das wärmste Jahr in der Geschichte gewesen sein! Nein, dieses Märchen hat kein gutes Ende. Das Gute gewinnt nicht, und das Böse wird darin nicht bestraft. Vielmehr scheint dieses Märchen überhaupt kein Ende zu nehmen, und falls es doch jemals enden sollte, dann vermutlich schleichend, unauffällig, indem es immer leiser darum wird. Doch noch ist es nicht so weit, noch braucht man den Klimaschwindel, um von anderen Dingen ablenken zu können. Noch zeigen die Märchen des IPCC Wirkung.

Am 22. September 2014 versandte *Avaaz*, eine angeblich unabhängige, politische ‚Nicht-Regierungs-Organisation‘ (NGO), voller Stolz folgende E-Mail an alle Mitglieder und Unterstützer:

> „*Liebe wunderbare Avaazer, vor einigen Monaten hat sich unsere Gemeinschaft ein verrücktes Ziel gesetzt:* ***die größte Klima-Mobilisierung aller Zeiten auf die Beine zu stellen.*** *Und gestern haben wir unsere kühnsten Erwartungen übertroffen – mit einer Klima-Demo, die alle vorigen Aktionen größenmäßig um das ‚Sechsfache‘ übertrifft!!!* ***... Über 675.000 von uns sind weltweit auf die Straßen gegangen.*** *So haben wir auf wunderbare Weise deutlich gemacht, wie sehr uns alles, was vom Klimawandel bedroht ist, am Herzen liegt. Wir haben außerdem die Hoffnung zum Ausdruck ge-*

bracht, dass wir diese Welt retten und eine Gesellschaft aufbauen können, die zu 100 Prozent auf sauberen Energieträgern beruht.“

Noch fühlen sich Millionen Menschen vom Klimawandel bedroht. Sie versuchen, die Welt zu retten, indem sie all ihre saubere Energie darauf lenken, weniger CO_2 auszustoßen. Die einfachste Lösung dafür wäre, das Atmen einzustellen! Was vielleicht zynisch klingen mag, ist durchaus ernst gemeint, denn genau darauf läuft es hinaus, wie wir später noch ausführlich sehen werden. Die einzige Möglichkeit, diesem Spuk ein Ende zu setzen, ist Information. Wir kennen nun die Historie dieser unbequemen Wahrheit, doch was sind die wissenschaftlichen Fakten? Was hat es mit den Eisbären und dem bösen CO_2 auf sich?

Klimatismus

In einer E-Mail vom 16. November 2014 brüstet Avaaz sich damit, die weltweite politische Bühne für die „gute Sache“ beeinflusst zu haben. Darin zitieren sie Umweltministerin *Barbara Hendricks* mit den Worten:

„Ich möchte mich bei den Millionen von Menschen bedanken, die sich Avaaz angeschlossen haben... Ohne öffentliche Unterstützung ist es unmöglich, den Klimawandel zu stoppen.“

Lassen Sie mich eines ganz klar und deutlich sagen: Auch mit öffentlicher Unterstützung wird es unmöglich sein, den Klimawandel zu stoppen! Das Klima auf Erden hat sich im Laufe der Milliarden von Jahren unentwegt geändert, weil alles im Universum in Bewegung ist. **Niemand kann den „Klimawandel“ stoppen**! Allein der Denkansatz zeugt von Schwachsinn. Das ist, als wollten sie den Lauf der Planeten aufhalten oder Ebbe und Flut. Das Klima auf Erden ändert sich unentwegt und das seit jeher. Weder Frau *Hendricks* noch Avaaz werden das verhindern können!

Ich habe nichts gegen Avaaz, weil ich ihren Ansatz, der Politik durch Proteste und Unterschriftenaktionen bestimmte Themen aufzuzwingen, absolut lobenswert finde. Das Problem ist in diesem Fall nur: Hier ist genau das Gegenteil passiert! Die mächtigen Kräfte im Hintergrund haben nämlich das Thema diktiert, ohne dass die engagierten Menschen es gemerkt haben. Sie werden wie Schachfiguren über das Brett geschoben und glauben, sie bewegten sich von selbst!

Als Avaaz im Jahr 2014 immer aggressiver auf den „Klimawandel-Zug“ aufsprang, wurde ich skeptisch. Ein kurzer Blick genügt, um herauszufinden, wer hinter Avaaz steckt. Gründer und Chef der Organisation mit mehr als 40 Millionen „Mitgliedern“ ist *Ricken Patel*, ein Harvard-Absolvent, der für die *UNO*, die *Rockefeller-Stiftung*, die *Gates Stiftung* und die *International Crisis Group* tätig war, eine Lobby-Organisation, die unter anderem von *McKinsey* und *Goldman Sachs* finanziert wird. Es ist immer wieder dasselbe schmutzige Spiel...

„Der Meeresspiegel steigt nicht überproportional. Die Polareisdecke dehnt sich aus und schmilzt nicht. Die Eisbärenpopulation nimmt zu. Hitzewellen haben ab-, anstatt zugenommen... Ich habe mich mit diesem Thema seit Jahren ernsthaft auseinandergesetzt. Es wurde in immer stärkerem Maße zu einem politischen Thema und Umweltschutzthema, aber die wissenschaftliche Grundlage ist nicht belastbar oder stimmig. Gegenwärtig lässt sich keine deutliche, vom Menschen verursachte globale Erwärmung nachweisen. Dies gilt auch für die Vergangenheit, und es gibt keinen Anlass, sie für die Zukunft zu befürchten. Alle Bemühungen, die Theorie zu beweisen, bei Kohlenstoffdioxid (CO_2) handele es sich um ein starkes Treibhausgas und ein Anstieg in der Atmosphäre führe zu einer deutlich messbaren Erwärmung, sind gescheitert. Seit mehr als 18 Jahren hat es keine Erwärmung mehr gegeben.“[22]

John Coleman, Meteorologe, Mitbegründer von *The Weather Channel*, im Jahr 2014

Abb. 4: Der Time-Magazine-Special-Report „Globale Erwärmung“ vom 3. April 2006 titelt: *„Sorge Dich. Sorge Dich sehr!“*

Wir haben nun jahrelang gehört, dass die Eisbären ertrinken, weil es kein Eis mehr gibt, auf dem sie stehen können. (siehe Abb. 4) Und wenn wir unseren CO_2-Ausstoß nicht ganz schnell massiv einschränken, dann wird es bald überhaupt keine kleinen „Knuts" mehr geben! Aber stimmt das wirklich? Wenn ja, warum hat dann die EU im Jahr 2010 gegen einen Antrag gestimmt, der die Jagd auf Eisbären und den Handel mit Teilen von ihnen verbieten sollte? (Die Welt, 19.3.2010) Vielleicht nur, um Ihnen auf diese Weise den grausamen Tod durch Ertrinken zu ersparen?

Nein, die Wahrheit scheint vielmehr zu sein, dass sich die Eisbären in den letzten 50 Jahren weltweit vermehrt haben und ihre Population auch heute noch stabil ist, was weder die Tierschutzorganisation *Peta* infrage stellt[(23)] noch der *WWF* noch *Canadian Geographic*[(24)]. **Seit den 1960er-Jahren ist die Eisbärenpopulation in der Arktis von etwa 5.000 auf etwa 25.000 gestiegen.** Neue Zählungen in Teilen der kanadischen Hudson Bay im Jahr 2012 belegen, dass der Eisbärenbestand hier wohl um zwei Drittel höher liegt als noch zuvor angenommen. Jedes Jahr werden über 1.000 Eisbären abgeschossen, und dennoch ist ihr Bestand konstant![(25)] Verstehen Sie mich bitte nicht falsch: Ich bin nicht für den Abschuss von Eisbären, ganz sicher nicht. Doch ich denke, dass dieses Beispiel hervorragend dafür geeignet ist zu zeigen, wie sehr wir alle tagtäglich manipuliert werden und wie sehr man unsere Gedanken und Überzeugungen beeinflusst. Es zeigt deutlich, wie leicht wir emotional manipulierbar sind, wenn man nur den richtigen Knopf drückt.

Die Wikinger lebten bis ins frühe 15. Jahrhundert hinein auf Grönland und betrieben dort Ackerbau und Viehzucht. Dann verschwanden sie, weil die Sommer immer kürzer und die Winter immer länger und härter wurden. Diese „**Kleine Eiszeit**" reichte dann bis in das 19. Jahrhundert hinein. Seitdem stiegen die Temperaturen tendenziell wieder leicht an. Sie sind jedoch immer noch weit davon entfernt, uns heute auf Grönland Ackerbau möglich zu machen, denn die Temperaturen betragen dort zwischen minus 60 und 0 Grad Celsius. Die Eisdecke ist durchschnittlich 2.000 m stark. Chinesische Forschungen aus dem Jahr 2014 belegen, dass auch das Südchinesische Meer im Mittelalter wärmer war als heute, obwohl der Kohlendioxidgehalt niedriger war.[(26)]

Mit dem Ende der „Kleinen Eiszeit" stiegen die Temperaturen im 20. Jahrhundert in regelmäßigen Zyklen leicht an, um dann wieder abzufallen. (siehe Abb. 3) Seit Beginn des 21. Jahrhunderts sinken sie global gesehen wieder. Das bestätigt auch das *Europäische Institut für Klima und Energie* (EIKE), ein Zusammenschluss von Natur-, Geistes- und Wirtschaftswissenschaftlern, Ingenieuren, Publizisten und Politikern, die im „menschengemachten Klimawandel" nichts als einen Vorwand sehen, Wirtschaft und Bevölkerung zu bevormunden und das Volk durch Abgaben zu belasten. Ja, das Wetter ändert sich, und daraus resultierend auch das Klima, aber nicht auf Grund von CO_2!

Immer wieder verbreiten bestimmte Medien und Wissenschaftler, dass die Eisdecke an den Polen dramatisch zurückginge, was definitiv nicht stimmt. Eine neue Studie, die im November 2014 im *Nature Geoscience* veröffentlicht wurde, enthüllte, dass die Eisdecke in der Antarktis viel dicker ist als bislang angenommen.[(27)]

Auf unserem Planeten schwankte das Klima während der bisherigen 4,6 Milliarden Jahre seiner Existenz immer wieder zwischen extremer Hitze und Kältephasen. Tatsächlich war das Klima erdgeschichtlich gesehen jedoch meist „akryogen", also nicht *eisbildend*. **Vereiste Pole sind historisch gesehen die Ausnahme**, nicht die Regel. **In der Regel war das Erdklima immer deutlich wärmer als heute. Wir befinden uns immer noch in einer Kältephase!**[(28)]

All das ist kein Geheimnis. Jeder Wissenschaftler, der nicht direkt von der Klimalüge profitiert, wird Ihnen das bestätigen – jedoch meist nur hinter vorgehaltener Hand. Denn die Erderwärmungslobby rund um das IPCC sorgt dafür, dass niemand ihren falschen Behauptungen widerspricht. Es wird ein Klima der Angst und der Einschüchterung geschaffen, das ich als „Klimatismus" bezeichne. Sein Ziel ist die Dezimierung der Menschen in den unterentwickelten Teilen der Welt und die Dezimierung der Mittelschicht in der westlichen Welt. Vor allem hat man es auf kritische, gebildete junge Menschen abgesehen, weil sie für das Establishment die größte Bedrohung darstellen.

Ich bestreite nicht, dass sich das „Wetter" in weiten Teilen der Erde verändert, doch das hat es immer getan und wird es immer tun. Das sagt jedoch noch nicht viel über das „Klima“ aus, denn das Klima ist der Zustand der Atmosphäre in einer Region über einen längeren Zeitraum hinaus. Das Klima wird durch die Mittelwerte und Summen ausgewählter physikalischer Größen über den Zeitraum mehrerer Jahrzehnte bestimmt. Man spricht hier von einem Beobachtungszeitraum von mindestens 30 bis 40 Jahren.

Das Klima ändert sich konstant. Die Frage ist nur: warum? **Drei Faktoren haben** nach gängiger Lehrmeinung maßgeblichen **Einfluss auf unser Klima** und sind für dessen Wandel verantwortlich:

- *Plattentektonik* (die Verteilung und Bewegung der Landmassen und der Meere)
- *atmosphärische Bedingungen* (Wetter)
- *kosmische Ursachen*

Wir wissen heute, dass unsere Erde massiv von den Vorgängen im Weltall beeinflusst wird – und die Sonne derzeit extrem aktiv ist. Bereits in 2008 entdeckten die fünf NASA-Raumstationen THEMIS einen Bruch im Erdmagnetfeld, der zehnfach größer ist als alles, was vorher je für möglich gehalten wurde. Sonnenwinde strömen durch die Öffnung ein und laden die Magnetosphäre auf. Es entstehen sogenannte „geomagnetische Stürme“, die manchmal als „Polarlichter“ sichtbar werden.

Mit jedem Sonnenzyklus wechselt die Polarität der Sonne, die Pole tauschen quasi die Plätze. Forscher der japanischen Raumfahrtbehörde JAXA berichteten 2013 jedoch von einer „asymetrischen Polumkehr“, was bedeutet, dass sich nicht wie gewohnt eine neue Dipol-Struktur (Nord- und Südpol) entwickelt, sondern sich eine Quadrupol-Struktur ausgebildet hat, dass also zwei zusätzliche Magnetpole entstanden sind. Diese massiven Veränderungen im Magnetfeld der Sonne haben große Auswirkungen auf das Wetter auf Erden, und somit auch langfristig auf das Klima.

> *„Die gegenwärtigen physikalischen Veränderungen auf unserem Planeten sind irreversibel. Es gibt deutliche Hinweise darauf, dass diese Veränderungen auf hoch aufgeladenes Material und energetische Inhomogenität des anisotropen interstellaren Raumes zurückzuführen sind, die in den interplanetaren Bereich unseres Sonnensystems eingedrungen sind. Dieser Energie-Anstieg führt zu Hybrid-Prozessen und nervösen Energie-Zuständen*

auf allen Planeten, einschließlich der Sonne. Die Effekte hier auf Erden verdeutlichen sich vor allem in der Beschleunigung magnetischer Polsprünge, in der vertikalen und horizontalen Ausdehnung der Ozonschicht und in einer deutlichen Zunahme von Wetterextremen. Es scheint sehr wahrscheinlich, dass wir uns in eine Phase rascher Temperatur-Instabilitäten hineinbewegen, ähnlich derjenigen, die vor 10.000 Jahren bereits stattfand. Die Anpassungsbemühungen der Biosphäre und der Menschheit auf diese neuen Verhältnisse führen zu einer Anpassung der Artenvielfalt und des Lebens auf Erden. Nur durch ein umfassendes Verständnis für diese fundamentalen Veränderungen, die in der uns umgebenden Natur stattfinden, werden Politiker wie Bürger in der Lage sein, den Prozessen und Zuständen des physikalischen Wandels auf Erden standzuhalten."[29]

Prof. Dr. Alexey N. Dimitriev, Geophysiker

Zudem greift der Mensch seit Jahrzehnten ganz bewusst in das Wettergeschehen ein, indem er im Rahmen des sogenannten **„Geo Engineering"** mittels Chemikalien (Chemtrails) und Strahlung Stürme erzeugt oder verschiebt, Schnee oder Hagel in Regen verwandelt und die Sonneneinstrahlung reguliert. Ich habe darüber ausführlich in „Was Sie nicht wissen sollen!" Band 1 (Seite 253ff) berichtet.

Vergleiche mit Messungen aus dem Jahr 1897 haben wenig Aussagekraft, wenn sie eine Erwärmung beweisen wollen, weil sich die Messverfahren ebenso geändert haben wie die Standorte der Messungen. Viele Messstationen befinden sich heute in Großstädten. Im Jahr 1897 gab es noch nicht einmal Elektrizität. Die Städte waren kleiner und waren kälter als heute, weil sie weniger Wärme abstrahlten.

Und trotzdem gibt es keinen Beleg für eine Klimaerwärmung. Ganz im Gegenteil! **Die Jahre seit 2010 waren in weiten Teilen der Welt die kältesten** seit Beginn der Wetteraufzeichnungen vor etwa 120 Jahren. Hierfür möchte ich einige Beispiele aufführen: 2010 erlebte Deutschland Jahrhundertschneefälle, schwere Hochwasser und Tornados. Die Jahresdurchschnittstemperatur lag mit nur 7,9 Grad deutlich unter dem langjährigen Mittel von 8,3 Grad.[30] Südamerika erlebte in den Sommern 2010 und 2011 ungewöhnliche Kältewellen.[31] Im Januar 2011 brachte eine Kältewelle in zahlreichen US-Städten Temperaturen von unter -40 Grad Celsius, die tiefsten Werte seit Beginn der Wetteraufzeichnungen im Jahr 1897.[32] Im Jahr

2012 erlebten Österreich und Deutschland Kälterekorde.[33] Noch nie in der Geschichte der Wetteraufzeichnung war es im Nordosten Deutschlands kälter gewesen.[34] Russland erlebte im Dezember 2012 eine extreme Kältewelle. In Moskau hatte es mehrere Wochen lang unter -20 Grad. Im Februar 2013 wurde im sibirischen Oimjakon mit -71,2 Grad Celsius die tiefste Temperatur aller Zeiten auf Erden gemessen.[35]

Die Liste ließe sich endlos fortsetzen. Ich möchte Sie mit diesen Zahlen nicht langweilen, aber sie sollen belegen, dass die Behauptung, die letzten zehn Jahre wären extrem heiß gewesen, einfach falsch ist. Die Lüge von einer durch CO_2 verursachten Erderwärmung ist einfach nicht mehr aufrechtzuerhalten! Die Natur macht der groß angelegten Propaganda einen Strich durch die Rechnung!

Was ist jetzt also mit dem CO_2? Ist es doch nicht böse? CO_2 kommt in der Atmosphäre nur zu etwa 0,04 Prozent vor, weshalb es auch „Spurengas“ genannt wird. Kohlenstoffdioxid (CO_2) ist kein Problem, sondern es ist die Grundlage allen Lebens, denn in der Photosynthese wird es, grob gesagt, durch Grünpflanzen in Kohlenstoff und Sauerstoff aufgespalten. Der weitaus größte Teil dieser Arbeit wird oberirdisch von Bäumen erledigt. Sie benötigen den Kohlenstoff (den sie in Zucker umwandeln) für ihr Wachstum und stellen uns als Nebenprodukt kostenlos Sauerstoff zur Verfügung, den wir zum Leben brauchen. Kein CO_2 = kein Leben!

Im Gartenbau wurde früher, vor dem großflächigen Einsatz von Kunstdüngern, CO_2 in Treibhäuser eingeleitet, um das Pflanzenwachstum zu beschleunigen. Doch Kunstdünger sind das bessere Geschäft. Es gibt keinen Beweis für die Existenz von Treibhausgasen, weil es keinen Beweis für die Existenz eines „Treibhauseffektes“ gibt. Doch selbst wenn es sie gäbe, wäre CO_2 unser geringstes Problem. Die schädlichsten „Treibhausgase“ sollen laut deutschem Umweltbundesamt Lachgas und Methan sein.

Lachgas (N_2O) soll rund dreihundert Mal so klimaschädlich sein wie CO_2. Hauptquellen für Lachgas sind stickstoffhaltige Düngemittel in der Landwirtschaft und die Tierhaltung. **Methan** (CH_4) soll rund fünfundzwanzig Mal klimaschädlicher sein als CO_2. Methan entsteht vorwiegend in der Land- und Forstwirtschaft, zum größten Teil bei der Masttierhaltung.[36] Wenn die Klimatisten also etwas für ihre Umwelt tun wollen, dann sollten sie dringend ihren Fleischkonsum einstellen!

In den letzten 50 Jahren will man einen leichten Anstieg der CO_2-Konzentration in der Atmosphäre gemessen haben, sie soll jetzt statt 0,039% etwa 0,042% betragen. Ganz abgesehen davon, dass ich mich frage, wie genau das jemand gemessen haben möchte, kann ich nur sagen, dass es bis heute keinen Beweis dafür gibt, dass CO_2 eine Auswirkung auf das Klima hat! Ebenso wenig gibt es eine globale Erderwärmung.

„Wenn wir den Mechanismus und die Motive des Gruppendenkens verstehen, wird es möglich sein, die Massen, ohne deren Wissen, nach unserem Willen zu kontrollieren und zu steuern."[(37)]

Edward Bernays, Erfinder der modernen Öffentlichkeitsarbeit

...und zu *be*-steuern! **CO_2-Steuern** werden unter diversen Bezeichnungen (z.B. Klimaschutzsteuer) auf Energiekosten und Fahrzeuge aufgeschlagen, mit dem Effekt, dass Haushalte mit geringem Einkommen relativ gesehen stärker belastet werden als wohlhabende. Dies liegt vor allem daran, dass sie einen größeren Anteil ihres Einkommens für Energie ausgeben müssen. Das ist es, was die UNO und die Geheime Weltregierung unter „sozialer Gerechtigkeit" und „Nachhaltigkeit" verstehen. Das ist kranker, bösartiger Zynismus. Der **Emissionsrechtehandel** mit sogenannten CO_2-Zertifikaten ist ein völlig willkürliches und undurchsichtiges Milliardengeschäft, das auf den *Annex B* des Kyoto-Protokolls basiert – alles unter der falschen Behauptung, den CO_2-Ausstoß verringern zu wollen, was bislang ohnehin nicht passiert ist. Stattdessen werden die zusätzlichen Steuern von der Industrie auf die Verbraucher abgewälzt. Warum denken die Millionen von Menschen, die gegen einen Klimawandel protestieren, nicht darüber nach, dass es durchweg US-Amerikaner waren, die all das ins Rollen brachten und propagierten, die USA aber als einzige große Nation nie dem Kyoto-Abkommen beigetreten sind und auch Kanada im Jahr 2011 wieder ausstieg?

Australien hat als erstes Land der Welt die CO_2-Steuer im Jahr 2014 wieder abgeschafft. Der neue Premierminister *Tony Abbott* bezeichnete sie schlicht als einen Witz! Nur die Europäer sind so dämlich, alles umzusetzen, was ihnen die treibenden Kräfte in den USA aufzwingen. Und der Wahnsinn geht immer weiter. Dem Klimagipfel von Kyoto (1997) folgten UN-Klimakonferenzen in Buenos Aires (1998), Den Haag (2000), Bonn

(2001), Montreal (2005), Nairobi (2006), Bali (2007), Posen (2008), Kopenhagen (2009), Cancún (2010), Durban (2011), Doha (2012), Warschau (2013), Lima (2014) und Paris (2015). Ein „Klimagipfel" folgt dem nächsten. Nichts passiert, doch dieses Milliarden-Geschäft bringt nicht nur Geld, es steuert auch die Massen dahin, wo man sie haben will. (siehe Abb. 5)

Die Massen richten sich nicht gegen die Atomindustrie oder den militärisch-industriellen Komplex, sie richten sich gegen sich selbst. Sie protestieren gegen CO_2. Das Ganze ist tatsächlich an Absurdität kaum zu überbieten.

Ich bin wirklich nicht gegen den Umweltschutz oder gegen die Verringerung des Ausstoßes schädlicher Schadstoffpartikel, sondern für die Wahrheit! Die Kernaussage von *IPCC* und *Agenda 21* lautet: Wir sind zu viele und müssen uns einschränken. Ist es nicht sonderbar, dass diese lauten Forderungen von einer Gruppe von Menschen kommt, die mehr hat und mehr verbraucht als alle anderen Menschen auf Erden?

Abb. 5: „Klima wandelt Verstand" – CO_2-Anstieg beeinflusst Entscheidungsvermögen der Wähler"

Die Mächte hinter den zahlreichen Umweltprogrammen der Vereinten Nationen (UNEP) sind die reichsten 0,1 Prozent der Menschen auf diesem Planeten. Dies sind Menschen, die nur in Privatflugzeugen reisen, die größten Autos fahren, unzählige Wohnorte haben, unvorstellbare Mengen an Land besitzen und denen jene Firmen wie *Monsanto, DuPont, Bayer, BASF* und *Syngenta* gehören, die mit ihrem genmanipulierten Saatgut und mit ihren landwirtschaftlichen Chemikalien die größten Umweltverschmutzer auf Erden sind. Jeder, der voller Begeisterung einer grünen Fahne hinterherrennt, sollte zuerst recherchieren, wer sie entworfen hat! Denn während all die engagierten Menschen auf diesem Planeten für eine bessere Welt, für soziale Gerechtigkeit, für aussterbende Eisbären und für eine nachhaltige Wirtschaft kämpfen, stirbt die Mittelschicht im Westen aus – und mit ihr das Bildungsbürgertum. Wir haben vermeintliche „Energiesparlampen" gegen Bürgerrechte eingetauscht und werden „nachhaltig" immer dümmer!

Das, was wir als „Allgemeinwissen" oder als „Alltagsweisheit" bezeichnen, sind Denkmuster, die mittels Werbung und Propaganda in unsere Köpfe gepflanzt wurden. Selbst diejenigen, die im Grunde die Wahrheit kennen, werden oft von der Wucht der Propaganda so schwer getroffen, dass sie anfangen, an sich selbst zu zweifeln und sich den Klimatisten unterordnen oder zumindest öffentlich den Mund halten. Doch die Wahrheit ist – und ich wiederhole sie gerne immer wieder –, dass die Mehrheit der Wissenschaftler nicht die Lügen der UNO und des IPCC unterstützen, sondern bestätigen, dass ein „durch CO_2 verursachter Klimawandel" unbewiesen ist und eine nachweisliche „Erderwärmung" nicht stattfindet!

Überbevölkerung – 90% müssen weg!

Die Angst vor der Überpopulation unseres Planeten ist uralt. Als einer der ersten hat sie der englische, anglikanische Pfarrer und Ökonom *Thomas Robert Malthus* (1766-1834) schriftlich festgehalten, womit er Generationen nach sich beeinflusste. Sein „Essay on the Principle of Population" war lange ein Standardwerk in bestimmten weißen, christlichen Kreisen, die dagegen waren, dass sich die „Gottlosen" weiter vermehrten, also jene Menschen, die einen anderen Glauben hatten als sie.

Bei der Frage „*Wie viele Menschen verträgt unser Planet?*" wurden seit jeher Religion, Philosophie, Rassenwahn und Wirtschaftstheorie auf seltsame Weise miteinander verknüpft. Man versuchte zu beweisen, dass es bestimmte Bevölkerungen gab, die sich überproportional stark vermehrten, aber letztlich kein Recht dazu hätten, weil sie nicht in der Lage wären, sich selbst ausreichend zu ernähren. Dies belegte der Engländer *Malthus* mit einer Formel, die beweisen sollte, dass die Nahrungsmittelproduktion nicht Schritt halten könnte mit dem Anstieg der Weltbevölkerung.

> „*Ein Mensch... der in einer schon okkupierten Welt geboren wird, wenn seine Familie nicht die Mittel hat, ihn zu ernähren oder wenn die Gesellschaft seine Arbeit nicht nötig hat, dieser Mensch hat nicht das mindeste Recht, irgendeinen Teil von Nahrung zu verlangen, und er ist wirklich zu*

viel auf der Erde. Bei dem großen Gastmahle der Natur ist durchaus kein Gedeck für ihn gelegt. Die Natur gebietet ihm abzutreten, und sie säumt nicht, selbst diesen Befehl zur Ausführung zu bringen."

Adolph Blanqui, „Geschichte der politischen Ökonomie in Europa", 1971

Nach *Malthus'* Theorie hätten Millionen, vor allem junge Europäer, demnächst keine Lebensberechtigung mehr, da *„die Gesellschaft ihre Arbeit nicht nötig hat"*. Sie kann heute bereits fast alles von Maschinen und Robotern erledigen lassen.

Zum besseren Verständnis muss man erklären, dass die Weltbevölkerung zu *Malthus'* Zeit bei rund einer Milliarde Menschen lag. Zu Beginn des Jahres 2014 soll sie bei etwa 7,2 Milliarden gelegen haben[(38)], und laut dem Bevölkerungswissenschaftler *Colin Clark* könnten wir heute locker 28 Milliarden Menschen ernähren. Der Sudan allein hätte das Potenzial, eine Milliarde Menschen zu ernähren.[(39)] Voraussetzung wäre jedoch, dass wir keine Kriege führen, kein Ackerland mehr zerstören, weniger Chemikalien einsetzen und die Nahrungsmittel gerechter verteilen. Das hätte zur Folge, dass einige Personengruppen sich einschränken müssten und nicht mehr so viele Lebensmittel wegwerfen könnten. Doch wer will sich schon gerne freiwillig einschränken?

„Ein Mensch benötigt 0,25 ha Ackerland. Afrika hat 789 Millionen Hektar nutzbare Fläche (nicht gerechnet die dort möglichen 2 bis 3 Ernten pro Jahr). Das ermöglicht Nahrung für mindestens 3 Milliarden Menschen! Technisch könnte man den Hunger besiegen, aber es wird aus politischen Gründen nicht gemacht."[(40)]

Werner Boote, Regisseur und Autor

Österreich ist bekanntlich ein kleines Land. Würde man hier alle Erdenbewohner versammeln, so hätte dennoch jeder von ihnen 11,2 m^2 an Platz zur Verfügung. Die meisten Gefängniszellen sind nur etwa 9,2 m^2 groß. Daran erkennt man rasch, dass weder Platz noch Ressourcen bei dem Thema unser Problem sind, sondern der Wille.

Das ganze Thema „Überbevölkerung", dem sich nach *Malthus* auch *Charles Darwin* und *Alfred Russel Wallace* annahmen, entspringt im Grunde eher einem Rassenwahn, der auf der Annahme beruht, dass manches Leben auf Erden wertvoller sei als anderes (siehe mein Buch „Jetzt geht's los!"). Diese arrogante Geisteshaltung wird auch als „Eugenik" bezeichnet. Bemerkenswert finde ich, dass alle Menschen, die annehmen, dass wir zu viele Menschen auf Erden sind, immer davon ausgehen, dass „die anderen" zu viel sind, nie sie selbst. Bemerkenswert ist hierbei auch, dass viele der führenden Familien, die eine Entvölkerung befürworten und vorantreiben, selbst kinderreich sind und viele ihrer Sprösslinge nicht unbedingt ein Vorbild für die Menschheit darstellen. Der Geldadel selbst ist dafür ein leuchtendes Beispiel. *David Rockefeller* etwa ist Vater von sechs Kindern, *Sir Evelyn de Rothschild* hat fünf Kinder, ebenso *George Soros*.

Die „Eugenik" ist eine politische Geisteshaltung, die darauf abzielt, die „gesunden" Menschen, also die mit wertvollen Erbanlagen, zu fördern und die „minderwertigen" auszusondern. Gegen Ende des Zweiten Weltkriegs, während also noch Woche für Woche viele tausend Menschen auf den Schlachtfeldern einen sinnlosen Tod starben, formierten sich die führenden britischen Eugeniker um *Julian Huxley*, der von 1937-1944 Vizepräsident der britischen *Eugenics Society* war und danach der erste Generaldirektor der neuen *UN-Organisation für Bildung, Wissenschaft und Kultur* (UNESCO) wurde. Huxley verfasste 1946 das offizielle UNO-Dokument „Die UNESCO, ihr Zweck und ihre Philosophie", worin er offen ausführte, wo der Hammer hängt:

> *„Auch wenn es sicher richtig ist, dass eine radikale eugenische Politik für viele Jahre politisch und psychologisch unmöglich sein wird, wird es für die UNESCO wichtig sein, dafür zu sorgen, dass das eugenische Problem mit der größten Sorgfalt geprüft und die Öffentlichkeit über das fragliche Thema informiert wird, damit vieles, was heute undenkbar erscheint, wenigstens wieder denkbar wird."*

Man war sich also darüber im Klaren, dass man den verweichlichten Massen eine Reduktion bestimmter Teile der Weltbevölkerung nicht so leicht verkaufen konnte. War es im Mittelalter bei den Kreuzzügen noch durchaus salonfähig, anders aussehende und sprechende Menschen einfach abzuschlachten oder andersdenkende Menschen auf dem Scheiterhaufen zu verbrennen, so hatte sich das Massenbewusstsein dahingehend ein wenig geändert. Man brauchte jetzt schon einen stichhaltigen Grund, Menschen außerhalb von Kriegen zu töten. Man brauchte ein Schreckensszenarium, das erschreckend genug war, Massenmorde zu legitimieren.

In *John D. Rockefellers* Auftrag führte das *Bureau of Social Hygiene* (Büro für soziale Hygiene) von 1911-1940 Experimente mit der Sterilisation „Schwachsinniger" und Krimineller durch. Die Unterlagen kann man bis heute im *Rockefeller Archive Center* im Staate New York besichtigen. Die Engländer und Amerikaner hatten sich diesem Thema also schon lange vor den Faschisten gewidmet. Die Dezimierung der Weltbevölkerung war seit jeher eines der erklärten Ziele der Geheimen Weltregierung und ihrer UNO. Sie wird seit Jahrzehnten aktiv und offensiv betrieben und wird als Thema in den Medien präsent gehalten.

Rockefeller gründete 1952 das private *Population Council*, das heute Büros in 60 Dritte-Welt-Ländern unterhält und auf Geburtenkontrolle und die HIV-Forschung spezialisiert ist – eine interessante Kombination, wie ich anmerken möchte! Als ersten Direktor des Institutes setzte *Rockefeller* damals *Frederick Osborn*, einen bekannten Eugeniker, ein. Das *Population Council* fördert den Einsatz von dauerhaften Verhütungsmitteln wie *Norplant*, das in den Oberarm implantiert wird und dauerhaft unfruchtbar macht. In den 1960er-Jahren begann auch die *Rockefeller Stiftung* – die weltweit Universitäten und Kultureinrichtungen finanziell unterstützt –, immer offener darüber zu sprechen, dass sie die Forschung für „Antifruchtbarkeitsimpfungen" unterstützte und den Einsatz solcher Medikamente sehr befürwortet.

> *„Zum Zweck der Machterhaltung wird man die Weltbevölkerung auf ein Minimum reduzieren.* ***Dies geschieht mittels künstlich erzeugter Krankheiten.*** *Hierbei werden Bio-Waffen als Seuchen deklariert, aber auch mittels gezielten Hungersnöten und Kriegen. Als Grund dient die Erkenntnis, dass die meisten Menschen ihre eigene Ernährung nicht mehr finanzieren können."*
>
> Carl Friedrich von Weizsäcker, Physiker und Philosoph, Bruder des ehemaligen deutschen Bundespräsidenten Richard von Weizsäcker, in „Der bedrohte Friede", 1981

Der uns bereits bekannte und ebenfalls von *Rockefeller* finanzierte *Maurice Strong* hatte ja bei der *UNO-Weltkonferenz zum Thema „Umwelt"* im

Juni 1972 in Stockholm nicht nur vor dem bösen CO_2 gewarnt, sondern alle Welt auch wieder an das Problem der Überbevölkerung erinnert. Man muss solche Flammen immer am lodern halten, damit die „Minderwertigen“ und „Schwachsinnigen“ sich nicht zu stark vermehren!

Wir dürfen nicht vergessen, dass in den USA sowohl die schwarze Bevölkerung als auch die Ureinwohner (Indianer) bis in die 1970er-Jahre hinein offiziell als minderwertig angesehen und auch so behandelt wurden. Bis dahin hatten sie de facto kein Wahlrecht. Bis vor vierzig Jahren hat man Indianerfrauen ihre Kinder zur Umerziehung weggenommen und die Frauen selbst oft gegen ihren Willen und teils ohne ihr Wissen sterilisiert, damit sie sich nicht weiter fortpflanzen konnten! Das ist heute nicht mehr der Fall, weil die Indianer in den USA ohnehin nahezu ausgerottet sind und die Bevölkerungszahlen in der gesamten westlichen Welt ohnehin sinken. Daher haben sich die angelsächsischen Eugeniker heute auf Afrika und Asien eingeschossen. Neben *Rockefeller* finanzieren vor allem *Bill* und *Melinda Gates* (die selbst drei Kinder haben) zahlreiche Programme zur Sterilisation von Afrikanerinnen. Meist werden diese Pharmazeutika jedoch nicht offen deklariert, sondern einem Cocktail aus Impfstoffen beigefügt.

Ich möchte nicht sagen, dass die Weltbevölkerung ungehemmt weiter wachsen sollte, doch zum einen werden die Wachstumsraten seit dem Jahr 2000 ohnehin immer geringer und zum anderen vermisse ich die Frage danach, warum sich ausgerechnet die Menschen in den ärmsten Ländern der Welt am stärksten vermehren? Das hat nämlich weniger mit ihrem animalischen Trieb nach Sex oder mit ihren Genen zu tun, sondern viel mehr mit der Angst, im Alter zu verhungern. In den unterprivilegierten Gebieten dieser Erde gibt es keinerlei soziale Absicherung und keine staatliche Altersversorgung. Daher versuchen die Menschen dort oftmals, möglichst viele Kinder in die Welt zu setzen, in der Hoffnung, dass einige von ihnen überleben mögen, um ihre Eltern im Alter zu versorgen.

Zwei andere wichtige Einflüsse sind die katholische Kirche, die ausdrücklich jede Form der Verhütung verbietet, sowie der Mangel an Bildung in vielen armen Gebieten der Erde. Wer nicht lesen und schreiben kann, hat es schwer, sich zu informieren.

In Ghana etwa bekommen Frauen ohne Schulbildung durchschnittlich 5,7 Kinder, während Frauen mit einem Hauptschulabschluss nur 3,2 Kinder bekommen und Frauen mit Hochschulabschluss nur 1,5 Kinder.[41]

Beim *State of the World Forum* der *Gorbachov Society* 1996 in San Francisco wurden neben vielen religiösen und spirituellen Führern auch Politiker eingeladen. Zum wiederholten Mal wurden die *„dringlichsten Probleme der Welt"* diskutiert. Zahlreiche Anwesende, darunter auch Führer mehrerer Indianerstämme, versuchten, die Veranstaltung in Richtung von Verständnis, Verständigung und Frieden zu lenken. Doch die Zusammenfassung des Forums fiel letztlich etwas anders aus. Sie wurde von *Sam Keen* vorgetragen, einem bekannten US-amerikanischen Philosophen und Autor, der in *Harvard* und *Princeton* studiert hat und derselben Kirche angehört wie *Barack Obama. Keens* Frau ist Priesterin in dieser Kirche, der *United Church of Christ*, in Berkeley, Kalifornien. Am Ende schaffen es die Handlanger der Geheimen Weltregierung immer wieder, allem ihren Stempel aufzudrücken – und andere als Werbeträger für ihre kranken Visionen zu missbrauchen. Im Schlusspapier des *State of the World Forums* heißt es unter anderem:

> *„Es gab starke Übereinstimmung darüber, dass religiöse Institutionen die Hauptverantwortung für die Bevölkerungsexplosion übernehmen müssen. Wir müssen viel klarer über Sexualität, Verhütung und Abtreibung sprechen, über jene Werte, die die Bevölkerung kontrollieren, denn die ökologische Krise ist kurz gesagt die Bevölkerungskrise.* ***Reduziere die Bevölkerung um 90 Prozent, und es bleiben nicht genügend Leute übrig, um großen ökologischen Schaden anzurichten!"***[42]

Mit von der Partie waren bei dieser Konferenz Politiker und Ex-Politiker wie *George W. Bush*, *Margaret Thatcher*, *Vaclav Havel*, *Brian Mulroney* und Südafrikas Vizepräsident *Thabo Mbeki*. Natürlich durften auch Eugenik-Fans wie *Maurice Strong*, *Bill Gates*, *Rupert Murdoch*, *Zbigniew Brzezinski* und *Ted Turner* nicht fehlen. Doch auch wichtige Persönlichkeiten wie *John Denver*, *Shirley MacLaine*, *Jane Fonda* oder *Milton Friedman* ließen sich vor *Rockefellers* unbarmherzigen Karren spannen. *Ted Turner* hat übrigens fünf Kinder, *Maurice Strong* hat vier Kinder, *Rupert Murdoch* bringt es gar auf sechs Sprösslinge.

Ein anderer, wenig beleuchteter Aspekt des Themas „Bevölkerungskontrolle" ist der Fakt, dass die moderne Computerisierung und die Globalisierung dazu führen, dass immer mehr Arbeitsplätze eingespart werden. Wir sind also insofern zu viele, als dass man immer mehr von uns aus wirtschaftlicher Sicht einfach nicht mehr braucht. Solange man Menschen als Arbeitssklaven brauchte, waren sie geduldet. Nun, da sie durch Computer ersetzt werden können, braucht man sie nicht mehr. Insofern ist all das Gerede über „Vollbeschäftigung" oder das „Recht auf Arbeit" im Grunde sehr weit von der Realität entfernt.

> *„Es ist uns nicht gelungen, unsere Ethik schnell genug unseren veränderten Lebensumständen anzupassen. Die nackte Wahrheit ist, dass wir die meisten schlecht qualifizierten Arbeitskräfte weder jetzt noch später brauchen: die sehr Jungen, die sehr Alten, die extrem Ungebildeten und die extrem Dummen."*
>
> Margaret Mead, „The World Ahead: An Anthropologist Anticipates the Future"

Damit spielt die Anthropologin *Margaret Mead* auf die Bevölkerungstheorien von *Thomas Robert Malthus* an, der den Grund für Arbeitslosigkeit in einer zu hohen Fortpflanzungsrate der Arbeiter sieht. *Karl Marx* bezeichnete die Menge an Arbeitern, die zum Lebenserhalt arbeiten müssen, arbeitswillig sind und dennoch keine Arbeit finden, als die **„industrielle Reservearmee"**, und er gab die Schuld daran dem kapitalistischen System selbst.

Unabhängig davon, welche Philosophie einem nun näher ist, finde ich die Vorstellung, ein Menschenleben vorwiegend oder ausschließlich nach seiner Arbeitsleistung zu bewerten, prinzipiell abartig und verwerflich.

Die *Bill und Melinda Gates Stiftung* unterstützt ein Programm, in dem Ultraschall-Wellen gegen den Hodensack eines Mannes gerichtet, seine Zeugungsfähigkeit für mindestens sechs Monate zunichtemachen, ihn also temporär sterilisieren. Wenn Ultraschall-Wellen Spermien töten können, ist es nur schwer vorstellbar, dass sie auf Ungeborene keinen negativen Einfluss haben. Dennoch werden Ultraschall-Untersuchungen in der westlichen Welt von der Schulmedizin empfohlen – warum wohl?

Ein weiteres Programm der Gates-Familie ist der Einsatz von Nanotechnologie zur Impfung. Dabei werden Impfstoffe an Nanopartikel gekoppelt, die klein genug sind, um durch die Haarwurzeln in den Körper zu gelangen. Sie können aufgesprüht werden und aktivieren den Impfstoff, sobald der Betroffene schwitzt. *Bill Gates* hielt am 18. Februar 2010 bei der kalifornischen TED-Konferenz einen Vortrag mit dem Titel „Innovating to Zero!" – also „Erneuerung gegen Null". Er wetterte gegen CO_2 und Überbevölkerung: *„Gegenwärtig leben 6,8 Milliarden Menschen auf dieser Welt, bald könnten es 9 Milliarden sein. Nur wenn wir bei den neuen Impfstoffen, bei der Gesundheitsversorgung, der Fortpflanzungsmedizin ganze Arbeit leisten, dann können wir diese Zahl vielleicht um 10 bis 15 Prozent verringern!"*

Der Kampf gegen ein Bevölkerungswachstum ist letztlich Teil des weltweiten Krieges um Ressourcen. Denn diejenigen, die am lautesten danach rufen, dass wir zu viele Ressourcen verschwenden, sind selbst die größten Verbraucher. Den größten Energieverbrauch pro Kopf haben die USA vor Europa, den geringsten haben Indien und die afrikanischen Länder. Alleine das Pentagon verbraucht täglich mehr Öl als ganz Schweden![(43)] Es geht nicht darum, dass wir von irgendetwas zu wenig hätten, sondern darum, dass die reichsten und mächtigsten Menschen auf diesem Planeten nicht bereit sind zu teilen. Es sind die Arroganz und die Gier der oberen Zehntausend auf diesem Planeten, die ihn zerstören. Und diese wollen *uns* an den Kragen. Die Elite möchte die Weltbevölkerung gerne um etwa 30 bis 90 Prozent reduzieren, über die genauen Zahlen scheint man sich noch uneins zu sein. Einzig Medienmogul *Ted Turner*, ein guter Freund von *David Rockefeller* und ein großzügiger Unterstützer der UNO, geht da noch weiter als *Sam Keen*. *„Eine Bevölkerungszahl von weltweit 250 bis 300 Millionen Menschen, also eine Reduktion um 95 Prozent vom derzeitigen Stand, wäre ideal."*[(43a)]

***Ted Turner* fordert also, die Weltbevölkerung um 95 Prozent zu reduzieren!** Bei gegenwärtig 7,2 Milliarden Menschen müsste er etwa 6,8 Milliarden Menschenleben auslöschen. Man fragt sich, ob und wie eine solch massive Reduktion der Bevölkerung zu realisieren wäre? Mit physischer Gewalt dürfte dies nur schwer zu bewerkstelligen sein. Sicher, man kann verschiedene Bevölkerungsgruppen gegeneinander aufhetzen, etwa Christen gegen Muslime. Doch das wird nicht ausreichen. Seuchen oder Medikamente könnten da schon effektiver sein. Doch wer will schon die 6,8 Milliarden Leichen beseitigen?

Eigentlich sollte man meinen, dass *Ted Turner*, Exmann von *Jane Fonda*, sich vom Rest der Menschen nicht bedrängt fühlen müsste. Immerhin ist er der zweitgrößte private Landbesitzer in den USA. Er besitzt mehrere Ranches in den USA und in Argentinien. Sein Besitz ist mit rund 8.000 km² (800.000 ha) etwa halb so groß wie Thüringen und mehr als dreimal so groß wie Luxemburg. Doch wie viel Platz man braucht, ist ja eindeutig individuell verschieden.

Turners Phantasien dürften also selbst in Kreisen der oberen Zehntausend als gelinde gesagt „überzogen“ gelten, doch wenn wir nur das Mindestmaß von 30 Prozent hernehmen, auf das sich die Geheime Weltregierung schon vor Jahren als Mindestanforderung geeinigt hat, dann müssten sie immer noch 2,2 Milliarden Menschen beseitigen. Das klingt nach einer Herkulesaufgabe. Im Vergleich dazu forderte der Zweite Weltkrieg geschätzte 50 bis 80 Millionen Tote, also *nur* ein Dreißigstel davon. Doch vielleicht löst sich dieses Problem ja ganz von selbst. Vielleicht müssen die Reichsten der Reichen gar nicht mehr eingreifen. Vielleicht müssen sie lediglich ihren eigenen Allerwertesten retten, wenn das Kartenhaus der Weltwirtschaft zusammenbricht?

Ich möchte in diesem Zusammenhang eine US-amerikanische Internetseite erwähnen, die im Jahr 2014 für Aufregung sorgte. „Deagel.com“ ist eine Art „Anzeigetafel“ der Rüstungs- und Luftfahrt-Industrie. Hier werden alle Rüstungsaufträge weltweit gelistet. Jedes Flugzeug, jeder Panzer, jede Waffe, die irgendwo auf Erden von einer Regierung offiziell bestellt wird, wird hier verzeichnet. Die Seite ist echt, und sie besteht schon seit Jahren. Ihre Betreiber sind anonym, und sie behaupten, keiner Lobby und keiner Regierung anzugehören. Nun zum interessanten Teil einer Seite, die sonst für den Normalverbraucher eher langweilig wirkt: *Deagel.com* hat im Jahr 2014 eine Prognose darüber erstellt, wie sich die Einwohnerzahlen, das Bruttoinlandsprodukt und die Rüstungsausgaben aller Länder auf Erden „ihrer“ Einschätzung nach bis zum Jahr 2025 verändern könnten. Dabei sticht eines besonders ins Auge: *Deagel.com* geht davon aus, **dass die USA**

im Jahr 2025 in ihrer heutigen Form nicht mehr existieren werden – die Seite prognostiziert den totalen wirtschaftlichen Verfall der USA und ein Schrumpfen der Einwohnerzahl von 316 Millionen Menschen (2013) auf 69 Millionen (2025). Das würde eine Reduktion um 247 Millionen US-Amerikaner (oder 78 Prozent!) in nur 12 Jahren bedeuten!

Wie das? Als Grundlage für ihre Prognose geben die Macher der Seite allgemein zugängliche Daten von CIA, IWF, UNO und der US-Regierung an. Zudem wollen sie die Einschätzungen verschiedener Rating-Agenturen aus den USA und China und mehrerer Internetseiten miteinbezogen haben. Sie betonen, dass in ihrer Prognose keine möglichen Pandemien oder nuklearen Kriege berücksichtigt wurden, sondern die Zahlen lediglich auf der Annahme beruhen, dass die Weltwirtschaft in den nächsten Jahren kollabieren und eine Blase nach der anderen platzen werde. Sie gehen weiter davon aus, dass die offiziellen Wirtschaftsdaten der meisten Regierungen (vor allem der USA und Europa) völlig falsch sind und der kommende Zusammenbruch nicht nur die Wirtschaft, das Finanzsystem und die Börsen betreffen werde, sondern auch und vor allem die sozialen Systeme und den Arbeitsmarkt. Sie unterstellen, dass der nächste Zusammenbruch schwerwiegender werde als die große Krise in den 1920er- und 1930er-Jahren, und schwerwiegender als im Russland der 1990er-Jahre. In beiden Fällen kam es zu massiven Migrationswellen und zum Tod von Millionen Menschen durch Verhungern, Erfrieren und Selbstmord.

> *„In den letzten zweitausend Jahren konnten wir beobachten, wie sich die westliche Zivilisation um das Mittelmeer herum ansiedelte, sich schließlich nach Nordeuropa ausdehnte, Mitte des 20. Jahrhunderts zu einer Atlantischen Achse wurde, um sich schließlich in den vergangenen dreißig Jahren auf die USA zu konzentrieren. Die nächste Bewegung wird das Zentrum der Zivilisation nach Asien verlagern, mit Russland und China an der Spitze. Historisch betrachtet führte jeder Paradigmenwechsel zu Todesraten, die in der offiziellen Geschichtsschreibung meist unterschlagen werden. Als sich das Leben in Europa vom Land in die Städte verlagerte, nahmen sich zahlreiche Menschen, die mit der Veränderung überfordert waren, das Leben... Das ist wenig bekannt, aber es ist wahr."* (www.deagel.com)

Wahr ist auch, dass sich in den ersten Jahren nach dem Zerfall der Sowjetunion viele Menschen das Leben nahmen, weil sie mit den Veränderungen und den eigenen wie auch den fremden Erwartungshaltungen nicht zurechtkamen. Dabei handelte es sich meist um Männer. *Deagle.com* geht davon aus, dass der Verlust von hunderten von Millionen von Arbeitsplätzen im Westen eine überalterte Gesellschaft wie ein Bumerang mitten ins Gesicht treffen wird. Die Rentensysteme werden zusammenbrechen, und die Menschen werden sich selbst überlassen sein. Ist es Zufall, dass wir gerade zuletzt in Europa eine verstärkte Debatte über Erleichterungen zur Sterbehilfe haben? Wer kann, wird auswandern, nach Asien oder Südamerika, wo die Lebenshaltungskosten deutlich geringer sind und die Menschen sich weiterhin selbst versorgen können. Wer zurückbleibt, hat hoffentlich gut vorgesorgt.

Andere Länder, auf die *deagle.com* (neben den USA) schlechte Zeiten zukommen sieht, sind Frankreich, Italien, Spanien und Großbritannien. Im Königreich würde sich die Einwohnerzahl bis 2025 halbieren – ebenso in Australien. In Österreich würde die Population von 8,2 auf 6,4 Millionen sinken. In Schweden und in der Schweiz würde die Einwohnerzahl um 65 Prozent sinken, in Norwegen um 61 Prozent, in Griechenland sogar um 72 Prozent. Tschechien und Deutschland sieht *Deagel.com* hingegen relativ konstant. Wachstumspotential in wirtschaftlicher Hinsicht sieht die Seite in ihrer Prognose hingegen für China, Indien, Brasilien und Russland. Das sind also genau jene Länder, mit denen sich die USA und Europa im Jahr 2014 im Wirtschaftskrieg befinden. *Deagle.com* geht also davon aus, dass die USA und Europa, und damit die Geheime Weltregierung im Hintergrund, diesen Krieg verlieren werden.

Ich bin mir nicht sicher, ob ich dieser Einschätzung zustimmen soll oder möchte, doch es ist auch bedeutungslos, da wir alle über die Zukunft nur spekulieren können. Bemerkenswert ist jedoch, dass immer mehr US-Wirtschaftsexperten abseits der Mainstreammedien die USA als „sterbenden Riesen" sehen, der sein Scheitern nicht eingestehen will – und seinen Untergang dadurch noch selbst beschleunigt. Mehrere von ihnen haben sich Häuser in Mittel- oder Südamerika, in Kanada oder Neuseeland gekauft, um jederzeit ihre Koffer packen und fliehen zu können. Der bekannte Analyst und Goldexperte *Dr. Dietmar Siebholz* etwa ist bereits 2009 nach Paraguay ausgewandert, da er auf Europa schwere soziale Verwerfungen zukommen sieht:

„Die Leute denken, dass es hier, also in Paraguay, in Kolumbien, in Brasilien und in Panama, um einige Beispiele zu nennen, chaotische Verhältnisse gibt. Ja, das stimmt. Doch sind die Verhältnisse im Vergleich zu Deutschland viel liebenswürdiger, viel angenehmer. Aber die Steigerungsmöglichkeiten, die wir hier haben, sind unendlich größer als in Deutschland.“

Gewinnt die Geheime Weltregierung, dann sind wir, ihre rundum überwachten und ferngesteuerten Sklaven, dazu verdammt, produktiv zu sein, oder wir werden entsorgt. Verliert die Geheime Weltregierung, dann werden wir alle im Westen in Dritte-Welt-Ländern leben, geprägt von großer Armut und Hunger. Wohl dem, der dann jung und flexibel ist – und fließend Russisch und Mandarin spricht...

Es gäbe noch eine dritte Möglichkeit, nämlich dass die Geheime Weltregierung die Waffen niederlegt und mit Asien und Afrika Frieden schließt und dass sie das System von Grund auf erneuert und vermenschlicht. Doch ich möchte hier nicht in Sarkasmus verfallen.

Einen deutlichen Bevölkerungszuwachs sagt die Prognose übrigens für Länder wie die Mongolei, Kirgisistan oder Tadschikistan voraus, ebenso für mehrere südamerikanische, afrikanische und asiatische Staaten. Ich schätze, das alles wird den Herren in New York City, Washington und London nicht gefallen.

Dass die US-Behörden sich schon lange auf katastrophale Zustände in den USA vorbereiten, dass sie Chaos und Anarchie in naher Zukunft erwarten, ist Fakt. Ihre FEMA-Camps (siehe „Was Sie nicht wissen sollen!“ Band 1, Seite 273ff) sind bereit zur Internierung von Millionen von Menschen. Dass die obersten Zehntausend dafür umfangreiche Vorkehrungen getroffen haben und sich jederzeit in unterirdische Städte oder auf weit abgelegene Landsitze zurückziehen können, ist auch Fakt – leider auch die Tatsache, dass der größte Teil der „Normalbevölkerung“ davon nichts wissen will und dementsprechend nicht vorgesorgt hat. Wie heißt es so schön: *„Den Letzten beißen die Hunde!“*

Im September 2014 wurden zwei neue Studien zur Entwicklung der Weltbevölkerung veröffentlicht. Die eine, von der *University of Washington* in Zusammenarbeit mit der UNO veröffentlicht[44], geht davon aus, dass im Jahr 2100 zwischen 9,6 und 12,3 Milliarden Menschen auf Erden leben werden. Dabei wird angenommen, dass der größte Teil des Zuwachses in Afrika südlich der Sahara stattfinden wird. Dort soll sich die Bevölkerung von einer Milliarde auf vier Milliarden vervierfachen. Regelrecht explodieren soll demnach Nigeria. Die Schlussfolgerung der Studie ist ein kommender, weltweiter Kampf um Ressourcen, vorwiegend um Lebensmittel und Trinkwasser. Was die Studie nicht erwähnt, ist, dass der Westen den afrikanischen Kontinent im Laufe der letzten hundert Jahre systematisch zerstört hat und heute dafür verantwortlich ist, dass die Menschen sich in weiten Teilen kaum noch selbst ernähren können und deshalb nach Europa flüchten. Sollte die afrikanische Bevölkerung tatsächlich so stark wachsen, dann wird Europa sehr hohe Mauern an seinen Grenzen errichten müssen!

Eine zweite Studie[45] aus demselben Monat aus Österreich sieht die Wachstumsraten nicht ganz so gravierend. Sie regt immerhin zu mehr schulischer Bildung in den unterentwickelten Ländern an, da der Verfasser der Studie, *Wolfgang Lutz*, auf den deutlichen Zusammenhang zwischen Bildung und der Geburtenrate hinweist.

Sollte man das Bevölkerungswachstum stoppen oder zumindest verringern? Ja, natürlich müssen wir uns darüber Gedanken machen, weil eine Bevölkerungsexplosion enorme Probleme mit sich bringen würde. Doch sehe ich die Lösung für ein verringertes Bevölkerungswachstum nicht in der gezielten Tötung bestimmter Menschengruppen oder -rassen, sondern in Aufklärung und Bildung. Doch ein solches Programm würde ein Mindestmaß an Menschlichkeit bei den Entscheidungsträgern voraussetzen. Von Begriffen wie „Nächstenliebe“ und „Mitgefühl“ möchte ich gar nicht sprechen, denn davon sind wir heute meilenweit entfernt.

Die Geheime Weltregierung

Da der Begriff „Geheime Weltregierung" nun bereits mehrfach gefallen ist, komme ich nicht umhin, hier zu erklären, was ich darunter verstehe. Zwar hatte ich mir vorgenommen, mich nicht wieder im Detail mit diesen Leuten zu befassen, doch ich musste beim Schreiben des Buches feststellen, dass das nicht möglich ist. Dies ist vor allem für diejenigen Leser wichtig, die „Was Sie nicht wissen sollen!" Band 1 nicht gelesen und sich noch nicht mit der Materie „Geheimgesellschaften" und „Neue Weltordnung" befasst haben.

Ich kenne einige gebildete, teils auch einflussreiche Menschen, die sich weigern, die Existenz einer Verschwörung, einer *Geheimen Weltregierung,* anzuerkennen. Sie halten es für ausgeschlossen, dass einige wenige Personen das Schicksal der Welt bestimmen können, weil sie die Gesamtheit der Vorgänge für zu komplex halten und meinen, dass vieles von Zufällen und Kausalitäten abhänge. Viele Menschen weigern sich, die Vorstellung einer Verschwörung anzuerkennen, weil es ihnen ihre eigene Ohnmacht vor Augen führen würde. Es würde beweisen, dass andere sehr viel mehr Macht haben als sie. Sie würden sich hilflos fühlen. Die Existenz einer großen Verschwörung gegen die Menschheit anzuerkennen, würde ihr Weltbild so nachhaltig in Frage stellen, dass ihr Selbstbild förmlich implodieren würde. Was nicht sein soll, darf folglich auch nicht sein.

Doch unabhängig davon, ob Ihnen persönlich das Konzept einer großen Verschwörung widerstrebt oder nicht, bitte ich Sie, mir in die Vorstellung zu folgen, *dass sie möglich ist.* Schieben Sie Ihre Ängste und Zweifel zumindest für einen Augenblick beiseite, und folgen Sie mir in die Annahme, dass wir von einer *Geheimen Weltregierung* gelenkt werden. Wenn Sie am Ende des Buches immer noch anderer Meinung sind, so ist das völlig in Ordnung. Zumindest haben Sie sich kurzzeitig einem neuen Blickwinkel geöffnet, was in jedem Fall eine Bereicherung für Sie sein wird. Im schlimmsten Fall können Sie einfach darüber lachen.

Wir haben eben bereits an einem Beispiel gesehen, wie mächtige Kräfte im Hintergrund die Meinung der Massen beeinflussen wie es ihnen gelingt, einen allgemeinen Konsens entstehen zu lassen, ohne dass es dafür eine wirkliche Grundlage gibt. Dass dies unentwegt passiert, bezweifeln auch größte Skeptiker kaum. Ich habe in Band 1 (Seite 186ff) bewiesen, dass die reichsten Familien der Welt alle wirtschaftlich voneinander abhängig sind und eng zusammenarbeiten. Sie haben im Geheimen ein System geschaffen, das sie zwingt, alle am selben Strang zu ziehen, ohne dass es nach außen hin auffällt. So sind etwa die weltgrößten Investmentfirmen, wie *BlackRock* und *Vanguard*, in den Händen der reichsten Familien, denen auch Anteile an den größten Banken und Versicherungen in der westlichen Welt gehören, die wiederum selbst an *BlackRock* und *Vanguard* beteiligt sind, die ihrerseits, ebenso wie die großen Banken und Versicherungen, auch Aktienpakete aller börsennotierter Konzerne halten. Am Ende lässt sich der größte Teil des Reichtums auf Erden immer wieder auf dieselben wenigen Familien zurückverfolgen. Wir werden im Lauf des Buches auch noch weitere Beispiele beleuchten.

Stellen Sie sich vor, unsere Welt würde in unzähligen Kriegen und Bürgerkriegen, im politischen, wirtschaftlichen und sozialen Chaos versinken. Die meisten Staaten wären bankrott. Ebenso alle großen Banken. Die meisten Privathaushalte wären heillos verschuldet. Alle großen westlichen Währungen wären wertlos, die meisten jungen Menschen arbeitslos, und sie hätten keine Aussicht darauf, jemals in ihrem Leben Arbeit zu finden. Stellen Sie sich vor, die Weltwirtschaft würde zusammenbrechen, es herrschten Angst, Hunger, Verzweiflung und Armut. Stellen Sie sich vor, wir stünden an der Schwelle zu einem Dritten Weltkrieg!

Und dann stellen Sie sich vor, dass einer käme, der den Menschen auf Erden Frieden und Arbeit versprechen würde! Er würde alle Kriege beenden, die gesamte Welt vereinen, Ländergrenzen und lokale Armeen abschaffen und die größten Probleme der Menschheit, die Erderwärmung, die Umweltverschmutzung und die Überbevölkerung in den Griff bekommen! Würden Sie ihn unterstützen? Würden Sie ihm zujubeln? Wären Sie ihm dankbar? All das ist natürlich rein hypothetisch, denn so etwas könnte doch nie passieren – oder?

> *„Dr. Kissinger und seine Hintermänner streben nach einer echten Weltregierung. Ein Teil des weltweiten Chaos entstammt eindeutig ihrem Handeln und ihrer Entschlossenheit, Krieg in bestimmte Problemzonen der Welt zu tragen oder zu erhalten!"*(46)
>
> Anthony Wile, Investor und Autor

Wir schreiben das Jahr 2014. Die USA und Europa befinden sich im Krieg mit China, Russland, Syrien und dem Iran. Das ist nicht hypothetisch. Das ist Fakt. Wir befinden uns in einem Informations-, Wirtschafts- und Währungskrieg. Darüber hinaus toben zahlreiche weitere Kriege, Bürgerkriege und bewaffnete Konflikte. Der Euro und der US-Dollar sind am Ende. Alle Staaten der westlichen Welt sind hoffnungslos überschuldet und längst pleite. **Doch bei wem haben sie diese Schulden?** Bei einem kleinen Kartell privater westlicher Banken, die ihrerseits selbst bankrott und zahlungsunfähig sind und nur noch mittels Glauben an das Unmögliche, mittels Bilanztricks und Sonderregelungen, künstlich am Leben gehalten werden. Das Ganze ist die größte Insolvenzverschleppung der Menschheitsgeschichte. Jeder Ökonom weiß, dass unser System des stetigen Wachstums, der stetig steigenden Geldmenge und der stetig steigenden Schulden irgendwann kollabieren muss – auf einem endlichen Planeten kann es kein endloses Wachstum geben! Das Ende der Fahnenstange ist in diesem Wirtschaftszyklus erreicht. Doch warum nennt man das Kind nicht einfach beim Namen? Warum kann ein Kartell westlicher Großbanken über die gesamte Welt bestimmen? Warum wird ein System, das am Ende ist, nicht geändert, ein globaler Schuldenschnitt vereinbart und alles zurück auf Null gesetzt? Oder warum wird das System nicht einfach verbessert?

Die Antwort ist einfach: Eine kleine Gruppe sehr reicher Menschen ist dagegen, weil sie jahrzehntelang genau darauf hingearbeitet hat. Unsere Welt ist heute genau da, wo diese Menschen sie haben wollen, nämlich am Abgrund. Warum? Weil diese Gruppe, die ich die „**Geheime Weltregierung**“ nenne, einen Traum hat, eine Idee, eine Überzeugung. Diese Geheime Weltregierung, die im innersten Kern aus einigen hundert Familien besteht, träumt von der Weltherrschaft, von der Abschaffung aller Nationalstaaten und von der Reduzierung der Weltbevölkerung um 30 bis 90 Prozent. Das ist verrückt? Ja, das kann man so sehen!

„Es ist mir nicht aufgefallen, dass die Ehrlichkeit der Menschen mit ihrem Reichtum zunimmt.“

Thomas Jefferson, 3. Präsident der USA (1743-1826)

David Rockefeller erklärte bereits 1994 vor dem Wirtschaftsausschuss der Vereinten Nationen: „*Wir stehen am Beginn eines weltweiten Umbruchs.*

Alles, was wir brauchen, ist die eine richtig große Krise, und die Nationen werden die Neue Weltordnung akzeptieren."[47]

Wer diese Familien, die oft auch als die „Illuminati" oder das „Komitee der 300" bezeichnet werden, im Detail sind, habe ich bereits ausführlich in meinem ersten Buch ausgeführt. Eines möchte ich jedoch wiederholen, weil man es nicht oft genug sagen kann: Die reichsten Menschen auf dieser Welt sind nicht diejenigen, die in der *Forbes-Liste* angegeben werden, sondern diejenigen, denen diese Publikation ebenso wie der größte Teil der restlichen Presse, einschließlich der wichtigsten Presseagenturen, gehört. Den Kern der Geheimen Weltregierung bilden die Familien Rothschild und Rockefeller, zusammen mit den europäischen Königshäusern und dem US-amerikanischen, englischen und deutschen Geldadel. Die meisten Mitglieder werden in die Geheime Weltregierung hineingeboren, sie entstammen einer der reichsten Familien der Welt, die bereits seit mehr als hundert Jahren Mitglied im exklusivsten Zirkel der Welt sind. Im Grunde ist dies die Weiterführung des alten Adelsprinzips, das nach dem Ersten Weltkrieg ‚offiziell' weitestgehend aufgelöst und durch vermeintlich demokratisch gewählte Regierungen ersetzt wurde. Man kann es sehr einfach ausdrücken: Solche Regierungen sind nur „Show".

Das Ganze gleicht der Hierarchie an einem Königshof, nur dass niemand weiß, wer der König ist – außer dem innersten Zirkel. Die Hoflieferanten haben immer nur mit den Assistenten der Assistenten zu tun. Wie an einem Königshof verfolgen die verschiedenen Berater des Monarchen natürlich auch ihre eigenen, oft unterschiedlichen Ziele. Sie bekämpfen sich unter Umständen untereinander. Auch können seine Thronfolger uneins sein, doch am Ende eint sie schließlich alle immer das Wissen, dass sie ihre Macht nur dann erhalten können, wenn sie das Volk in Schach halten. Gelegentlich werden neue Mitglieder in den äußeren Zirkel aufgenommen, auch wenn sie keiner der Illuminaten-Familien angehören. Voraussetzung ist ihre eindeutige Unterwerfung für die Ziele und Ideale der Geheimen Weltregierung sowie ihre ergebene, unumstößliche Treue. Dies sind oft Personen, die in der Öffentlichkeit stehen, während der eigentliche innere Zirkel verborgen bleibt.

Solche Quereinsteiger sind zum Beispiel die Mitglieder der Familie *Bush*, *Bill Gates*, *Zbigniew Brzezinski* oder *Henry Kissinger*. Andere können nur bis an die Peripherie herankommen, was ihnen aber immer noch ein Jahreseinkommen im Millionen-Bereich sichert. Sie wechseln als Topmanager unentwegt zwischen Direktoren-, Vorstands-, Aufsichtsrats- und Regierungsposten hin und her, um das System für Außenstehende undurchsichtig zu machen und dennoch in sich geschlossen zu halten.

Das Beispiel von *Dick Cheney* etwa verdeutlicht das sehr anschaulich. Der konservative Mann aus Wyoming war ein mäßiger Student, und er wurde als Jugendlicher wegen Drogenvergehen verhaftet. Doch er arbeitete sich in der Politik hoch und erwies sich als braver Soldat der Geheimen Weltregierung. Er trat 1969 erstmals öffentlich als Mitarbeiter der Nixon-Regierung in Erscheinung, wurde persönlicher Assistent von *Donald Rumsfeld*, dann Stabschef von Präsident *Gerald Ford*. Als Verteidigungsminister unter *George Bush sen*. erreichte er, dass Aufträge für Baumaßnahmen an militärischen Einrichtungen der USA künftig nicht mehr ausgeschrieben wurden, sondern automatisch immer an die *Halliburton*-Tochter *Kellogg Brown & Root* vergeben wurden – wir sprechen hier von Milliarden-Aufträgen im Rüstungsbereich. Wenige Jahre später war er dann Aufsichtsratsvorsitzender und CEO von *Halliburton*. Zusammen mit *Donald Rumsfeld* rief er 1997 die konservative Denkfabrik ***Projekt für das neue amerikanische Jahrhundert*** *(Project for the New American Century)* ins Leben. Er verließ Halliburton 2001 und war acht Jahre lang US-Vizepräsident unter *George W. Bush*. Dabei sorgte er dafür, dass der Konzern auch weiterhin die lukrativsten Aufträge rund um den Erdball bekam.[(48)]

Cheneys ***Projekt für das neue amerikanische Jahrhundert*** propagierte die „**Pax Americana**", das Recht der USA (und somit der Geheimen Weltregierung), als alleinige Macht die Welt wirtschaftlich, militärisch und kulturell zu regieren. Die Organisation ging 2009 in die ***Foreign Policy Initiative*** über, deren Hauptaufgabe es ist, gegen die Kürzung der Rüstungsausgaben und für mehr militärische Interventionen der USA zu werben. Man kann wohl mit Fug und Recht sagen, dass dieser „Think-Tank" ausgezeichnete Arbeit leistet.

Bereits am 17. Februar 1950 sagte der deutsche Banker *James Paul Warburg*, einer der reichsten und mächtigsten Männer seiner Zeit, Mitbegründer der FED und Mitglied der Geheimen Weltregierung, vor dem Ausschuss des Senats für auswärtige Angelegenheiten ganz offen: „*Wir werden zu einer Weltregierung kommen, ob Sie es wollen oder nicht – durch Unterwerfung oder Übereinkunft.*"[(49)]

Die Weltregierung und ihre Vasallen haben mehrfach zugegeben, dass sie die EU und den Euro geschaffen haben, um die Demokratie abzuschaffen. Ihr Ziel ist eine Diktatur der Reichen und Privilegierten. Sie sind davon überzeugt, dass sie von Gottes Gnaden dazu bestimmt sind, sich die Erde, die Natur und alle Menschen Untertan zu machen. Sie sind davon überzeugt, dass die meisten Menschen nichts als „nutzlose Esser" sind, die kein Recht haben, sich weiter zu vermehren. Sie sehen die unteren 90 Prozent der Weltbevölkerung nicht als gleichwertig an, sie sehen sie nicht als Menschen, sondern als Untermenschen. In ihren Augen haben die meisten Menschen keine Daseinsberechtigung. Ihre „Neue Weltordnung" sieht vor, dafür zu sorgen, dass dieses „wertlose Leben" sich nicht weiter vermehrt.

Geprägt wurde der Begriff **„Neue Weltordnung"** nach Ende des Ersten Weltkriegs durch den amerikanischen Präsidenten *Woodrow Wilson* bei seinem misslungenen Versuch, den Völkerbund, also die UNO, als Weltregierung zu etablieren. Dennoch gab die Geheime Weltregierung, die Wilson wie beinahe jeden Präsidenten in seinem Wahlkampf finanzierte und dadurch steuerte, den Versuch nicht auf. Es erschien leichter, alle Nationen zur Teilnahme an einem „Völkerbund" zu überreden, als ihnen eine offizielle Weltregierung aufzuzwingen. Also wurde die UNO nach und nach ausgebaut und um immer mehr Kompetenzen erweitert, wie wir bereits am Beispiel des Umweltschutzes und der Überbevölkerung gesehen haben.

Die Bezeichnung „Neue Weltordnung" wurde erneut in den frühen 1990ern populär, als der damalige Präsident der USA, *George Bush sen.*, nach dem Zusammenbruch der kommunistischen Diktaturen in Osteuropa von einem neuen Zeitalter unter amerikanischer Führung träumte. Immer und immer wieder strapazierte er die „New World Order" in seinen zahlreichen Reden. Doch auch *Angela Merkel, Barack Obama* und zahlreiche andere Politiker haben den Begriff „Neue Weltordnung" in den vergangenen Jahren immer wieder in ihren Reden benutzt und werden nicht müde, die Massen langsam an den Gedanken einer neuen, veränderten und vereinten Welt zu gewöhnen. In dieser Welt soll es keine Grenzen mehr geben, nur noch *eine* Regierung, *eine* Währung und *eine* Armee. Diejenigen, die der Weltregierung nicht gefallen, werden keinen Ort mehr haben, an den sie sich flüchten können. Doch das wird für die meisten Menschen keine Rolle mehr spielen, weil sie sich längst damit abgefunden haben, auf Schritt und Tritt überwacht zu werden und dem Großen Bruder zu gehorchen. Die meisten Menschen schlucken alle Lügen, die man ihnen auftischt, und sie bezahlen sogar noch dafür durch ihre Zeitungs-Abonnements, Fernsehgebühren und Mobilfunkverträge. Und wer künftig nicht mitspielt, der wird entsorgt!

Wie Sie vielleicht bereits gemerkt haben, komme ich sehr rasch zur Sache. Es hat keinen Sinn, lange herumzureden, denn so wir vorhaben, die Neue Weltordnung der Geheimen Weltregierung zu verhindern, haben wir dafür vielleicht nicht mehr viel Zeit. Mit der Vereinigung Europas und der schrittweisen Entmachtung der einzelnen, demokratisch gewählten Volksvertreter ist die Geheime Weltregierung ihrem Traum von der Weltherrschaft bereits einen großen Schritt nähergekommen. Der nächste wichtige Schritt ist die Vereinigung Europas und Nordamerikas zu einem einzigen großen Superstaat mit nur einer Währung, mit einer einheitlichen Gesetzgebung zum Vorteil der Großkonzerne und der weitgehenden Abschaffung der bislang verfassungsmäßigen Rechte von Bürgern wie das Recht auf freie Meinungsäußerung oder das Recht auf Schutz durch den Staat.

Diese Vereinigung – unter den Begriffen TTIP, TISA und CETA eilig vorangetrieben – stellt künftig die Rechte von Großkonzernen über die Rechte souveräner Staaten, die danach in der Form nicht mehr existieren sollen. Nicht nur in Europa, sondern auch in den USA gibt es große Vorbehalte und massiven Widerstand gegen die Manöver der Geheimen Weltregierung, doch bei der Wahl ihrer Mittel sind die Herren im Hintergrund, die dunklen Eminenzen, nicht zimperlich. Man sollte nicht außer Acht lassen, dass nach den großen Widerständen gegen TTIP in Europa seit Anfang 2015 in mehreren europäischen Ländern das Militär in den Straßen patrouillierte.

In vielen Staaten Südamerikas, Afrikas und im Mittleren Osten hat die Weltregierung in den vergangenen Jahrzehnten bereits Kriege und Revolutionen angezettelt, um Staatsmänner zu stürzen, die sich ihr in den Weg stellten. Danach haben sie ihre eigenen Marionetten eingesetzt. Nun sind sie dabei, die letzten Staaten aufzumischen, die ihrem großen Traum noch im Wege stehen: China, Russland, Syrien und Iran. Auch in diesen Ländern zetteln die Mächtigen im Westen immer wieder Bürgerproteste und Revolutionen an, um sie ins Chaos zu stürzen. Sie spekulieren darauf, dass sie danach auch dort nach eigenem Gusto Pseudo-Regierungen einsetzen können, die ihnen hörig sind – so, wie sie es zuletzt anschaulich in der Ukraine betrieben haben.

Könnte der Plan der Geheimen Weltregierung, die absolute Weltherrschaft zu erlangen, gelingen? Ja, wenn Russland und China den Machtkampf verlieren und die Menschen rund um den Erdball nicht endlich aufwachen, ist es vermutlich nur noch eine Frage weniger Jahre, bis sie den letzten Widerstand gebrochen und den größten Teil der Weltbevölkerung vernichtet haben. Dann hätte eine kleine Gruppe von Menschen die uneingeschränkte Kontrolle über alle Ressourcen und alle Waffen auf Erden.

Die führenden Familien der Welt, die allesamt weiß sind und ursprünglich aus Europa stammen, haben aus den beiden Weltkriegen gelernt, dass es für sie sicherer ist, wenn niemand ihre Identität kennt und über ihre wahre Macht im Bilde ist. Daher verstecken sie sich hinter dem undurchsichtigen Gebilde „USA“. Die US-Notenbank FED ist ebenso eines ihrer Instrumente wie der militärisch-industrielle Komplex. Wichtiger als die Namen der mächtigsten Familien sind an dieser Stelle ihre Mechanismen und Ziele. Diese Familien steuern die US-Politik aus dem Hintergrund, sowohl im Inneren als auch im Außen. Sie haben zum Schein eine Demokratie aufgebaut, in der die Menschen in den USA alle vier Jahre zwischen zwei Kandidaten wählen dürfen. Es gibt zwei große Gruppen im Land, die einander ebenso bekämpfen, wie das die zwei Lager in den Parlamenten tun. Mehrere hundert Millionen Menschen in den USA neutralisieren sich gegenseitig, während einige tausend Menschen im Hintergrund mittels ihrer Großkonzerne und Banken ihre Macht weiter ausbauen und die vermeintliche Demokratie Stück für Stück, fast unmerklich, wieder abschaffen.

Es war ein kluger Schachzug der Geheimen Weltregierung, *Barack Obama* in das Amt des US-Präsidenten zu hieven. Man präsentierte der Welt einen halb-schwarzen Friedensengel, um Weltoffenheit und Sanftmut zu demonstrieren. *Obama* war die perfekte Tarnung für das, was im Hintergrund passierte, nämlich die Ausweitung der weltweiten Überwachung und die Abschaffung vieler Freiheiten – geplant und ausgeführt durch eine weiße, vorwiegend christlich-jüdische Elite. Der Friedensnobelpreisträger *Obama* führte der Welt, vielleicht auch unfreiwillig, vor Augen, dass selbst einer wie er die Welt nicht befrieden und vereinen kann, solange es noch Länder und „Despoten" gibt, die sich vom Westen abschotten. Der einzige Weg zu weltweitem Frieden ist dieser Logik zufolge, dass man diese Despoten stürzen und ihre Länder mit dem Westen vereinen muss. Deswegen versuchen hunderte *Think-Tanks* und Lobbygruppen weltweit, die Menschheit von der *Pax Americana*, dem Recht auf uneingeschränkte Führung der Welt durch die USA, zu überzeugen.

Wenn es keine rivalisierenden Regierungen und Nationalitäten mehr gibt – so argumentieren sie –, dann kann es auch keine Kriege mehr geben. Und damit es in einem künftigen vereinten Weltstaat keine Bürgerkriege und keinen Terror geben kann, werden sich alle Menschen einer lückenlosen Kontrolle unterwerfen müssen. Gegner werden künftig „unschädlich" gemacht, und Widerstand soll bereits im Keim erstickt werden. Die Wahl der Mittel wird dem Maß des Widerstandes angepasst. Die „Gedankenpolizei" wird jeglichen geistigen Widerstand von vornherein minimieren. Die wenigen Aufsässigen, die danach noch übrig bleiben, sind leicht zu identifizieren. Die *National Security Agency* (NSA) speichert und analysiert bereits seit Jahren jedes Handytelefonat und jede einzelne E-Mail eines jeden Bewohners dieser Erde. Bei dem kleinsten Verdachtsfall kann auf diese Daten zurückgegriffen und ein Profil erstellt werden, aus dem man alles – fast alles! – über die betreffende Person erfährt. Das *Utah Data Center* der NSA bei Camp Williams in der Stadt Bluffdale, in dem all diese Daten gespeichert werden, wurde im Mai 2014 in Betrieb genommen.

Die Briten haben ihren militärischen Cyber-Stützpunkt in *Berkshire*, wo die 1.500 „Facebook-Kämpfer" (Facebook-Warriors) der *77. britischen Brigade* die eigene Bevölkerung bespitzeln, in sozialen Medien falsche Fährten legen und die Tätigkeiten von Aktivisten boykottieren.[(50)]

Wer sich mit dieser Vorstellung einer Weltregierung abfinden und diese akzeptieren kann, der darf ruhig so weitermachen wie bisher. Der sollte dieses Buch besser weglegen, denn dem wird das, was er gleich darin lesen wird, vermutlich gar nicht gefallen. Wer mit der „Neuen Weltordnung“ nicht einverstanden ist, sollte umgehend damit anfangen, selbstständig zu denken!

„Dies ist ein historischer Moment. Wir haben in diesem vergangenen Jahr große Fortschritte dabei gemacht, die lange Ära von Konflikt und Kaltem Krieg zu beenden. Vor uns liegt die Möglichkeit, für uns selbst und für zukünftige Generationen, eine Neue Weltordnung zu schmieden – eine Welt, in der Rechtsstaatlichkeit, nicht das Gesetz des Dschungels, die Führung der Nationen regiert. Wenn wir erfolgreich werden, und das werden wir, haben wir eine echte Chance mit dieser Neuen Weltordnung, einer Ordnung, in der eine glaubwürdige UNO ihre friedenserhaltende Rolle benutzen kann, um das Versprechen und die Vision der UN-Gründer zu erfüllen.“

George Bush Sr., ehemaliger Direktor der CIA
und damaliger Präsident der USA am 16. Januar 1991

Besonders bemerkenswert finde ich an dieser Rede die Worte „Rechtsstaatlichkeit“ und „friedenserhaltende Rolle“. Denn wer sind die Gründerväter dieser angeblich glaubwürdigen UNO?

Niemand wollte nach dem Ersten Weltkrieg Präsident *Woodrow Wilsons* Weltregierung unter dem Namen „Vereinte Nationen“. Also unternahm US-Präsident *Franklin D. Roosevelt* während des Zweiten Weltkrieges einen zweiten Anlauf, der auch nur von mäßigem Erfolg gekrönt war. Dank des Drucks der Siegermächte kam die offizielle „Weltregierung“ mit dem Namen UNO dann schließlich doch zustande und wurde in London angesiedelt. Doch 1946 stiftete *John D. Rockefeller II.* der UNO ein etwa sieben Hektar (70.000 Quadratmeter!) großes Gebiet am Ostufer Manhattans. Damit holte er die UNO von London nach New York City – in sein Einflussgebiet. Auf dem Gelände wurde das UNO-Hauptquartier errichtet, das 1951 eröffnet wurde. Egal, wen man also als die Gründungsväter der UNO bezeichnet, sie waren definitiv US-amerikanisch.

„Wir sollten uns nicht immer so sehr auf unseren Wunsch fixieren, die Rechte des amerikanischen Durchschnittsbürgers zu schützen.“

Bill Clinton, US-Präsident gegenüber der Zeitung USA Today, 11.3.1993

Dieses Zitat könnte genauso gut von *Barack Obama* stammen oder von *Angela Merkel*, die 2011 auf dem Kirchentag in Dresden erklärte: *„Wenn man eine wirkliche Weltordnung haben will, eine globale politische Ordnung, dann wird man nicht umhin können, Souveränität, Rechte, an andere abzugeben.“* – und genau das hat sie in den vergangenen Jahren im ganz großen Stil getan. Sie hat unsere Rechte an andere abgegeben. Im Rahmen der Konferenz „Falling Walls“ im November 2009 in Berlin, stellte sie die Frage in den Raum: *„...eine der spannendsten Fragen, Mauern zu überwinden, wird sein: Sind Nationalstaaten bereit und fähig dazu, Kompetenzen an multilaterale Organisationen abzugeben, koste es, was es wolle?“*[(51)]

Die Neue Weltordnung der Geheimen Weltregierung scheint für manche unter uns offenbar verlockend zu sein, weil sie dieses System tatkräftig unterstützen. Allen voran sind dies Wesen, die vom herrschenden System profitieren, sei es finanziell oder auch durch einen hohen gesellschaftlichen Status, der manchem Ego wichtig ist. Die meisten von ihnen sind klassische Psychopathen. Vielen gefällt die Vorstellung, dass es auf Erden Milliarden von Menschen gibt, die ihnen unterlegen sind und die weniger „wert“ sind als sie selbst. Natürlich kann ich die Frustration mancher Erdenbewohner über einen Mangel an Verantwortungsbewusstsein vieler ihrer Mitmenschen nachvollziehen, doch deshalb möchte ich diese Menschen noch lange nicht umbringen, schon gar nicht in rauen Mengen. Doch ganz anders sieht das *Prinz Philip von Griechenland und Dänemark*, der Duke of Edinburgh und Gemahl der britischen Königin Elisabeth II.. Der Deutschen Presseagentur vertraute er im August 1988 an: *„In dem Fall, dass ich wiedergeboren werde, würde ich gerne als ein tödlicher Virus zurückkehren, um etwas beizutragen für die Lösung [des Problems] der Überbevölkerung.“* *Helmut Kohl* begrüßte der Prinz während der Hannover Messe 1997 mit den Worten *„Guten Tag, Herr Reichskanzler!“* Er ist ein wirklich würdiger Vertreter des europäischen Hochadels und der Geheimen Weltregierung.

Auch ich wünsche mir eine Welt ohne Grenzen und in Frieden. Ich glaube nur nicht, dass dieser Zustand durch Unterwerfung erreicht werden kann. Ich glaube auch nicht, dass ausschließlich eine weiße Minderheit, die nur einen kleinen Aspekt der bunten Palette der Menschheit repräsentiert, als einzige übrig bleiben sollte – auch wenn ich ihr angehöre. Doch wie heißt es so schön: „*Wer anderen eine Grube gräbt, fällt selbst hinein!*"

Vielleicht haben also jene Stimmen wie *deagle.com* recht, die das Ende der US-Herrschaft, und damit das Ende der Geheimen Weltregierung gekommen sehen. Vielleicht ist diese weiße, angelsächsische Elite gerade wirklich dabei, sich selbst zu zerstören. Es fragt sich dann nur, ob sie das ohne umfangreiche „Kollateralschäden" hinbekommt?

> „*Im nächsten Jahrhundert werden Nationen, wie wir sie kennen, obsolet sein; alle Staaten werden eine einzige globale Autorität anerkennen. Nationale Souveränität war letztendlich keine so gute Idee.*"[(52)]
>
> Strobe Talbott, Vize-Außenminister der USA von 1993-2000,
> am 2. April 2009 beim G20-Gipfel in London

Psychopathen und Zombies

Wir leben zu Beginn des 21. Jahrhunderts nicht in Frieden und Freiheit. Wir waren noch nie so kontrolliert und überwacht, wie heute. Wir werden von den Massenmedien und der Politik absichtlich falsch informiert, und niemand will die Verantwortung für das übernehmen, was schiefläuft. Unsere Gesellschaft wird zunehmend aggressiver und asozialer. Mittlerweile sind immer mehr Kinder, auch Mädchen, verhaltensauffällig und äußerst gewalttätig. Die Zahl sozial gestörter Kinder und Jugendlicher wird in Deutschland auf 700.000 bis 800.000 geschätzt.[(53)] Das Verhalten von Kindern und Jugendlichen wird oft als „Fieberkurve der Gesellschaft" bezeichnet, doch was ist Fieber anderes als eine Abwehrreaktion auf schädliche Elemente im Körper?

Wenn man sich überlegt, wer oder was dieses Schädliche in unserer Gesellschaft sein könnte, so muss man nicht lange grübeln. Kinder ahmen ihre Umgebung nach. Sie sind also ein Spiegel unserer Gesellschaft, ein Spiegel ihrer Familien, ihrer Erzieher und der Personen des öffentlichen Lebens. Kinder ahmen ihre Idole aus Sport und Unterhaltung nach, mit zunehmendem Alter auch ihre Vorbilder aus Wirtschaft und Politik. Die große Zahl gewalttätiger Kinder und Jugendlicher ist ein Problem, die Ursache sind jedoch ihre Vorbilder. Wer sind heute die Vorbilder von Kindern und Jugendlichen? Das sind neben den sie umgebenden Gleichaltrigen und den eigenen Eltern vorwiegend sogenannte „Prominente", also Menschen, die in den Medien überdurchschnittlich stark hervorgehoben werden. Prominente sind Personen, die gerne im Mittelpunkt stehen, die sich selbst sehr wichtig nehmen und ein sehr großes „Ego" haben. Um permanent im Mittelpunkt zu stehen, muss man einen Pakt mit „den Medien" schließen, man muss ihnen quasi „seine Seele verkaufen".

> *„Süchte werden für gewöhnlich mit Drogen in Verbindung gebracht. Aber wenn man das Thema etwas weiter fasst, dann definiere ich jedes Verhalten als Sucht, das durch heftiges Verlangen, kurze Entspannungsphasen und negative Langzeitfolgen gekennzeichnet ist, begleitet von Kontrollverlust und dem Wunsch oder dem Versprechen, dieses Verhalten zu beenden, dies aber nicht schafft. Wenn man das begreift, dann erkennt man, dass es wesentlich mehr Süchte gibt, als nur die in Verbindung mit Drogen. Es gibt*

Arbeitssucht, Kaufsucht, die Sucht nach dem Internet, nach Videospielen. Es gibt die Sucht nach Macht. Manche Menschen, die Macht haben, wollen immer mehr Macht. Nichts ist genug für sie. Menschen oder ganze Unternehmen wollen ständig mehr und mehr besitzen.“

Gabor Maté, Arzt und Autor

Personen, die zwanghaft im Mittelpunkt stehen wollen, leiden unter **narzisstischer Persönlichkeitsstörung**, die sich in vielen Fällen als **Psychopathie** äußert. Psychopathen sind egozentrisch, kalt, berechnend, emotionslos und lieben das Risiko, weil sie keine Angst kennen. *„Es ist wahrscheinlich, dass Menschen, die hohes Risiko eingehen oder gute Investoren sind, an, wie wir es nennen ‚funktioneller Psychopathie' leiden.“*, sagt *Antoine Bechara*, Professor für Neurologie an der Universität von Iowa und Co-Autor der Studie. *„Sie reagieren nicht emotional auf Vorgänge. Gute Investoren können lernen, ihre Gefühle auf bestimmte Weise zu kontrollieren, um wie diese Menschen zu werden.“*

Menschen können sich also selbst dazu zwingen, Psychopathen zu werden, um in einem emotionslosen Umfeld erfolgreicher zu sein. Experten schätzen die Zahl der Psychopathen in Deutschland auf knapp eine Million. Dazu meint der Tübinger Hirnforscher *Niels Birbaumer*: *„Die Chance, dass Sie in Ihrem Leben schon einmal mit einem Psychopathen zu tun hatten, liegt bei genau 100 Prozent. Einige von ihnen arbeiten in den allerhöchsten Positionen der Geschäftswelt. Hier finden sie alles, was sie interessiert: Geld, Macht, Kontrolle über andere Menschen. Man trifft sie in der Politik, im Gesundheitswesen, den Medien – intelligente Psychopathen sind häufig sehr erfolgreiche Menschen.“*[54]

Die meisten Spitzenpolitiker oder Spitzenbanker sind Psychopathen. Die Tatsache, dass es auch in manchen Bereichen des Spitzensports regelmäßig zu Doping und unlauterem Wettbewerb kommt, lässt vermuten, dass sich auch dort einige Psychopathen tummeln. Psychopathen haben einen natürlichen Jagdinstinkt, mit dem sie wehrlose und verletzliche Opfer identifizieren, die sie ausnutzen und zum eigenen Vorteil manipulieren können. Angesichts der zahlreichen Missbrauchs-Vorwürfe, die jüngst gegen einige britische und US-amerikanische Schauspieler und Fernsehmoderatoren erhoben wurden, könnte man vermuten, dass auch manche Stars in der Unterhaltungsbranche nicht die netten Onkel sind, die sie zu sein vorgeben – ganz im Gegenteil!

Was diese Wesen vereint, ist, dass sie keinerlei Mitgefühl mit anderen, keinerlei Interesse an anderen haben, es aber sehr wohl verstehen, den Eindruck von Mitgefühl und Interesse vorzugaukeln. In Wahrheit geht es ihnen nur um den eigenen Erfolg und um Anerkennung. Sie sind süchtig danach und gehen dafür im wahrsten Sinne des Wortes über Leichen. Dabei kennen sie keine Grenzen, weil sie kein „Gewissen" im klassischen Sinne haben. Sie haben auch keine Angst, erwischt zu werden, weil sie sich für unbesiegbar halten. Sie handeln für fühlende Menschen völlig irrational. Psychopathen sind das perfekte Werkzeug für die kranken Vorhaben der Geheimen Weltregierung. Ohne sie wäre die Umsetzung der Neuen Weltordnung nicht möglich. Der emeritierte Professor der *Universität of British Columbia*, Robert D. Hare, ist der Vater der Psychopathen-Forschung, und er erklärt: *„Psychopathen bringen Unglück und Zerstörung über die Menschen in ihrem Umfeld. Deshalb ist es so wichtig, sie zu erkennen und ihnen begegnen zu können."* Sie sind nicht dazu in der Lage, Reue oder Mitgefühl mit anderen Menschen zu empfinden. Robert D. Hare bezeichnet den typischen Psychopathen als „Raubtier in Menschengestalt".[(55)]

Nun könnte man natürlich darüber streiten, ob alle erfolgreichen Politiker Psychopathen sind, sie selbst würden das vermutlich vehement verneinen. Doch Experten sind sich weitgehend einig, dass zumindest ein großer Teil der Spitzenpolitiker unter „Narzisstischer Persönlichkeitsstörung" leidet. **Krankhafte Narzissten** halten sich für einzigartig, überschätzen sich und wollen bewundert werden. Sie haben einen Mangel an Einfühlungsvermögen, sind sehr empfindlich gegenüber Kritik und versuchen durch ihr auffälliges Verhalten ihre innere Schwäche und Unsicherheit zu kaschieren. Wenn sie sich ertappt fühlen, reagieren sie meist sehr aggressiv und impulsiv. Narzissmus und Psychopathie überschneiden sich oft.

Die **antisoziale Persönlichkeitsstörung** (APS) ist ein Teilbereich der Psychopathie. APS-Betroffene zeichnen sich durch Missachtung sozialer Verpflichtungen und Herzlosigkeit aus. Sie werden sehr schnell frustriert und aggressiv und lenken gerne die Schuld auf andere, um vom eigenen Fehlverhalten abzulenken. Eine extreme Form der APS ist das *Borderline-Syndrom*.

Lassen Sie uns Klartext reden: Egal, wie man jetzt jede einzelne Person in den Führungsebenen der Politik und der Wirtschaft genau analysieren und klassifizieren würde, am Ende können wir festhalten, dass wir zu einem großen Teil von Psychopathen regiert, dominiert und kontrolliert werden. Unsere Prominenten sind vielfach nur scheinbare Menschen, denen Menschlichkeit jedoch fremd ist. Sie sind die Leitbilder für die neue Generation, eine Generation, die eine Weiterentwicklung des klassischen Psychopathen darstellt: den Zombie! Während die Menschen auf Erden mit anderem beschäftigt waren, haben herz- und hirnlose Kreaturen auf diesem Planeten eine völlig neue Welt erschaffen: Zombieland!

Horror- und Zombiefilme waren in den vergangenen zehn Jahren nicht zufällig so erfolgreich und sind kein vorübergehendes Phänomen. Wir könnten sie im Grunde als „Schulungsvideos für die nächste Generation" bezeichnen. Sie zeigen Jugendlichen nüchtern und schnörkellos, wie unsere Welt heute funktioniert: Um Erfolg zu haben, musst Du eiskalt und jederzeit bereit sein, Deinem Gegner das Herz bei lebendigem Leibe herauszureißen. Wenn Sie wollen, können Sie all dies als Metapher verstehen. Sie dürfen es jedoch auch durchaus wörtlich nehmen.

Zentralbanken brechen seit Jahren alle Regeln und tun das Gegenteil von dem, was einst ihre Aufgabe war – nämlich für monetäre Stabilität zu sorgen. Stattdessen wurden sie zu skrupellosen Hinterzimmercasinos. Gemeinsam mit völlig entarteten Großbanken manipulieren sie nicht nur Zinssätze, Edelmetallpreise und die Börsen, sondern auch die Politik und die Gesellschaft weltweit. Die 22 wichtigsten Banken in den USA und in Europa haben zwischen 2009 und 2014 für ihre kriminellen Aktivitäten mehr als 230 Milliarden US-Dollar an Strafen bezahlt.[(56)] Die Chefs dieser Institute verdienen dennoch Millionen-Gehälter. Sie werden von der Presse hofiert und gefeiert, gehen in den Machtzentralen der Politik ein und aus und beraten sogar die Politik.

Dass Politiker es mit der Wahrheit oft nicht so genau nehmen, ist nicht neu, doch das Ausmaß ihres Betruges nimmt immer gewaltigere Formen an. Dass Politiker ihre Doktorarbeiten nicht selbst schreiben, war gestern noch ein Aufreger, heute holt das keinen Hund mehr hinter dem Ofen hervor. Man muss in Deutschland beispielhaft nur den Skandal um den neuen Berliner Großflughafen (BER) hernehmen, der laut Planung weniger als eine Milliarde Euro hätte kosten sollen und Mitte 2013 hätte eröffnet werden sollen. Da standen die Kosten bereits bei 4,3 Milliarden Euro, und eine Eröffnung war wegen hundertfünfzigtausend Baumängeln nicht möglich. Bei Erscheinen dieses Buches war seine Eröffnung für das Jahr 2018 vorhergesagt worden. Und die Baukosten wurden nun auf etwa acht Milliarden geschätzt, wobei es Stimmen gab, die davon sprachen, dass ein kompletter Abriss und Neubau sinnvoller wäre. Wir sprechen also von Mehrkosten in Höhe von mindestens sieben Milliarden (7.000.000.000) Euro, oder 700 Prozent![(57)] Und niemand der politisch Verantwortlichen wurde bis 2014 zur Rechenschaft gezogen, niemand ließ auch nur den Anflug von Reue oder schlechtem Gewissen erkennen. Dies steht exemplarisch für eine Gesellschaft, der jeder Sinn für Recht und Anstand abhandengekommen ist. **Es gibt kein Unrechtsbewusstsein mehr.** Wen wundert es da, dass immer weniger Menschen Vertrauen in das Justizsystem haben?

Das Interessanteste dabei ist, dass Unfähigkeit, Betrug, Verschwendung und Lügen nicht einmal mehr für einen Skandal reichen, dass sie der Status quo sind und von der Bevölkerung als selbstverständlich hingenommen werden. Die Menschen wissen, dass sie belogen werden und haben sich damit abgefunden. Doch würden sie das wahre Ausmaß dieses Lügenkonstruktes namens „Politik" kennen, dann würde ihnen der Atem stocken – oder auch nicht!

> *„Die Menschen lassen sich nicht belügen, weil sie es müssen, sondern weil sie es wollen!"*
>
> Malcolm Muggeridge, britischer Journalist

Das Signal für junge Menschen in unserer heutigen Gesellschaft ist deutlich: Du musst nur irgendwie nach oben kommen, dann kannst Du tun und lassen, was Du willst, dann kannst Du Dir die Taschen füllen und Gesetze brechen, die Menschen werden Dir zu Füßen liegen und Dir huldigen. Du musst nur brutal und konsequent genug sein. *Welcome to Zombieland!*

Wir leben heute in einer Gesellschaft, die von Egoismus, Jugendwahn, Glattheit, Eitelkeit, Oberflächlichkeit und Uniformismus geprägt ist. Wir leben in einer Gesellschaft, die vorgaukelt, dass alle alles haben könnten und sollten und nur jene, die alles haben, was gerade „in" ist, auch vollwertige Menschen sind. Wir leben in einer Welt, in der jeder dasselbe Smartphone und dieselben sozialen Netzwerke benutzen muss und auch dasselbe perfekte Aussehen haben soll. Wir leben in einer zunehmend spießigen und intoleranten Welt, in der jene, die von der Norm abweichen, die „Ecken und Kanten" haben, die sich nicht dem neuesten Trend unterwerfen, unter Druck gesetzt werden. Dieser enorme Druck zwingt manche Personen, sich eine Scheinidentität aufzubauen und ihrer Umwelt etwas vorzulügen. Andere wiederum zwingen sich, ihre eigenen Gefühle und Zweifel zu unterdrücken, um ihren Idolen und Vorbildern nachzueifern.

Der italienische Medienmogul und Politiker *Silvio Berlusconi* hat erfolgreich dazu beigetragen, dass die ohnehin dünne Linie zwischen Politikern und Mafiosi immer mehr verblasste. Es gibt schon lange kein ‚links' oder ‚rechts', kein ‚wahr' oder ‚falsch' mehr. Jeder kann behaupten, was er will. Wenn er es nur laut und brutal genug vorträgt und oft genug wiederholt, und wenn er dabei die Massenpresse auf seiner Seite hat, dann wird seine Darstellung irgendwann als ‚Wahrheit' anerkannt werden, selbst wenn sie keinen Sinn macht, selbst wenn sie völlig falsch oder sogar krankhaft ist, wie das Beispiel des Klimatismus beweist. Ein solches Oxymoron, also die Vereinigung zweier sich gegenseitig ausschließender Begriffe, war auch die Berichterstattung der Medien nach den Europawahlen 2014. Da diese nicht so ausgefallen waren, wie das dem Psychopathen-Zombie-Establishment gefiel, wurden alle, die nicht zu ihm gehörten, aber gewählt worden waren, als „rechtsextrem" und „undemokratisch" gebrandmarkt. Die alten Eliten wurden in den meisten Medien hingegen in bestem Neusprech als „demokratische" Kräfte bezeichnet. In Deutschland war diese „rechte Gefahr" die *AFD*, in Frankreich war es der *Front National*, in England die *UKIP*, die von Politikern und Massenpresse abwechselnd als „rechtsextrem", dann wieder als „rechtspopulistisch" bezeichnet wurden – und das von denselben EU-Psychopathen, die offen und ohne Hemmungen zur selben Zeit die rechte *Vereinigung Swoboda* ins ukrainische Parlament gehievt und mit Geld und Waffen versorgt hatten.

Nur zur Wiederholung: *Krankhafte Narzissten* sind sehr empfindlich gegenüber Kritik und reagieren oft aggressiv und impulsiv. Personen mit *antisozialer Persönlichkeitsstörung* werden sehr schnell frustriert und aggressiv und lenken gerne die Schuld auf andere, um vom eigenen Fehlverhalten abzulenken.

Die Frage, wie angeblich „nichtdemokratische“ Parteien bei angeblich „demokratischen“ Wahlen gewählt werden konnten oder warum sich die etablierten Parteien „demokratisch“ nennen können, wenn sie doch den Wahlerfolg anderer Parteien als „undemokratisch“ verstehen, wurde von den europäischen Hütern von Moral und Anstand nie beantwortet. Das liegt daran, dass sie nie öffentlich gestellt wurde. Wir werfen heute nur noch mit Begriffen und Zahlen um uns, ohne uns ihrer Bedeutung bewusst zu sein.

Eine *Gallup-Studie* im Jahr 2005 befragte Bürger in 68 demokratischen Ländern, ob sie der Meinung seien, dass die Wahlen in ihrem Land frei und ehrlich verliefen. 65 Prozent waren demnach der Meinung, dass die Regierungen ihrer Länder nicht entsprechend den Wünschen der Wählerschaft handeln. Dabei waren 64 Prozent der Europäer und 60 Prozent der Nordamerikaner der Überzeugung, die Regierung befolge nicht ihren Willen, in Russland waren es gar 75 Prozent. Die größten „Optimisten“ lebten in Skandinavien, dort waren 82 Prozent der Ansicht, dass die Wahlen in ihrem Land demokratisch und frei wären. (BBC World Service, 15.9.2005)[(58)]

An dieser Stelle möchte ich erwähnen, dass es mir nicht um die Unterstützung einer der oben erwähnten Parteien geht, sondern darum, das Votum der Bevölkerung ernst zu nehmen. Anstatt bei Stimmenverlusten die Stimmengewinner zu diskreditieren, sollte man als intelligenter, erwachsener Mensch in sich gehen und sich fragen, warum der Wähler seine Entscheidung so und nicht anders getroffen hat. Doch eine Selbstreflexion findet in der Politik heute prinzipiell nicht mehr statt. Politiker schwelgen stattdessen in Selbstverliebtheit. Sie verschwenden immer weniger Zeit mit Inhalten und echten Anliegen und verlegen sich immer mehr darauf, wie sie dem Volk ihre eigene „Genialität“ möglichst gut verkaufen können. Psychopathen und Zombies haben weder Gewissen noch Gefühle.

Es besteht für mich kein Zweifel daran, dass zahlreiche Personen des öffentlichen Lebens Mitschuld an der Verrohung der Sitten in unserer Gesellschaft tragen. Es fehlt allerorts an Anstand und Moral, an positiven Rollenmodellen und Vorbildern. Der Fisch beginnt immer vom Kopf an zu stinken. Wen wundert es also, dass immer mehr Psychopathen und Zombies in unseren Straßen und auf unseren Autobahnen unterwegs sind. Es gibt immer mehr blutleere Wesen, die ihren Vorbildern in Politik und Wirtschaft nacheifern, die sich mit aller Macht durchsetzen wollen und dabei völlig maß- und hemmungslos sind. So geht es in Politik und Wirtschaft seit einigen Jahren nicht mehr um Millionen-, sondern nur noch um Milliarden- oder Billionenbeträge, um Superlativen also. Dennoch tun Politik und Presse geschlossen so, als gäbe es keine Inflation und kein Problem. Die Schulden des deutschen Staates betrugen im Juli 2014 mehr als 2.000 Milliarden Euro, und sie steigen kontinuierlich weiter. Doch Politiker lügen diese Tatsachen einfach weg.

Bereits *Theo Waigel*, *Hans Eichel* und *Peer Steinbrück* waren an einem ausgeglichenen Staatshaushalt gescheitert – und das in wirtschaftlich deutlich besseren Zeiten. Dennoch versprach auch *Wolfgang Schäuble* im Jahr 2014 für das Jahr 2015 wieder einen ausgeglichenen Staatshaushalt. Er behauptete sogar bereits Anfang 2015, im abgelaufenen Jahr keine neuen Schulden gemacht zu haben. Jeder Ökonom weiß, dass das gelogen ist, ja dass es völlig absurd ist, dennoch druckt die Presse das ab und das Fernsehen berichtet darüber. Dabei erwähnt niemand, dass er zahlreiche Negativposten in seinem Budget einfach an anderer Stelle versteckte. Der Irrsinn ist salonfähig geworden.

Jeder Wirtschaftsjournalist weiß, dass deutsche Finanzminister seit der Wiedervereinigung enorme Summen in Schattenhaushalten verstecken, um so zu tun, als machten sie keine neuen Schulden. Dieser Umstand wurde selbst von manchen Politikern als „Bilanzfälschung“ oder „Konkursverschleppung“ bezeichnet.[(59)] Das ist, als ob ein Mann sowohl mit seiner Ehefrau als auch mit seiner Freundin ein Haus und ein Bett teilen würde, es alle rundherum sehen würden, die Ehefrau aber so täte, als gäbe es die andere Frau überhaupt nicht. Und alle rundherum täten so, als sei die Ehefrau völlig normal. Doch wenn die Politiker und die Wirtschafts- und Medienvertreter unentwegt lügen, warum sollte die Bevölkerung es ihnen nicht gleichtun? Viele Mitbürger streiten heute im Falle eines Vergehens erstmal reflexartig jegliche Schuld ab und beschuldigen zur Ablenkung andere.

Wenn man die Welt nüchtern und sachlich betrachtet, dann regieren Psychopathen und Zombies. Die wenigen verbliebenen Mitfühlenden versuchen verzweifelt, auf sie Einfluss zu nehmen, was jedoch sinnlos ist, weil sie weder auf Argumente noch auf Gefühle ansprechen. Wer schon einmal einen Zombiefilm gesehen hat, sollte wissen, wie sinnlos das Unterfangen ist, an das Mitgefühl eines Untoten zu appellieren.

Ich finde es im Übrigen bemerkenswert, dass der deutsche Bundespräsident – der einst evangelischer Pfarrer war – im Juni 2014 sein Volk und dessen Vertreter dazu aufrief, mehr Kriege zu führen(60):

„*...in diesem Kampf für Menschenrechte oder für das Überleben unschuldiger Menschen ist es manchmal erforderlich, auch zu den Waffen zu greifen!*“(61)

Das ist doch mal eine klare Ansage! Schließlich ist Deutschland einer der größten Waffenexporteure der Welt. Da hängen viele Jobs dran. Waffen müssen ja schließlich auch im Kampf erprobt werden – um sie sicherer zu machen! Der deutsche Liedermacher *Konstantin Wecker* kommentierte Gaucks Aussage wie folgt:

„*War es das, warum man Herrn Gauck mit aller medialer Gewalt ins Amt putschen wollte, war es diese unverhohlene Kriegslüsternheit, die man an der bundespräsidialen Spitze unseres Staates mit seinem manchen Kreisen so hinderlichen Grundgesetz haben wollte?*“(62)

Wann auch immer in der Geschichte der Politik die Zügel entglitten waren, führte sie die Menschen in einen Krieg. Im Jahr 2015 patrouillieren wieder Soldaten in den Straßen Europas, und es liegt Krieg zwischen dem Westen und Russland in der Luft. Es ist immer einfacher, ein Feindbild aufzubauen, dem man die Schuld an allem geben kann, als selbst Verantwortung zu übernehmen. Außerdem kurbelt jeder Krieg (zumindest für kurze Zeit) die Wirtschaft an und mobilisiert ungeahnte Kräfte in der Bevölkerung. Die gezielte Desinformation westlicher Medien und Politiker über die wahren Hintergründe der Ukraine-Krise im Jahr 2014 legte die Verzweiflung der „Eliten“ offen.

Psychopathen lieben Krieg, weil er ein gutes Geschäft ist. Die größten Gewinne machen sie, wenn Blut in den Straßen fließt. Das menschliche Leid nehmen sie ohnehin nicht wahr. Krieg hat außerdem noch weitere positive Effekte für sie: Er reduziert die Weltbevölkerung und somit deren gefährlichen CO_2-Ausstoß. Sicher, Zwangssterilisationen und Zwangsimpfungen in Afrika können da auch helfen. In Europa und in den USA wurde die Bevölkerungsreduktion durch den Einsatz von Plastikweichmachern und GVOs in der Nahrungskette vorangetrieben, doch all die Afrikaner, Asiaten und Russen verdienen aus Sicht der Geheimen Weltregierung besondere Aufmerksamkeit.

Deshalb hielten die reichsten Psychopathen der Welt, angeführt von den Familien *Rothschild* und *Rockefeller* im Mai 2014 einen Gipfel in London ab, um auszuloten, wie man damit umgeht, dass unser gegenwärtiges Wirtschaftssystem am Ende ist und die aufstrebenden Nationen, von China und Russland angeführt, es offen wagen, den westlichen Großfamilien in die Suppe zu spucken. Das Treffen wurde als Symposium unter dem Titel **„Inklusiver Kapitalismus“** veranstaltet. Es etablierte somit gleich einen neuen, komplett absurden Begriff, der ebenso „transparent“ wie „nachhaltig“ ist. Mit von der Partie waren *Prinz Charles*, *Bill Clinton*, *Christine Lagarde* und viele weitere „Philanthropen“, also „Menschenfreunde“ – wie sich die *Rothschilds* und ihre Entourage gerne selbst bezeichnen. Mit Presseerklärungen wie dieser beweisen sie ihre Art von Humor:

„Der Begriff Inklusiver Kapitalismus ist Teil der redlichen Bemühungen von Menschen, die bewussten Kapitalismus, moralischen Kapitalismus oder guten Kapitalismus hervorheben möchten sowie alle anderen Bemühungen, die Wirtschaftssysteme der Welt nachhaltiger zu gestalten, indem sie mehr zum Wohl der gesamten Gesellschaft und des Planeten arbeiten.“[63]

Psychopathen verstehen es sehr gut, sich als mitfühlende Menschen zu tarnen. Sie täuschen oft Einfühlsamkeit und Interesse vor, obwohl ihnen beides in Wahrheit völlig fremd ist. Sie sind „auf den ersten Blick“ sogar charmant und verstehen es, oberflächliche Beziehungen herzustellen. Dabei sind sie mitunter sehr manipulativ, um ihre Ziele zu erreichen, wie der kanadische Kriminalpsychologe *Robert Hare* erklärt.

Eine weitere Frage, die all die versammelten Menschenfreunde antrieb, war, wie man mit der zunehmenden Aggressivität der Unterschicht gegenüber den Reichen umgehen sollte. Soll man sie einfach vernichten, oder soll man sie besser finanziell unterstützen, damit sie konsumieren können und von der Ungleichheit und Ungerechtigkeit auf Erden ein wenig abgelenkt werden? Es soll zu keiner eindeutigen Entscheidung gekommen sein. Bemerkenswert ist hier noch die Überschrift der *Hebrew Vision News* zu diesem barmherzigen Treffen: „*Lady Lynn Forester Rothschild und ihre Knechte kritisieren ihren eigenen Kapitalismus und empfehlen einen nachhaltigen Agenda-21-Welt-Kommunismus zur Umverteilung unseres Besitzes an die Rothschilds.*“[(64)]

Der deutsche Bundespräsident fordert, Deutschland sollte sich an noch mehr Kriegen beteiligen! Wer hätte so etwas noch vor einigen Jahren für möglich gehalten? In den späten 1960er-Jahren war eine weltweite Friedens- und Antikriegsbewegung entstanden, die etwa eine Generation überdauerte. Doch seit dem Fall der Mauer und dem Wegfall eines Feindbildes für den Westen setzte der militärisch-industrielle Komplex alles daran, die Menschen wieder für den Krieg zu begeistern, und das mit großem Erfolg. *Zombies wollen Blut sehen, weil es ihnen selbst fehlt!*

War der arabische Raum bis Anfang dieses Jahrtausends noch stabil, so ist er 2015 ein Pulverfass, das die Welt in Atem hält. Die Psychopathen haben Abrüstung nur in dem Maße zugelassen, als sie half, Platz für neue, teurere Waffen zu schaffen. Dabei tarnen sie ihr Handeln als „Gutmenschentum“, dem das Wohl anderer am Herzen liegt. Die Wahrheit ist, dass sie selbst weder ein Herz haben noch Menschen sind. Sie sind menschenähnliche Wesen, denen jedoch etwas Entscheidendes fehlt: Empathie (Mitgefühl). Sicher, Mitgefühl ist nur etwas für Sozialromantiker. Ich habe das mittlerweile schon verstanden. Ich kann jedoch manchmal nicht anders, als *es* zu empfinden, denn es kommt einfach über mich. Ich weiß auch, dass mich das schwach und angreifbar macht, dass es in unserer modernen Welt ein Makel oder eine Fehlfunktion ist, doch ich konnte *es* bislang auf meiner Festplatte nicht löschen, so sehr ich es auch versucht habe.

Denjenigen unter Ihnen, die „Mitgefühl“ nicht kennen, sei nur zur Klärung des Begriffes gesagt, dass es sich von „Mitleid“ dadurch unterscheidet, dass man dabei nicht seine eigenen Vorstellungen und Werte auf andere projiziert, sondern versucht, diese so zu nehmen, wie sie sind, sich also in sie hineinversetzt, ohne sie ändern zu wollen. Ich weiß, dass dies heute nur noch schwer funktionieren kann. Wie soll man andere so nehmen können, wie sie sind, wenn man sich nicht einmal selbst so akzeptiert, wie man ist? Ich weiß, dass es heute angesagt ist, alles und alle gleichzumachen. Und natürlich hat jeder das Recht dazu, seinen Körper durch die bestmöglichen

Ersatzteile aufzupeppen. Ich stamme jedoch – zu meiner eigenen Rechtfertigung – noch aus einer Generation, in der manche Männer versuchten, ihre Kleinwagen durch Spoiler, Breitreifen und besondere Lackierungen beeindruckender zu machen. Wir haben damals über sie gelacht. Heute machen Zombies und Psychopathen dasselbe mit ihren Frauen, und niemand lacht mehr darüber. Weibliche Zombies lassen sich bereits als Teenager die Brüste so groß und rund aufblasen, wie wir es früher nur mit Wasserbällen gemacht haben. Aber die Welt verändert sich, alles wird anders, größer, protziger, praller, und man muss mit der Zeit und der Mode gehen. Frontspoiler sind heute eben wieder en vogue.

Das Problem für Sozialromantiker und spirituell Suchende ist heute, dass selbst die letzten Bastionen der vermeintlich „Guten" so sehr von Psychopathen und Zombies unterwandert sind, dass man dem „Bösen" oder „Kalten", dem „luziferischen Prinzip" schon fast bewundernd zu seinem klaren Sieg gratulieren muss. Doch wie konnte es so weit kommen? Wie konnte das Kranke und Böse in unserer Gesellschaft die Oberhand gewinnen?

11/9 – 9/11

Wenn wir auf die letzten 30 Jahre zurückblicken, so gab es zwei einschneidende Tage, zwei große Ereignisse, die unsere Welt geprägt und geformt haben, die uns alle gemeinsam als Menschheit bewegten. Es gibt zwei Tage, die sich in der Erinnerung aller Menschen, die vor 1970 in der westlichen Hemisphäre geboren wurden, einprägten und von denen jeder bis heute sagen kann, wo er an diesen beiden Tagen war und was er oder sie gerade tat. Es geht um zwei Momente, die knapp zwölf Jahre auseinanderliegen, die gegensätzlicher nicht sein könnten und die dennoch eng miteinander verknüpft sind, weil sie unser aller Weltbild und Denken prägten und die Welt veränderten.

Der erste einschneidende Tag war der 9.11.1989 (auf englisch 11/9), der Fall der *Berliner Mauer*, der das Ende der Sowjetunion symbolisiert. Der zweite Tag, der diese Welt nachhaltig veränderte, war der 11.9.2001 (auf englisch 9/11), der Tag, an dem drei Türme des *World Trade Centers* in New York zum Einsturz gebracht wurden.

Das erste Datum versetzte uns alle in helle Freude. Es löste in jedem von uns eine Welle der Begeisterung aus und nährte die naive Hoffnung, dass fortan Frieden auf Erden nicht nur möglich sei, sondern bereits ausgemachte Sache war. Wenn man physische Mauern zwischen verfeindeten Staaten einreißen konnte, dann konnte man auch die Mauern in den Herzen der Menschen erweichen! Oder etwa nicht? Gott, was waren wir naiv!

Diese Naivität besaß natürlich einen großen Charme, denn im Grunde war sie ein Freischein für Gedankenlosigkeit, Konsum- und Drogenrausch und nicht enden wollende Partylaune. Durch den Zerfall der Sowjetunion und die atomare Abrüstung verloren die Anti-Atomkraft- und die Friedensbewegung an Fahrt. CDs lösten die Musikkassette ab, und riesige Plattenläden öffneten in allen Städten. Drei weitere technische Revolutionen brachten neue Möglichkeiten der Kommunikation und des Konsums: Handys, Laptops und das Internet. Sie waren anfangs nichts anderes als Spielzeuge für große, coole Kinder, doch sie haben letztlich unsere Welt im Eiltempo verändert.

Während die einen unter dem Einfluss der Modedroge *Ecstasy* gefühlt wochenlang zu ein und demselben Rhythmus tanzten, investierten die anderen wie im Rausch Geld an der Börse in die Lieblingsfirmen der *New Economy*: die hippen Internetfirmen, die aus nichts über Nacht ein Vermögen machten. Die späten 1980er- und die 1990er-Jahre waren die Zeit der *Yuppies*, der ersten Generation von Zombies, die dafür verantwortlich waren, die Globalisierung voranzutreiben und den menschlichen Aspekt aus der Wirtschaft zu entfernen. Der Begriff „Yuppie" ist ein Akronym, ein Kunstwort, zusammengesetzt aus „young urban professional". Sie verbreiteten Kälte und Gier auf allen Ebenen der Gesellschaft. Ihr Ziel war es, möglich rasch möglichst reich zu werden.

Für die anderen gab es zum Glück all die neuen elektronischen Spielzeuge, die sich hervorragend dafür eigneten, der realen Welt zu entfliehen und sich immer tiefer in eine Cyberwelt zu flüchten. Der Kalte Krieg war einem Kalten Frieden gewichen, die permanente atomare Bedrohung war verschwunden, und alle wollten nur noch immerfort spielen.

Bis zu den 1990er-Jahren hatte jede Generation seit Ende des Zweiten Weltkriegs gegen ihre Elterngeneration revoltiert. In den 1950er-Jahren war es die Beat-Generation, in den 1960ern die Flower-Power-Bewegung, in den 1970ern die Friedensbewegung, die mit der Elektropop- und Punk-Ära in die 1980er überging, die bei uns von der Neuen Deutschen Welle geprägt waren. All diese Bewegungen waren auf ihre Art kleine Revolutionen gegen das Establishment. Bis in die 1980er hinein engagierten sich weite Teile der Bevölkerung gegen Krieg und gegen Atomenergie, für die militärische Abrüstung, für eine freie Gesellschaft, für die Frauen- und Minderheitenrechte, für den Natur- und Umweltschutz.

Die Jugend der 1990er-Jahre war die erste, die nicht mehr auf die Straßen ging und protestierte, sondern sich zurückzog, um in ausgedehnten Tanzveranstaltungen, sogenannten „Raves“, mit künstlichen Drogen zugedröhnt und glücklich vor sich hin zu grinsen, sich zu monotoner Musik zu bewegen und ansonsten den Mund zu halten. Das englische Wort „rave“ bedeutet so viel wie „schwärmen“ oder „begeistert sein“. War Musik bis in die 1980er-Jahre hinein vielfach von revolutionären, kritischen oder zynischen Liedtexten geprägt, so verschwanden die Texte in den 1990er-Jahren fast gänzlich und wurden durch Endlosschleifen von monotoner Musik ersetzt, bei der man besonders gut abschalten und der zunehmend kälter werdenden Konsum-Welt entfliehen konnte. Die westliche Welt wurde in den 1990ern langsam, aber sicher zu einer erfolgsorientierten, verwöhnten und verweichlichten Konsumgesellschaft umgestaltet. Bis dahin waren die Stars der Musikwelt Musiker und Sänger, nun waren es Disc Jockeys, kurz „DJs“. Sie verwerteten mittels Computerprogrammen die Musik, die andere geschrieben hatten, mischten sie neu ab und unterlegten sie mit dem treibenden Rhythmus der neuen Zeit. Musikinstrumente wichen nach und nach Computerprogrammen. Neue, gewinnbringende Industrien entstanden.

Die frühen 1990er-Jahre waren eine Zeit, die äußerlich von Aufbruch, Wachstum und einem neuen Wirtschaftswunder geprägt war. Für den Westen erschlossen sich riesige, neue Märkte in den ehemaligen Sowjetstaaten. Gesellschaften im Umbruch mussten mit allem gefüttert werden, was der Mensch so brauchte – angefangen bei modernen Kühlschränken und Fernsehern bis hin zu coolen Marken-Klamotten. In vielen Branchen herrschte eine Art Goldgräberstimmung. Großkonzerne und Geheimdienste steckten ihre Claims in den ehemaligen Sowjetrepubliken ab und stritten hinter den Kulissen um die Filetstücke. Alles Sowjetische war verpönt, russische

Staatsbetriebe wurden zu tausenden liquidiert und durch westliche Einkaufszentren ersetzt.

Die Yuppies dehnten ihren kulturellen und geistigen Einflussbereich gen Osten aus. Die Bewohner Ungarns, Tschechiens, Polens und der Slowakei – und da vor allem die jüngeren Semester – wurden mit der Aussicht auf ein Leben in Saus und Braus geködert. Innerhalb weniger Jahre mauserten sie sich zu den perfekten Konsum-Junkies, die alles anhimmelten, was ihnen die Werbung suggerierte. Sie verspürten einen Nachholbedarf nach westlichen Gütern. Jahrzehntelang hatten sie sich dem Kollektiv, der Gemeinschaft unterordnen müssen, nun wollten sie selbst im Mittelpunkt stehen. Die 1990er waren der Beginn der weltweiten Egozentrik, des Ich-Zeitalters. Jeder wollte der Erste sein, wollte alles haben und von allem möglichst viel.

Als willfährige Opfer dieser geschickten westlichen Werbestrategie wandten sich viele ehemalige Sowjetbürger begeistert von Russland ab und warfen sich den „Freunden“ in Europa und in den USA an den Hals. Sie hatten kein Geld, aber sie kauften alles auf Pump. In Kürze gab es keine geregelten Ladenöffnungszeiten mehr. Viele Geschäfte in Osteuropa hatten rund um die Uhr geöffnet. Es wurde gekauft und gekauft, und niemand dachte darüber nach, dass er seine Schulden eines Tages würde begleichen müssen. Mittels Konsum und Drogen formten die Yuppies auch hier die erste Zombie-Generation des Ostens.

Der weltweite Siegeszug von Laptops und Mobiltelefonen in den späten 1990ern krempelte die Welt komplett um. Zeit schmolz zusehends dahin, denn ständige Erreichbarkeit war der schleichende Tod für Gemütlichkeit und Müßiggang. Das Tempo wurde in allen Bereichen des Lebens erhöht. Das passte perfekt zum Motto der USA: schneller, höher, weiter! Jeder wollte und musste ein Mobiltelefon haben, und niemand war sich zu Anfang der Folgen bewusst. Die gravierendste davon war aus meiner Sicht, dass dadurch die Grenze zwischen Arbeit und Privatleben aufgelöst wurde. Wenn man zuvor seinen Arbeitsplatz verließ, war man beruflich nicht mehr erreichbar. Man hatte Freizeit. Seit Ende der 1990er gibt es keine Freizeit mehr. Das Leben wurde der Arbeit untergeordnet. Doch wer permanent arbeitet, will auch permanent konsumieren, um sich zu belohnen. Die Folge war der Siegeszug der Discounter in Europa. Jetzt konnte man unentwegt an jeder Ecke billigen Schund kaufen, der sich zuhause stapelte. Das gab den braven Sklaven der schönen neuen Welt das Gefühl, erfolgreich zu sein. Den asiatischen Billiglohnländern verhalf es zum wirtschaftlichen Aufstieg. Das waren die 1990er!

Als das zwanzigste Jahrhundert sich jedoch seinem Ende zuneigte und das neue Millennium nahte, trat plötzlich eine große Bedrohung für die Menschheit auf: das *Jahr-2000-Problem*, auch als *Millennium-Bug* oder *Y2K-Bug* bezeichnet. In den Medien wurde die Angst davor aufgebauscht, dass viele Computer auf Erden die Umstellung der Jahreszahl von 1999 auf 2000 nicht überleben würden. Es schwebte die Gefahr über uns, dass alles zusammenbrechen würde, von der Stromversorgung bis hin zu allen gespeicherten Daten. Daraus entwickelte sich ein allgemeines Unbehagen, das sich mit Aberglauben vermischte. Für die Computerunternehmen aber war dieses Jahr 1999 auf den ersten Blick ein Gutes, weil Unternehmen weltweit zur Vermeidung von Y2K-Pannen und Computerabstürzen rund 600 Milliarden US-Dollar ausgaben – was zu jener Zeit noch sehr viel Geld war.[(65)] Doch auch das konnte die völlig überbewertete Internetbranche nicht retten. Im März 2000 platzte die „dot.com-Blase“, eine Spekulationsblase, die entstanden war, weil Millionen Menschen ihr Geld in die Aktien wertloser dot.com-Firmen (Internetfirmen) investiert hatten. Die meisten Computer überlebten den Millennium-Jahreswechsel, viele Computerfirmen jedoch nicht. Die Party war zu Ende. Nun brach eine neue Zeit an. Eine ungemütlichere, wesentlich ernsthaftere Zeit.

Der 11. September 2001 markiert den Beginn einer neuen Epoche. Jeder von uns weiß bis heute, wo er an jenem Tag war. Die 9/11-Anschläge markierten das Ende der Spaßgesellschaft. Am 11.9.2001 war ein für alle Mal Schluss mit lustig! Als die drei Türme des World Trade Centers in New York zum Einsturz gebracht und mehr als 2.600 Menschen getötet wurden, zauberten westliche Politiker die Gefahr islamischen Terrors aus der Kiste, die bis dahin unbekannt war. Diese vermeintliche Bedrohung, die von den US-Geheimdiensten selbst geschaffen wurde, diente als Rechtfertigung für eine flächendeckende Überwachung und Einschüchterung der Bevölkerung. Ich habe in meinem ersten Buch ausführlich über die Hintergründe von 9/11 geschrieben und will dies hier nicht wiederholen. Doch das Datum spielt eine entscheidende Rolle für das Weltgeschehen, und wir werden im Laufe dieses Buches immer und immer wieder darauf zurückkommen.

Der Jahreswechsel von 2001 auf 2002 brachte die Einführung des Euro. Die Unsicherheit über die Auswirkungen der neuen Gemeinschaftswährung auf die Wirtschaft und die Preisentwicklung führte zu großer Vorsicht. Den Fernsehsendern und Zeitungsverlagen gingen im Jahr 2001 viele Werbekunden verloren. Betriebe wie Privathaushalte hielten sich mit Investitionen zurück. Der Euro brachte massive Preiserhöhungen mit sich, da die Umrechnung in vielen Branchen dazu genutzt wurde, die Preise für Produkte deutlich zu erhöhen. Da sich manche Preise fast verdoppelten, wurde der Euro lange auch als „Teuro" bezeichnet. Die Preissteigerungen im Einzelhandel erwiesen sich vielfach als Bumerang, weil noch mehr Verbraucher zu Discountern wechselten und vermehrt nach billigen Angeboten suchten. Daraus entwickelte sich eine Preisschlacht im Einzelhandel, die bis heute anhält. Banken wollten die Wirtschaft ankurbeln. Sie verleiteten die Menschen mittels billiger Kredite zum Konsum und heizten eine Immobilienblase an. Die Werbebranche boomte wieder. Die Menschen wurden süchtig nach Konsum, eine Blase nach der anderen wurde geschaffen, und sie alle platzten gleichzeitig.

Mit dem Zusammenbruch der Weltwirtschaft im Jahr 2008 drohte man den Konsumjunkies nun, dass sie alles wieder verlieren könnten – es sei denn, sie schrieben der Politik und der Finanzwelt eine Blankovollmacht aus. Und die Süchtigen taten alles, um weiterhin an ihre Drogen zu kommen. Die meisten Menschen würden heute Amok laufen oder sterben, wenn man ihnen ihr Smartphone wegnehmen würde. Eine Studie der *University of Missouri* aus dem Jahr 2015 zeigt, dass immer mehr Menschen von ihrem Smartphone abhängig sind und sich ohne nackt fühlen. Wenn sie ihr Smartphone nicht griffbereit hatten, reagierten die Probanden beim Lösen von Aufgaben mit leichter Panik, mit erhöhter Herzfrequenz und erhöhtem Blutdruck. Zudem ließen ihre kognitiven Leistungen deutlich nach. Anders ausgedrückt: **Sie sehen das Smartphone als einen unverzichtbaren Teil von sich selbst an.**

Globalisierung

Die Zeit zwischen dem Zweiten Weltkrieg und dem Fall der Berliner Mauer wird die Zeit des „Kalten Krieges“ genannt, obwohl dieser Begriff fragwürdig ist, was wir jedoch an späterer Stelle noch erörtern werden. Im Grunde standen sich in jener Zeit die zwei Großmächte USA und UdSSR gegenüber. Beide waren bis an die Zähne bewaffnet. Sie drohten einander mit Massenvernichtungswaffen, die ausgereicht hätten, um die gesamte Erde gleich mehrmals zu zerstören. Beide Supermächte steckten einen Großteil ihrer Budgets in die Rüstung. Sie gaben also das meiste hart erarbeitete Geld ihrer Bevölkerung dafür aus, noch mehr Waffen und Kriegsgerät anzuschaffen. Wann immer eine Seite eine neue Waffe entwickelte, musste die andere Seite das wieder überbieten. Dieses Spiel war zwar absurd, doch es führte zu einer Patt-Situation. Die Welt war im Grunde in zwei gleichmächtige Hälften, in zwei Blöcke geteilt.

Nun muss man verstehen, dass dieses Wettrüsten unter sehr ungleichen und unfairen Bedingungen stattfand, denn die USA hatten dem „Feind“ gegenüber einen entscheidenden Vorteil, nämlich den US-Dollar, den die gesamte Welt seit dem Abkommen von *Bretton Woods* benutzen musste, um international Handel zu treiben. Egal, was die Sowjetstaaten im Ausland erwerben wollten, sie mussten in US-Dollar bezahlen. Egal, was sie verkauften, sie bekamen dafür Dollar. Dies versuchten sie zu umgehen, indem sie, so gut es ging, unter sich blieben und sich weitestgehend vom Rest der Welt abschotteten.

Im Abkommen von *Bretton Woods*, im Juli 1944, hatten die USA der Welt versprochen, dass ihr Dollar immer mit Gold gedeckt sein würde und jeder seine Dollarüberschüsse (die aus dem Handel entstanden) jederzeit bei der US-Notenbank FED wieder gegen Gold eintauschen konnte. Diesem „Deal“ hatten die Vertreter von 44 Nationen unter großem Druck der USA zugestimmt, darunter auch die Vertreter der UdSSR, von Polen und der Tschechoslowakei, aber auch so wichtige Erdöllieferanten wie Iran und Irak. Die USA hatten also den Vorteil, dass ihre eigene Währung – unabhängig von der eigenen Wirtschaftsleistung – gar nicht wertlos werden konnte, weil alle Welt sie „einkaufen“ musste und ihr Wert auf dem internationalen Markt daher gesichert war. Jedes Land tat alles, um den Dollar zu stärken, weil es sich damit selbst stärkte. Wäre der Wert des Dollars gesunken, dann hätten alle Länder geringere Einnahmen und Reserven gehabt. Also sorgten alle dafür, dass der Wert des Dollars hoch blieb.

Anders die Sowjetunion, deren Währung im Verhältnis dazu wertlos war, weil niemand im Westen sie wollte. Dieser Umstand führte auf Dauer zu einer Schwächung der Sowjetunion und zu Mangelwirtschaft. Hätte die Weltgemeinschaft sich 1944 (rein hypothetisch) auf den Rubel als Weltleitwährung geeinigt, so hätte die Situation ganz anders ausgesehen. Doch die Russen hatten außenpolitisch nie die Aggressivität und Weitsicht der USA. Das Wettrüsten war für die UdSSR also wesentlich teurer als für die USA, was die sowjetische Planwirtschaft extrem belastete und mit der Zeit dazu führte, dass der Wohlstand in den Sowjetrepubliken im Vergleich zu den USA eher bescheiden ausfiel. Zudem war die Wirtschaft der USA auf Wachstum und Expansion ausgelegt und auf die Eroberung immer neuer Märkte. Das Ziel der Sowjetwirtschaft war hingegen, den Status quo zu erhalten und soziale Ausgewogenheit zu schaffen.

Als dann im Jahr 1971 die USA das Abkommen von *Bretton Woods* einseitig aufkündigten, hätte der US-Dollar eigentlich sein Privileg als Weltwährung verlieren müssen. Warum das aber nicht geschah, habe ich bereits ausführlich in meinen Büchern „Was Sie nicht wissen sollen!" und „Der Goldkrieg" beschrieben. Fest steht, der US-Dollar, und somit die FED, dominierte weiterhin das Weltgeschehen. Die Sowjetunion aber geriet wirtschaftlich immer weiter ins Hintertreffen, was einer der Hauptgründe für ihren inneren Zerfall und für das Aufbegehren mehrerer Teilstaaten, allen voran Polens gewesen sein dürfte. Um das Ruder noch einmal herumzureißen, wählte das Zentralkomitee der KPdSU den Reformer *Michail Gorbatschow* im März 1985 zum neuen Staatschef. *Gorbatschow* wollte die Rüstungsausgaben senken, die teils maroden Staatsbetriebe modernisieren und für eine Öffnung in der Gesellschaft sorgen. Sein Reformprogramm, das unter den Begriffen „Glasnost" und „Perestroika" für frischen Wind sorgte und die Sowjetunion wieder nach vorne bringen sollte, wurde jedoch durch den Gegenwind einiger alter Technokraten sowie durch Korruption, Misswirtschaft und weit verbreiteten Alkoholismus gestört.

Gorbatschow versuchte, das Wettrüsten zu beenden, und unterbreitete den USA umfassende Abrüstungsvorschläge, zudem beendete er den Afghanistankrieg und holte die Truppen heim. Diese „Niederlage" wurde auf beiden Seiten des eisernen Vorhangs als Schwäche angesehen.

Diese ersten Anzeichen des Zerfalls und der Schwäche nutzten westliche Kräfte, um den strauchelnden Riesen zu Boden zu werfen. Was folgte, war Propaganda vom Feinsten. Es wurde allen Menschen in den nun „befreiten" Staaten suggeriert, dass sie alles haben könnten und dürften. Es wurde von Frieden und Freiheit gesungen, und es wurde konsumiert bis zum Abwinken – ein Prozess, in dem die Menschen rund um den Globus nur noch mit sich selbst und mit den Errungenschaften der modernen Technik beschäftigt waren. In der Zwischenzeit jedoch, während alle Kinder mit Spielen beschäftigt waren, wurden die Weichen gestellt, um die *Neue Weltordnung* im Sinne der westlichen Finanz- und Machtelite zu erschaffen. Innerhalb weniger Jahre wuchsen Großkonzerne unter dem Deckmantel der „Freien Marktwirtschaft" zu konkurrenzlosen Superkonzernen heran.

Die 1990er waren auch das Zeitalter des Neoliberalismus und der Globalisierung – zweier Konzepte, die kaum ein Politiker in ihrer ganzen Tragweite wirklich begriffen hat. Unter „**Neoliberalismus**" verstand man das Prinzip des Rückzugs des Staates aus der Wirtschaft. Dadurch wurden die nationalen Grenzen aufgehoben, und die Welt wurde den großen supranationalen Konzernen überlassen. Die Idee dahinter lautet, dass die Wirtschaft sich selbst besser regeln kann als Politiker das können. Dies führte zu einer Fülle von Gesetzen, die von der Wirtschaft für die Wirtschaft gestaltet wurden – und zum Nachteil des Staates und der Bürger ausfielen. All dies ging einher mit massiven Privatisierungen. Der Staat verkaufte seine Anteile an Firmen, selbst von solchen, die für das Allgemeinwohl von größter Bedeutung waren, wie öffentliche Verkehrsmittel oder die Trinkwasserversorgung. Das Wort „**Privatisierung**" kommt vom lateinischen „privare", was so viel wie „berauben" bedeutet. Bei Privatisierungen wird also die Allgemeinheit beraubt! Dazu sagte *Hermann Scheer*, deutscher Politiker und Träger des *Right Livelihood Awards*, des sogenannten „Alternativen Nobelpreises":

> *„Im neoliberalen Zeitalter ist alles verkürzt, alles. Alles ist verkürzt auf die aktuelle Erzielung einer höchstmöglichen Rendite, koste es, was es wolle!"*[(66)]
>
> Hermann Scheer, deutscher Politiker und Träger des Alternativen Nobelpreises

„Globalisierung“ umschreibt im Grunde die Abschaffung von Ländergrenzen, um großen Konzernen ein vernetztes, internationales Agieren zu erleichtern. Es ermöglicht ihnen, dort zu produzieren, wo es am billigsten ist, und dort ihren offiziellen Firmensitz zu errichten, wo sie keine Steuern bezahlen müssen. Das bedeutet im Grunde die Schaffung eines geheimen undemokratischen Staates im Verborgenen. Er wird daher auch von einer verborgenen Regierung gelenkt. Dieser „heimliche Staat“ erschafft seine eigenen Gesetze, seine eigenen Umweltstandards, seine eigenen Sozialtarife und vor allem: Dank eines Monopols oder eines Kartells kann er mangels Konkurrenz die Preise für seine Waren bestimmen, wie er will. Globalisierung ist also das Gegenteil von „Freier Marktwirtschaft“ und das Gegenteil von offener und transparenter Preisgestaltung. Mit der zunehmenden Globalisierung wuchs auch die Zahl und die Macht der Denkfabriken (Think-Tanks) jener privaten Lobbygruppen, die Einfluss auf die Politik ausüben und die Welt maßgeblich zum Vorteil der Großkonzerne beeinflussen.

Die großen multinationalen Konzerne, die ALLE in der Hand der Geheimen Weltregierung sind, beuten Menschen aus, verursachen immense Umweltzerstörung, vergiften Böden und Wasser, weil sie sich an keine Umweltstandards, Mindestanforderungen und an keinen Mindestlohn halten müssen. Gleichzeitig sind ihre Manager diejenigen, die mit den leeren Begriffen „Nachhaltigkeit“ und „Transparenz“ nach uns werfen, während sie alle Verantwortung für ihr eigenes skrupelloses Handeln an die Politik weiterreichen. Die reicht dann den „schwarzen Peter“ an die Bevölkerung weiter und zwingt sie, CO_2 einzusparen und der *Agenda 21* zu huldigen.

„Globalisierung ist nur ein anderes Wort für US-Herrschaft.“

Henry Kissinger

Regiert wird der geheime Staat von den Leitern der betreffenden multinationalen Konzerne, also von Vorständen. Weil sie von keinem Volk gewählt wurden, müssen sie auch keinem Volk gegenüber Rechenschaft ablegen. Sie dienen nicht den Menschen, sondern den Großaktionären der Firmen, für die sie arbeiten, also dem obersten 1 Prozent der Weltbevölkerung. Die Geheime Weltregierung hält den größten Teil aller Aktien auf Erden. Sie bestimmt daher über das Führungspersonal der großen Konzerne. Kleinanleger können hier kaum Einfluss nehmen.

Im Grunde handeln sie wie die Parteisekretäre einer kommunistischen Diktatur – mit einem Unterschied: Sie leben nicht unter ihresgleichen, unter Menschen, die zumindest dieselbe Sprache sprechen wie sie, dieselbe Herkunft und Kultur haben, sondern sie sitzen in irgendeinem Hochhaus in Manhattan oder Mainhattan und regieren über Millionen oder Milliarden von Menschen, die sie nicht kennen und die ihnen daher auch völlig fremd und total egal sind.

Die Distanz zwischen ihnen und denen, die für sie arbeiten, ist dank der Globalisierung so groß geworden, dass die Vorstände und Manager überhaupt keinen realen Bezug zu dem haben, was sie tun. Alles beschränkt sich für sie auf Zahlen und Tabellen in irgendwelchen Quartalsberichten und Statistiken. Alles, was sie tun (müssen), ist, diese Zahlen zu „optimieren". Wenn dadurch Menschen sterben oder Flüsse vergiftet werden, dann bekommen sie es gar nicht mit. Hauptsache, die Zahlen stimmen. Das System wurde so verzweigt und undurchsichtig aufgebaut, dass genügend Zwischenstationen vorhanden sind, um die Spuren der Unmenschlichkeit in der Befehlskette sorgsam zu verwischen. Am Ende muss sich niemand für etwas verantwortlich fühlen. Das ist die perfekte Umgebung für Psychopathen. Hier wird ihr unmenschliches Verhalten sogar noch belohnt.

Die Globalisierung ist nichts anderes als die Fortführung des britischen Empires an anderer Stelle – und mit einigen zusätzlichen Mitspielern. Das Zentrum der Herrschaft verlagerte sich in der zweiten Hälfte des 20. Jahrhunderts einfach an die US-Ostküste. Die Hackordnung wurde diesem Ortswechsel angepasst. Durch die unkoordinierte Öffnung des Ostblocks wurden die gewachsenen gesellschaftlichen Strukturen in West- und Osteuropa verändert. Durch die parallel vorangetriebene Globalisierung wurde die Identifikation mit der eigenen Geschichte, Sprache und Kultur zerstört. Die amerikanische Sprache und Kultur wurden der gesamten Welt übergestreift. Wurzeln wurden immer mehr abgekappt. Statt der Identifikation mit der eigenen Herkunft, verstehen sich immer mehr Menschen heute als „Weltbürger", und das, obwohl die meisten von ihnen wenig über die Welt wissen.

Entfremdung und Distanz sind die prägenden Faktoren im frühen 21. Jahrhundert, und sie führen zwangsläufig zu Einsamkeit und Egozentrik. Viele vermeintliche Weltbürger leben in ihrer ganz eigenen Welt. Der moderne Mensch hat jeglichen Bezug zur Realität verloren – und zwar in nahezu allen Bereichen. Wir haben Verantwortungsgefühl, Anstand und Mitgefühl kollektiv über Bord geworfen. Nicht nur ganze Industrien werden aus sicherer Distanz ferngesteuert, dasselbe gilt auch für Kriege und Revolutionen. Wir leben heute in den 2010er-Jahren in einer Diktatur der Großbanken und Großkonzerne. Das Absurde daran ist, dass die meisten Menschen ganz im Gegensatz dazu glauben, dass die Menschheit noch nie freier war. Das ist ***mind twisting*** (Gedanken-Beeinflussung) und ***mind control*** (Gedanken-Kontrolle) in seiner reinsten Form.

> *„Wenn man die Kontrolle über die Nahrungsmittel hat, hat man die Kontrolle über das Volk. Hat man die Kontrolle über das Erdöl, so hat man die Kontrolle über die Nationen. Wenn man die Kontrolle über das Geld hat, kontrolliert man die Welt."*
>
> Henry Kissinger, 1993 in Berlin

Das Problem ist, diese Diktatur als solche zu erkennen, weil sie, anders als andere Diktaturen, gesichtslos ist. Heute ist der Feind unsichtbar. Er kann überall sitzen. Er lenkt sein Imperium mit unsichtbaren Mitteln der Manipulation im Verborgenen, und die meisten Menschen kennen nicht einmal seinen Namen, ja sie wissen oft noch nicht einmal, dass es ihn gibt! Die Schergen dieses Systems wechseln unentwegt ihre Posten, Firmen, Wohnorte, Tätigkeitsfelder und Zuständigkeiten. Ähnlich wie im diplomatischen Dienst, dürfen sie nie lange genug bleiben, um Beziehungen aufbauen zu können. Sie sind ständig auf der Durchreise, sind oft allein und haben meist nur oberflächliche Beziehungen. Das macht es ihnen leicht, unpopuläre Entscheidungen zu treffen. Sie lernen deren Spätfolgen ohnehin nie kennen. Daher kennen sie keine Gewissensbisse und können auch die Anfeindungen gegenüber ihresgleichen nicht nachvollziehen.

Die angebliche Freiheit, in der wir heute leben, ist eine gigantische Illusion! Noch nie in der Geschichte waren wir so überwacht und ferngesteuert wie heute. Nichts ist, wie es äußerlich scheint. Keine der Revolutionen der letzten Jahre, egal ob in der Ukraine, in Ägypten oder in Syrien, wurde von der dortigen Bevölkerung ausgelöst und durchgeführt. Diese sogenannten „Revolutionen" waren allesamt Umstürze, die von westlichen Geheimdiensten und Organisationen durchgeführt wurden. Wir befinden uns de facto seit dem 11. September 2001 offiziell in einem weltweiten Krieg, auch wenn die Fronten sehr unklar sind und ständig wechseln. Wir befinden uns in einem permanenten Wirtschafts-, Währungs- und Informationskrieg, in dem es darum geht, die letzten Widerstände gegen die Neue Weltordnung zu beseitigen.

In den 1990er-Jahren strömten viele Menschen aus den ehemaligen Ostblockstaaten nach Europa, um hier zu arbeiten und sesshaft zu werden. Auch der jahrelange Krieg im ehemaligen Jugoslawien trieb Menschenströme nach Mitteleuropa. Darunter war auch eine nicht geringe Zahl von Kriminellen, die dem organisierten Verbrechen in Europa den Kampf ansagten. Vor allem Verbrecher-Clans vom Balkan, junge Männer, die in ihrem Leben nichts anderes als bestialische Gewalt kennengelernt hatten, zeichneten sich durch eine Brutalität und Härte aus, die selbst der kriminellen Szene in Europa bis dahin unbekannt war. Die Kosovo-Albaner, fernöstliche Mafia-Clans, die Kurden- und die Russen-Mafia übernahmen europäische Großstädte, da weder die Politik noch die Exekutive noch die bis dahin bestehenden kriminellen Organisationen auch nur ansatzweise darauf vorbereitet waren. Um nicht ihren gesamten Einfluss zu verlieren, passten sie sich an die neue Qualität der Gewalt an, was regelrechte Gewalt-Orgien auslöste. Die Kriminalität in europäischen Großstädten stieg schlagartig an. Einbruch, Diebstahl, Raub, selbst Auftragsmorde nahmen überhand und zeigten in den Polizeistatistiken einen Anstieg um teilweise mehrere hundert Prozent. Vielen Menschen im ehemaligen Ostblock erschien der Westen vorbehaltlos als das Paradies, und für manche wurde es das auch.

Ich möchte hier nicht im Detail auf all das eingehen, aber der Aspekt der Kriminalität ist wichtig, wenn man Europa in den 1990er-Jahren betrachtet, weil er die Gesellschaft gravierend veränderte. Es entstanden innerhalb eines Jahrzehnts Subkulturen, Ghettos, Stadtviertel, in die selbst die Polizei sich nicht mehr hineintraute. Es entstand eine Kultur der Abschottung der Wohlhabenden gegenüber der einfachen Bevölkerung. Es entstand zunehmend eine Zwei-Klassen-Gesellschaft. Die Politik und die Verwaltungen waren völlig überfordert und versuchten, das Problem damit zu kaschieren, dass sie die veränderten Strukturen als „Multi-Kulti“ feierten und die Bevölkerung mit den neuen Problemen alleinließen. Man könnte dieses Phänomen als „Globalisierung der Kriminalität“ bezeichnen.

Die USA hatten die Vereinigung Europas vorangetrieben und dafür gesorgt, dass alle Tore offen waren und Europa unter dem Deckmantel einer „offenen Gesellschaft“ jeden aufnahm, der nach Europa wollte. Während des Balkankrieges hatten sie eine ganze Generation traumatisiert und radikalisiert, und nun war es an Europa, diese Menschen aufzunehmen und damit umzugehen. Es kamen mehr Menschen nach Europa als der Arbeitsmarkt benötigte. Doch das größte Versagen der Politik war, dass keine klaren Regeln für die Zuwanderer aufgestellt wurden, was eine Eingliederung für viele nahezu unmöglich machte. Dies war der Beginn der „cultural clashes“ in Europa, des Aufeinanderprallens der Kulturen, deren Langzeitfolgen wir im Jahr 2015 überall zu spüren bekommen. Nur um das klarzustellen: Ich laste diese Folgen nur bedingt einigen Migranten selbst an, vielmehr sehe ich sie als Ergebnis eklatanten Versagens der EU-Politik und der Zivilgesellschaft als Ganzes an.

Im zwanzigsten Jahrhundert kam es zu einer unglaublichen Konzentration von Macht in den Händen einiger weniger Familien, denen die größten Unternehmen dieser Welt gehören. Diese Unternehmen setzen sich – wie oben bereits erwähnt –, dank eines ausgeklügelten Systems an miteinander verflochtenen Firmen und Tochterfirmen, über alle regionalen staatlichen Gesetze hinweg, und sie bezahlen keine oder nur sehr wenig Steuern, was in letzter Konsequenz zur Aushöhlung aller Staaten führt und somit zur Abschaffung jeglicher Demokratie. Wenn die großen Multis keine Steuern bezahlen, muss der Bürger umso mehr davon abliefern, denn irgendjemand muss den Staat und seine Vertreter erhalten – auch wenn die im Grunde kaum noch Macht oder Handlungsspielräume haben. Wir leben schon lange nicht mehr in Demokratien, denn all unsere Politiker sind letztlich nur Lakaien der Großbanken und anderer multinationaler Konzerne.

Eine globalisierte Welt, in der es keine Grenzen mehr für Konzerne gibt, schreit förmlich nach der endgültigen Abschaffung von Ländergrenzen, also letztlich nach der Abschaffung von Ländern überhaupt. Die logische Konsequenz ist eine Welt ohne einzelne Territorien, ohne lokale Regierungen und ohne lokale Armeen. Wenn man die Globalisierung zu Ende denkt, dann landet man – selbst wenn man „Verschwörungstheorien" misstraut – bei einem Weltstaat, einer Weltregierung, einer Weltarmee und einer einzigen Weltwährung. Das ist es, wonach die reichsten Menschen auf Erden seit langem trachten: die Weltherrschaft. Die Ereignisse vom 9. November 1989 und vom 11. September 2001 waren Meilensteine auf dem Weg dorthin.

> *„Mit dem Zusammenbruch der Sowjetunion 1990/1991 wurde die Welt von einer zweipoligen zu einer einpoligen, mit den USA als dominierende Macht. Das wurde als ‚Neue Weltordnung' gepriesen und mündete in der ‚Wolfowitz-Doktrin', laut deren wichtigstem Abschnitt das Wiederaufkommen eines neuen Rivalen verhindert werden muss. Allerdings haben sich die Dinge geändert."*[(67)]
>
> David Chapman, Investor und Wirtschaftsautor

Der Kollaps

Die nächsten historisch einschneidenden Daten, nach dem November 1989 und dem September 2001, waren der September 2008 und der September 2011.

Im September 2008 musste die US-Bank *Lehmann Brothers* Insolvenz anmelden, was einen Zusammenbruch des Weltwirtschafts- und Weltfinanzsystems auslöste. Dieser Kollaps war vorhersehbar und unvermeidlich, einzig sein genauer Zeitpunkt und seine direkten Folgen waren variabel und konnten von der Geheimen Weltregierung noch manipuliert werden. Das Ziel war, den US-Dollar so lange am Leben zu erhalten, bis man Europa und Nordamerika vereinigt hatte und eine neue gemeinsame Währung, eine echte Weltwährung unter Kontrolle der Geheimen Weltregierung, schaffen konnte. Idealerweise wollte das Weltregime auch noch Afrika mit in diese neue Währung einbinden, denn Afrika ist reich an Rohstoffen und daher von enormer geo-strategischer Bedeutung. Würden die oberen Zehntausend es schaffen, Europa, Nordamerika, Südamerika und Afrika zu einen und zu kontrollieren, hätten Russland und China schlechte Karten.

Die Pleite von *Lehmann Brothers* zog eine Welle weiterer Bankenpleiten und schwerer Turbulenzen nach sich. Die Finanzwelt versank im Chaos, und die regierenden Politiker und Notenbanker in Europa und in den USA taten alles in ihrer Macht Stehende, um den totalen Zusammenbruch der Weltwirtschaft noch ein wenig hinauszuzögern. Dafür wurden zahlreiche Spitzenbanker in wichtige politische Positionen in Europa und in den USA eingeschleust, denn sie waren die Einzigen, die verstanden, was hier vonstattenging. Ihnen waren alle Mittel recht, auch illegale. Sie warfen die Gelddruckpresse an, fluteten die Welt mit noch mehr Euros und US-Dollars, änderten die Gesetze für Bilanzierungen der Banken und enteigneten die Bürger auf mannigfaltige Weise. Sie manipulierten den Goldpreis, die Zinssätze und die Wechselkurse von Währungen. Und sie logen über all das, dass sich die Balken bogen.

„...die Euro-Krise wirkt wie süßes Gift. Es tötet nur auf lange Sicht. Kurzfristig profitieren sehr viele davon. Die Banken können ihre Schuldenlast auf die EZB und damit auf die Steuerzahler und Sparer übertragen, die Exportindustrie freut sich über den niedrigen Euro-Kurs, und der Finanzminister hat 15 Milliarden weniger Zinsausgaben, obwohl die Schuldenlast gestiegen ist. Viele sehen zwar die Nachteile, sie glauben aber, dass es vielleicht nicht so schlimm kommt, oder die Enteignung der Sparer der Preis für die vermeintlich gute wirtschaftliche Situation im Lande ist. Doch der Preis ist nicht nur der Verlust der Sparvermögen von uns allen, sondern Recht, Demokratie und Freiheit werden dadurch zerstört.“[(68)]

Frank Schäffler, deutscher Politiker, FDP

EZB-Chef *Mario Draghi* schien im Jahr 2014 einen Weg gefunden zu haben, den schleichenden Tod des Euro hinauszuzögern. Mit seinem Ankaufprogramm kann er nicht nur Anleihen kaufen, sondern wenn das nicht ausreicht, wird er auch Aktien kaufen oder Immobilien. Der Tod des Euro kommt auf leisen Sohlen, aber er kommt. Es könnte Draghi mittels seines vermeintlichen Perpetuum mobile gelingen, den Komapatienten Euro noch bis ins Jahr 2020, vielleicht auch bis 2025 künstlich am Leben zu halten – vorausgesetzt, es tritt keine globale Katastrophe ein. Jede unvorhergesehene Krise könnte dieses fragile Kartenhaus zum Einsturz bringen, was eine Kettenreaktion auslösen würde.

So konnte die Geheime Weltregierung tatsächlich Zeit gewinnen, und sie nutzte diese Zeit, um immer mehr Geld von unten nach oben umzuverteilen. Ebenso wurde Geld von den reichen Staaten Europas in die ärmeren umverteilt, wo es letztlich für die Tilgung der Staatsschulden wieder bei denselben Banken landete, die zu Beginn alle Staaten in die Schuldenfalle gelockt hatten. Der Mittelstand wurde immer weiter geschwächt. Junge Menschen wurden zur Migration gezwungen, um Arbeit zu finden. Es wurden riesige Mengen neuen virtuellen Geldes geschaffen, das angeblich die Wirtschaft ankurbeln sollte, was es natürlich nicht tat. Die Wirtschaft war durch den Euro und die eigentlich verbotene Haftungsunion völlig zerstört, doch die konstant anwachsende Geldmenge half, die Bilanzen zu frisieren und den Eindruck zu erwecken, als würden die Zahlen Mut zur Hoffnung machen. Das viele Geld landete letztlich aber vorwiegend in den Taschen der Spitzenmanager, an den Börsen und in den Immobilienmärkten. Daher stiegen die Aktienkurse und die Immobilienpreise.

Man verkaufte der Masse steigende Aktienkurse und Immobilienpreise als Zeichen des Aufschwungs und der wirtschaftlichen Erholung. Mit dem Märchen vom angeblichen Aufschwung wurden die Bürger in Europa und den USA, dank Mithilfe der Medien, ruhiggestellt. Doch in weiten Teilen der restlichen Welt regte sich zunehmend Widerstand gegen die Dominanz des Westens, der seinen eigenen Laden nicht mehr im Griff hatte. Das werteten einige Länder als Schwäche und als günstigen Zeitpunkt für einen wirtschaftlichen und monetären Angriff. Die Eurozone war tatsächlich in so große Schwierigkeiten geraten, dass man ab 2009 zusehen konnte, wie der Euro Tag für Tag mehr an Wert verlor. Von Januar 2009 bis Juli 2011 verlor der Euro zum Schweizer Franken (eine der stabilsten Währungen) fast 25 Prozent, das waren 10 Prozent Wertverlust pro Jahr! Aber noch extremer war der Vergleich des Euro zu Gold. Denn er verlor allein von Anfang Juni bis Anfang September 2011 mehr als 20 Prozent![69]

Damit sind wir beim zweiten wichtigen Datum angelangt! In der zweiten Septemberwoche 2011 verkündeten die Schweizer, ihre Währung an den Euro zu binden – offiziell, weil ihre eigenen Exporte zu teuer wurden. Sei es, wie es sei: Sie kauften fortan kontinuierlich so viele Euro auf den Währungsmärkten auf, wie es brauchte, um den Kurs bei etwa 1,20 CHF zu stabilisieren. In jener zweiten Septemberwoche 2011 hatte Gold sein

Allzeithoch von $ 1.923,70 (1.312 €) erreicht – bis dahin war sein Preis neun Jahre lang fast kontinuierlich angestiegen, was den Wertverlust von Dollar und Euro deutlich machte. Durch den Eingriff der Schweizer stabilisierten sich sowohl der Euro als auch der Goldpreis und der Dollar.

Hätten die Schweizer 2011 nicht eingegriffen, dann hätte es 2012 keinen Euro und keinen US-Dollar mehr gegeben! Der Goldpreis wäre explodiert! (siehe Abb. 6) Wir hätten eine Währungsreform gehabt, und die Euro-Zone wäre aller Wahrscheinlichkeit nach auseinandergebrochen. Damit wäre das Vereinte Europa Geschichte gewesen.

Die Schweizer verkauften seit 2011 immer mehr von ihrem Gold und kauften stattdessen tagtäglich neue virtuelle Euros, wertlose Zahlen auf einem Computerbildschirm. Mit dieser Aktion wurde der Öffentlichkeit der Eindruck vermittelt, dass der Euro jetzt wieder stark und zuverlässig sei. Das war natürlich völlig falsch, doch die Schweizer hatten dem westlichen Bankenkartell zwischenzeitlich das Überleben gesichert. Es war jedoch auch klar und absehbar, dass sie das nicht ewig tun würden. Im Januar 2015 schließlich ließen sie den Euro über Nacht fallen, indem sie ihr Ankaufprogramm offiziell beendeten und den Eurokurs frei gaben. Es folgten Turbulenzen an den Aktien- und an den Devisenmärkten. Der Eurokurs fiel dramatisch, und der Preis für Gold stieg wieder deutlich (siehe Abb. 6), so lange, bis sich andere Käufer erbarmten und den Euro wieder stützten.

Der totale Zusammenbruch des westlichen Kartenhauses ist durch all diese Aktionen nur verzögert worden. Etwas anderes haben die wenigen, die das Spiel verstanden, auch nie vorgehabt. Es ging nur darum, aus der europäischen Zitrone noch den letzten Tropfen herauszuquetschen. Wenn

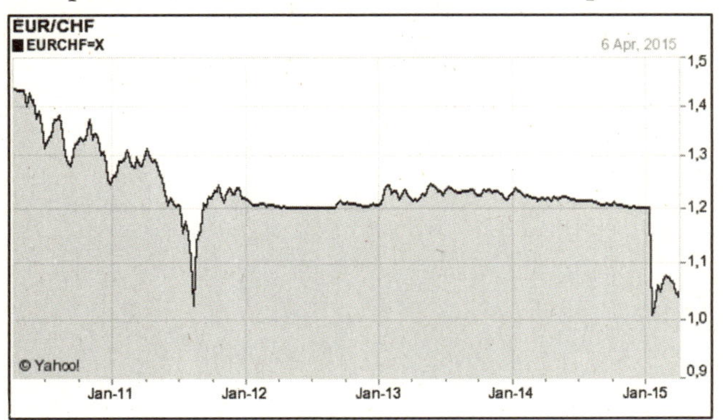

Abb. 6: Der Chart zeigt die schweren Verluste des Euro, den die Schweizer im September 2011 durch ihre Bindung des Franken an den Euro stoppten, um ihn dann im Januar 2015 wieder frei zu geben, was einen Kurssturz auslöste.

man den Menschen den Lebenssaft entzieht, dann haben sie keine Kraft mehr zum Widerstand. Dann ist auch das Problem mit der Überbevölkerung leichter zu lösen. Die wenigen, die noch aufbegehren, demonstrieren dann gegen CO_2 und den Klimawandel und sind blind für die wesentlichen Abläufe im Weltgeschehen.

Der US-Dollar war 2008 schon lange am Ende. Seine Dominanz und seine Rolle als Weltleitwährung konnte seit Jahren nur noch mit Drohungen und aufwendigen militärischen Mitteln aufrechterhalten werden, doch der Wind wehte den Hütern des Dollars, der FED, immer stärker ins Gesicht. Zwei, die dem Bankenkartell dabei besonders offensiv in die Suppe gespuckt hatten, waren Libyens Staatschef *Gaddafi* und Irans Staatschef *Ahmadinedschad*. Der erste wollte eine eigene afrikanische Einheitswährung – den Gold-Dinar – einführen, der andere verspottete die US-Führung bei jeder sich bietenden Gelegenheit. Beide hatten dem Petro-Dollar den Kampf angesagt und angekündigt, ihr Erdöl künftig nicht mehr ausschließlich in US-Dollar zu handeln, sondern auch in Euro und in anderen Währungen. Das hätte den Dollar massiv geschwächt. Die meisten erdölfördernden Länder waren auch das *Production Share Agreement* leid, jenes Abkommen, das sie zu Sklaven der westlichen Erdölkonzerne machte. Das *Production Share Agreement* leitete den größten Teil ihrer Öl-Einnahmen direkt in die USA um und ließ sie fast leer ausgehen. Doch dazu später mehr.

Wenn eines nicht passieren durfte, dann war es, dass ein Land oder gar ein ganzer Kontinent eine Währung wieder an Gold binden würde, denn das hätte das sofortige Aus für den US-Dollar bedeutet, wie ich in meinem Buch „Der Goldkrieg" ausführlich dargelegt habe. *Gaddafis* Plan eines afrikanischen Gold-Dinars endete für ihn tödlich. Dazu erklärte *Dr. James Thring*, der Gründer der Organisation *Ministry of Peace*:

> *„Das ist eines von den Dingen, die man ganz im Geheimen planen und vorbereiten muss, denn sobald man erklärt, man werde vom Dollar zu etwas anderem wechseln, wird man zum Ziel von Angriffen. In den Jahren 1996 und 2000 organisierte Gaddafi zwei Konferenzen. Alle waren interessiert, die meisten afrikanischen Staaten waren begeistert."* [(70)]

Diese von Dr. James Thring erwähnten Konferenzen hatte *Muammar al-Gaddafi* unter dem Namen „World Mathaba Kongress" abgehalten. Dazu waren bis zu 300 Delegierte und Staatschefs aus aller Herren Länder angereist, um eine Neuordnung der Welt OHNE Führung der westlichen Bankenelite zu besprechen.[(71)] Zudem hatte *Gaddafi* zu Beginn des Jahres 2011 publik gemacht, dass er die 144 Tonnen libyscher Goldreserven, die bei der *Bank of England* lagerten, zurück nach Libyen holen wollte. Das war ein ungünstiger Zeitpunkt für die *Bank of England*, denn sie hatte das Gold nicht mehr. Sie hatte es verleast oder verkauft. Das Resultat: Im Oktober 2011 wurde *Gaddafi* entmachtet und ermordet.[(72)]

Doch der Druck auf die USA und den Dollar wuchs immer weiter an. Irans Staatschef *Mahmoud Ahmadinedschad* wurde immer tollkühner und attackierte die USA öffentlich. Im Jahr 2008 hatte der Iran eine eigene Ölbörse eröffnet und den Preis nicht in US-Dollar, sondern in der Landeswährung Rial angegeben. Die USA bereiteten einen Krieg gegen den Iran vor, der zunehmend mehr Einfluss auf den Irak und auf Syrien bekam. Die USA mussten verhindern, dass weitere Länder dem Beispiel des Iran folgten und den Petro-Dollar schwächten. Dabei setzten sie zum einen auf Drohgebärden, zum anderen auf altbekannte Propagandamethoden. Die Reden von Ahmadinedschad bei internationalen Gelegenheiten sollen meist so übersetzt worden sein, dass sie noch einen kleinen Twist bekamen, den sie im Originaltext so nicht hatten. Meist waren dies unverhohlene Drohungen gegen Israel und die USA, die schärfer waren als die Originalrede selbst. Die Handlanger von US-Geheimdiensten gaben diese „angepassten" Übersetzungen dann an die Presse weiter. So schuf man eine vermeintliche Bedrohung durch den Iran, die man im Fall des Falles jederzeit als Grundlage für einen Angriffskrieg hätte nutzen können. Man gab jeder seiner ohnehin schon scharfen Reden noch einen zusätzlichen Twist, was jedoch im Iran und im arabischen Raum zahlreiche Menschen bemerkten – ein weiterer Sargnagel für den Westen.

Der Iran arbeitete eifrig an einem Programm zur atomaren Anreicherung – zur friedlichen Nutzung, wie der Iran selbst behauptete, zum Bau einer Atombombe wie Israel und die USA vermuteten. Um dies zu verhindern, begannen die beiden Staaten einen **Cyberkrieg gegen den Iran**, der jedoch noch zahlreiche weitere Staaten traf, darunter auch China. Dieser

Cyberkrieg lief seit 2006 im Geheimen unter dem Codenamen **„Operation Olympic Games"**. Das Ziel dieser Geheimoperation war die Entwicklung moderner, lautloser, unsichtbarer Waffen, die in der Lage waren, größtmöglichen Schaden anzurichten.

Edward Snowden ist sich sicher, dass die NSA und Israel jenen Computerwurm „Stuxnet" geschrieben haben, der im Juni 2010 mehr als hunderttausend Steuerungsanlagen der Firma Siemens auf der ganzen Welt lahmlegte, darunter auch die iranischen Zentrifugen zur Urananreicherung.

Neben ihren militärischen Kriegen im Irak und in Afghanistan führten die USA nun auch den ersten Cyberkrieg in der Geschichte. Im Mai 2010, nur einen Monat vor dem Auftauchen von Stuxnet, hatte die ***National Security Agency*** **(NSA)** eine eigene neue Abteilung für den Krieg im Internet offiziell vorgestellt: das ***United States Cyber Command*** (USCYBERCOM). Seitdem soll die NSA mehr als 70.000 Software-Implantate in die Computeranlagen fremder Länder eingeschleust haben, was es ihr möglich macht, im Bedarfsfall per Knopfdruck die Kontrolle über Computer am anderen Ende der Welt zu übernehmen, um etwa militärischen Einrichtungen, Stromversorgern oder Krankenhäusern den Saft abzudrehen oder deren Steuerung zu manipulieren. Der Cyberkrieg hat die Welt verändert, da man Konzerne ebenso wie ganze Staaten heute ohne Armeen und ohne Multi-Milliarden-Budgets für Kriegsgerät angreifen und zerstören kann. Es reichen einige Computer und eine Schar von Hackern. Dank dieser Bedrohung ist die IT-Sicherheit zum Multi-Milliarden-Geschäft geworden. Der Krieg wurde dadurch lautloser.

Während der Umbrüche in Tunesien und Ägypten im Jahr 2011 – fälschlicherweise oft „Arabischer Frühling" genannt – unterhielt die damalige US-Außenministerin *Hillary Clinton* Internetforen in Farsi (iranisch). So versuchte sie, junge Iraner mit dem Revolutionsfieber anzustecken, in der Hoffnung, das iranische Volk würde seine eigene Führung stürzen, wie es die Tunesier und Ägypter getan hatten. Doch der Sturz *Ahmadinedschads* misslang.

Der wichtigste Partner der USA im arabischen Raum ist Saudi-Arabien, das seit den 1970er-Jahren fest an die USA gebunden ist und unentwegt seine riesigen Dollarüberschüsse aus dem Ölgeschäft in US-Staatsanleihen tauscht, also den USA konstant indirekt unbegrenzten Kredit gewährt.

Die Weltregierung fürchtet, dass Irans Abwendung vom Dollar am Ende auch Saudi-Arabien auf dumme Gedanken bringen könnte. Wenn Saudi-Arabien sich von den USA abwendet, keine weiteren Staatsanleihen mehr kauft und ihre riesigen Dollarüberschüsse auf den Markt wirft, sind die USA mit einem Schlag bankrott und verfallen von heute auf morgen in die Bedeutungslosigkeit, denn auch China und Russland sägen mittlerweile am Stuhl der westlichen Dominanz. Und wenn ein großer Spieler damit beginnt, dann werden die anderen vermutlich mitziehen. Also bereiteten die USA 2011 einen militärischen Krieg gegen den Iran vor. Im November waren sie gemeinsam mit Großbritannien zu einem Militärschlag bereit. Auch Israel bereitete eigene militärische Schläge gegen den Iran vor. Doch dann schalteten sich China und Russland ein und machten klar, dass sie das nicht zulassen würden. China warnte die USA davor, einen Dritten Weltkrieg zu entfachen. Nicht, dass die Weltregierung davor zurückschrecken würde – sie ist lange darauf vorbereitet –, doch die US-Streitkräfte waren nach den Jahren der Irak- und Afghanistankriege ausgezehrt und geschwächt, und Teile des US-Militärs zierten sich. Sicherlich war auch die politische Führung der USA von der Deutlichkeit und Entschlossenheit der sonst verbal so vorsichtigen Chinesen überrascht. Dazu schrieb Konrad Hausener in „The Intelligence" am 9.4.2012:

„Am vergangenen Freitag meldete sich Chen Xiaodong erneut mit einer Warnung zu Wort. Ihm untersteht jene Abteilung des chinesischen Außenministeriums, die für westasiatische und nordafrikanische Angelegenheiten verantwortlich zeichnet. In einer unmissverständlichen Botschaft erklärte er, dass jeder Angriff auf den Iran zu ‚verheerenden Gegenmaßnahmen einladen' würde. Die beiden Länder unterhalten erstklassige Handelsbeziehungen, wobei Energieimporte aus dem Iran für die chinesische Wirtschaft von größter Bedeutung sind."(73)

Offiziell verbreiteten die westlichen Massenmedien, dass es im Streit mit dem Iran um dessen angebliches Atomprogramm ginge. Die Verwendung falscher und fadenscheiniger Kriegsgründe hat eine lange Tradition. Präsident *George W. Bush* ließ so lange verbreiten, dass *Saddam Hussein* Massenvernichtungswaffen besitze, bis das amerikanische Volk es ihm glaubte und für den Einmarsch im Irak war. Die Geheime Weltregierung zwang die US-Politik im Jahr 2003, *Saddam Hussein* zu stürzen, weil er sein Öl in Euro, statt weiterhin wie bisher in US-Dollar verkaufen wollte.

Auch gegen den venezolanischen Präsident ***Hugo Chávez*** war die US-Regierung vorgegangen, indem sie die Opposition des Landes mit hohen Geldsummen unterstützte und sie zum Sturz von *Chávez* anstachelte. Die Gründe waren dieselben: Er holte das Gold seines Landes aus London heim und kündigte an, das Erdöl seines Landes künftig nicht mehr in US-Dollar zu handeln. Der charismatische *Chávez* verstaatlichte die Erdölvorkommen und verdoppelte so die Einnahmen für sein Land. Doch Erdöl musste weiter in Dollar gehandelt und Gold weiter unterdrückt werden, sonst wären die USA am Ende gewesen. *Chávez* starb im Jahr 2013, angeblich an Krebs. Sein Nachfolger, *Nicolas Maduro,* beschuldigte die USA, namentlich US-Vizepräsident *Joe Biden*, zu Beginn des Jahres 2015, *Maduro* und sein Kabinett stürzen zu wollen, da sie Venezuela im Stile von *Chávez* weiterführten.

> *„Die Möglichkeit eines Krieges bietet eine äußere Gefahr, ohne die keine Regierung lange an der Macht bleiben kann. Die geschichtlichen Aufzeichnungen belegen eindeutig, dass ein Regime, das es versäumt, eine Kriegsgefahr glaubhaft zu erhalten, auf seine Ablösung zusteuert, entweder durch die Mächte privater Interessen, durch die Reaktionen auf soziale Ungerechtigkeit oder durch andere zersetzende Elemente. Die Vorbereitung der Gesellschaft auf die Möglichkeit eines Krieges ist ihr wichtigster politischer Stabilisator.“*[(74)]
>
> Leonard Lewin, Report from Iron Mountain on the Possibility and Desiability of Peace, New York

Seit dem Beginn der weltweiten Wirtschafts- und Finanzkrise im Jahr 2008 führen alle Staaten im Geheimen Verhandlungen mit anderen Staaten, um sich für alle Eventualitäten abzusichern. Jedes Land weiß, dass die BRICS-Staaten (Brasilien, Russland, Indien, China, Südafrika) am Stuhl der USA sägen, und einige europäische Eliten sind gar nicht böse darüber, weil sie es leid sind, immer am Gängelband der USA zu hängen. Bereits im Oktober 2009 hatte die britische Zeitung *The Independent* darüber berichtet, dass die Golfstaaten, Russland, China, Japan und Frankreich Geheimverhandlungen zum Ersatz des US-Dollars als Ölhandelswährung geführt hatten, um ihn durch eine Kombination aus anderen Währungen und Gold zu ersetzen. Das bedeutet, dass einige Staaten die Einführung einer alternativen Weltwährung ohne Einbindung der USA planen![75] Laut *The Independent* waren neun Jahre für den Übergang vorgesehen, damit ist das Ende der Dollarherrschaft für das Jahr 2018 geplant, was sich wiederum recht gut mit den Vorhersagen von *deagle.com* decken würde. Die Ära des Petro-Dollars scheint langsam, aber sicher zu Ende zu gehen. Doch die USA führen weiter an allen Fronten Krieg, um den Dollar am Leben zu halten.

Im Jahr 2013 schloss dann die EZB ein „Swap-Abkommen" mit China. Man besiegelte also, fortan den Handel miteinander nicht mehr in US-Dollar abzuwickeln, sondern in den beiden nationalen Währungen. Diesem Beispiel folgten auch England, die Schweiz, Japan, Südkorea, Brasilien und Argentinien. Sie alle sagten auf der einen Seite den USA offen den Kampf an, versuchten sich aber auf der anderen Seite immer noch eine diplomatische Hintertür offenzuhalten, weil niemand wusste, wie der Machtkampf ausgehen würde.

Immer öfter bestätigten die BRICS-Staaten nun bei ihren Treffen, dass sie an einer eigenen Neuen Weltordnung arbeiteten, in der die USA keine Rolle mehr spielte. Die Staats- und Regierungschefs von Brasilien, Russland, Indien, China und Südafrika gründeten im Juli 2014 eine eigene *Entwicklungsbank*, einen Gegenentwurf zu den korrupten Institutionen der Geheimen Weltregierung, *Weltbank* und *IWF*, die jahrzehntelang überzogene Kredite an Staaten vergeben hatten, um sie zu versklaven.

„*Gibt es für die Weltwirtschaft ein Leben nach dem US-Dollar?*", fragte die österreichische Tageszeitung *Die Presse* am 11. August 2014. Langsam dämmerte auch den Medien, dass hier etwas Großes im Gange war: „*Jahrzehntelang wurde diese Frage reflexartig mit ‚Nein' beantwortet – und zwar zu Recht. Die US-Währung hat sich im Laufe des 20. Jahrhunderts als Weltwährung festgesetzt. Aber seit Richard Nixon 1971 die Dollar-Konvertabilität in Gold ‚vorübergehend' suspendierte, verliert der Dollar an Boden.*"

Die Fassade der Dollarherrschaft bröckelt und wird immer instabiler. Waren es früher nur „Despoten" wie *Saddam Hussein* oder *Hugo Chávez*, die sich offen gegen den Dollar stellten, so sind es heute Spitzen aus Europa und Vertreter der BRICS-Staaten. In Europa rief im Jahr 2014 besonders Frankreich deutlich nach einem Ende der Dollar-Hegemonie in der

Weltwirtschaft. Es scheint, als könne Washington diesen Trend immer wieder verzögern – seinen Fortschritt aber nicht verhindern. Ist es, ganz nebenbei an dieser Stelle bemerkt, nur purer Zufall, dass die Attentate angeblicher muslimischer Extremisten im Januar 2015 ausgerechnet Frankreich trafen?

So leicht gibt sich die Geheime Weltregierung nicht geschlagen. Das Ganze erinnert an einen seichten Hollywood-Gruselschocker: Immer wenn man denkt, der Film sei schon zu Ende, weil der Böse bereits tot ist, rappelt er sich doch noch einmal auf und schlägt nochmals zu, und nochmals, und nochmals. Bis alle aufstehen und gehen.

Die europäische Lüge – warum der Euro wirklich kam

Die EU ist nicht Europa. Europa ist ein Subkontinent mit zahlreichen Einzelstaaten, mit mannigfaltigen, traditionsreichen, sehr unterschiedlichen und dennoch eng miteinander verbundenen Kulturen, Sprachen, Gewohnheiten, Bräuchen und Währungen. Europa ist die Wiege der westlichen Welt, ein schier unerschöpfliches Reservoir an Erfinder- und Schöpfergeist. Europa lebt und profitiert von seinem geistigen und spirituellen Reichtum und seiner vielfältigen Kultur. Doch genau dieser geistige und spirituelle Reichtum, diese Vielfalt sollen zerstört werden. Denn jede Identifikation mit einer großen Kultur macht der Geheimen Weltregierung die Abschaffung der Nationalstaaten und die Einführung einer Weltwährung nahezu unmöglich. Ihr missfallen die vielen Arten der Förderung von Kunst und Kultur in Europa, etwa die Subvention von Theater, Oper, Tanz und Film in Deutschland und Österreich oder die Quotenregelung für nationale Musik und Filme in Frankreich. Solange die Europäer sich ihrer großen Geschichte bewusst sind, stellen sie eine Gefahr für die mächtigen Männer mit den großen Visionen dar. Vor allem Deutschland war den USA in den 1980er-Jahren, speziell nach der Wiedervereinigung, zu stark geworden. Es bestand die Gefahr, dass es sich, wie bereits fünfzig Jahre zuvor unter *Adolf Hitler*, dem Diktat der angelsächsischen Großbanken und der Geheimen Weltregierung entziehen würde. Also musste es so in Europa eingebunden werden, dass es von den anderen, wirtschaftlich schwächeren Staaten zurückgehalten wurde.

„Das unverzeihliche Verbrechen Deutschlands vor dem Zweiten Weltkrieg war der Versuch, seine Wirtschaftskraft aus dem Welthandelssystem herauszulösen und ein eigenes Austauschsystem zu schaffen, bei dem die Weltfinanz nicht mehr mitverdienen konnte.“[(76)]

Winston Churchill zu Lord Robert Boothby

Das andere, was den Machthabern in den USA missfällt, sind die europäischen Sozialleistungen und die starken Gewerkschaften. Es gibt zu viele Kräfte, die der Freien Marktwirtschaft Grenzen aufzeigen. Sie können Arbeiter und Angestellte nicht nach Belieben auf die Straße setzen. Der amerikanischen US-Ideologie des Einzelkämpfertums stand in Europa das Prinzip der Solidarität gegenüber. Außerdem gibt es in Europa zahlreiche kleine Staaten, mit zahlreichen kleinen, demokratisch gewählten Regierungen. Wenn ein US-Konzern ein Produkt in Europa einführen will, muss er sich mit all diesen „kleinen Regierungen“ auseinandersetzen, die am Ende alle noch unterschiedliche Forderungen stellen und Ärger machen. Es gibt in den Ländern Europas für den Geschmack der US-Großkonzerne zu viele unterschiedliche Gesetze, Regeln und Standards. Die europäischen Einzelstaaten sind der Geheimen Weltregierung schon seit der Zwischenkriegszeit ein Dorn im Auge, und sie tun alles, um sie abzuschaffen.

„Europas Völker sollten zum Superstaat geführt werden, ohne dass das Volk versteht, was dabei geschieht. Das kann schrittweise erreicht werden. Jeder Schritt wird getarnt durch wirtschaftliche Zwecke, aber schließlich wird er irreversibel zu einer Vereinigung führen.“

Jean Monnet, Vorsitzender des „Aktionskomitees für die Vereinigten Staaten von Europa“

Die Idee einer vereinten europäischen Nation wurde bereits in den späten 1940er-Jahren von CIA-Mitarbeitern erdacht und finanziert. Das *Committee for a United Europe* wurde 1948 gegründet. Geleitet wurde es von General *William J. Donovan*. Sein Stellvertreter war der spätere CIA-Direktor *Allen Dulles*. Das belegen US-Geheimdienstdokumente, die im Jahr 2000 freigegeben wurden.[(77)]

Die Geheime Weltregierung wollte eine Weltwährung einführen, für die sie die Unterstützung der Europäer brauchte. Auf Geheiß der Briten und Amerikaner entstand die *Europäische Föderalistische Bewegung* und ab 1955 das ***Aktionskomitee für die Vereinigten Staaten von Europa***, dessen Vorsitzender der französische Geschäftsmann ***Jean Monnet*** war. (siehe Abb. 7) Heute würde man diese Propaganda-Werkstatt neudeutsch als „Think Tank“ bezeichnen. Sie war der Wegbereiter für die *Europäische Wirtschaftsgemeinschaft* (EWG).

Die EWG wurde unter Beteiligung *Monnets* 1957 mit der Unterzeichnung der *Römischen Verträge* durch Belgien, Frankreich, Italien, Luxemburg, Niederlande und die Bundesrepublik Deutschland als Wirtschafts- und Zollunion gegründet. Nach und nach traten weitere Staaten bei, und die Union dehnte ihren Machtbereich aus. 1993 wurde sie in *Europäische Gemeinschaft* (EG) umbenannt, und im Jahr 2009 wurde sie mit Inkrafttreten des Lissabon-Vertrags zur *Europäischen Union* (EU) erweitert. Der EU gehörten im Jahr 2015 achtundzwanzig Staaten an. Die großen europäischen Staaten Norwegen, Ukraine, Weißrussland und Russland sind hingegen ebenso wenig Mitglieder wie die Schweiz und Serbien.

„In der allgemeinen Erinnerung begann die EU als Europäische Wirtschaftsgemeinschaft. Sie war ein gemeinsamer Markt, so heißt es, der die Handelsbeziehungen vereinfachen, den jeweiligen Ländern aber ihre Souveränität lassen sollte, damit diese nach dem Wunsch ihrer Wähler regiert würden. Wir sollten uns aber auch daran erinnern, dass Jean Monnet, der

Abb. 7:
Jean Monnet, der eigentliche Gründer der EU, vorne links – zusammen mit US-Außenminister *John Foster Dulles*, *Kirk Spieremburg*, US-Präsident *Dwight D. Eisenhower*, *David Bruce*, Bundesfinanzminister *Franz Etzel* und *William Rand* in Washington im Jahre 1953.

1979 starb, zum Präsidenten des ‚Action Committee for the United States of Europe' ernannt wurde. Die letzten vier Worte sind entscheidend: Sie umreißen keinen gemeinsamen Markt, keine Gemeinschaft, keine Vereinigung, sondern sind eine direkte Anspielung auf die Vereinigten Staaten von Amerika – eine vereinte Nation."

Frederick Forsyth, Bestseller-Autor

Die 1980er-Jahre waren die Ära der Yuppies, jener geld- und karrieregeilen jungen Anzugträger, die über Leichen gingen, um den Profit eines Unternehmens zu steigern. Dies geschah auf Grundlage der „Reaganomics", also jener wirtschaftlichen Gesetzgebung unter US-Präsident *Ronald Reagan*, in der die Großkonzerne zu Imperien ausgebaut wurden. *Reagan* war der Türöffner für die Globalisierung, er senkte den Spitzensteuersatz der Einkommensteuer in den USA von 70 auf 33 Prozent. Er senkte die Steuern auf Veräußerungsgewinne und andere Unternehmenssteuern drastisch und kürzte zahlreiche Sozialprogramme.(78) Ähnliches vollführte *Margaret Thatcher* zur selben Zeit in England. Der mittelmäßige Cowboy-Darsteller und die „Eiserne Lady" waren die Lieblinge der Großkonzerne und ihrer Besitzer, die ihr Imperium nun auch ungehindert aufs europäische Festland ausdehnen wollten. Doch dafür mussten die Grenzen fallen und die zahlreichen kleinen Regierungen abgeschafft werden. Das Zauberwort der 1980er-Jahre lautete „Deregulierung", was man auch als „Entsozialisierung" oder „Volksenteignung" übersetzen könnte.

Reagans Wirtschaftspolitik beruhte zu großen Teilen auf den Marktthesen eines sehr exzentrischen und selbstverliebten kanadisch-amerikanischen Wirtschaftsprofessors mit Namen ***Robert Mundell***. Er appellierte für den Rückzug des Staates aus der Wirtschaft. **Mundell war ein Vater des *Neoliberalismus*, und er war der Erfinder des Euro.** *Mundell*, der 1999 den Nobelpreis für Wirtschaft erhielt, warb in den 1980ern für die Abschaffung nationaler Währungen und für die Einführung einer europäischen Gemeinschaftswährung. Er war als Berater für die *Weltbank*, den *IWF* und die *Europäische Kommission* tätig, also für drei wichtige Institutionen der Geheimen Weltregierung. **Englands *Margret Thatcher* und Frankreichs *Francois Mitterand* stimmten der Wiedervereinigung der beiden deutschen Staaten nur unter der Bedingung zu, dass die D-Mark aufgegeben werde!** Doch *Helmut Kohl* und sein Berater *Alfred Herrhausen*, Vorstandsmitglied und Sprecher der *Deutschen Bank*, waren vehement dagegen. *Alfred Herr-*

hausen fiel am 30. November 1989, drei Wochen nach dem Fall der Mauer, einem Bombenattentat zum Opfer. Davon offenbar schwer beeindruckt, unterschrieb *Kohl* Anfang Dezember beim EU-Gipfel in Straßburg den Vertrag, der Deutschland zwang, die D-Mark aufzugeben. *Kohl* bezeichnete diesen Tag später als die schwärzesten Stunden seines Lebens. **Doch der Euro war nie das Ziel, er war immer nur als Zwischenschritt auf dem Weg zu einer gemeinsamen europäisch-amerikanischen Währung geplant.**

Der investigative Wirtschaftsjournalist *Greg Palast* schrieb nach einem Gespräch mit *Robert Mundell* am 26. Juni 2012 folgenden Satz in einem Artikel:

„Die Idee, dass der Euro fehlgeschlagen ist, zeugt von gefährlicher Naivität. Der Euro macht genau das, was sein geistiger Vater und die ein Prozent Reichen, die ihn unterstützten, vorhersahen und beabsichtigten.“[(79)]

Nein, der Euro wurde nicht von Europäern zum eigenen Vorteil geschaffen, sondern von sogenannten „Visionären“ jenseits des großen Teiches zum Nachteil der europäischen Bevölkerung. Ich habe die Mechanismen bereits ausführlich in Band 1 beschrieben und werde dies hier nicht wiederholen. Ich möchte das Thema lediglich um einige Aspekte ergänzen.

Die EU wurde nicht geschaffen, um Frieden in Europa zu verankern, sondern um die kulturelle und geistige Identität der einzelnen Völker zu zerstören und um die starken Nationen – allen voran Deutschland – zu schwächen. Sie wurde geschaffen, um Arbeitsschutz und Gewerkschaften abzuschaffen, um Sozialleistungen zu kürzen und um Vermögen von unten nach oben umzuverteilen.

Deutschland hatte aus Sicht der Geheimen Weltregierung schon einmal versucht, ihr die Weltherrschaft streitig zu machen. Deshalb wird seitdem alles getan, um zu verhindern, dass Deutschland noch einmal in der Weltpolitik das Ruder in die Hand bekommt. Das deutsche Schiff wird von einem amerikanischen Steuermann gelenkt. Als *Gerhard Schröder* zu Beginn des 21. Jahrhunderts Deutschland näher an Russland heranführen wollte und den Amerikanern die deutsche Beteiligung am Irak-Krieg verweigerte, zog sich ganz Deutschland den Unmut der Geheimen Weltregierung zu. Bei der Bundestagswahl im Jahr 2005 kam es zu einer Patt-Situation, weil weder die linke noch die rechte Koalition eine ausreichende Mehrheit hatte, um eine neue Regierung zu bilden. Am Ende trat *Gerhard Schröder* zurück und *Angela Merkel* wurde die neue deutsche Bundeskanzlerin, die fortan von den USA für ihre Ergebenheit im Amt zementiert wurde. Nicht einmal als öffentlich wurde, dass die US-Geheimdienste jedes ihrer Telefonate mithörten, wagte sie auch nur die leiseste Kritik an den Methoden der US-Außenpolitik. Sie steht damit in einer Reihe mit all den anderen Marionetten, die von den USA in Mittel- und Südamerika sowie in Afrika im Amt gehalten wurden und werden. Sie scheint mit dieser Rolle im Großen und Ganzen zufrieden zu sein. Lediglich im Ukraine-Konfikt hatte es manchmal den Anschein, als wollte sie ganz vorsichtig gegen die US-Außenpolitik aufbegehren.

> *„Die USA haben keinen Respekt vor einem loyalen Bündnispartner und der Souveränität unseres Landes.“*(80)
>
> Gerhard Schröder, ehem. Bundeskanzler

Die EU wurde geschaffen, um einer Weltregierung den Weg zu bereiten. Dafür mussten die einzelnen demokratisch gewählten europäischen Parlamente entmachtet und durch eine nichtdemokratisch legitimierte Zentralregierung ersetzt werden – also durch eine autokratische Marionettenregierung. Das Absurde daran war, dass die meisten Politiker die EU vorbehaltlos unterstützten, ohne zu merken, dass sie selbst dabei entmachtet wurden. Die wenigen jedoch, die es verstanden, wurden mit lukrativen Aufgaben im neuen EU-Zentralkomitee und sehr viel Geld ruhiggestellt.

Es ist an der Zeit, dass die Europäer aufwachen und erkennen, dass die EU und der Euro NICHT zu ihrem Vorteil geschaffen wurden, sondern absichtlich und vorsätzlich zu ihrem Nachteil. Die EU und der Euro funktionieren in ihrer gegenwärtigen Form nicht und können auch nicht funktionieren. Die Erfolgsmeldungen der EU, die wie Endlosschleifen in den Massenmedien wiederholt werden, sind absurd. In Europa hat die Armut seit 2008 explosionsartig zugenommen. Vor allem in Südosteuropa hungern immer mehr Menschen. Seit Ende des Zweiten Weltkriegs gab es in Europa nicht mehr so viele hungernde Menschen und so große Armut. Im Jahr 2013 waren mehr als 120 Millionen Europäer armutsgefährdet, und 43

Millionen von ihnen hatten nicht genug zu essen.[81] Allein in Spanien waren über drei Millionen Bürger auf Lebensmittelspenden vom Roten Kreuz und von anderen Organisationen angewiesen. In vielen Städten stehen dort heute die Menschen in langen Schlangen bei Essensausgaben für einen Teller Suppe an. Mehr als ein Drittel aller jungen Europäer ist arbeitslos und hat keinerlei Aussicht darauf, dass sich dies jemals ändern wird – und das sind nur die offiziellen Zahlen!

Die vom IWF und der EU-Diktatur erzwungenen Sparmaßnahmen in Kombination mit einer fortschreitenden Rezession, bei hoher Arbeitslosigkeit im Euroraum, führten zum weitgehenden Zusammenbruch jeglicher sozialer Strukturen. Die Zahl der Kleinkinder und Säuglinge, die in staatlichen und kirchlichen Einrichtungen zurückgelassen werden, steigt dramatisch. Immer mehr Menschen können ihre Kinder nicht mehr ernähren und setzen sie aus, in der Hoffnung, dass sie so ein besseres Leben finden! Laut SOS-Kinderdörfer wurden im Jahr 2012 in Griechenland 1.200 und in Italien 750 Kinder von ihren Eltern zurückgelassen. Damit haben sich diese Zahlen in Griechenland seit 2003 verzehnfacht und in Italien fast verdoppelt! Es ist an der Zeit aufzuwachen, ehe es zu spät ist![82]

„Keine andere politische Konstruktion (als die EU) hat bisher bewiesen, dass sie das Leben besser organisieren und die Barbarei in der Welt verringern kann!“

José Manuel Barroso, ehem. Präsident der EU-Kommission, Januar 2014 in Athen

Die Wirtschaftsdaten in der Euro-Zone sind in Wahrheit so katastrophal, dass die EU-Politik sie nur noch für kurze Zeit mit den absurdesten Tricks kaschieren kann. Das *Bruttoinlandsprodukt* (BIP) ist genau genommen die Summe aller offiziell (messbar) geschaffenen Waren und erbrachten Dienstleistungen eines Landes innerhalb eines Jahres. Da die Wirtschaftsleistung in der EU aber stark schrumpft und die Verantwortlichen dies zu verschleiern versuchen, rechnen sie seit 2013 auch Waffenhandel, Prostitution, Hehlerei und den illegalen Handel mit Drogen und Zigaretten in das BIP mit ein – indem sie diese Zahlen einfach schätzen und zu den offiziellen hinzurechnen. Auf diese Art und Weise können sie in Zukunft jedes BIP völlig frei und beliebig gestalten. Abgesehen davon, dass dies den volkswirtschaftlichen Regeln widerspricht, ist ein solches Vorgehen vermutlich kein großer Anreiz, künftig konsequenter gegen Menschen-, Waffen- und Drogenhandel vorzugehen. Es ist vielmehr eine Verharmlosung dieser kriminellen Aktivitäten oder ein Akzeptieren dieser Kräfte als wichtiger Bestandteil volkswirtschaftlicher Aktivitäten. Die Mafia sollte sich darüber gefreut haben, denn sie wurde als bedeutender Wirtschaftsfaktor anerkannt.

Durch die neue „kreative Gestaltung" des BIP konnte Portugal seine Wirtschaftsleistung im Jahr 2013 um rund 700 Millionen Euro aufpolieren, Spanien seine um ganze 9 Milliarden und Großbritannien um sagenhafte 12,3 Milliarden Euro.[(83)] Am Ende wird dann über die Presse verlautbart, dass die EU eine Erfolgsgeschichte sei und es uns wirtschaftlich noch nie besser ging! Der Wahnsinn ist zum Normalzustand geworden!

Was mir persönlich in diesen Statistiken jedoch fehlt, sind die Schmiergeldzahlungen an Politiker. Aus dem Korruptions-Bericht der EU-Kommission vom Februar 2014 geht nämlich deutlich hervor, dass *„Bestechungen die Wirtschaft in der Europäischen Union pro Jahr um 120 Milliarden Euro schädigen"*.[(83a)]

Anders ausgedrückt, beziehen sehr viele Politiker und andere Entscheidungsträger anscheinend ihre größten Einnahmen aus Schmiergeldzahlungen. Das sollte unbedingt mit in die Berechnung des BIP einfließen. Wenn man schon Statistiken fälscht, dann richtig!

> *„Mein Doktorvater, der später eine hohe Position im Pentagon einnahm und dafür sorgen sollte, den Vietnamkrieg zu beenden, antwortete auf meine Frage, wie es Washington immer gelinge, die Europäer dazu zu bringen, das zu tun, was es von ihnen verlange: ‚Geld, wir geben ihnen Geld.' ‚Auslandshilfe?', fragte ich nach. ‚Nein, wir geben den führenden europäischen Politikern ganze Koffer voll Geld. Sie sind käuflich, wir kaufen sie.'... Vielleicht erklärt dies, wie der frühere britische Premierminister Tony Blair innerhalb nur eines Jahres nach seinem Ausscheiden aus dem Amt ein Vermögen von 50 Millionen Dollar besitzen konnte."*
>
> Dr. Paul Craig Roberts, „Warnung an die Welt: Washington und seine Vasallen in NATO und EU sind wahnsinnig"

Die EU ist ein Verwaltungsmonster, das sich selbst dient und am Leben hält. Jeder, der sich darin verstrickt, verliert in kürzester Zeit den Überblick – ganz genau so, wie es gewollt ist. Als *Donald Tusk* im Jahr 2014 zum neuen Präsident des Europäischen Rates gewählt wurde, zog mit ihm auch die Polin *Elzbieta Bienkowska* als neue EU-Industriekommissarin nach Brüssel. In einem Interview mit Radio *Zet* sagte sie: *„Diese Verwaltung erinnert mich eher an die verstaubte Verwaltung des Polens der 1990er Jahre. Viele Dinge brauchen viel länger als in Polen.“* Ihrer Meinung nach funktionierte die polnische Regierung wesentlich besser als Brüssel, weil dort alles viel zu langsam ging. Sie bezeichnete ihre ersten Wochen in Brüssel als einen Schock.(84) Selbst der EU-erfahrene ehemalige Finanz- und Premierminister Luxemburgs und neue Kommissionspräsident der EU ***Jean-Claude Juncker*** kritisierte 2014 den Verwaltungsapparat in Brüssel. Er wollte sogar die Bürokratie mit einer neuen Behörde abbauen – mehr Bürokratie zum Abbau der Bürokratie also.

Juncker kam übrigens Ende des Jahres 2014 in die Kritik, weil Luxemburg unter seiner Führung Großkonzernen wie *Disney, Skype, Koch Industries* oder dem Reinigungsmittelhersteller *Reckitt Benckiser* massive Steuererleichterungen von bis zu 95 Prozent zugestanden hatte. Diese Deals wurden von den großen Unternehmensberatern *Pricewaterhouse-Coopers, Deloitte, Ernst & Young* und *KPMG* ausgehandelt. Kein Wunder, dass die Geheime Weltregierung *Juncker* zum neuen EU-Kommissionspräsidenten bestimmt hatte. Dieser europäische Steuerskandal wurde zwar als **„Luxleaks-Affäre“** bekannt, war der EU aber nicht einmal einen Untersuchungsausschuss wert. Eine Krähe hackt der anderen bekanntlich kein Auge aus.(85) Großkonzerne haben sich in Europa dank dieser Absprachen viele Milliarden an Steuern erspart – Geld, das letztlich den Großaktionären dieser Firmen, also dem reichsten 1 Prozent der Weltbevölkerung, zugutekam. Das Fehlen dieser Steuereinnahmen musste die europäische Bevölkerung durch höhere Steuern und höhere Staatsschulden ausgleichen.(86)

> *„Wir beschließen etwas, stellen das dann in den Raum und warten einige Zeit ab, ob was passiert. Wenn es dann kein großes Geschrei gibt und keine Aufstände, weil die meisten gar nicht begreifen, was da beschlossen wurde, dann machen wir weiter – Schritt für Schritt, bis es kein Zurück mehr gibt.“*(87)
>
> Jean-Claude Juncker

Immer mehr Regionen in Europa haben jedoch die Nase voll von der EU, weil sie erkannt haben, dass sie zum Vorteil anderer benutzt werden. In den letzten Jahren regt sich in einzelnen Ländern gewaltiger Widerstand gegen die EU. Es gibt einzelne Regionen, die sich ernsthaft abspalten und unabhängig werden wollen. So versuchte sich Schottland 2014 von England loszusagen, in Italien wollen das Veneto, Südtirol und Sardinien von Italien und der EU loskommen. Die Unabhängigkeitsbewegung Sardiniens hat der Schweiz angeboten, sich ihr anzuschließen, was den Eidgenossen einen direkten Zugang zum Mittelmeer brächte.[88] In Spanien streben sowohl die Katalanen als auch die Basken nach Unabhängigkeit, und in Belgien sind sich die Flamen und die Wallonen nicht grün.

Da aber selbst die Abspaltung einer Region unberechenbare Folgen für die EU und somit für den Weltstaat hätte, wird die Weltregierung solche Bestrebungen wohl kaum zulassen. Sie hat bereits genug mit Russland, China, Iran und Syrien zu tun. Wenn nötig, würde sie deshalb nicht nur Wahlen beeinflussen – wie von manchen Schotten unterstellt[89] –, sondern sie würde auch militärisch dagegen vorgehen. Die EU war nie als demokratische Gemeinschaft geplant. Ein Ausstieg aus der EU ist per Vertrag ausgeschlossen. *Tony Blairs* außenpolitischer „Guru", der heutige Sonderberater der EU *Robert Cooper*, bemerkte dazu nicht uneitel:

> *„Alle diejenigen, die wie ich das Privileg hatten, bei der Abfassung der ersten Version des Maastrichter Vertrages die Feder zu führen, taten alles, um sicherzustellen, dass ein Austritt unmöglich wäre. Wir haben einen Artikel, der (einem Mitgliedsstaat) den Austritt erlaubt, absichtlich ‚vergessen'. Das war nicht sehr demokratisch. Doch es war eine große Garantie dafür, die Dinge schwieriger zu machen, damit wir gezwungen wären, weiter voranzuschreiten."*[90]

Cooper gab auch prahlerisch zu, dass die wirtschaftliche Krise in Europa nicht nur vorhersehbar, sondern sogar bewusst geplant war, um eine *„starke europäische Haushaltsföderation zu schaffen"*.[91]

Die Haltung Englands zur EU hat sich jedoch unter der Regierung von *David Cameron* sehr geändert. *Cameron* droht der EU seit 2013 immer wieder mit einem Austritt, wenngleich er wohl nicht weiß, wie er das bewerkstelligen soll. Die Kräfte im Hintergrund würden ihm dies wohl auch nicht erlauben, doch der Widerstand in der englischen Bevölkerung gegen die EU wächst zusehends, und Cameron hat keine andere Wahl, als sich kämpferisch und EU-kritisch zu geben. Der britische Bestseller-Autor *Frederick Forsyth* steht exemplarisch für eine wachsende englische EU-Skepsis:

„*Die meisten von uns haben einfach genug von all den Lügen, von dem enormen Transfer unserer Selbstbestimmung nach Brüssel. Genug auch von der Abgehobenheit und Arroganz der Brüsseler Eurokraten, von unserer ständigen Kapitulation vor ihnen, von den Milliarden und Abermilliarden an vergeudetem Geld, vom langsamen Tod der Demokratie. Kurz: Wir glauben, unser Heimatland wurde uns mit Lüge und Betrug geraubt. Und, meine Damen und Herren, ohne irgendwelche Feindschaft gegen Sie, wir wollen es zurück.*“[92]

Auch Griechenland droht immer wieder mit einem Austritt aus dem Euro. Europäische Politiker bezeichneten einen solchen „*Greek Exit*“ (Grexit) im Jahr 2014 mehrfach als „verkraftbar“. Das ist Unsinn, denn er hätte unvorhersehbare wirtschaftliche und psychologische Folgen. Entweder sie wollten damit die Verhandlungsposition der Griechen schwächen oder sie wussten, dass mächtige Kräfte im Hintergrund das ohnehin nicht zulassen würden.

Der Erhalt Europas in seiner jetzigen Form sowie seine kommende Vereinigung mit der *Nordamerikanischen Union*, ist das erklärte Ziel der Geheimen Weltregierung. Ob dies den Männern im Hintergrund gelingen wird und wie lange es dauern könnte, kann niemand vorhersagen. Wenn wir jedoch nicht aufwachen und aktiv werden, dann wird es schneller gehen als wir uns vorstellen können.

Im Jahr 2008 wurde in Paris der ***Europäische Rat für Toleranz und Versöhnung*** (ECTR) geschaffen, ein Gremium, gespickt mit hochkarätigen und einflussreichen aktuellen oder ehemaligen europäischen Spitzenpolitikern, christlichen, muslimischen und jüdischen Vertretern, deren Aufgabe es ist auszuarbeiten, wie man die Europäer zur „Toleranz“ umerziehen kann. Das Wort „umerziehen“ ist hier bewusst gewählt, weil es genau darum geht, wie Sie gleich sehen werden. Vorsitzender dieser NGO ist der ehemalige polnische Staatspräsident und Anti-Kommunist *Aleksander Kwasniewski*, sein Stellvertreter ist *Wjatscheslaw Mosche Kantor*, der Präsident des *Jüdischen Europäischen Kongresses*. Diese Gruppe hat es sich zur Aufgabe gemacht, eine „Weltgesellschaft" im Sinne der Neuen Weltordnung zu formen und jegliche Kritik an dieser modernen, grenzenlosen Multi-Kulti-Gesellschaft verbieten und gesetzlich bestrafen zu lassen. Dafür hat sie ein Statut[(93)] erarbeitet, das sie dem EU-Parlament im Jahr 2014 vorlegte und das nun auf Unterzeichnung wartet. Dadurch würde ein Gesetz entstehen, das vorsieht, dass künftig jegliche Form der „Intoleranz" schwer bestraft wird. Auf der ersten Seite dieses Statuts stellt der ECTR fest, dass Toleranz „*Offenheit für* ***ungewöhnliche Ideen und Lebensentwürfe*** *fordert*" und „*eine vitale Rolle für das Gelingen der* ***Koexistenz verschiedener Gruppen innerhalb einer einzigen nationalen Gesellschaft*** *spielt*". Erwachsene sollten bei Zuwiderhandeln mit Gefängnisstrafen belegt und Jugendliche in Umerziehungsprogrammen auf den rechten Weg gebracht werden. In Schulen sollen Kinder künftig von klein auf in „Toleranz" unterwiesen werden. Die EU-Regierung soll dafür sorgen, dass Fernsehsender bestimmte Sendezeiten für die Umerziehung zu Toleranz zur Verfügung stellen und die Presse all ihre Berichterstattung der „Toleranz" unterwirft – als ob sie das in Europa nicht längst täte...

Dieses zutiefst intolerante „Toleranzgesetz" plant willentlich, jegliche Meinungs- und Pressefreiheit in Europa außer Kraft zu setzen, um Europa auf einen geplanten Weltstaat vorzubereiten, um eine gesetzliche Handhabe gegen Kritiker zu haben – und künftige Generationen noch mehr zu Kritiklosigkeit zu erziehen.

Toleranz kann aus meiner Sicht nur dadurch entstehen, dass Menschen aufeinander zugehen und einander ihre Sicht der Dinge mitteilen. Ein Verbot von Meinungsäußerungen kann nur zu mehr Vorurteilen und zu mehr Trennung führen. Die Gedankenpolizei ist auf dem Vormarsch. Europa entwickelt sich immer klarer zu einem totalitären Regime. Es wird zusehends das Gegenteil von dem, was es zu sein behauptet.

Der *Europäische Rat für Toleranz und Versöhnung* (ECTR) sitzt in Paris. Ist es nicht bemerkenswert, dass gerade diese Stadt immer intoleranter wird und mittlerweile das Paradebeispiel für fehlgeschlagene Integrationspolitik in Europa ist?

Ausnahmezustand

In der jüngsten Vergangenheit haben nicht nur Staaten wie Argentinien (2001) oder Ägypten (2013), sondern beispielweise auch Frankreich (2004) und die USA (2014) über Teile ihres Staatsgebietes den Ausnahmezustand verhängt. Wenn ein Staat (oder ein Land) den Ausnahmezustand erklärt, dann hat er das verbriefte Recht, seine Bürger zu enteignen. Er darf Wertgegenstände, Geld, Immobilien, Fahrzeuge und Waffen beschlagnahmen. Er hat zudem das Recht, die Bewegungsfreiheit und die Kommunikation seiner Bürger zu beschränken. Das bedeutet, dass sowohl das Internet als auch die Mobilfunkkommunikation abgeschaltet und Ausgangssperren verhängt werden dürfen. Der Staat darf seine Bürger zu Zwangsarbeiten heranziehen, ja er darf sie sogar ohne Anklage und ohne Nennung von Gründen einsperren – und unter besonderen Umständen auch ganz legal töten!

Die Verhängung des *Ausnahmezustandes* (Notstand), in den USA als *Martial Law* (Kriegsrecht) bezeichnet, kann in Krisensituationen zum Schutz der Bevölkerung erfolgen. Sie kann aber auch als extremstes Mittel genutzt werden, um dem eigenen Volk etwas aufzuzwingen, was es nicht möchte. Notstandsgesetze – die in jedem Land etwas anders aussehen und anders genannt werden – setzen die geltenden Grundgesetze außer Kraft und ermöglichen es einem Staat im Falle der „Störung der öffentlichen Sicherheit und Ordnung“ (state of emergency), das Militär gegen das eigene Volk einzusetzen. Im Extremfall kann auch die Regierung vom Militär abgesetzt und durch einen militärischen Befehlshaber ersetzt werden.

Was wäre ein solcher Ernstfall? Nun, etwa ein Volksaufstand oder ein Bürgerkrieg, aber auch eine schwere Umweltkatastrophe oder eine Seuchengefahr (Pandemie). Wer nun glaubt, dass all das für uns Europäer im beginnenden 21. Jahrhundert irrelevant sei, der irrt gewaltig, denn nicht nur in den USA, sondern in der gesamten westlichen Welt sind solche Notstandsverordnungen seit 9/11 tatsächlich Realität, und sie werden nach wie vor, Schritt für Schritt, fast unmerklich immer weiter ausgebaut. Dabei sind all die Sonderregelungen und -gesetze, die unentwegt von Politikern erlassen werden, meist sehr unklar und schwammig formuliert, um den Machthabern im Notfall den größtmöglichen Spielraum im Umgang mit dem Volk zu garantieren. De facto befinden sich die meisten westlichen Staaten bereits seit Jahren im Krieg gegen die eigene Bevölkerung!

Nur einen Tag nach den angeblichen Terrorattacken des 11. September in New York City, also am 12. September 2001, beschloss der UN-Sicherheitsrat die *UN Resolution 1368,* die allen UN-Mitgliedern das individuelle und das kollektive Recht zur Selbstverteidigung auch nach Terrorangriffen einräumt. Wenige Wochen später, am 4. Oktober 2001, wurde durch die NATO der Beschluss des *„kollektiven Verteidigungsfalles"* (Bündnisfall) ausgerufen. Der genaue Text dieses Beschlusses ist bis heute unbekannt, aber zahlreiche militärische Aktionen der NATO beziehen sich seitdem darauf. Am 7. Oktober begann daraufhin die Operation *Enduring Freedom* (Operation *Andauernde Freiheit*) als ein Akt der Selbstverteidigung der USA gegen... ja, gegen wen eigentlich?

Bis heute weiß niemand so recht, was all das wirklich bedeutet, doch diese *UN-Resolution 1368* war der Grundstein für den darauf folgenden *„Krieg gegen den Terror"*, der mittlerweile auf die halbe Welt ausgedehnt wurde. In Wahrheit ist er ein Krieg gegen die Menschenrechte und gegen die Freiheit des Einzelnen. Dieser *„Krieg gegen den Terror"* hat bis zum Ende 2011 allein im Irak, in Afghanistan und Pakistan 1,7 Millionen Todesopfer gefordert.

In Deutschland trat am 12. August 2004, von der Öffentlichkeit weitestgehend unbemerkt, eine Erweiterung der Notstandsgesetze von 1968 in Kraft. Die Verordnung wurde von *Bundeskanzler Schröder* und *Bundeswirtschaftsminister Clement* ohne viel Aufsehen unterschrieben und am 17. August im Bundesgesetzblatt (Jahrgang 2004, Teil I, Nr. 43) veröffentlicht. Diese „Wirtschaftssicherstellungs-Verordnung" und das „Verkehrsleistungsgesetz" erlauben massive Eingriffe in die bürgerlichen Freiheiten, von der Einführung von Zuteilungsscheinen über Zwangsarbeit bis hin zur Beschlagnahme von Sachen oder ganzen Betrieben.

> *„Die Vereinigten Staaten bedienen sich derzeit des Ausnahmezustands nicht nur als eines Instrumentes der Innenpolitik, sondern auch und vor allem, um ihre Außenpolitik zu legitimieren. Man kann in dieser Hinsicht sagen, dass die Regierung der Vereinigten Staaten dem ganzen Planeten den Status eines permanenten Ausnahmezustandes aufzuzwingen sucht, der*

als die zwingende Antwort auf eine Art Weltbürgerkrieg zwischen Staat und Terrorismus dargestellt wird.“[94]

Giorgio Agamben, Philosoph und Autor

Dieser von der UNO und der NATO legitimierte „Krieg gegen den Terror“ wurde von zahlreichen Regierungen dazu benutzt, um die eigene Bevölkerung zu bespitzeln und immer stärker zu überwachen. Durch die Enthüllungen von *Wikileaks* und *Edward Snowden* wissen wir heute, dass unsere Regierungen und Geheimdienste, aber auch Internet-Provider und Telefongesellschaften, alle unsere Telefonate und all unseren elektronischen Schriftverkehr lückenlos überwachen und speichern. Wir wissen auch, dass diese privaten Konzerne diese Daten regelmäßig an US-Geheimdienste weitergeben. Diese **Vorratsdatenspeicherung** wurde im April 2014 vom *Europäischen Gerichtshof* (EuGH) für ungültig erklärt, was aber Regierungen nicht dazu veranlasste, den Geheimdiensten und deren verlängerten Armen diese Bespitzelung der Bürger zu verbieten. Nein, sie änderten einfach kurzerhand die Gesetze.

Die Engländer erließen auf Grund des EuGH-Urteils im Juli 2014 einfach ein Notstandsgesetz, mit dem sie geltendes Recht außer Kraft setzten. Mit der sogenannten *Data Retention and Investigatory Powers Bill* (kurz: Drip) umgingen sie monatelange parlamentarische Debatten und Abstimmungen in Bezug auf die lückenlose Überwachung der eigenen Bevölkerung. **Die britische Regierung befindet sich damit seit Juli 2014 offiziell im Krieg gegen das eigene Volk.**[95]

Nach den Terroranschlägen von Paris im Januar 2015 brachte die deutsche Bundesregierung das Thema „Vorratsdatenspeicherung“ sofort wieder auf den Tisch, weil sie hoffte, die Bevölkerung nun davon überzeugen zu können, dass die Bespitzelung doch zu ihrem eigenen Vorteil wäre!

Noch weiter als in Europa ist man in den vergangenen Jahren in den USA gegangen. Dort wurden die Befugnisse der FEMA (*Federal Emergency Management Agency*), der nationalen Notstandsbehörde, stark erweitert und mehrere hundert Konzentrationslager über das gesamte Bundesgebiet verteilt gebaut. (siehe Abb. 8) Diese FEMA-Camps sind alle hochmodern ausgestattet, streng bewacht und gesichert, an neue Schienennetze angeschlossen – und sie stehen bislang noch alle leer. Diese Lager könnten jeweils mehrere tausende Insassen aufnehmen. In den USA wird also in naher Zukunft mit Millionen von Gefangenen gerechnet. Zudem hat die FEMA quer über das Land verteilt seit 2010 Lager mit Millionen von billigen Kunststoffsärgen angelegt.

Die US-Bevölkerung wurde bereits vor einigen Jahren in den Computern des US-Militärs für den Fall eines Bürgerkrieges in drei Kategorien eingeteilt: *„green flagged people"*, *„red flagged people"* und *„black flagged people"*. Die Personen, die grün markiert wurden, gelten als Unterstützer, als „sauber", sie stehen auf der Seite des Militärs und bleiben unbehelligt – oder es geht zumindest keine Gefahr von ihnen aus. Rot markierte Personen gelten als Gefahr und müssen umgehend in eigens dafür vorbereitete Transportzüge verfrachtet werden, die sie in das nächstgelegene FEMA-Camp bringen. Dort haben sie die Chance, sich als unschädlich zu erweisen oder können umerzogen werden. Schwarz markierte Personen sind von den Soldaten sofort zu eliminieren. Ihre öffentliche Hinrichtung soll auch dazu dienen, den Widerstandswillen anderer zu brechen.[96]

Jetzt denkt sich mach einer: typisch Amerikaner! Solche Kategorisierungen von Bürgern könnte es bei uns nicht geben. Wirklich? In Deutschland speichert die Polizei genau wie in anderen Ländern auch sogenannte **„personenbezogene Daten"**. Das sind nicht nur Angaben zum Aussehen und zur Passnummer, sondern auch Details wie Kontodaten, E-Mail-

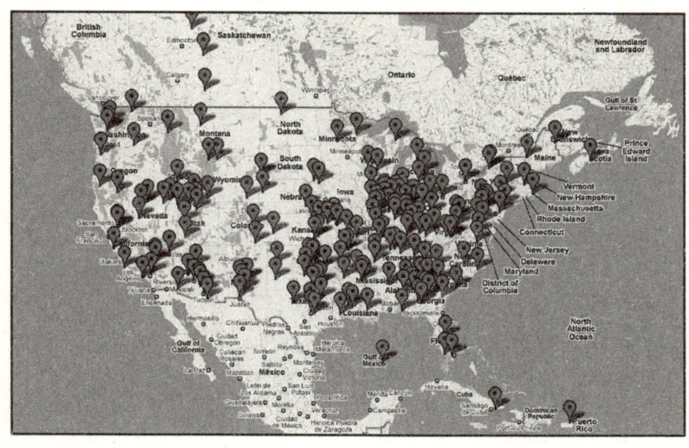

Abb. 8: FEMA-Camps (Konzentrationslager) sind über die gesamten USA verteilt

Adressen, Facebook-Seiten, beruflicher Werdegang, Krankenstände und vieles mehr. Dabei speichert jede Polizeibehörde ihre eigenen Daten, nach eigener Einschätzung und je nach „Gefahrenlage". Die Behörden können diese Daten untereinander austauschen, müssen es aber nicht. Die Begriffe, die Menschen dabei zugeordnet sind, erscheinen willkürlich, und sie bedürfen keinerlei Anklage oder Vorstrafe. Jeder Polizist kann dieser Datei seine eigene Einschätzung hinzufügen. Es reicht ein „Anfangsverdacht" für eine mögliche Straftat – was auch immer das genau bedeuten mag. Solche Informationen speichert die Polizei dann als ‚personengebundene Hinweise', die ihr etwa bei Verkehrskontrollen helfen sollen, die jeweilige Person schneller bewerten zu können. So sind beim BKA mehr als eine Million Menschen als „*BTM-Konsumenten*" eingestuft, also als Betäubungsmittel-Konsumenten. Andere Etiketten für Bürger lauten da etwa: *Prostitution, Gewalttäter, bewaffnet, Ausbrecher, Ansteckungsgefahr, Explosivstoffgefahr, Landstreicher, Rocker, Sexualtäter, Stalking/Nachstellung, Brandstifter, Rezeptfälscher* oder schlicht *Straftäter.*[(97)]

Mit solchen Maßnahmen bringt man Polizisten dazu, Personen sofort in Schubladen zu stecken, anstatt sie individuell einzuschätzen. Solche Maßnahmen schaffen immer mehr Distanz zwischen Exekutive und Bürger, was vielleicht ja von der Legislative so gewollt ist...

In Deutschland wurden laut Gewerkschaft der Polizei zwischen den Jahren 2000 und 2006 insgesamt 17.000 Stellen bei der Polizei gestrichen, davon 10.000 allein bei den Vollzugsbeamten. Dazu meinte ihr Vorsitzender *Konrad Freiberg*: *„Es ist skandalös, mit welcher Ignoranz Politiker in Bund und Ländern ihr Spardiktat auf dem Rücken der Polizeibeschäftigten austragen und die Sicherheit der Bürgerinnen und Bürger zunehmend aufs Spiel setzen."*[(98)]

Es gibt einen klaren Zusammenhang zwischen den Einsparungen bei der Polizei und dem Anheizen der Konflikte innerhalb der Bevölkerung. Um ihren Traum von der Weltherrschaft zu verwirklichen, wird die Geheime Weltregierung die Welt ins Chaos stürzen müssen. Ihre einzige Chance besteht darin, ihre stärksten Widersacher zu schwächen, am besten dadurch, dass sie diese gegeneinander aufhetzt und in direkte Kämpfe verwickelt.

Nicht nur einige Staaten wie China und Russland widersetzen sich den Plänen der Geheimen Weltregierung. Mittlerweile werden auch immer größere Teile der westlichen Bevölkerung skeptisch gegenüber der Politik der Brüssel-Washington-Achse. Das sehr gute Abschneiden zahlreicher EU-kritischer Parteien bei den Europawahlen 2014 spricht eine deutliche Sprache. Den politischen Eliten wird langsam klar, dass ihre eigenen Wähler ebenso wie die große Zahl der Nichtwähler eines Tages zu einer Gefahr für sie werden könnten. Das zeigt sich immer öfter auch in europäischen Städten in Form von Krawallen und Straßenschlachten.

Die US-Regierung scheint die eigene Bevölkerung aber fast schon in einen Bürgerkrieg zwingen zu wollen. Mit zahlreichen sehr seltsamen Maßnahmen schürt sie die Wut der Bevölkerung gegen die eigene Exekutive, die im Jahr 2014 bereits sehr massiv eskalierte. In den USA gibt es unzählige Statistiken zu jedem noch so absurden Thema, aber es gibt keine Statistik darüber, wie viele Menschen jährlich von Polizisten erschossen werden. Ist das nicht interessant? Spezialisten gehen davon aus, dass es weit mehr als tausend sind und **dass in den USA an jedem Tag mehr als drei Personen von Polizisten erschossen werden!**[(99)]

Das *Equitable-Sharing-Gesetz* aus dem Jahre 1984 besagt, dass eine lokale Exekutiv-Behörde, die Bargeld oder Wertgegenstände beschlagnahmt, nicht alles an den Bund abführen muss, sondern einen bestimmten Teil davon behalten kann. Nach 9/11 wurde dieses Gesetz um einige Verordnungen erweitert und ein wenig pervertiert. Im Zuge dessen rief die Heimatschutzbehörde *Homeland Security* lokale Polizeieinheiten (police, highway patrol) dazu auf, sie im „Krieg gegen den Terror“ und im „Krieg gegen die Drogen“ aktiv zu unterstützen. Die Polizisten wurden nach und nach heimlich von kleinen privaten Firmen darauf trainiert, die Bevölkerung verstärkt zu kontrollieren und zu bespitzeln. Es wurde heimlich ein Klima des Misstrauens geschaffen. Das machte die Polizei bei der Bevölkerung immer unbeliebter.

Als kleiner Anreiz dafür, sich unbeliebt zu machen, wurde den Polizisten das Recht eingeräumt, alles Bargeld, das sie finden, einfach zu beschlagnahmen. Wer nun davon ausgeht, dass die Polizisten das Geld an den Staat abführen müssen, irrt. Nein, die Polizisten dürfen das beschlagnahmte Geld verwenden, wie sie wollen! Ja, das ist kein Witz! Sie sind niemandem gegenüber Rechenschaft schuldig. In sogenannten „Stop and Seize"-Aktionen („highway interdiction") dürfen Polizisten Autos anhalten und Geld, Waffen, Drogen, ja auch die Autos selbst beschlagnahmen. Offiziell ist das in den USA nach wie vor nicht ganz legal, es sei denn, es besteht der begründete Verdacht darauf, dass die angehaltene Person in eine Straftat verwickelt sein könnte. Und nun kommt das wirklich Entscheidende: **Seit 9/11 kann eine Beschlagnahme, ja auch eine Inhaftierung, ja sogar die Tötung eines US-Bürgers durch die US-Exekutive auch ohne Anklage oder Gerichtsverfahren vorgenommen werden!**

Zwischen 2001 und 2014 haben Polizisten in den USA mehr als 2,5 Milliarden US-Dollar von US-Bürgern bei Fahrzeugkontrollen beschlagnahmt. Die meisten Opfer solcher Wegelagerei waren schwarz oder asiatischer Abstammung und zählen zu der ärmeren Bevölkerungsschicht. Die meisten von ihnen haben ihr Geld oder ihre Wertgegenstände selbst nach Gerichtsverfahren nicht wiedergesehen. Sie sind Freiwild für die Polizei, die mittlerweile auch mehrere Häuser beschlagnahmte und weiterverkaufte.

Doch nicht nur die Polizei darf die Bürger enteignen. Unter der Bezeichnung „civil asset forfeiture" beschlagnahmt das US-Finanzamt IRS seit Jahren private Vermögen ohne Anklage, indem sie den „Verdacht auf Geldwäsche oder illegale Aktivitäten" ausspricht. Auf diese Weise wurden bereits die Ersparnisse oder die Häuser von tausenden unbescholtenen Bürgern konfisziert,[(100)] etwa weil ein Familienmitglied einmal mit einem Joint erwischt wurde und seitdem aktenkundig ist. Wird bei jemandem, der aus irgendeinem Grund in den Polizeicomputern auftaucht, bei einer Polizeikontrolle ein größerer Bargeldbetrag gefunden, dann besteht automatisch ein Anfangsverdacht auf Drogenhandel, und das Geld ist weg. Was genau ein „größerer Betrag" ist, entscheidet der Beamte vor Ort.

Und wer glaubt, dass es so etwas in Europa nicht geben könnte, irrt erneut! Die Schlinge um die persönliche Freiheit des Einzelnen wird langsam, aber stetig immer enger gezogen. Seit Februar 2014 werden von jeder Überweisung aus dem Ausland nach Italien automatisch 20 Prozent von der jeweiligen Zielbank als Steuer einbehalten. Die Abzüge geschehen automatisch und gelten als Steuervorauszahlung. Offiziell zielt diese Aktion auf Geldwäsche ab. Das bedeutet, dass der italienische Staat jedem Bürger unterstellt, Steuern zu hinterziehen, also kriminell zu sein! Wer diese 20 Prozent wiederhaben möchte, kann am Ende des Jahres bei der Bank (!) einen Antrag stellen, in dem er beweisen muss, dass er keine Steuerhinterziehung betrieben hat. Das ist Beweislastumkehr! Der Staat muss dem Bürger nicht mehr beweisen, dass er kriminell ist, sondern der Bürger muss der Bank beweisen, dass er es nicht ist! **Damit steht die Bank über dem Staat!** Brauchen Sie noch deutlichere Hinweise?

Die britisch-deutsche Firma *Gamma-FinFisher* verkaufte nachweislich mindestens seit dem Jahr 2011 Spionage-Software an Exekutivabteilungen mehrerer Regierungen, auch in Europa. Mit Hilfe der FinFisher-Trojaner können diese ihre Bürger lückenlos überwachen, sie können E-Mails ebenso mitlesen wie Skype-Telefonate abhören, haben Zugriff auf alle Dateien eines jeden beliebigen Computers und können alles extern speichern. Und sie tun es im großen Stil, nicht nur bei Journalisten und Aktivisten![101] Welche Regierungen das genau sind, weiß ich nicht, aber *Gamma-FinFisher* vertreibt seine Produkte auf arabisch, englisch, deutsch, französisch, portugiesisch und russisch.

Im italienischen Vicenza hält die ***Europäische Gendarmerietruppe*** (European Gendarmerie Force-EUROGENDFOR) Anti-Terror-Übungen ab. Sie trainiert dort Polizei-Spezialeinheiten aus ganz Europa auf einem von der EU finanzierten Trainingsgelände im Häuserkampf und in den Techniken der „zivilen Konfliktlösungsstrategie". (siehe Kapitel „Falsche Flaggen", Seite 286)

Basierend auf der „Solidaritätsklausel" der Lissabon-Verträge von 2009, entschied das deutsche Bundesverfassungsgericht im Jahr 2012, dass **Militäreinsätze im Inland** zur „Abwehr" von Naturkatastrophen und schweren Unglücksfällen grundgesetzkonform seien und **auch von ausländischen Soldaten durchgeführt werden dürfen.**

> *„Die Union mobilisiert alle ihr zur Verfügung stehenden Mittel, einschließlich der ihr von den Mitgliedstaaten bereitgestellten militärischen Mittel, (...) um* ***im Falle*** *einer Naturkatastrophe oder* ***einer vom Menschen verursachten Katastrophe*** *einen Mitgliedstaat auf Ersuchen seiner politischen Organe innerhalb seines Hoheitsgebiets zu unterstützen."*[102]
>
> Artikel 222 des Lissaboner Vertrages

Stellen Sie sich vor, in Deutschland würden heute spanische oder französische Soldaten in den Straßen patrouillieren! Oder noch besser: Stellen Sie sich vor, in Polen würden deutsche Soldaten öffentliche Gebäude bewachen! Würde sich das nicht ein wenig befremdlich anfühlen? Warum sollte man ausländische Soldaten in einer Krisensituation einsetzen anstatt der eigenen? Dafür gibt es nur eine Erklärung: Weil ausländische Soldaten weniger Skrupel haben, gegen eine Bevölkerung vorzugehen. In vielen Fällen wären sie sogar hoch motiviert, gegen die Bevölkerung eines bestimmten Landes vorzugehen. Welche Fälle das sein könnten, überlasse ich Ihrer Fantasie.

„Heute wären Amerikaner außer sich, wenn UN-Truppen nach Los Angeles kommen würden, um wieder Ordnung herzustellen, morgen wären sie dankbar. Das trifft insbesondere dann zu, wenn ihnen erzählt wird, dass eine Gefahr von außen existierte, ob nun wahr oder erfunden, die unsere Existenz bedrohte. Es ist dann so, dass alle Menschen der Welt den Führern der Welt beipflichten, damit diese sie von dem Bösen erlösen."

Henry Kissinger beim Bilderbergtreffen in Evian, 21. Mai 1992

Der PATRIOT ACT, ein US-amerikanisches Bundesgesetz, von *George W. Bush* am 25. Oktober 2001 erlassen und später von *Barack Obama* verlängert, schränkte im Namen des „Krieges gegen den Terror" mehrere bis dahin gesetzlich verankerte bürgerliche Grundrechte in den USA massiv ein. Es legitimierte de facto das Entstehen eines Polizeistaates – zahlreiche Amerikaner behaupten sogar, dass sich ihr Land zu einem faschistischen Staat entwickelt hat, in dem die Bürger keine Rechte mehr haben. Nicht nur, dass jeder Bürger jederzeit und überall angehalten und auf unbestimmte Zeit inhaftiert werden darf, es dürfen auch Hausdurchsuchungen ohne Wissen der betreffenden Person durchgeführt werden, und die Person darf mit niemandem (!) darüber sprechen – weder mit den Medien noch mit ihrem Priester oder mit einem Anwalt! Das FBI hat das Recht, jederzeit Einsicht in die finanziellen Daten von Bankkunden zu nehmen, und der Auslandsgeheimdienst CIA, der im Gegensatz zum FBI keiner öffentlichen Kontrolle unterliegt, erhielt das Recht, auch im Inland zu ermitteln.[(103)]

Doch all das ist harmlos im Vergleich zu der Tatsache, dass seit 9/11 zahlreiche US-Bürger im Auftrag ihrer eigenen Regierung durch Militärs oder Geheimdienste, durch Drohnenangriffe oder in Geheimlagern getötet wurden. Ein Schreiben des US-Justizministeriums vom 16. Juli 2010 bestätigt, dass dies gesetzlich legitimiert sei. US-Behörden dürfen US-Bürger ohne Nennung von Gründen und ohne ordentliches Gerichtsverfahren töten! Es gibt dafür kein eindeutiges Gesetz. Es wird einfach getan. Folgende Aussage von Senator *Ron Wyden* im Dokumentarfilm *„Dirty Wars"* in Bezug auf die Unklarheit von Notstandsgesetzen ist sehr aufschlussreich und bemerkenswert:

> *„Es wäre doch wichtig für die amerikanische Bevölkerung zu wissen, wann DER PRÄSIDENT einen amerikanischen Bürger töten darf und wann SIE es nicht dürfen! Und trotzdem ist es fast so, als ob es zwei Arten von Gesetzen gäbe in Amerika. Und die Amerikaner wären außerordentlich überrascht, wenn sie den Unterschied sehen könnten zwischen dem, was sie glauben, was ein Gesetz besagt, und dem, wie es tatsächlich im Geheimen uminterpretiert wurde!"*[(104)]

Tatsächlich lohnt es sich, diese Aussage des Abgeordneten aus Oregon – die ich selbst sehr präzise übersetzt habe – mehrfach zu lesen. Vor allem der Verweis oder das geschickte Wortspiel in Bezug auf den Präsidenten und auf „die anderen" ist interessant! Oder meinte er nur „die Präsidenten" im Allgemeinen? Im Anschluss an diese Aussage des Senators fragt der Interviewer ihn dann noch leicht verstört: *„Sie sind vermutlich nicht dazu berechtigt, diesen Unterschied aufzuklären?"* Die Antwort des Senators ist trocken und deutlich: *„Das ist korrekt!"*

Im Jahr 2008 veröffentlichte die US-Army intern einen 90-seitigen Bericht mit dem Titel *Army's 2008 Modernization Strategy Report.* Darin wird beschrieben, dass die militärische Führung der USA davon ausgeht, **dass sich die USA für die nächsten 30 bis 40 Jahre im dauerhaften Kriegszustand befinden werden**. Als Hauptgegner werden darin Russland und China genannt, mit denen die USA sich um die Rohstoffreserven der Welt streiten werden. Als weiterer gefährlicher Gegner wird darin die wachsende Bevölkerung in der Dritten Welt ausgemacht, da vor allem junge Menschen sich radikalisieren und gegen die USA verschwören könnten. Dieselbe Gefahr bescheinigt das Papier auch der Jugend innerhalb der USA. Da das US-Militär diesen wachsenden Herausforderungen auf Grund bestehender Auslastung nicht gewachsen ist, rät der Autor des Berichtes, Generalleutnant *Stephen Speakes*, dazu, das Militär gänzlich zu verändern. Künftig müssten Soldaten zu Untergrundkriegern (*Future Force Warriors*) werden, die in anderen Ländern die Bevölkerung infiltrieren und aus ihr heraus agieren.[105] Es wird hier also eine neue „Stasi" aufgebaut, die nicht nur in den USA selbst agieren soll, sondern weltweit.

Auch vor der eigenen Bevölkerung wird in diesem und in anderen Berichten gewarnt, da das Militär offenbar Angst vor dem Zorn junger Menschen hat, allen voran fürchtet man offenbar Umweltschützer und Globalisierungsgegner. Da verwundert es nicht, dass die ***National Security Agency* (NSA)** die Internetaktivitäten junger Menschen rund um den Globus immer stärker kontrolliert, aber auch manipuliert. Durch die Veröffentlichungen von *Edward Snowden* hat die Welt viel über Ausspähprogramme wie PRISM erfahren. Das Ausmaß dieser Überwachung und die Qualität der Beeinflussung des Einzelnen, die damit verbunden ist, scheint den meisten Menschen bis heute jedoch noch nicht einmal ansatzweise klar zu sein.

> *„Ich möchte der amerikanischen Bevölkerung etwas mitteilen: Das System ist korrupt. Die Polizei ist mittlerweile eine repressive Organisation, die von dem einen Prozent kontrolliert wird, von Corporate America. Corporate America benutzt Polizeikräfte als ihre Söldner."*[105a]
>
> Ray Lewis, Polizeikommandant im Ruhestand

Das Pentagon verschenkte in den Jahren 2013 und 2014 mehr als 600 MRAP-Fahrzeuge an lokale US-amerikanische Polizei-Stationen. Den größten Teil davon erhielten Texas (68), Kalifornien (40) und Ohio (36). MRAP (*Mine Resistant Ambush Protected Vehicles*) sind gepanzerte Fahrzeuge. Sie *„bewahren Insassen vor der Wirkung von Minen, Sprengfallen und vor direktem Beschuss von Panzerabwehrhandwaffen und ABC-Kampfmitteln"*. Sie wurden von der US-Armee für die Kriege in Afghanistan und im Irak entwickelt – speziell für den Orts- und Häuserkampf. Jedes dieser Fahrzeuge von ihnen kostet in etwa eine halbe Million Dollar und wird vom Steuerzahler finanziert.

Abb. 9: Moderne Polizeifahrzeuge in den USA, Radpanzer mit Gefechtsstation im Jahr 2014

In den USA wird die Polizei also zu einer Armee ausgebaut, die gegen Sprengfallen gerüstet und auf den Häuserkampf spezialisiert ist!(106)

In Ferguson, im US-amerikanischen Bundesstaat Missouri, kam es im August 2014 zu Straßenschlachten zwischen Teilen der Bevölkerung und den Exekutivkräften, nachdem der 18-jährige, unbewaffnete, dunkelhäutige *Michael Brown* von einem weißen Polizisten erschossen wurde. Über die Stadt wurde der Ausnahmezustand verhängt, und die Nationalgarde übernahm die Kontrolle über den kleinen Ort. Als das zuständige Gericht im November 2014 bekanntgab, dass der Polizist nicht angeklagt würde, kam es erneut zu Ausschreitungen, die sich auch auf andere Teile der USA ausweiteten.

Die Vorbereitungen für einen blutigen Bürgerkrieg sind längst getroffen! Warum nur hat die Nationalgarde bei den Ausschreitungen von Ferguson im August 2014 tagelang zugesehen, wie Geschäfte und Häuser vom Mob geplündert und in Brand gesteckt wurden, obwohl sie in ausreichender Stärke vor Ort war? Wollte sie testen, wie weit die Bürger gehen würden, wenn man sie erst wütend macht und dann alleine lässt?

> *„Anders ausgedrückt ist der Anti-Terror-Krieg des 21. Jahrhunderts vollständig mit dem Anti-Drogen-Krieg des 20. Jahrhunderts verschmolzen, und das Ergebnis könnte kaum verstörender sein: Polizeieinheiten, die immer mehr wie Besatzungsarmeen aussehen, und sich auch so verhalten!“*(107)
>
> Matthew Harwood, Journalist und Autor

Die Amerikaner haben ein völlig anderes Verhältnis zum Staat und seinen Gewalten als die Europäer. Jeder US-Bürger hat per Gesetz das Recht darauf, Waffen zu besitzen und zu tragen. In einem bestimmten Rahmen hat er auch das Recht auf Selbstverteidigung mittels Waffengewalt, vor allem innerhalb der eigenen vier Wände. Schätzungen zufolge befinden sich in den USA etwa 270 Millionen Schusswaffen in Privatbesitz, das wären knapp 90 Waffen auf 100 Einwohner. Nach Angaben des „Small Arms Survey" sollen im Vergleich dazu in Deutschland und Finnland geschätzte 30 Schusswaffen auf 100 Einwohner kommen[(108)], in der Schweiz etwa 42 und in Tschechien wären es 15 Waffen auf 100 Einwohner.[(109)]

Wussten Sie, dass die Deutsche Bundeswehr seit 2012 dreißig eigene Reserveeinheiten für den Fall eines Notstandes bereithält? Diese ***Regionalen Sicherungs- und Unterstützungskräfte*** (RSUKr) sollen im Fall von Naturkatastrophen, Aufständen oder Unruhen für Ruhe und Sicherheit im Land sorgen. Wussten Sie, dass die **Schweizer Armee** bereits seit 2012 **mit Unruhen in Europa rechnet** und seitdem ihre Grenzen stärker sichert? Beim Manöver „Stabilo Due" wurde 2012 der Ernstfall geübt. Seitdem ist man darauf vorbereitet, Flüchtlingsströme aus den EU-Nachbarländern abwehren zu müssen, weil man mit dem Zusammenbruch der EU und des Euro-Raumes rechnet.

Solche Vorbereitungen sind sehr aufwendig und kostspielig. Kein Land trifft sie leichtfertig und ohne konkrete Hinweise und Einschätzungen der Geheimdienste und Sicherheitsexperten. Man sollte solche Vorbereitungen also ernst nehmen.

Sind Sie verrückt?

Wer dem System der Neuen Weltordnung zu sehr schadet und nicht anders zur Räson gebracht werden kann, der landet manchmal gegen seinen eigenen Willen in der Psychiatrie. Weltweit sind es Millionen von Menschen, die so jedes Jahr mundtot gemacht und (oft für immer) aus dem Verkehr gezogen werden. Genaue Zahlen sind naturgemäß keine zu nennen, aber die wenigen Zahlen, die als gesichert gelten, lassen uns das Ausmaß der **Zwangseinweisungen in Psychiatrien** erahnen.

Unstrittig ist, dass die Zahl der Zwangseinweisungen in weiten Teilen der westlichen Welt seit den 1980er-Jahren konstant steigt. Und wer jetzt vermutet, dass nur wirklich kranke Menschen in der Psychiatrie landen, der irrt gewaltig! Dazu sagte der Psychiater und Abgeordnete im Düsseldorfer Landtag *Stefan Romberg*:

„Jeder Mensch kann durch eine schlimme Erfahrung, wie den Verlust der Arbeit, eine Scheidung oder den Tod eines nahen Freundes, aus der Bahn geworfen werden. Nach dem Betreuungsrecht können diese akuten Krisen viel zu schnell in der geschlossenen Psychiatrie enden... Wer Widerstand aufbaut, wird auf diesem Wege entsorgt... Wenn der Patient einmal in der Psychiatrie ist, fällt es schwer, die Behandlungsspirale aufzubrechen.“[110]

In Deutschland wurden im Jahr 2011 etwa 1,3 Millionen Menschen von Amts wegen betreut. Es war ihnen also nicht mehr erlaubt, bestimmte Entscheidungen allein zu treffen. Um in den Genuss einer solchen Betreuung zu kommen, reichen oft Schicksalsschläge, Depressionen oder bösartige Verwandte aus. Als Betreuer kann sich jeder melden. Er braucht keine besonderen fachlichen Qualifikationen. Wer einmal „entmündigt“ ist – wie man die Betreuung früher treffend nannte –, der ist willenloser Spielball von Ärzten, Betreuern und Familienangehörigen. Allein die Behauptung, der Betreffende wäre gewalttätig oder verweigere die medizinische Versorgung, reicht oft für eine Zwangseinlieferung aus. Laut einer Studie aus dem Jahr 2007 werden allein in Deutschland pro Jahr rund 110.000 Menschen nach den Unterbringungsgesetzen der Länder und dem im Bürgerlichen Gesetzbuch geregelten Betreuungsrecht zwangsweise untergebracht. Untersuchungen legen zudem nahe, dass mindestens noch einmal so viele Patienten ohne richterlichen Beschluss zwangsweise behandelt werden[111] – also Menschen, die weder betreut (entmündigt) sind, noch sonst bislang irgendwie als unzurechnungsfähig galten! Es kann also jeden treffen!

Jedes Jahr verschwinden in Deutschland zirka 220.000 Menschen in psychiatrischen Einrichtungen, wo sie mit „psychoaktiven Substanzen“ behandelt und bei Widerstand manchmal auch geschlagen und gefoltert werden.[112] Das entspricht der Bevölkerung der Stadt Freiburg im Breisgau oder der italienischen Stadt Padua oder es übersteigt die Zahl der Einwohner der österreichischen Stadt Linz – nur um eine Vorstellung von der Dimension zu bekommen.

In Deutschland ist die Zahl der Zwangseinweisungen im europäischen Vergleich extrem hoch. Hier werden Menschen fünfundzwanzig Mal häufiger eingewiesen als in Portugal und elf Mal häufiger als in Frankreich. Nur in Finnland ist die Gefahr, von Autoritäten wegen ungebührlichem

Verhalten aus dem Verkehr gezogen zu werden, noch höher. Doch auch innerhalb der Bundesrepublik ist die Gefahr, zu unrecht als „Geisteskranker“ weggesperrt zu werden, von Bundesland zu Bundesland sehr unterschiedlich. Generell ist sie im Westen höher als im Osten. Besonders eifrig zeigen sich Psychiater und Gerichte in Bayern und in Nordrhein-Westfalen.[(113)]

Ein wenig Aufmerksamkeit erlangte das Tabuthema „Zwangseinweisung“ durch den Fall des Nürnbergers *Gustl Mollath*, der 2006 auf gerichtliche Anordnung hin in den psychiatrischen Maßregelvollzug eingewiesen wurde. *Mollath* hatte sich von seiner Frau getrennt und sie angezeigt, weil sie angeblich jahrelang erwerbsmäßig Beihilfe zur Steuerhinterziehung und zur Geldwäsche geleistet hatte. Sie soll jahrelang die Gelder von Anlegern in die Schweiz gebracht und so vor dem Fiskus versteckt haben, unter anderem auch für die *Bayerische Hypo-Vereinsbank*. *Mollaths* Anzeige bei einem bayerischen Gericht brachte dem „Nestbeschmutzer“ sieben Jahre in verschiedenen „Geschlossenen“ ein, also im „psychiatrischen Maßregelvollzug“. *Mollath* trat der *Bayerischen Hypo-Vereinsbank*, und somit der bayerischen Politik mit seinen Anschuldigungen auf die Füße. Richter und Gutachter schlossen daraus, er sei von einem „paranoiden Wahnsystem“ besessen.

Könnte so etwas also auch anderen Systemkritikern, Aktivisten und „Verschwörungstheoretikern“ passieren? Warum nicht? Wenn *Debunker* und deren Einschüchterungsversuche nicht greifen, dann muss vielleicht zu anderen Maßnahmen gegriffen werden?

Die Gutachten im Fall *Mollath* waren schlampig und unprofessionell erstellt worden. *Mollaths* Frau, die der Ursprung des Falles war, blieb unbehelligt, obwohl sich zahlreiche seiner Beschuldigungen später als wahrheitsgetreu herausstellten. Er selbst hingegen wurde zwangstherapiert. Nur seiner eigenen standhaften Weigerung, Psychopharmaka einzunehmen, und seiner eigenen „Sturheit“ hat *Mollath* es zu verdanken, dass er im Jahr 2013 wieder frei kam und für den siebenjährigen Zwangsaufenthalt bescheiden entschädigt wurde.

Die meisten Zwangseingewiesenen aber haben nicht so viel Glück oder so viel Widerstandskraft wie *Mollath*. Wenn sie einmal eingeschlossen sind, dann werden sie meist mittels Psychopharmaka ruhiggestellt. Meist greifen diese Medikamente massiv in die Psyche dieser Menschen ein. Sie führen zu einer raschen psychischen Abhängigkeit und machen eine Rückkehr in ein „normales Leben" meist unmöglich.

Psychopharmaka sind Medikamente, die auf die Psyche einwirken, um beispielsweise die Symptome einer psychischen Störung zu lindern. Zu den wichtigsten Gruppen der Psychopharmaka zählen *Antidepressiva* (gegen Depressionen), *Neuroleptika* (gegen Schizophrenie und Wahn) und *Tranquilizer* (zur Beruhigung und gegen Angstzustände). Psychopharmaka wurden als Ersatz für frühere „Foltermethoden" der Psychiatrie (wie Fesselung und Elektroschocks) entwickelt.[114] Sie sind ein Multi-Millionen-Geschäft für die Pharma-Industrie. Sie bringen keine Heilung, haben gravierende Nebenwirkungen, und sie werden selbst von Psychologen als „Folter" bezeichnet! Wie kann es also sein, dass weltweit immer mehr Menschen gegen ihren eigenen Willen in Psychiatrien landen und mit schädlichen Medikamenten zwangsbehandelt werden?

Der Schlüssel liegt darin, dass die Lobby der Psychiater in der westlichen Welt im Lauf der letzten Jahrzehnte immer mächtiger wurde. Dabei konnte sie der Verantwortung, die mit zunehmender Macht einhergeht, nicht gerecht werden. Vielmehr wird die Psychiatrie zunehmend von Selbstgerechtigkeit bestimmt. Damit ist sie ein perfektes Werkzeug für die Mächtigen.

Allen Frances war selbst lange Leiter der Abteilung für Psychiatrie an der *Duke University* im US-Bundesstaat North Carolina, und er pries als bezahlter Redner Produkte der pharmazeutischen Firmen an, ehe er sich eines Besseren besann und auf die Missstände aufmerksam machte. *Frances* war auch bei der *American Psychiatric Association* (Apa) darin eingebunden, neue seelische und psychische Leiden zu „erfinden". Die *Apa* ist mit weltweit 36.000 Mitgliedern die größte Psychiatervereinigung. Sie gibt die „Bibel" der Seelenheilkunde heraus, das *„Diagnostische und Statistische Manual Psychischer Störungen"* (DSM), das Grundlage für alle ärztlichen Beurteilungen und für gerichtliche Gutachten ist. Das dicke Handbuch listet Verhaltensweisen auf, die nach Meinung der *Apa* als offizielle psychische Erkrankung zu gelten haben. Was im DSM steht, beeinflusst auch den ICD-10, jenen Diagnoseschlüssel der *Weltgesundheitsorganisation* (WHO), mit dem Ärzte und Psychologen abrechnen. Das DSM bestimmt, wo die Grenze zwischen „normal“ und „abnormal“ verläuft. Und mit jeder neuen Ausgabe des DSM wurde die Grenze weiter nach unten verschoben. Von der dritten (DSM-III/1980) zur vierten Auflage (DSM-IV/1994) stieg die Anzahl der verschiedenen Diagnosen von 182 auf 297. Je mächtiger die Psychiater wurden, desto mehr Menschen konnten sie also als „psychisch krank“ identifizieren. Verhaltensweisen, die zuvor noch als schlechte Umgangsformen oder als charakterliche Schwäche galten, waren plötzlich eine Krankheit.

Als Beispiel beschreibt *Allen Frances*, wie er und seine Mitstreiter selbst die banale „Schüchternheit“ in „soziale Phobie“ verwandelt haben, heute die dritthäufigste psychische Störung. Zudem schufen sie völlig neue Krankheitsbilder, die mittlerweile bei Kindern zu Epidemien ausarten: Autismus, Aufmerksamkeitsdefizit- oder Hyperaktivitätsstörung (ADHS) und bipolare Störung. *„Dabei sind die Kinder heute gar nicht gestörter als früher.“*, gesteht *Allen Frances*. *„Was sich verändert hat, sind die Etiketten.“*[(115)] **Demnach sind die Hälfte aller Amerikaner und rund vierzig Prozent aller Europäer von psychischen Störungen betroffen**. Die Zahl bipolarer Störungen stieg bei Kindern in den letzten zwanzig Jahren um das Vierzigfache, die Autismusfälle nahmen um das Zwanzigfache zu. Zehn Prozent der Kinder wird heute ADHS bescheinigt.[(116)]

Das bedeutet, dass nahezu jeder zweite Mensch in der westlichen Welt als „krank“ gilt, und somit auch ohne große Probleme zwangsweise in entsprechende Einrichtungen eingewiesen werden kann. Das erinnert an die Zeiten der Inquisition, als eine bestimmte Gruppe von Menschen von Amts wegen das Recht zugesprochen wurde, sogenannte „Ketzer“ ausfindig zu machen und sie mit allen Mitteln zum „rechten Glauben“ zurückzuführen. Diese Mittel schlossen auch die Folter mit ein. Wer sich trotz Gewalteinwirkung nicht bekehren ließ, wurde weggesperrt oder hingerichtet.

Wir haben uns also seit dem Mittelalter nur wenig weiterentwickelt. Einzig und allein die Profiteure der Inquisition sind heute andere. War es im Mittelalter die katholische Kirche, so sind es heute die Geheime Weltregierung und ihre Pharmakonzerne sowie deren „Zulieferer“.

Thomas Saschenbrecker, Experte für Psychiatrie-Recht, erklärt, dass immer mehr Menschen, die nicht der gesellschaftlichen Norm entsprechen, zwangsweise in Psychiatrien abgeschoben werden. *„Es ist eine Form der Homogenisierung der Gesellschaft“*, sagt er. *„Hier wird alles, was unbequem, was auffällig ist, weggeschafft.“*[(117)]

Auf diese Weise verschwinden jedes Jahr weltweit Millionen unbequemer Menschen in geschlossenen Einrichtungen. Selbst wenn sie wieder herauskommen, so sind sie danach meist erst wirklich so „gestört“, dass sie kein normales Leben mehr führen können. Meist sind sie nicht mehr arbeits- und beziehungsfähig, zudem werden sie meist sozial geächtet und aus der Gesellschaft ausgeschlossen. Selbst wenn eine solche Zwangseinweisung nur für kurze Zeit erfolgte, selbst wenn sie sich später als ungerechtfertigt herausstellt, der Schaden, den die Inquisitoren an dem Ketzer angerichtet haben, ist weitestgehend irreparabel.

Hier greifen die moderne Medizin, Social Engineering und die Verhaltenslehre (Behaviorismus) wie Zahnräder ineinander. Wer mittels Mind-Twisting, mittels Mind-Control oder Nudging nicht gefügig gemacht werden kann, der wird mit Psychopharmaka ruhiggestellt. Wir befinden uns an diesem Punkt ganz nahe an der **Eugenik, an der Unterteilung in *wertvolles* und *wertloses* Leben**. Ist es bloß Zufall, dass die Familie *Rockefeller*, früher einer der größten Förderer der heute verpönten Eugenik, großen Einfluss auf die UNO hat und deren Teilorganisation WHO das Handbuch für psychiatrische Erkrankungen ständig erweitert?

Es ist traurig, dass die meisten Psychiater offenbar nicht in der Lage sind zu erkennen, dass sie hier als Folterknechte für die Geldelite benutzt werden. Dabei bedient sich die „moderne Psychiatrie“ immer noch des alten Wahns, den ich in meinem Buch „Jetzt geht's los“ als die „Genom-Religion“ bezeichne. Diese Genom-Religion, die das 20. Jahrhundert prägte, versuchte, das Aussehen und Verhalten von Menschen, ihre Eigenschaften, Leistungen oder Erkrankungen vorwiegend oder ausschließlich auf die genetische Prädisposition zurückzuführen. Demnach waren wir also ein unabänderliches Produkt unserer Eltern. Wir wissen heute, dass all dies Unsinn ist, weil wir nicht das Ergebnis unserer Gene sind, sondern unsere Gene vielmehr das Ergebnis unserer Erziehung und Beeinflussung sind.

Die Genom-Religion war (und ist) nicht nur ein tolles Betätigungsfeld für zahllose Wissenschaftler, sondern sie kam auch der herrschenden Klasse und der Politik sowie den Großkonzernen sehr gelegen. Niemand war mehr für irgendetwas verantwortlich – außer natürlich den bösen Genen. So konnte man Sklavenhaltung, Rassentrennung, Euthanasie, Kriege und Genozide rechtfertigen. Eltern waren nicht mehr für ihre schlecht erzogenen Kinder verantwortlich – nein, es waren deren Gene. Mit einem Mal hatten diese Kinder schwere Krankheiten, die angeblich genetisch angelegt waren.

> *„Es wird weithin angenommen, dass Störungen wie ADHS (Aufmerksamkeitsdefizit- oder Hyperaktivitätsstörung) oder Schizophrenie genetisch vorprogrammiert wären. Das Gegenteil ist der Fall: Nichts ist genetisch programmiert – einige ganz wenige, sehr seltene Krankheiten ausgenommen. Die meisten komplexen Krankheitsbilder aber können zwar eine genetische Prädisposition haben, die einen Teilaspekt des Ganzen ausmacht, aber genetische Prädisposition ist noch lange keine genetische Festlegung.“*[(118)]
>
> Gabor Maté, Arzt und Autor

Es sind nicht die Gene, die einen Menschen aggressiv werden lassen, sondern seine Lebensumstände, seine Erziehung, seine Ernährung und die geistige Beeinflussung durch sein direktes Umfeld. Wenn also angeblich immer mehr Menschen psychische Probleme haben, dann liegt das entweder daran, dass immer mehr Augenmerk auf diesen Bereich gelegt wird, man also immer stärker nach psychischen Störungen sucht, oder aber es liegt daran, dass die Lebensumstände immer mehr Menschen in „den Wahnsinn“ treiben. Das belegt eine Studie der *Universität Siegen* aus dem Jahr 2005[(119)], die beweist, dass männliche Großstädter, alte und behinderte Menschen und Personen aus einkommensschwachen Schichten häufiger eingewiesen werden als etwa vermögende Menschen. Wo es mehr psychiatrische Einrichtungen gibt, gibt es auch mehr Kranke. Wer sich schlechter wehren kann, wird öfter zum Opfer von psychiatrischer Willkür. Und je ärmer man ist, desto leichter kann man einfach aus dem Weg geräumt werden. (Wer sich eingehender mit dem Thema befassen oder Opfer psychiatrischer Zwangseinweisung unterstützen möchte, sollte vielleicht den *Deutschen Forensik-Bund e.V.* kontaktieren; www.forensik-bund.de.)

Ich weiß, dass viele Menschen sich damit schwertun zu glauben, dass es solche massiven Ungerechtigkeiten in unserer Welt gibt. Aber es gibt sie. Meist glauben Menschen das erst, wenn sie selbst davon betroffen sind oder jemand der ihnen nahesteht. Wir Menschen wünschen uns alle eine „heile Welt", und wenn wir sie nicht vorfinden, dann neigen wir oft dazu, das Unschöne auszublenden. Davon wird diese Welt aber nicht besser. Sie wird nur dadurch besser, dass wir Licht auch in die dunkelsten Ecken schicken. Das Übel gedeiht in der Finsternis, im Verborgenen, da, wo niemand hinsehen will. Wenn man Unrecht dem Licht der Öffentlichkeit aussetzt, dann findet automatisch ein Wandel statt. Licht besiegt die Dunkelheit, nicht umgekehrt.

Um „diese Welt" zu verstehen, müssen wir anerkennen, dass sie nicht von „Menschen" dominiert wird, sondern von dunklen Kreaturen und von Mächten der Finsternis. Das ist vor allem wichtig, wenn wir das verstehen wollen, was ich hier im Folgenden umreißen möchte.

Die Totesser

Bei Millionen von Menschen weltweit wird ***Dissoziative Identitätsstörung*** (**DIS**) diagnostiziert. Angeblich sollen mehrere Prozent der Gesamtbevölkerung darunter leiden. Frauen sollen davon etwa neunmal häufiger betroffen sein als Männer![120] DIS ist auch als „**Multiple Persönlichkeitsstörung**" bekannt, weil die Betroffenen mehrere Persönlichkeiten bilden, die abwechselnd die Kontrolle über ihr Verhalten übernehmen können. Das bedeutet, dass sie neben ihrer eigentlichen Persönlichkeit noch eine oder mehrere andere Persönlichkeiten in sich tragen, die in bestimmten Situationen zum Vorschein kommen und die Kontrolle über den Körper und das Verhalten der betroffenen Person übernehmen. So überraschend, wie sie kommen können, ziehen sie sich auch wieder zurück. Oft erinnern sich die Patienten im Nachhinein nicht an die Handlungen dieser „anderen Persönlichkeit(en)".

Meist wissen weder die Patienten noch ihre Therapeuten die konkrete Ursache für diese Persönlichkeitsstörung. Klar ist, dass sie auf traumatische Erfahrungen in der Kindheit zurückzuführen ist, auf exzessive körperliche Gewalt, sexuellen Missbrauch oder Inzest.

DIS ist also eine Folge *posttraumatischer Belastungsstörung* und entsteht, wenn Kinder in traumatischen Extremsituationen allein gelassen werden. Um zu überleben, um an dem Schmerz, der Schande und der Angst nicht zugrunde zu gehen, spalten sie diese Erfahrungen ab und ordnen sie einer anderen Persönlichkeit zu, die nur in bestimmten Situationen wieder zum Vorschein kommt. DIS-Patienten fühlen sich oftmals fremd im eigenen Körper, oft auch generell fremd in der Welt. Deshalb kommt es bei ihnen öfter vor, dass sie ziel- und orientierungslos weglaufen. Viele neigen zu Depressionen und Angstzuständen.

Nein, es handelt sich hier nicht um seltene, scheußliche Taten kranker Einzeltäter. Der Missbrauch von Kindern findet sehr viel häufiger statt als wir uns eingestehen wollen, und er wird oft von kriminellen Gruppierungen oder von staatlichen Stellen organisiert – wobei die Abgrenzung zwischen den beiden hier schwierig ist. Wenn wir davon ausgehen, dass nur jeder Hundertste in unserer Gesellschaft davon betroffen ist, dann wären das allein in Deutschland achthunderttausend Patienten. Was sagt uns das über unsere Gesellschaft und ihren Umgang mit Kindern?

Die 1957 geborene US-Amerikanerin ***Cathy O'Brien*** behauptet, ihr Vater wäre Teil eines großen internationalen Kinderpornorings gewesen, und er hätte sie im Rahmen dessen an die CIA für deren ***Projekt Monarch*** verkauft. *Projekt Monarch* war Teil eines groß angelegten CIA-Projekts mit dem Namen ***MKUltra***, in dem nachweislich zwischen den frühen 1950er-Jahren und Mitte der 1970er Mind-Control-Experimente, also Versuche zur Bewusstseinskontrolle, an vielen tausend jungen Menschen stattfanden – meist ohne deren Wissen.

Nur um das klarzustellen, es handelt sich hier nicht um Gerüchte oder Verschwörungstheorien. Diese Projekte haben stattgefunden, und es gibt zahlreiche Zeugen und Beweise (siehe Abb. 10). Vermutlich finden sie immer noch statt, wenngleich auch auf anderer Ebene. Bislang wurden hundertneunundvierzig Unterprojekte von MKUltra aufgedeckt, *Projekt Monarch* war also nur eines von vielen staatlichen Gehirnwäscheprojekten. Doch was hat das mit *Dissoziativer Identitätsstörung* zu tun? Das Ziel dieser „wissenschaftlichen Experimente" war es, Menschen so zu beeinflussen, dass sie jederzeit zu allem willens waren, keinen Widerstand leisteten und sich später an nichts erinnern konnten.

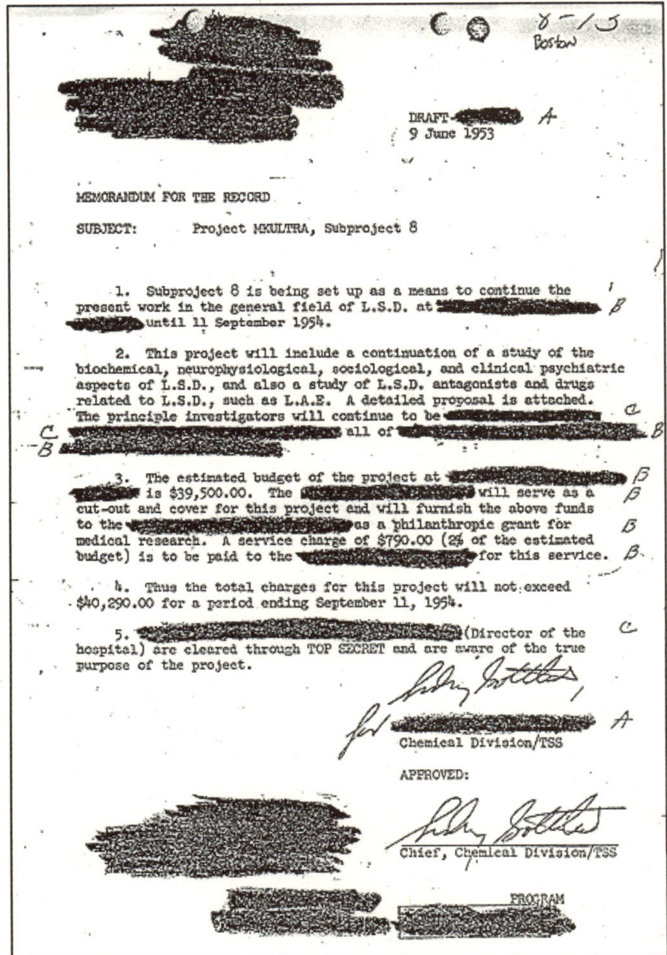
DRAFT- A
9 June 1953

MEMORANDUM FOR THE RECORD

SUBJECT: Project MKULTRA, Subproject 8

1. Subproject 8 is being set up as a means to continue the present work in the general field of L.S.D. at [redacted] until 11 September 1954.

2. This project will include a continuation of a study of the biochemical, neurophysiological, sociological, and clinical psychiatric aspects of L.S.D., and also a study of L.S.D. antagonists and drugs related to L.S.D., such as L.A.E. A detailed proposal is attached. The principle investigators will continue to be [redacted] all of [redacted]

3. The estimated budget of the project at [redacted] is $39,500.00. The [redacted] will serve as a cut-out and cover for this project and will furnish the above funds to the [redacted] as a philanthropic grant for medical research. A service charge of $790.00 (2% of the estimated budget) is to be paid to the [redacted] for this service.

4. Thus the total charges for this project will not exceed $40,290.00 for a period ending September 11, 1954.

5. [redacted] (Director of the hospital) are cleared through TOP SECRET and are aware of the true purpose of the project.

Chemical Division/TSS

APPROVED:

Chief, Chemical Division/TSS

PROGRAM

Abb. 10:
Dr. Sidney Gottlieb genehmigte Experimente an Menschen mit der Droge LSD zum Zwecke der Beeinflussung im Rahmen des Projekts MKUltra (9. Juni 1953).

Das Ziel war, das Bewusstsein eines Menschen vollständig kontrollieren zu können, um sein Verhalten nach Belieben zu steuern. Dadurch konnte man sowohl den perfekten Sex-Sklaven als auch den perfekten Killer oder Selbstmordattentäter schaffen. Man wollte Menschen, genauer deren Teilpersönlichkeiten, nach Belieben an- und wieder ausknipsen können. Man wollte sie dazu bringen, auf Befehl Dinge zu tun, die sie freiwillig nie tun würden, und man wollte sicherstellen, dass sie sich danach nicht mehr daran erinnern konnten.[120a] Und man hatte damit Erfolg.

In nachweislich mehr als achtzig amerikanischen, englischen und kanadischen Einrichtungen, in Spitälern, psychiatrischen Kliniken, Colleges und Universitäten wurden von sogenannten „Wissenschaftlern" Experimente an Kindern und Jugendlichen durchgeführt. Mittels Hypnose, Drogen, Elektroschocks, Isolation, Folter, physischer Gewalt oder mittels verbalem und sexuellem Missbrauch wurde die Persönlichkeit von Menschen gezielt zerstört, um eine oder mehrere neue Teilpersönlichkeiten zu erschaffen.[(121)] Dafür mussten Menschen ihre Erinnerungen an die Folter und an die Programmierung abspalten. Bei den Versuchspersonen wurde also eine Dissoziative Identitätsstörung bewusst und gewaltsam herbeigeführt.

Die Opfer dieser Experimente wurden dressiert. Sie lernten, auf Kommando zu folgen. Solche Kommandos konnten entweder optische Signale sein, meist waren es aber bestimmte Geräusche oder Schlüsselworte. Wenn ein Opfer etwa einen Telefonanruf bekam und ein bestimmtes Wort hörte, dann wurde eine andere, künstlich geschaffene Persönlichkeit „eingeschaltet", die tat, was man ihr befahl. Sie war Sex-Sklavin, Scharfschütze, Terrorist oder Selbstmordattentäter. Wenn sie wieder „ausgeschaltet" wurde, konnte das Opfer sich an nichts erinnern.

Nicht alle Kinder wurden von ihren Eltern willentlich für solche Umprogrammierungen zur Verfügung gestellt. Teilweise verschwanden Kinder für wenige Tage auf unerklärliche Weise, etwa aus dem Kindergarten, auf dem Nachhauseweg von der Schule oder beim Einkaufen. Wenn sie danach wieder nachhause zurückkehrten, konnten sie sich an nichts erinnern. Oftmals wurden sie dann als „Ausreißer" beschimpft und auch noch bestraft. Jedoch nicht alle Kinder kamen auch wieder nachhause zurück. Einer der führenden Köpfe dieser Experimente war der berühmte Psychiater *Donald Ewen Cameron*, welcher Präsident der kanadischen, der amerikanischen und *World Psychiatric Association* war. Leiter dieser Operation *MKUltra* war **CIA-Direktor** ***Allen Dulles***, der wenige Jahre zuvor, im Jahr 1948, das *Committee for a United Europe* mitgegründet hatte, also einer der Gründungsväter der EU ist. Er sagte über MKUltra: *„Die weltweite Schlacht um das menschliche Gehirn hat begonnen."*[(122)]

Cathy O'Brien behauptet, sie wäre als Kind im Rahmen von Projekt Monarch zur Sex-Sklavin erzogen worden. Sie erzählt, dass sie danach jahrelang Opfer ritueller, organisierter Gewalt gewesen sei, die auch sexuelle satanistische Rituale einschloss. Sie soll über viele Jahre hinweg unfreiwillig Sex-Sklavin zahlreicher hochrangiger Persönlichkeiten aus Entertainment und Politik gewesen sein.(123) Cathie O'Brien nennt auch deren Namen, was ich mir hier aber aus juristischen Gründen verkneife. Sie behauptet auch, sie hätte später, ohne es zu wissen, ihre eigene Tochter diesem organisierten Verbrechen zur Verfügung gestellt.(124)

Um diese Strukturen des systematischen Missbrauchs durch staatliche Einrichtungen und hochrangige Persönlichkeiten des öffentlichen Lebens besser einordnen zu können, möchte ich im Folgenden einige Zahlen nennen, die damit im Zusammenhang stehen könnten. In den USA sollen jedes Jahr rund 900.000 Menschen spurlos verschwinden. Die meisten von ihnen sind Kinder und Jugendliche.(125) In jedem US-Supermarkt oder Einkaufszentrum hängen dutzende Bilder verschwundener Kinder oder Teenager. Etwas mehr als die Hälfte sind männlich. Einer Studie der EU-Grundrechteagentur zufolge sollen in Europa jährlich bis zu 100.000 Minderjährige Opfer von Kinderhandel werden(125a), anderen Angaben zufolge sollen jedes Jahr eine Million Kinder in der EU verschwinden.(126)

Wie kann es zu solch unterschiedlichen Zahlen kommen, und was geschieht mit diesen Kindern? Ein Teil dieser Kinder wird für illegale Adoptionen gestohlen. Ein anderer Teil hat weniger „Glück", er dient als „Ersatzteillager" für den illegalen Organhandel. Ein beträchtlicher Teil aber endet als Sex-Spielzeug für die „feine Gesellschaft". Da es sich bei den Opfern zum Teil um Unbeaufsichtigte, Obdachlose, Flüchtlinge oder um Kinder aus zerrütteten Familienverhältnissen handelt, sind genaue Zahlen nicht vorhanden. Es soll nach Angaben von Journalisten, die sich mit diesem Thema befassten, Internetseiten geben, auf denen man zusehen kann, wie Kinder vergewaltigt und teilweise anschließend getötet werden. Wer glaubt, dass es sich dabei um Einzelfälle handelt, irrt leider. Solche Seiten sollen täglich angeblich hunderttausende Male angeklickt werden, auch von Menschen aus unserer Nähe. Die zuständigen Behörden wissen darüber genau Bescheid, aber ihnen scheinen die Hände gebunden zu sein.

Eine Berichterstattung über diese Thematik findet in den Medien kaum statt und wenn, dann nur sehr eingeschränkt und irreführend. In den vergangenen Jahren erfuhren wir in der Presse immer nur von verrückten Einzeltätern, die ein Opfer jahrelang im Keller eingesperrt hatten. Die Wahrheit aber ist, dass die meisten Kinder nicht Opfer verrückter Einzeltäter werden, sondern groß angelegter Pädophilen-Ringe. Ich führe diese Desinformation darauf zurück, dass den Journalisten, die darüber schreiben, daran gelegen ist, am Leben zu bleiben. Ich kann auch verstehen, dass viele Menschen darüber nichts lesen wollen. Dennoch ist dieses Thema Teil unserer Realität, und die kann sich nur ändern, wenn wir diese menschlichen Abgründe nicht ausblenden.

Ich weiß ganz konkret von Journalisten, die zu diesem Thema recherchierten und deshalb mit dem Tode bedroht wurden. Warum? Weil wir hier von einer groß angelegten Missbrauchs- und Tötungsindustrie sprechen, die bis in die höchsten Psychopathen-Kreise hinaufreicht, offenbar nach ganz oben. In England wurde im Jahr 2014 publik, dass einer der beliebtesten Fernsehmoderatoren sich über Jahrzehnte hinweg an tausenden Knaben vergangen haben soll. Doch das war nur die Spitze des Eisbergs. Es kam zutage, worüber seit Jahren nur hinter vorgehaltener Hand gesprochen wurde: Ein nicht so kleiner Teil der britischen Elite ist pädophil. Die Onlineausgabe der *LA Times* berichtete am 23. Dezember 2014:

> *„Die Anschuldigungen im Rahmen der ‚VIP-Pädophilie' umfassen angesehene Londoner Adressen, einige der hochrangigsten Vertreter des Britischen Establishment, und den Verdacht des Missbrauchs junger Knaben in den 1970er- und 1980er-Jahren, einschließlich dreier, die getötet wurden. Sechs Parlamentsmitglieder werden mit dem Skandal in Verbindung gebracht. Dies droht, eine mächtige politische Elite zu entlarven, die Minderjährige für mehr als ein Jahrzehnt vergewaltigt und benutzt haben könnte...*“[(127)]

Ich erspare mir und Ihnen an dieser Stelle alle Namen jener, die in diesen Sexskandal verwickelt sein sollen, aufzuzählen. Aber es scheint als erwiesen, dass über Jahrzehnte hinweg an zwei Londoner Nobeladressen, dem *Elm Guest House* und am *Dolphin Square*, reiche Persönlichkeiten Kinder sexuell missbraucht und teilweise auch getötet haben. Daran waren auch einige „Philanthropen“ beteiligt.

Ebenfalls im Jahr 2014 erschütterte ein ähnlich gelagerter Skandal die USA. Darin verwickelt ist ein pädophiler Milliardär namens *Jeffrey Epstein.* Die Online-Ausgabe der WELT titelte am 12.1.2015:

„Er ist Finanzier, Multimillionär und verurteilter Pädophiler. In seinem Adressbuch stehen die Handynummern von Prinz Andrew und Bill Clinton. Aber wer ist dieser Jeffrey Epstein eigentlich?"[(128)]

Genau das versuchte ein Gericht in Florida im Jahr 2015 zu klären.

Ich erspare mir, die unzähligen Pädophilen-Skandale aufzuzählen, in die katholische Priester und Organisationen rund um den Globus verwickelt waren. Was ich aber deutlich machen möchte ist, dass es sich bei all diesen Fällen bislang nur um alte Fälle handelt, um die Spitze eines gigantischen Eisbergs. Der systematische Missbrauch von Kindern inklusive Folter und Tötung geht aber tagtäglich weiter, und zwar nicht nur in England oder den USA, sondern auch in Mitteleuropa und anderswo. Es gibt in jedem Land Spezialeinheiten der Polizei, die solche Verbrechen aufklären sollen, aber darin auffallend wenig erfolgreich sind. Ich überlasse es Ihnen, den Grund dafür zu erraten.

Mit Beginn des Jahres 2015 startete die Aktivisten-Gruppe ***Anonymous*** eine weltweite **Kampagne gegen die „Totesser"**. Dieser Begriff stammt aus den *Harry-Potter*-Romanen von *J. K. Rowlings* und beschreibt jene Gruppe von Zauberern und Hexen, die sich der dunklen Seite der Macht verschrieben haben und für ihre Neue Weltordnung alle Anhänger der Seite des Lichts töten wollen. Unter „OpDeathEaters" ruft *Anonymous* Opfer und Whistleblower auf, sich an der Kampagne zu beteiligen. *Anonymous* möchte umfassende Beweise gegen die internationalen Phädophilen-Ringe sammeln, um dann dagegen vorgehen zu können.

Zum Ende dieses Kapitels möchte ich festhalten, dass manche Aktionen von *Anonymous* illegal waren und daran beteiligte Personen dafür teilweise zu langen Haftstrafen verurteilt wurden. Ein solches illegales Verhalten lehne ich natürlich ab. Dennoch möchte ich Ihnen die Abschlussworte der „Kampagne gegen die Totesser" von der Anonymous-Webseite nicht vorenthalten: „*Widerstand ist Bestand. Wir sind Anonymous. Wir sind überall. Wir sind die Legion. Wir sind die, denen Ihr das Zuhause genommen habt. Wir sind die, die Ihr gefoltert habt. Wir sind die, die Ihr getötet habt. Wir sind nicht mehr sprachlos. Die Welt wird sich verändern. Wir werden sie verändern.* ***Tyrannen dieser Welt, erwartet uns!***"[(129)]

Wieso spielen alle mit?

An dieser Stelle möchte ich auf einige Fragen eingehen, die Sie sich vielleicht gerade stellen, Fragen, die mir im Laufe der letzten Jahre immer wieder in Gesprächen und Diskussionen gestellt wurden und die ich mir auch lange Zeit selbst gestellt hatte: Wenn all das stimmt, wenn Politiker und Medienvertreter über all das Bescheid wissen, dann müssen doch in einem so komplexen System viele tausende Menschen über all das Bescheid wissen – wie kann es sein, dass sie alle mitspielen? Wie kann die Geheime Weltregierung all diese Menschen kontrollieren?

Lassen Sie mich mit den Antworten darauf so beginnen: Sie dürfen sich das System der Neuen Weltordnung nicht als etwas vorstellen, in dem die Geheime Weltregierung jeden einzelnen Schritt aller Akteure plant und überwacht. Das wäre nicht möglich. Tatsächlich ist es so, dass die oberen Zehntausend nicht alles im Griff haben, doch sie sind immer in der Lage, auf Unvorhergesehenes zu reagieren. Prinzipiell hat jedes funktionierende System und jede erfolgreiche Organisation einen natürlichen Selbsterhaltungstrieb. Dabei ist es egal, ob es sich um eine Familie, einen Verein, eine Lobbyorganisation oder eine politische Partei handelt. Jedes System trachtet danach, sich selbst zu erhalten, solange die daran beteiligten Personen Halt und Stabilität in dem System finden. Menschen sind Gewohnheits- und Herdentiere. Die meisten streben nach Sicherheit und haben Angst vor Veränderung. Egal, wie schädlich ein System für die Außenwelt sein mag, für die im Inneren ist es vertraut und gibt ihnen Sicherheit, manchmal sogar Geborgenheit. Daher trachten sie danach, alles zum Erhalt des Systems zu tun, selbst wenn es für sie persönlich schädlich ist. Oft haben die Betroffenen nie etwas anderes als dieses System kennengelernt und können sich daher auch nichts anderes vorstellen. Alle Systeme enden erst, wenn sie von Außen gewaltsam zerstört werden – oder wenn sie nicht mehr funktionieren, also für eine Mehrheit der Beteiligten nicht mehr tragbar sind. Doch selbst dann ist es möglich, dass ein Teil der Beteiligten sich abspaltet und ein neues, ähnliches System entwickelt.

Es gibt in Politik, Militär, Religion, Wirtschaft und Wissenschaft immer unterschiedliche Lager, die unterschiedlichen Überzeugungen und Ideologien folgen. So gibt es etwa an der Spitze der US-Politik die Neoliberalen, die Neokonservativen, die Hardliner (Falken) und solche, die in der Mitte stehen und Frieden schaffen wollen. Daneben gibt es Lobbys, wie die Waffenlobby, den militärisch-industriellen Komplex, die Öllobby, die eigene Interessen vertreten und wieder innerhalb dieser Lager einzelne Personen beeinflussen. Es gibt die Vertreter der Religionen und innerhalb der Religionen gibt es unterschiedliche Kirchen und Strömungen, die um Macht, Ruhm und Geld, aber auch um die Deutungshoheit des „Wortes Gottes" kämpfen. Es gibt die Vertreter der Wirtschaft, der Wissenschaft und der Bildung. Sie alle wollen ihre Interessen und Meinungen durchsetzen. Unter ihnen gibt es immer welche, die ehrgeizig sind, die nach oben wollen, die wichtig und erfolgreich sein möchten und die ein möglichst großes Stück vom Kuchen abhaben wollen. Und genau die sind leichte Beute.

Alles, was die Geheime Weltregierung tun muss und kann, ist auf die jeweiligen Situationen und Dynamiken zu reagieren und die Alpha-Männchen oder Alpha-Weibchen zu kontrollieren, also diejenigen, die alle anderen beeinflussen und mitreißen. Sie pfeifen die zurück, die zu weit gehen oder in die falsche Richtung laufen, und fördern jene, die ihre Linie vertreten, oft auch ohne, dass die Betroffenen sich dessen bewusst sind. Ein gewisses Maß an Meinungsunterschieden und Querelen ist in jedem Bereich hilfreich, weil es die Aufmerksamkeit und Energie der Beteiligten bindet. Wenn es zu wenig davon gibt, dann kann Auseinandersetzung sogar von außen geschürt werden. Die meisten der oberen Zehntausend sind in einer der großen Geheimlogen Mitglied. Der Wahlspruch der Obersten Räte des freimaurerischen Systems, des *Alten und angenommenen Schottischen Ritus*, lautet: ***Ordnung aus dem Chaos*** *(Ordo ab Chao)*.

Die ehrgeizigsten Vertreter jeder Sparte, die Superpsychopathen, werden so lange gefördert und aufgebaut, wie sie nützlich sind. Sie steuern mittels NGOs und Think Tanks, Stiftungen und Medienkonzernen die Themen, die auf der Tagesordnung stehen und die Massen bewegen sollen. Und sie lassen jene Themen totschweigen oder ins Lächerliche ziehen, die ihnen missfallen. Darauf müssen letztlich alle Politiker und Lobbyisten wieder reagieren.

Wichtige Beschlüsse fasst die Geheime Weltregierung im engsten Kreis, meist ohne dass die Öffentlichkeit je davon erfährt. Ihre Entscheidungen werden vorsichtig an die nächsten Ebenen weitergegeben. Sie fließen dann als Vorgaben oder Initiativen in die Aktivitäten der *Bilderberger*, des *CFR*, der *Atlantikbrücke* und vieler weiterer Organe ein und werden dort weiter ausgearbeitet, ergänzt, mit Zahlen untermauert und zu scheinbar wissenschaftlichen „Fakten“ geformt, ganz genau so, wie wir es am Beispiel der „Globalen Erderwärmung“ gesehen haben.

Die Sprachrohre der Männer im Hintergrund sind Personen wie *Henry Kissinger, Zbigniew Brzezinski, George Soros* oder *Bill Gates.* Sie beeinflussen mit ihren öffentlichen Statements die Presse und die Öffentlichkeit. Sie gelten als Experten auf ihren Gebieten. Sie sind reich und erfolgreich, sie werden angehimmelt und in der Presse glorifiziert. Viele Menschen suchen ihre Nähe wie die Motten das Licht. Sie hängen an ihren Lippen, weil sie hoffen, dass etwas von deren Ruhm auf sie abfärbt oder sie von ihnen lernen können. Diese Personen werden ernst genommen, weil sie sich als Philanthropen und Schöngeister tarnen. Sie unterstützen kulturelle Veranstaltungen ebenso wie Forschungseinrichtungen oder Universitäten, und niemand beißt die Hand, die ihn füttert. Wenn *George Soros* vorhersagt, der Goldpreis wird fallen, dann fällt er auch. Einfach nur deshalb, weil dann viele Schafe schnell loslaufen, um ihr Gold noch rechtzeitig zu verkaufen. Wenn man die richtigen Experten und die Presse kontrolliert, dann erledigen sich die meisten Dinge wie von selbst.

Politiker sind insofern leicht zu steuern, als sie sehr kurzfristig denken (müssen). Sie werden meist nur für vier Jahre gewählt. Wenn sie eine neue Position übernehmen, dann haben sie davon in der Regel keine Ahnung. Sie brauchen also mindestens mehrere Monate, um sich einen groben Überblick zu verschaffen. In der Zwischenzeit üben hunderte Lobbyisten Einfluss auf sie aus. Ein Jahr bevor ihre Amtszeit endet, beginnt bereits wieder der Wahlkampf für die nächste Amtszeit. Im Grunde haben sie also kaum Zeit für ihre eigentliche Arbeit, von der sie ohnehin meist herzlich wenig verstehen.

Nehmen wir als plakatives Beispiel die deutsche Verteidigungsministerin *Ursula von der Leyen.* Wie viel Ahnung hatte sie bei Amtsantritt von der Bundeswehr? Keine! Sie war zu hundert Prozent von den Zurufen ihrer Mitarbeiter abhängig. Sie war Freiwild für die Lobbyisten, für den militärisch-industriellen Komplex.

Wenn Lobbyisten jenen Ahnungslosen dann etwas schmackhaft machen – wie auch immer sie das tun –, dann werden die es der Welt als „das Beste seit geschnittenem Brot" verkaufen, weil sie es nicht besser wissen. Ihr Job ist es, dem Volk Entscheidungen zu verkaufen, Entscheidungen, die sie selbst gar nicht getroffen haben, weil sie dazu nicht in der Lage sind.

„Die Politik ist die Unterhaltungsabteilung der Rüstungsindustrie!"
Frank Zappa, amerikanischer Musiker (1940-1993)

Das ganze Denken und Handeln solcher Personen ist darauf ausgelegt, keinen groben Fehler zu machen oder zumindest nicht dafür zur Rechenschaft gezogen zu werden. Sie sind gezwungen, kurzfristig zu denken – oder ihre eigenen Interessen zu verfolgen, denn sie wollen wieder gewählt werden. Die Kräfte im Hintergrund jedoch, die mittels Geld, Macht und Medien darüber entscheiden, ob ein bestimmter Politiker an die Macht kommt und auch an der Macht bleibt, denken sehr langfristig. Sie denken in Generationen, in Jahrzehnten oder Jahrhunderten. Wenn gelegentlich etwas nicht so läuft, wie sie es gerne hätten, dann versuchen sie, es einfach wieder in die richtige Richtung zu stupsen. Dabei bedienen sie sich der Mittel, die in der jeweiligen Situation nötig sind. Das kann von psychologischer Überzeugungsarbeit, über geistige Manipulation, bis hin zu Drohungen, Erpressungen oder Degradierung reichen. Und manchmal auch noch deutlich weiter. Oft reicht es aber auch, einen neuen, jungen, ambitionierten Gegenspieler auf die politische Bühne zu hieven, der den anderen einheizt und ihn vor sich hertreibt.

Die wenigsten Menschen in Politik, Wirtschaft und Medien sehen zu Anfang das große Bild. Sie sehen meist nur einen kleinen Ausschnitt. Sie wurden zu ehrgeizigen Spezialisten erzogen, die wenig hinterfragen. Nur die Ehrgeizigsten von ihnen schaffen es ins Rampenlicht – die Wenigereitlen, Wenigerlauten und Wenigeraufdringlichen bleiben immer in den hinteren Reihen.

Die Karrieristen versuchen zu Beginn, auf ihrem Gebiet sehr gut zu werden. Sie sind jung, voller Elan, wollen sich profilieren, doch sie stehen unter enormem Druck. Wenn sie zu viele falsche Fragen stellen, werden sie keine Karriere machen. Sie werden in den hinteren Reihen bleiben, oder sie werden gekündigt. So ist es schon vielen Journalisten ergangen. Wenn sie aber die richtigen Fragen stellen, und vor allem, wenn sie die richtigen Antworten liefern, werden sie aufsteigen. Sie haben an den Universitäten gelernt, sich gefällig zu kleiden und zu verhalten, Papiere zu schreiben, die „knackig" und „sexy" sind und ungemein gut klingen. Es geht ihnen nicht um den Inhalt, sondern um eine „geile" Verpackung. Sie lernen sehr schnell, sich stromlinienförmig zu verhalten. Wer es etwa bei einer Redaktionssitzung wagt, „Verschwörungstheorien" zu bemühen, und Nachforschungen anstellen will, die gegen das Establishment gerichtet sind, wird meist vor versammelter Mannschaft ausgelacht und als Trottel dargestellt. Niemand lässt sich gerne vor seinen Kollegen bloßstellen.

Gegen schwierige Mitarbeiter laufen bei Fernsehsendern oder Verlagshäusern oft interne Schmutzkampagnen, bei denen so lange Gerüchte über sie gestreut werden, bis sie gemieden oder gemobbt werden oder von selbst gehen.[130] Dazu muss man verstehen, dass die meisten Journalisten heute unter enormem Zeitdruck stehen und kaum mehr als wenige Stunden für das Ausarbeiten eines Artikels oder Beitrages haben, weshalb sie am Ende kaum mehr machen können als Meldungen von Presseagenturen oder eigene alte Artikel umzuformulieren. Sie haben schlichtweg nicht die Zeit, umfangreiche Recherchen anzustellen.

Der Druck nimmt ständig zu. Immer mehr Verlage entlassen Mitarbeiter oder stellen neue, junge und billigere Arbeitskräfte an. Also sind die meisten Journalisten bemüht, ihren Job zu behalten. Sie passen sich an. Wenn sie ge- oder befördert werden, wissen sie oft gar nicht, warum. Oft wollen sie es auch gar nicht wissen. Hauptsache, es läuft. Sie reden sich ein, es läge daran, dass sie so gut und fleißig sind und das „Richtige" tun.

Die meisten Universitäten und wissenschaftlichen Einrichtungen sind von Stiftungsgeldern abhängig. Das meiste Geld kommt hier weltweit von den Rockefeller- und Gates-Stiftungen und von diversen Lobby-Organisationen. Wer der Geheimen Weltregierung im Weg steht, wird einfach nicht gefördert – und wird somit auch nie in der Öffentlichkeit Gehör finden. Er wird – wenn überhaupt – einen schlecht bezahlten Job finden, in dem er versauert. Er wird mit dem Überleben beschäftigt sein und keine Zeit haben, um auf „falsche Gedanken" zu kommen. Und selbst wenn er sich kritisch äußert, so nimmt ihn niemand ernst, weil er ein „Verlierer" ist.

Es gibt in der Wissenschaft wie in der Politik große Konkurrenz. Tausende talentierter und ambitionierter Forscher konkurrieren hier jährlich um einige wenige Posten und Geldtöpfe. Wer weiterkommen will, muss sehr hart arbeiten. Doch wer pro Woche siebzig Stunden oder mehr arbeitet, hat kaum noch Zeit zum Nachdenken. Es geht um viel Geld und Prestige und um öffentliches Ansehen. Und es geht für viele oft um das nackte Überleben. Es gibt nur wenige gute Jobs, die dann aber sehr, sehr gut bezahlt werden. Fast jeder ist bereit, für einen solchen Job alles zu tun. Es geht um alles oder nichts.

Viele Menschen bemerken gar nicht, dass ihre Umgebung feindlich ist, weil sie nichts anderes kennen. Kinder, die im Krieg aufwachsen, sind sich dessen nicht bewusst, dass sie im Ausnahmezustand leben. Sie haben nie etwas anderes kennengelernt. Die Erziehung zu Konformismus beginnt bereits im Elternhaus und in der Schule. Mittels frühkindlicher Erziehung werden heute schon die Kleinsten gedrillt.

Wer in den USA studiert und nicht aus einer wirklich reichen Familie stammt, hat am Ende seines Studiums durchschnittlich mehr als siebenundzwanzigtausend Dollar Schulden. Dank gestiegener Studien- und Lebenshaltungskosten hat sich der Grad der Verschuldung von Studenten in den vergangenen zehn Jahren in den USA verdreifacht.[(130a)] Wer einen gut bezahlten Job ergattern kann, tut daher alles, um ihn zu behalten. So wird die nächste geistige Elite von vornherein abhängig und gefügig gemacht. Wer das liefert, was in die Neue Weltordnung passt, der steigt auf, kann seine Schulden begleichen, hält rund um die Welt gut bezahlte Vorträge, veröffentlicht seine geistigen Ergüsse in renommierten Zeitungen oder Magazinen. Er oder sie wird zu Kongressen eingeladen, fliegt erster Klasse, wohnt in 5-Sterne-Hotels und schwebt lange wie auf Wolken. Exklusive Hotels, sündteure Restaurants und Bonuszahlungen in Millionenhöhe beeindrucken zu Anfang jeden jungen Menschen, der nicht aus reichem Elternhaus kommt. Und solcher Luxus kann korrumpieren.

Und nun kommt der entscheidende Punkt: Je weiter jemand aufsteigt, desto mehr kann er das gesamte große Bild erkennen – wenn er das möchte! Doch das Problem ist nun, dass er sich an das Ansehen und die Annehmlichkeiten, an die teuren Hotels und Restaurants, an die schicken

Klamotten und an die exklusiven Clubs gewöhnt hat. Er oder sie lebt ein äußerst angenehmes Leben und tut sich schwer damit, es aufzugeben. Er identifiziert sich mit seiner sozialen Stellung. *„Ich hab doch so hart dafür gekämpft! Soll ich das jetzt alles aufs Spiel setzen?"*

Dazu kommt, dass fast jeder irgendwelche Leichen im Keller hat. Jeder, der sich blenden lässt, macht Fehler. Das können Kleinigkeiten sein wie falsche Abrechnungen oder eine unbedachte Aussage. Es kann ein Seitensprung sein oder eine bestimmte sexuelle Ausrichtung oder Vorliebe. Oft ist es jahrelanger Drogenkonsum, um die geforderten Leistungen überhaupt erbringen zu können. In der westlichen Welt nehmen Studenten und Universitätsprofessoren seit Jahren Amphetamine zur Leistungssteigerung und zur besseren Konzentration. Sie trinken, schnupfen oder spritzen es sogar. In den USA soll angeblich jeder vierte Student und sogar jeder fünfte Professor *Ritalin* „konsumieren". Der Konsum von Kokain ist in vielen wohlhabenden Gesellschaftskreisen so normal wie der von Kaffee. Druckmittel können aber auch angenommene Bestechungsgelder sein, „optimierte" Statistiken oder Berichte. Fast jeder macht auf dem Weg nach oben Fehler, und die werden im Hintergrund dokumentiert. Und sie werden, wenn nötig, wieder aus dem Archiv geholt.

In den meisten Fällen reicht diese Erinnerungshilfe, um Skrupel zu besiegen. Wenn nicht, dann stolpert der Betreffende meist über einen Skandal. Wenn das auch nicht hilft, dann kann ihn der plötzliche Tod ereilen. Zwischen dem 8. März 2013 und Ende Januar 2015 kamen mindestens 58 hochrangige Banker und Investoren ums Leben, allesamt Menschen mit Insiderwissen und großer Verantwortung. Einige von ihnen begingen Selbstmord, andere verschwanden, wieder andere wurden erschossen, vom Bus überfahren, sie starben bei mysteriösen Autounfällen oder wurden in der eigenen Garage vom eigenen Auto zerquetscht. Bei einigen ist die Todesursache nach wie vor „ungeklärt".[131] Wer viel weiß, hat nicht unbedingt viel Macht. Doch wer gibt das schon nach außen hin zu?

Zahlreiche Menschen in Machtpositionen erkennen erst ab einem bestimmten Punkt, dass ihr Tun anderen Menschen oder der Allgemeinheit schadet. Wenn sie dann feststellen, dass sie ein Gewissen haben, wenn sie Skrupel bekommen, dann haben sie ein ernsthaftes Problem. Viele Menschen tragen die inneren Selbstzweifel jahrelang mit sich herum, ohne sich jemandem anzuvertrauen. Ich habe Leser kennengelernt, die von meinen

Büchern begeistert sind, die sich aber nicht trauen, mit anderen Menschen darüber zu sprechen. Sie trauen sich nicht, anderen zu sagen, dass sie meine Bücher lesen, weil sie Angst vor den Konsequenzen haben. Darunter sind auch Menschen in gehobenen, einflussreichen Stellungen, die Angst haben, sich lächerlich zu machen, wenn sie zugeben, dass sie kritische Literatur wie die meine lesen – Literatur, die das Establishment in Frage stellt. Es gibt tatsächlich viele erwachsene Menschen, die sich nicht trauen, darüber zu sprechen, welche Bücher sie im Geheimen lesen!

Wir müssen anerkennen, dass der Konformismus und der Herdentrieb in unserer Gesellschaft sehr stark ausgeprägt sind! Die Strippenzieher im Hintergrund wissen über diese Gruppendynamiken und -zwänge sehr genau Bescheid, denn dieses spezielle Phänomen ist gut erforscht und wird als „Schweigespirale" bezeichnet. Demnach hängt die Bereitschaft vieler Menschen, öffentlich ihre Meinung zu äußern, davon ab, wie vehement sie die vermeintliche Mehrheitsmeinung empfinden. Je aggressiver also in den Medien eine vermeintliche Mehrheitsmeinung zu einem bestimmten Thema präsentiert wird, desto weniger Menschen trauen sich, dagegen zu widersprechen. Das kann dazu führen, dass eine schweigende Mehrheit mit der Zeit zu einer Minderheit wird, weil die „Gedankenpolizei" sie so einschüchtert, dass sie sich irgendwann nicht mehr traut, anders zu denken als die vermeintliche Mehrheit. Wir leben heute in einer extrem uniformen, gleichgeschalteten Gesellschaft, die von einer scheinheiligen politischen Korrektheit geprägt ist, und es braucht sehr viel Mut, sich diesem einschüchternden, einengenden System zu widersetzen.

Es ist nicht so, dass alle Menschen in wichtigen Positionen ohne Gewissen sind. Vielmehr ist es so, dass ihnen oft der Mut fehlt, die Wahrheit zu sagen. Angst ist eine mächtige Kraft! Denn neben der Angst vor dem Verlust der Annehmlichkeiten ist da auch noch der psychologische Effekt. Man fragt sich selbst: Wieso habe ich das alles erst so spät erkannt? Wieso war ich so naiv, so dumm, so gutgläubig? Der Betroffene schämt sich, fürchtet die gesellschaftliche Ausgrenzung und die Ablehnung im eigenen Umfeld, in der eigenen Familie. Meist trauen sich Geheimnisträger erst nach ihrem Ausscheiden aus dem aktiven Dienst, den Mund aufzumachen, doch dann sind ihre Informationen oft veraltet und nicht mehr aktuell und brisant.

Dennoch gibt es immer wieder Menschen in hohen Positionen, die schon in ihrer aktiven Zeit „auspacken", neudeutsch „Whistleblower" genannt. Ihre Zahl wächst in der jüngsten Vergangenheit zusehends. Solche Menschen, die aufklären möchten, werden von Debunkern und der Presse durch den Kakao gezogen und lächerlich gemacht. Man erfindet psychische Probleme oder lastet ihnen irgendwelche Straftaten an. Wenn sie dennoch weitermachen und wirklich Brisantes zu sagen haben, dann bleibt ihnen meist nur, in einem fremden Land Schutz und Zuflucht zu suchen, oder sie bezahlen für ihren Mut mit langen Haftstrafen oder mit dem eigenen Leben.

Ich möchte betonen, dass es tatsächlich einige wenige, sehr einflussreiche Wesen gibt, die im Grunde keine Menschen sind, aber dennoch so aussehen. Ihnen fehlt das, was uns von den meisten Tieren unterscheidet: Empathie, also Einfühlungsvermögen oder Mitgefühl. Ganz oben auf der Hierarchie-Leiter ist die Dichte an Super-Psychopathen sehr hoch, denn diese kalten Wesen sind sehr durchsetzungsstark und ausdauernd. Die wenigen echten Menschen, die es ganz nach oben schaffen, wissen um die Brutalität dieser Wesen und sind daher sehr vorsichtig.

Im Grunde beruht das System der *Neuen Weltordnung* auf den alten Machtstrukturen der Kolonialzeit. Eine kleine Gruppe von Großgrundbesitzern besitzt heute alle großen Konzerne und Banken der westlichen Welt, und sie halten sich weiterhin Sklaven, über die sie nach Belieben verfügen. Diese Personen bleiben unter sich. Ihre Kinder gehen auf ausgewählte Schulen, sie heiraten nur ihresgleichen, und sie teilen ihr Wissen nur mit ihresgleichen. Und sie halten zusammen. Die wenigen Vertreter in ihren Reihen, die ihren Reichtum und ihre Macht nach außen hin zeigen, sind zumeist Vertreter des Hochadels, also Menschen, die ihre Machtpositionen ausschließlich durch die Gnade ihrer Geburt innehaben und ihren Reichtum ohnehin kaum verstecken können. Diese Menschen halten sich für auserkoren. Und die Bevölkerungen ihrer Länder sind einer solchen Gehirnwäsche unterzogen, dass sie diese Machtposition oft nicht in Frage stellen.

Bleiben wir beim Beispiel der Großgrundbesitzer im 19. Jahrhundert. Diese „Elite" brauchte Menschen, die für sie arbeiteten und ihre riesigen Ländereien bewirtschafteten. Es gab klare Hierarchien. Es gab Menschen, die einzelne Farmen oder Betriebe leiteten und gut verdienten, Vorarbeiter, Sklaventreiber und Aufseher. Heute sind dies Spitzenmanager, Vorstandsmitglieder und Aufsichtsräte. Es gab klare Strukturen und Befehlsketten, und daran hat sich bis heute nichts geändert. Zwar tragen die Sklaven heute keine physischen Ketten mehr an Händen und Füßen, dennoch werden viele immer noch eingesperrt und misshandelt. Ein großer Teil der Menschheit aber besteht aus Sklaven, die virtuelle Ketten tragen und über ihre Smartphones von ihren „Herren" lückenlos auf Schritt und Tritt überwacht werden. Sie werden von ihren Meistern gesteuert, doch sie merken es nicht. Das ist das Perfide an diesem System: Die Sklaven wissen nicht, dass sie Sklaven sind!

Aber warum lässt die Geheime Weltregierung die Zerstörung unserer Umwelt zu? Warum sehen sie zu, wie unsere Nahrung, unser Wasser, unsere Luft verseucht wird, wie unsere Welt nuklear verstrahlt wird? Sie atmen doch dieselbe Luft wie wir, sie trinken doch dasselbe Wasser?

- Diese Personen halten sich für unantastbar und allen anderen überlegen. In gewisser Weise sind sie es auch, weil sie über zahlreiche Informationen verfügen, die der Normalverbraucher nicht hat. Sie wissen, dass die Weichmacher in PET-Flaschen unfruchtbar machen, deshalb trinken sie nur Wasser aus Glasflaschen, oder sie haben ohnehin ihre eigenen Quellen. Sie haben einen enormen Wissensvorsprung!
- Sollte dennoch jemand aus diesen Kreisen betroffen sein, etwa unfruchtbar werden, dann haben sie genügend Geld, um in die teuerste und beste Reproduktionsklinik der Welt zu gehen. Generell können sie sich das beste und gesündeste Essen und die besten Ärzte leisten. Deswegen werden viele von ihnen auch sehr alt.
- Stress ist der schädlichste Einfluss auf unsere Gesundheit, vor allem dann, wenn er dauerhaft ist. Diese Wesen aber führen prinzipiell ein sorgloses Leben. Sie sind völlig abgeschirmt von der Außenwelt, frei von den Sorgen, die Menschen haben, die ums tägliche Überleben kämpfen. Reiche Menschen leben länger, weil sie um die Einflüsse wissen und weil sie wissen, wie sie ihren Körper und ihren Geist fit halten.

- Dazu kommt aber auch noch ein anderes wichtiges Element: Disziplin. Die Sprösslinge der Weltregierung lernen von klein auf, ihre Gefühle zu zügeln und diszipliniert zu sein. Das, was sie uns mittels ihrer Massenmedien als „modern" und „chic" verkaufen, ist nichts, was sie selbst je nutzen oder leben würden. Sie sind dem Rest der Menschheit an Wissen und Disziplin voraus!
- Die reichsten Menschen der Welt haben große Anwesen in den schönsten entlegenen Teilen der Welt, vor allem in Kanada und Neuseeland. Weit ab von aller Zivilisation haben die *Rothschilds* und ihre engsten Verbündeten in den vergangenen Jahrzehnten gigantische Ländereien aufgekauft und sich ihre Zufluchtsorte für den Tag X geschaffen. Zudem haben sie Schlösser, Villen, ja ganze unterirdische Städte rund um den Globus verteilt.
- Ein weiterer Grund für ihr verantwortungsloses Verhalten ist Ignoranz. Es funktioniert nach dem Prinzip „Augen zu und durch". Jeder hofft, dass es ihn selbst nicht erwischen wird, weil er oder sie sich für etwas Besonderes hält. Für den Fall, dass doch die ganze Welt dabei draufgeht, hat die Elite Vorsorge getroffen, um sie wieder aufbauen zu können. Norwegen etwa hat gemeinsam mit der *Bill & Melinda Gates Foundation* auf Svalbard im ewigen Eis eine Samenbank angelegt, in der mehr als 450.000 unterschiedliche Pflanzensamen aus aller Welt gelagert werden. Ganz offenbar geht man in führenden Kreisen von einer verheerenden Katastrophe aus, die einen großen Teil des Lebens auf diesem Planeten vernichten könnte. Und offenbar geht „man" davon aus, dass „man" dieses Ereignis überleben wird, und will danach wieder alles so herstellen, wie „man" es für richtig hält.

Prinzipiell ist es für jemanden, der nicht in diese Kreise hineingeboren wurde, sehr schwer, das Denken und Handeln dieser Wesen nachzuvollziehen, weil es sich weitgehend jeglicher normaler menschlicher Logik entzieht. Ich habe manchmal den Eindruck, dass diese Wesen eher dazu bereit wären, diesen Planeten samt allem Leben darauf in die Luft zu jagen, als einen Teil ihrer Macht abzugeben oder mit anderen zu teilen. Hoffen wir, dass es nicht so weit kommt!

Woher genau ihr Denken und Handeln geschichtlich stammt, wollen wir im zweiten Teil des Buches betrachten. Ich möchte noch anmerken, dass manche Menschen davon überzeugt sind, dass ein großer Teil der Geheimen Weltregierung tatsächlich nicht menschlichen Ursprungs ist, sondern einer gefühllosen, außerirdischen reptiloiden Rasse entspringt, die sich die Erde Untertan machte und die eigentlichen „Menschen“ tatsächlich mit Abscheu betrachtet. Ich halte dies nicht für ausgeschlossen, möchte mich hier aber auf die Fakten konzentrieren, auf das, was ich tatsächlich sehen und beweisen kann. Wer mehr über die Reptilienwesen wissen möchte, der könnte seine Recherchen zum Beispiel bei *David Icke* beginnen. Ich möchte dieses Buch jedoch weiterhin aus einem humanoiden Blickwinkel fortsetzen.

Ich weiß, dass viel von dem, was Sie bislang hier gelesen haben, schwer zu verdauen ist und nicht gerade die Stimmung hebt. Daher bin ich Ihnen dankbar, dass Sie dennoch weiterlesen, weil es wichtig ist, dass wir die Augen nicht vor der Realität verschließen. Das haben wir viel zu lange getan. Um mit all dem aber gesund und vernünftig umgehen zu können, ist es hilfreich, zwischendurch immer wieder abzuschalten und Abstand zu gewinnen, damit wir uns nicht von Hass oder Wut leiten lassen.

Ich kann Ihnen nur dazu raten, sich zwischendurch mit schönen Dingen zu befassen, hinaus in die Natur zu gehen, um nicht zu vergessen, dass es auch so viel Schönes auf diesem Planeten gibt. Ich kann Ihnen nur dazu raten, zwischendurch Sport zu treiben oder zu meditieren. Wenn Sie mit anderen darüber sprechen wollen, tun Sie es nicht, wenn Sie aufgebracht sind, denn dann verschrecken Sie andere. Wenn Menschen mit heiklen oder schwierigen Themen ‚überfallen' werden, machen sie meist reflexartig zu und ziehen sich zurück. Seien Sie gut zu sich und anderen! Haben Sie Geduld mit sich und anderen!

Teil 2 – DER WAHNSINN HAT SYSTEM

Wie kann es sein, dass heute immer mehr junge Menschen so verzweifelt sind, dass sie einen Sinn im Leben darin suchen, sich extremistischen Gruppen anzuschließen, die ihnen den Eintritt ins Paradies dafür versprechen, dass sie andere Menschen in die Luft sprengen? Wie kann es sein, dass heute Jugendliche so wütend sind, dass sie schon im Alter von zwölf Jahren randalierend durch die Straßen ziehen und auf jeden einprügeln, der ihnen zufällig über den Weg läuft? Wieso flüchten immer mehr junge Menschen in ihre eigene virtuelle Welt, um all ihre Fantasien, Wünsche und Träume auszuleben – so sie denn überhaupt noch welche haben? Wieso können sie das nicht in der realen Welt, die wir geschaffen haben? Wo kommen all der Hass, all die Wut, all die Unsicherheit her, die man heute tagtäglich in unseren Großstädten und auf unseren Straßen erlebt? Was haben wir und unsere Vorfahren falsch gemacht? Vielleicht wäre es einfacher, die Frage zu stellen: Was haben wir eigentlich *nicht* falsch gemacht?

„Wer sich einmal erlaubt hat zu lügen, dem wird es beim zweiten und dritten Mal bereits leichter fallen, bis es ihm mit der Zeit zur Gewohnheit wird; er verbreitet Lügen, ohne darauf zu achten, und Wahrheiten, die ihm die Welt nicht glaubt. Diese Falschheit der Zunge führt zu der des Herzens, und mit der Zeit verdirbt sie alle guten Anlagen.“

Thomas Jefferson, 3. Präsident der USA

Wie kann es sein, dass sich 25 Jahre nach dem Ende des Kalten Krieges heute wieder der Westen (USA und Europa) und der Osten (Russland und China) miteinander im Krieg befinden? Wie kann es sein, dass die Weltgemeinschaft seit Jahrzehnten davon spricht, die Armut und den Hunger in der Welt bekämpfen zu wollen, sich aber in Wahrheit nichts verbessert hat?

Um zu verstehen, wie diese Welt auf politischer, wirtschaftlicher und sozialer Ebene funktioniert, müssen wir eine Zeitreise unternehmen, bei der ich versuchen werde, Ihren Blick auf einiges zu lenken, was in der Form sonst nur wenig Aufmerksamkeit erfährt.

„Man muss das Wahre immer wiederholen, weil auch der Irrtum um uns herum immer wieder gepredigt wird, und zwar nicht von Einzelnen, son-

dern von der Masse. In Zeitungen und Enzyklopädien, auf Schulen und Universitäten, überall ist der Irrtum obenauf, und es ist ihm wohl und behaglich im Gefühl der Majorität, die auf seiner Seite ist."

Johann Wolfgang von Goethe

Das „Land Gottes" – wieso die USA die Welt für sich beanspruchen

Es besteht kein Zweifel daran, dass die USA die Welt in der zweiten Hälfte des 20. Jahrhunderts dominierten und nach ihren eigenen Vorstellungen beeinflussten und formten. Obwohl diese Dominanz sehr oft mit Druck und Waffengewalt verbunden war, kam sie doch oft mit einer Leichtigkeit daher, die einem den Atem verschlug. Imperialismus wirkte bei den Amerikanern immer irgendwie sexy. Coca Cola, Blue Jeans, Hamburger, Rock'n Roll und große Autos wurden zu Symbolen für die westliche Welt schlechthin. Amerika war für viele Menschen lange Zeit ein Synonym für Freiheit, Toleranz und unbegrenzte Möglichkeiten und wurde uns als das Paradies auf Erden verkauft. Die Amerikaner wollten alles besser machen, wollten überall die Ersten sein, die Schnellsten, die Besten. Sie waren die Erfinder des Leistungsdrucks und des Wahns, immer gewinnen zu müssen. Dennoch schafften sie es in allen Hollywoodfilmen immer, alle anderen Nationen als verbissen und „uncool" darzustellen.

Viele Menschen außerhalb der USA sehen die heutigen Amerikaner als großteils fettleibige, wenig gebildete und überhebliche Nachfahren weggelaufener Europäer an und fragen sich, woher die ihre Arroganz nehmen. Wie kommen sie darauf, ihr Land als das Beste auf Erden zu bezeichnen, als GOD'S OWN COUNTRY – und das, obwohl die meisten von ihnen noch nie eines der anderen zweihundert Länder auf Erden besucht haben? Woher nehmen sie dieses übersteigerte Selbstbewusstsein, das sie glauben macht, sie wären die Schönsten, Klügsten und Besten? Woher nehmen sie die Dreistigkeit, anderen ihre Werte, Vorstellungen und Überzeugungen aufzuzwingen?

Bevor wir auf die Gründe für dieses Verhalten eingehen, möchte ich festhalten, dass nicht alle Amerikaner so sind. Das Bild, das viele Europäer von Amerikanern haben, ist extrem einseitig gezeichnet. Es wird sowohl von einigen lauten und polternden Touristen geprägt als auch durch das Auftreten der politischen Vertreter der USA in den Medien. Eines kann ich Ihnen jedoch versichern: Es gibt zahlreiche gebildete Amerikaner, denen beide Gruppen peinlich sind. Um das Verhalten der offiziellen USA, das heißt der US-Außenpolitik, im 20. und 21. Jahrhundert zu verstehen, ist es hilfreich, die Geschichte des Landes zu verstehen.

Die ersten Siedler im Gebiet der heutigen USA waren einige wenige spanische Eroberer und Missionare, die im 16. Jahrhundert alle indigenen Bewohner Nordamerikas, die ihren Weg kreuzten, entweder mit dem Schwert oder mit dem Kreuz unterwarfen. Ihnen folgten kurz darauf Menschen, die aus ihrer Heimat fliehen mussten. Dies waren vorwiegend Briten, die in ihrer Heimat aus religiösen Gründen verfolgt wurden und die sich auf dem nordamerikanischen Kontinent ein neues Leben erhofften, bei dem sie ihre Konfession frei ausüben konnten. Eine weitere Gruppe waren Strafgefangene, die aus der Alten Welt in die nordamerikanischen Kronkolonien abgeschoben wurden. Dann gab es Menschen, die (aus welchen Gründen auch immer) dringend aus England, Irland oder Schottland weg mussten oder wollten. Wenn sie nicht das Geld für die teure Überfahrt per Schiff hatten, dann mussten sie als *Vertragsknechte* (indentured servants) viele Jahre für die Firma arbeiten, die ihre Überfahrt bezahlt hatte – sie waren also Leibeigene.

Die berühmten „Pilgerväter", die anno 1620 mit der *Mayflower* die Ostküste der heutigen USA erreichten, nannten sich selbst „Heilige". Sie waren „Separatisten", radikale protestantische Puritaner, die in England auf den Fahndungslisten standen, weil sie von der herrschenden Klasse als gefährliche Aufrührer angesehen wurden. Heute würde man sie als religiöse „Fanatiker" bezeichnen, von denen eine potentielle Gefahr ausgeht. Erst waren sie von England nach Holland geflohen, doch als man sie auch dort nicht mehr wollte, machten sie sich auf in die „Neue Welt". Sie glaubten, dass jede ihrer Kirchengemeinden direkt Gott unterstellt sei und wollten keine Kirchenfürsten anerkennen, wie es die anglikanische Kirche in England von ihnen gefordert hatte. Die Separatisten oder „Heiligen" nannten ihre erste Siedlung in der Nähe des heutigen Plymouth (Massachusetts) „Gods Own Country", das **„Land Gottes"** – ein Begriff, der bis heute in den USA tief verwurzelt ist.

Den ersten Winter überlebte die kleine „heilige“ Kolonie nur durch die Unterstützung der Eingeborenen, die sie mit Lebensmitteln versorgten, woran bis heute an *Thanksgiving* erinnert wird. Woran man nicht so gerne erinnert, ist, dass sie genau jene Menschen, die ihnen geholfen hatten zu überleben, wenige Jahre später ausrotteten.[132]

Nach 1795 gab es eine massive polnische Einwanderungswelle. Polen wurde zwischen Russland, Preußen und Österreich aufgeteilt, und viele Polen hegten deshalb eine tiefe Abneigung gegen die Europäer und die Russen. Europa – allen voran England und Frankreich – versuchte, seinen Machtbereich auf die Neue Welt auszudehnen, was zu massiven Konflikten zwischen den „Amerikanern“ und den „Europäern“ führte. Die meisten Europäer, die ihrer alten Heimat den Rücken gekehrt hatten, identifizierten sich rasch mit ihrer neuen Heimat, die sie nach ihren eigenen Vorstellungen mitprägen konnten. Auf der einen Seite pflegten sie ihre alten Sprachen und Bräuche, auf der anderen Seite distanzierten sie sich aber vom aristokratisch-klerikal geprägten Europa und wollten davon unabhängig sein. Viele Amerikaner empfinden bis heute eine große Ambivalenz gegenüber ihren europäischen Wurzeln.

Am 2. Dezember 1823 hielt US-Präsident *James Monroe* eine historische Rede, die später als ***Monroe-Doktrin*** in die Geschichtsbücher einging. Mit dieser Doktrin stellte er fest, dass die Europäer auf den amerikanischen Kontinenten nichts zu suchen hatten und sich künftig um ihre eigenen Probleme kümmern sollten. Wenn sie dies beherzigen würden, dann würden sich die USA künftig auch aus allen Konflikten in Europa heraushalten. Diese Rede war symbolisch für eine Geisteshaltung der Abnabelung von Europa und Symbol für die stolzgeschwellte Brust der Bewohner der Neuen Welt.

Die nächsten Siedler kamen aus anderen europäischen Ländern, vorwiegend aus den Niederlanden, aus Frankreich, Deutschland, Irland und Skandinavien, später auch aus Russland. Auch sie waren zum Großteil Menschen, die fliehen mussten, entweder aus politischen oder aus religiösen Gründen. Darunter waren Wirtschaftsflüchtlinge, ebenso wie Kämpfer der gescheiterten Revolutionen. Dazu gehörten aber auch Menschen, die sich aus sonstigen Gründen einer Gefängnisstrafe entziehen wollten, wie etwa der berühmte Schweizer Auswanderer *Johann August Sutter,* dessen

Leben als Vorlage für den Luis-Trenker-Film „Der Kaiser von Kalifornien" diente. *Sutter* erwarb nach seiner Flucht aus der Schweiz eine große Farm im heutigen Kalifornien. Dort fand er im Januar 1848 beim Graben zufällig einige „Goldnuggets", was den Goldrausch in den USA auslöste und eine Menge Desperados, Glücksritter und Kriminelle aus Europa anlockte. Aber es kamen auch viele chinesische Gastarbeiter, die sich ein besseres Leben erhofften. Doch die Fremdenfeindlichkeit der europäischen Einwanderer machte den Chinesen das Leben schwer. Meist konnten sie nur als deren Hilfsarbeiter nach Gold graben oder Eisenbahnschienen verlegen. Doch die Chinesen waren zäh und arbeiteten hart, und sie kamen in immer größerer Zahl, was den Europäern Angst machte. Deswegen erließen sie, obwohl sie selbst nur Einwanderer waren, 1882 den ***Chinese Exclusion Act***, der Chinesen für zehn Jahre die Einreise verbot und es den bereits im Land befindlichen verbot, US-Bürger zu werden. Der Rassenhass gegen Chinesen war so groß, dass Ende des 19. Jahrhunderts regelmäßig randalierende weiße Horden chinesische Mitbürger drangsalierten. Dies fand seinen Höhepunkt in Gewaltorgien, bei denen sie durch San Franciscos Chinatown zogen, um dessen Bewohner zu verprügeln und deren Geschäfte zu plündern und zu zerstören.

Zusätzlich zu den Vertragsknechten und den Chinesen, die in Slums oder Ghettos lebten, war in den USA lange die Haltung von Sklaven üblich, von vorwiegend jungen, farbigen Männern und Frauen (aus Afrika, Asien, Südamerika und der Karibik), die anderswo gefangen und dann auf Märkten in den USA verkauft wurden. Mit Ende des Sezessionskrieges, des Bürgerkrieges zwischen den Nord- und Südstaaten, im Jahr 1865 wurde auch die Sklaverei offiziell abgeschafft. An der Haltung vieler weißer Südstaatler gegenüber Farbigen hat das jedoch lange nicht viel geändert.

Es gab bis Mitte des zwanzigsten Jahrhunderts eine klare Rassentrennung in den USA. Der Mythos der liberalen USA, die Heimat für alle war und allen gleiche Chancen und Möglichkeiten boten, war von Anfang an ein Märchen. Doch es war ein Märchen, das zu einem Mythos wurde, denn wer es im 17. oder 18. Jahrhundert einmal nach Amerika geschafft hatte, der konnte ohnehin nicht wieder zurück, deshalb war man im Rest der Welt auf Märchen aus der Neuen Welt angewiesen. Die wurden zuerst von den Seefahrern erzählt, da sie an den Überfahrten gut verdienten. Ab dem 18. Jahrhundert wurde der Mythos dann von den neu aufkommenden Zeitungen gefestigt. Speziell zu Zeiten des Goldrausches, wo angeblich jeder über Nacht zum Millionär werden konnte, wurde ein Bild von Amerika gezeichnet, das vieles verklärte.

Die Ureinwohner des nordamerikanischen Kontinents waren zum Teil Nomaden, die auf bestimmten Routen den Jahreszeiten folgten. Sie waren Jäger und Sammler und hatten eine sehr enge religiöse Bindung zu ihrem Land. Einige Stämme, wie die Hopi, waren auch sesshaft und betrieben Landwirtschaft. Die weißen christlichen Siedler, die im 19. Jahrhundert den Kontinent überfluteten, gerieten in Konflikt mit den Ureinwohnern, als sie ihnen ihr Land wegnahmen und ihre gewohnten Pfade abschnitten.

US-Präsident *Andrew Jackson* unterzeichnete am 28. Mai 1830 den ***Indian Removal Act***, ein Gesetz zur Zwangsumsiedlung der Ureinwohner. Dadurch wurden die meisten Indianerstämme aus dem Osten der USA vertrieben. Man riss sie aus ihrer gewohnten Umgebung, entweihte ihre heiligen Stätten und stellte ihnen Land westlich des Mississippi zur Verfügung, das meist minderwertig und karg war. Man versprach ihnen finanzielle Abfindungen und sicherte ihnen zu, dass das Land in ihren neuen Reservaten für immer ihr Eigentum wäre. Beides war gelogen. Man siedelte sie um und überließ sie ihrem Schicksal. Wer nicht freiwillig ging, wurde meist vom Militär gezwungen. Im Herbst und Winter 1838/39 wurden die Cherokee mit Gewalt in den Westen getrieben, wobei mindestens viertausend Stammesmitglieder während der Strapazen starben. Dieser Marsch ging als „Trail of Tears", als Pfad der Tränen, in die Geschichte ein.

> *„Ihr habt uns immer wieder vorgeschlagen, eure Gesetze, eure Religion, euer Benehmen und eure Bräuche anzunehmen. Es würde uns besser gefallen, die positiven Effekte dieser Doktrinen an eurem eigenen Beispiel zu sehen, anstatt euch immer nur darüber sprechen zu hören!"*
>
> Old Tassel, Häuptling der Tsalagi-Cherokee

Natürlich waren unter den weißen Einwanderern nicht ausschließlich religiöse Fanatiker und Kriminelle. Aber die, die es nicht waren, waren zumindest so verzweifelt in ihrer alten Heimat, dass sie den langen, strapaziösen Weg über den Ozean auf sich nahmen und alles ihnen Bekannte hinter sich ließen. Man könnte sie mit jenen Flüchtlingen vergleichen, die heute aus Afrika, dem Irak, aus Syrien, aus Serbien oder aus Tschetschenien nach Europa strömen, um in einem fremden Land, in dem sie weder die Sprache noch die Kultur verstehen, den Neuanfang zu wagen.

Die US-Einwanderer hatten nicht die geringste Ahnung, was sie erwartete, und oft konnten sie in ihr neues Leben nicht mehr mitnehmen als das, was in eine Tasche passte. Diese Menschen hatten nichts zu verlieren, außer ihrem Leben. Die ersten Jahrzehnte auf dem neuen Kontinent waren für die Siedler ebenso hart wie für die Knechte und die einheimische Bevölkerung, die von ihnen brutal und rigoros vernichtet wurde. Die Engländer, Iren, Holländer und Deutschen, die mit nur wenigen Habseligkeiten angekommen waren, mussten in einem weiten, unerschlossenen Land mit Wetterextremen, Indianern, Büffeln, Bären, Wölfen und Kojoten um ihr eigenes Stück Land kämpfen, sie mussten das Land fruchtbar machen und es gegen den Strom weiterer Einwanderer mit Waffengewalt verteidigen. Doch zumindest gab es hier lange Zeit noch genug Land für jeden, und die Menschen lernten rasch, es sich zu nehmen. Diese Haltung steckt manchen Amerikanern noch bis heute in den Knochen.

Vor allem während der Zeit des Goldrauschs herrschten im berüchtigten „Wilden Westen" raue Sitten. Um hier zu überleben, musste man entweder sehr reich und klug sein oder aber besonders zäh und entschlossen. Wer es hier zu etwas brachte, konnte nicht zimperlich sein. Anders als im festgefahrenen Europa, in dem vor allem die Herkunft über den weiteren Lebensweg entschied, galt hier lange Zeit das Recht des Stärkeren. Wer brutal genug war, konnte sich nehmen, was er wollte – und wenn er diese Entschlossenheit mit einem Auftrag von Gott vor sich selbst rechtfertigen konnte, umso besser. Daran hat sich bis heute wenig geändert.

Diese etwas überspitzte und vereinfachte Darstellung der Besiedelung Amerikas soll deutlich machen, dass die weiße US-Bevölkerung von Menschen abstammt, die es gewohnt sind, sich das zu nehmen, was ihnen ihrer Meinung nach zusteht, um es dann mit allen Mitteln zu verteidigen. Diese Cowboy-Mentalität, gepaart mit viel religiösem Fanatismus und dem britischen Kolonialherren-Denken, war das Fundament für die ***Manifest Destiny*** („offensichtliche Bestimmung"), die ab Mitte des 19. Jahrhunderts das Denken und Handeln der USA bestimmte. Dieser Begriff umschrieb die Überzeugung, dass die USA – die weiße Bevölkerung der USA – den göttlichen Auftrag und das von Gott gegebene Recht zur Expansion hatten. Die Amerikaner rechtfertigten die Ausrottung der indigenen Stämme und ihre Expansion nach Süden damit, dass sie von Gott auserkoren waren, den „Gottlosen" bessere Werte zu vermitteln – eine Überzeugung, die zumindest in Ansätzen bis heute Bestand hat und letztlich nahtlos an das Kreuzrittertum im Mittelalter anknüpfte.

„... Und ein weiterer großartiger Tag in diesem, dem großartigsten Land auf Gottes grüner Erde!"

An- und Abmoderation jeder Michael-Medved-Show

Es handelt sich hierbei um eine Weltsicht, die von weißen, fanatisch-religiösen Einwanderern geprägt wurde und die in ihrer Arroganz sogar noch über ihre Wurzeln – den englischen Imperialismus – hinauswuchs. Nicht umsonst gingen auch viele englische und deutsche Banker in der zweiten Hälfte des 19. Jahrhunderts in die USA, um dort neue Banken zu gründen, denn sie erkannten, dass diese Geisteshaltung eine hervorragende Grundlage für große Geschäfte war. Sie wussten, dass die europäischen Monarchien am Ende waren und dass die USA über kurz oder lang die Welt dominieren würden. Alle, die groß hinaus wollten, gingen Ende des 19. und Anfang des 20. Jahrhunderts in die USA. Große Mengen an Kapital flossen von Europa dorthin, die Wirtschaft boomte, und der Bau der Eisenbahnen machte das weite Land noch attraktiver für Menschen aus aller Herren Länder. Europa war zu jener Zeit in Auflösung begriffen, in den USA herrschte hingegen Aufbruchstimmung, es gab Arbeit und sehr viel Platz. Hier konnte für eine Zeitlang jeder seine Träume verwirklichen – zumindest, solange er weiß war.

„Die USA sind das großartigste, beste Land, das Gott den Menschen jemals auf dieser Erde geschenkt hat."

Sean Patrick Hannity, 6. Juni 2008 in der Radio-Show „Hannity's America"

Zusätzlich zum „gesteigerten Selbstbewusstsein" haben die USA bis heute einen weiteren Vorteil: Sie hatten sich seit Beginn des 20. Jahrhunderts an fast jedem Krieg beteiligt – waren aber nie auf eigenem Territorium angegriffen, geschweige denn besiegt worden. Das unterscheidet sie maßgeblich von nahezu allen anderen Staaten auf dieser Erde. Die USA haben noch nie den Schock eines militärischen Überfalls erlebt, und sie haben noch nie unter der Demütigung einer Niederlage auf eigenem Boden gelitten. Noch nie wurden ihre Städte zerstört, ihre Frauen vergewaltigt und ihre Männer in Gefangenenlager gesteckt. Dieser Umstand lässt bis heute viele Amerikaner glauben, sie seien auserwählt und unbesiegbar.

Umfragen belegen immer wieder, dass ein Großteil der US-Bürger ihr Land für besser als alle anderen Länder auf Erden hält. Immerhin gestehen einige US-Bürger zu, dass es andere Länder außerhalb der USA gibt, die auch ganz in Ordnung seien. Lediglich 3 Prozent der Befragten gaben einer Studie aus dem Jahr 2011 zufolge an, dass sie glaubten, die USA seien nicht das beste Land auf Erden.[(133)]

Was in allen Umfragen auch immer klar zutage tritt, ist, dass der US-Fanatismus unter Christen deutlich ausgeprägter ist als unter anderen Konfessionen oder unter Atheisten.

Ich möchte hier nicht gegen die USA wettern. Ich liebe das Land und seine Menschen – zumindest die meisten davon. Doch mit Sorge sehe ich, gerade in Bezug auf die US-Außenpolitik, dass viele US-Repräsentanten ein grenzenlos übersteigertes, nationalistisch geprägtes Selbstbewusstsein an den Tag legen, das man in dieser Ausformung in anderen Teilen der Erde nur von betrunkenen Fußballfans kennt. Dieses verzerrte Selbstbild vernebelt ihnen oft den Blick für die Realität und die wahren Kräfteverhältnisse auf Erden. Die Presse liefert ihnen zudem zumeist ein völlig falsches Bild darüber, wie sie außerhalb der eigenen Landesgrenzen wahrgenommen werden.

Diese Tatsache ist jedoch mittlerweile – auch dank des Internets – in Teilen der US-Bevölkerung angekommen, was jedoch leider oft zu noch tieferen Gräben zwischen den linken und rechten Lagern führt. Immer mehr Amerikaner werden sich dessen bewusst, dass der Rest der Welt sie sehr kritisch beäugt. Sie schieben einander jedoch gegenseitig die Schuld zu, anstatt gemeinsam nach Lösungen zu suchen. Doch genau das scheint von der Geheimen Weltregierung so gewollt und unterstützt zu sein. Solange die Bevölkerung mit sich selbst beschäftigt ist, lässt sie die Herrscher in Ruhe.

Der erste Dämpfer, den das kollektive Trugbild der Unbesiegbarkeit in den USA hinnehmen musste, war der verlorene Vietnamkrieg. Er führte bei einem Teil der Bevölkerung zu ein wenig Demut – und zu dem Wunsch nach einem friedlicheren Auftreten gegenüber anderen Völkern. Dem trug die Politik insofern Rechnung, als dass sie fortan nicht mehr ganz so laut und militärisch auftrat, sondern eher im Verborgenen in anderen Ländern intervenierte.

Einen deutlichen Schlag in die Magengrube haben dem Land dann die Terroranschläge des 11. September 2001 versetzt. Sie haben das US-Volk stark traumatisiert. Erst haben die Amerikaner mit Entsetzen und Panik reagiert. Schnell schlug die Stimmung aber – politisch und medial gelenkt – in eine Trotzhaltung um, die zu einer verstärkten Nachfrage nach amerikanischen Gütern und zu einer „Jetzt-erst-recht"-Haltung führte. Selbst der wohl zweifelhafteste aller US-Präsidenten, *George W. Bush*, der davor von den Medien verspottet und gescholten wurde, war mit einem Mal wieder akzeptabel, weil er militärische Stärke zeigte und sofort in den Krieg zog. In den Wochen und Monaten nach 9/11 flatterten überall in den USA so viele rot-weiß-blaue Sternenbanner von Häusern, Autos, Geschäften und Fahnenmasten, dass man kaum mehr etwas anderes sehen konnte. Die gesamte USA war ein einziges Fahnenmeer. Die Bestürzung wich rasch der Wut, und viele Amerikaner fühlten sich nun wieder in ihrer Überheblichkeit bestärkt: *„Die Welt hasst uns, weil wir so toll sind! Sie wollen unsere Werte zerstören! Wir müssen uns mit allen Mitteln verteidigen!"*

Was folgte, waren nun wieder Jahre des Krieges und der Intervention in einem Land nach dem nächsten. Es ist kaum vorstellbar, in welchem Gemütszustand sich die US-Amerikaner als Volk befänden, wenn sie das durchgemacht hätten, was etwa die Deutschen, Österreicher, Franzosen, Japaner, Chinesen oder Russen in den letzten hundert Jahren erlebt haben. Die USA bezeichnen sich als das Land der unbegrenzten Möglichkeiten, als das „Land der Freien und als die Heimat der Tapferen". Das spiegelt symbolisch die Überzeugung wider, dass die Menschen in anderen Ländern nicht so tolle Möglichkeiten haben, nicht so frei und nicht so tapfer sind wie das US-amerikanische Volk. Diese Haltung kann man durchaus als arrogant oder zumindest als „unreflektiert" bezeichnen, und sie ist mittlerweile zu einem Ärgernis in weiten Teilen der Welt geworden – allen voran in der muslimischen Welt.

Natürlich gibt es in allen Ländern der Erde Menschen, die „ihr Land" für das Beste halten, doch meist schließt dieser „Patriotismus" nicht automatisch den Glauben mit ein, dass alle anderen Länder und Völker unterlegen und minderwertig sind – was in den USA tendenziell lange der Fall war. Doch auch hier bröckelt der Putz an der Fassade des göttlichen Tempels allmählich.

In der muslimischen Welt haben sich die USA in den vergangenen zwanzig Jahren viel Ablehnung erarbeitet. In Russland, in China und in vielen südamerikanischen Ländern gibt es mittlerweile starke antiamerikanische Tendenzen. Auch in Europa gibt es immer mehr Menschen, die nicht mehr in die USA reisen, weil sie den Hochmut des amerikanischen Volkes leid sind, der jedoch in der Außenpolitik viel präsenter ist und immer war, als in weiten Teilen des Landes selbst. Man muss sich dessen bewusst sein, dass die aggressive US-Außenpolitik nur einen Teil der amerikanischen Bevölkerung widerspiegelt und dass es auch in den USA eine große Zahl sehr reflektierter und kritischer Menschen gibt, die jedoch leider noch immer nicht die Mehrheit darstellen und daher in den Leitmedien unterrepräsentiert sind.

> *„Ich liebe Amerika, und ich hasse es. Ich bin dazwischen hin- und hergerissen. Ich habe zwei widersprüchliche Sichtweisen. Die eine ist so etwas wie eine Traumlandschaft, die andere so etwas wie eine Art schwarze Komödie."*(134)
>
> Bono, Sänger der Band „U2"

Fest steht, dass der Widerstand gegen den amerikanischen Imperialismus im 21. Jahrhundert weltweit wächst. Vermutlich werden die USA an ihrem Übermut zugrunde gehen, wenn sie ihre Haltung nicht rasch ändern. Doch radikale Veränderung kommt meist nur durch schmerzhafte Erfahrungen zustande, wie uns die Geschichte lehrt. Vielleicht liegt *deagle.com* also mit seinen Prognosen nicht so falsch.

Es ist an dieser Stelle vielleicht wichtig zu erklären, dass ich mit „den USA" die politische Führung des Landes meine, also jene, die offiziell die wichtigsten Entscheidungen treffen. Dass die wichtigsten Entscheidungen in Wahrheit jedoch von den Männern im Hintergrund, von der Geheimen Weltregierung getroffen werden, muss ich nicht an jeder Stelle einzeln betonen. Ich denke, das hat sich mittlerweile von selbst erklärt.

Der Panama-Coup – wie man ein neues Land erschafft

Gegen Ende des 19. Jahrhunderts wollten die USA ihr Reich „von Gottes Gnaden" nicht nur gen Süden ausweiten, sondern rund um den Globus. Im Speziellen hatten sie Asien im Visier, das dabei war, die britischen Fesseln abzustreifen. Vor allem den wirtschaftlichen Zentren an der US-Ostküste stand dabei aber vor allem eines im Wege: Südamerika. Um nach Asien zu gelangen, mussten Schiffe, die von der Ostküste starteten, den gesamten südamerikanischen Kontinent, einschließlich des gefährlichen *Kap Horn* umschiffen, was Monate dauerte. Eine Verbindung zwischen dem Atlantik und dem Pazifik war aber auch militärisch von großem Interesse, um die Kriegsflotte rascher bewegen zu können.

Die Amerikaner waren nicht die Einzigen, die ein Interesse an einer solchen Verbindung hatten. Alle großen Handelsnationen träumten seit Mitte des 19. Jahrhunderts von einem Kanal, der den atlantischen mit dem pazifischen Ozean irgendwo in Mittelamerika verbinden würde. Mehrere Investorengruppen versuchten, die Finanzierung dieses Mammutprojektes voranzutreiben. Die Franzosen, die eben erst erfolgreich den Suez-Kanal gebaut hatten, waren die ersten, die genügend Mittel für das waghalsige Unterfangen aufstellen konnten. Die französische *Panamakanal-Gesellschaft* erwarb 1878 von Kolumbien die Konzession zum Bau eines Kanals in Panama, das zu jenem Zeitpunkt eine Provinz Kolumbiens war. Sie begannen 1881 – noch vor der weltweiten Elektrifizierung! – mit dem Bau einer zweiundachtzig Kilometer langen Wasserstraße quer durch tropische Sümpfe und ein massives Gebirge. Der Bau kostete mehr als 22.000 Menschen das Leben und verschlang immer mehr Geld, was 1888 zum Konkurs der französischen Baugesellschaft führte. Was folgte, war ein politischer Skandal, der durch die Gerüchte um Schmiergeldzahlungen ausgelöst wurde und mehrere französische Politiker zum Rücktritt zwang. 1889 wurde der Bau eingestellt, und alle Arbeiter wurden abgezogen.

Nun erkannten die USA ihre Chance. Der US-Kongress beauftragte *J. P. Morgan* – seinerzeit der mächtigste Bankier der Welt –, einen Kanal in Nicaragua zu bauen. Seine *Maritime Canal Company* sammelte Geld in den USA und in Europa ein und investierte es in einen Fond, der mit der Planung und der Vermessung begann. Der Aktiencrash von 1893 führte jedoch zum Totalverlust des Fonds, was den Baubeginn verzögerte[(135)] und immer weiter verschleppte.

Mittlerweile wendete sich das Blatt in der amerikanischen Politik und der neue Präsident *Theodore Roosevelt*, der 1901 vereidigt wurde, wollte lieber einen Kanal in Panama bauen lassen. Die Franzosen waren gescheitert, und das war die Chance für die Ingenieure der USA, die eben erst die größten Hochhäuser der Welt und die gigantische Brooklyn-Bridge erbaut hatten, aller Welt zu zeigen, wer die Nummer eins war. 1902 kauften die USA den Franzosen den bereits begonnenen Panama-Kanal samt aller dort verbliebenen Maschinen ab. Das veranschlagte Budget für den Bau lag jedoch dreimal höher als die jährlichen Steuereinnahmen der florierenden Wirtschaftsnation USA, also wurde die Finanzierung den Banken überlassen. Wieder war es *J. P. Morgan*, der das Konsortium der Investoren anführte. Die USA wollten für immer die uneingeschränkte Hoheit über das Land rund um den Kanal, was die Regierung in Bogotá jedoch ablehnte. Was folgte, veränderte die Welt. Es war ein prägender Moment für die Geschichte des 20. und 21. Jahrhunderts!

Die USA wollten diesen Kanal und die alleinige Befehlsgewalt darüber mit allen Mitteln. Also entschloss man sich, eine Gruppe von aufständischen Panamaern, die nach der Unabhängigkeit von Kolumbien strebten, zu unterstützen. Die US-Geheimdienste versorgten die Separatisten unter der Leitung von *José Augustin Arango* mit Geld, Waffen und Logistik. Unterstützt von einigen US-Marine-Einheiten, gelang der Junta im Oktober 1903 ein unblutiger Putsch, der Kolumbien völlig überraschte.[(136)] Die USA erkannten das neue Land Panama umgehend an und erhielten dafür von ihm alle gewünschten Rechte bezüglich des Kanals.

Über den genauen Hergang dieses Umsturzes gibt es mehrere sehr unterschiedliche Aussagen, eines steht jedoch zweifelsfrei fest: Panama wurde von den Amerikanern geschaffen, und der Vertrag über die Rechte am Kanal wurde vom US-Außenminister und einem französischen Ingenieur,

Philippe Buneau-Varilla, geschlossen. Der Franzose hatte am ursprünglichen, französischen Kanalbauversuch mitgewirkt und lebte seitdem in Panama. An der Gründung des Staates Panama war kein einziger Panamaer beteiligt! Der Vertragsunterzeichner war ebenso eine Marionette wie die künftige Regierung.

Somit gehörte den USA fortan ein 16 Kilometer breiter und 82 Kilometer langer Streifen, der das neue Land Panama in der Mitte durchschnitt und vom US-Militär besetzt war. 1904 begann ein umfangreiches, weißes US-Ingenieur-Team mit dem Weiterbau des Panama-Kanals, für den es tausende farbige Hilfsarbeiter brauchte. Die meisten von ihnen hielten nicht lange durch. Den permanenten Nachschub an billigen Arbeitskräften sicherzustellen, erwies sich als fast so schwer wie der Bau selbst. Die Natur in dem tropischen Land war erbarmungslos. Weitere 5.000 Arbeiter starben während der zehnjährigen Bauzeit durch Unfälle oder an Krankheiten. Es gab zwar mittlerweile Elektrizität und große Bagger, aber die Herausforderungen waren enorm. Mehrere Bauleiter warfen das Handtuch, und die Kosten explodierten. Als die Panamaer realisierten, dass sie sich mit der Teilung ihres neu geschaffenen Landes keinen Gefallen getan hatten, war es bereits zu spät. (siehe Abb. 11) Mitten in ihrem Land wehte fortan die Flagge der USA. Der Vertrag mit den Amerikanern sah jährliche Zahlungen von 250.000 US-Dollar in Gold an Panama ab 1913 vor sowie die einmalige Zahlung von 10 Millionen US-Dollar im Jahr 1904, was das Startkapital des neuen Staates gewesen wäre.[137]

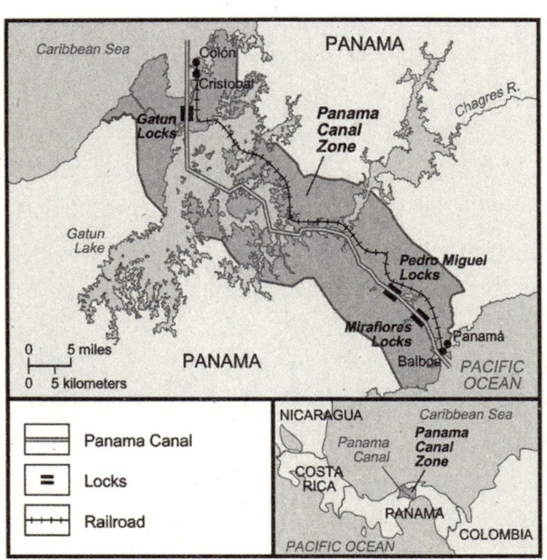

Abb. 11: Die von den USA besetzte Kanalzone teilte Panama in der Mitte.

Doch *J. P. Morgan* hatte großen Einfluss auf die US-Politik, und er hatte eine bessere Idee. Die USA übertrugen *J. P. Morgan & Co* 1903 die Verwaltung des Staatshaushaltes von Panama.[138] Statt das Geld wie versprochen dem Staat zu übergeben, legte *Morgan* die 10 Millionen für Panama an und garantierte dem Land eine jährliche Verzinsung von 3,9 Prozent, was unter dem lag, was die Investitionen einbrachten. Die Differenz behielt das Bankhaus als Provision ein.[139] *Morgan* hatte bereits den Kauf des Projektes mit den Franzosen abgewickelt und daran verdient, und nun verdiente er am Geld der Panamaer, doch das war ihm nicht genug.

Die Bankiers-Familien *Morgan, Rothschild, Rockefeller* und *Warburg* besaßen zusammen etwa ein Drittel des damaligen Reichtums der gesamten Welt, und sie waren dabei, sich zusammenzuschließen, um die Welt gemeinsam mittels ihrer Bankhäuser zu regieren. Im Jahr 1910 gründeten sie im Geheimen jenes Kartell, das ich hier die Geheime Weltregierung nenne. (siehe „Was Sie nicht wissen sollen!" Band 1, Kapitel *Jekyll Island*) Ihr Ziel war kein geringeres als die Weltherrschaft. Dafür mussten sie langfristig zwei Dinge bewerkstelligen: Sie mussten die Banken-Konkurrenz ausschalten, und sie mussten die Welt zwingen, Papiergeld statt Gold und Silber zu akzeptieren. Denn Gold war limitiert, somit limitierte es die Macht der Banken. Doch Papiergeld war beliebig vermehrbar, vor allem, wenn man die Zentralbanken kontrollierte. Von 1900 bis 1910 hatte sich die Zahl der Banken in den Vereinigten Staaten mehr als verdoppelt. Es gab mehr als 20.000 Kleinbanken, vor allem im Süden und Westen des Landes, die den Mogulen in New York City das Geschäft streitig machten. Die Bankiers erarbeiteten ein neues Bankengesetz, das jedoch von der Regierung unter dem neuen Präsidenten *William Howard Taft* (1909 bis 1913) abgelehnt wurde.

Deswegen brauchte der „Geld-Trust" einen anderen Präsidenten, der sich angriffslustig für die Vorlage einsetzen sollte, und der erwählte Kandidat hieß *Woodrow Wilson*. Er hatte bereits öffentlich seine Ergebenheit erklärt, und die Geheime Weltregierung finanzierte seinen Wahlkampf. Wilson gewann die Wahl und wurde der 28. Präsident der USA. Doch das Bankenkartell war der eigentliche Sieger! Im Dezember 1913 verabschiedete *Woodrow Wilson* in einer Nacht- und Nebelaktion den *Federal Reserve Act*, ein Gesetz, das die Macht über den US-Dollar in die Hände der mächtigsten Privatbankiers legte und weitreichende Folgen für die amerikanischen Bürger und letztlich für die gesamte Welt hatte! Dadurch kam es im Januar 1914 zur Gründung einer neuen, privaten Zentralbank der USA, der ***Federal Reserve Bank***, kurz **FED** genannt.

In der Zwischenzeit hatte das Bankenkonsortium für die Fertigstellung des Panama-Kanals gesorgt, der ihrem Land, den USA, Ruhm, Reichtum und militärische Vorteile einbrachte. In der Zone, die den Kanal umgab, regierte fortan die „Panamakanal-Kompanie" (SOUTHCOM), die in Spitzenzeiten mehr als 20.000 US-Soldaten umfasste. Es entstanden mehrere Marine- und Luftwaffenstützpunkte sowie militärische Trainingslager.[(140)]

Am 28. Juli 1914 erklärte Österreich-Ungarn Serbien den Krieg. Zweieinhalb Wochen später passierte das erste Schiff den Panama-Kanal. Die Bankiers hatten ein Großprojekt abgeschlossen und wandten sich dem nächsten zu. Der Erste Weltkrieg wurde von genau jenen Banken finanziert, die erst wenige Monate zuvor die FED gegründet hatten.

Der Bau des Panama-Kanals ist deshalb so bedeutsam, weil er die Außenpolitik der USA nachhaltig veränderte. Diese Intervention war so einfach und erfolgreich gewesen – für die USA wie für die Bankiers –, dass sie als Modell für die Zukunft diente. Deshalb errichteten die USA 1946 auch das berühmte militärische Ausbildungslager *School of the Americas* in der Kanalzone. Hier, mitten in Panama, wurden fortan die rechten Regierungen Südamerikas und ihre Militärs in der Niederschlagung kommunistischer Aufstände ausgebildet. Was für eine Schmach für das panamaische Volk, das sehr friedfertig war und ist!

Die Unterdrückung des Kommunismus wurde fortan ein bestimmender Faktor in der US-Außenpolitik, und er hat uns letztlich dorthin gebracht, wo wir heute weltpolitisch und militärisch stehen.

Antikommunismus – „Nieder mit der roten Brut!"

Die Ideen des Sozialismus und des Kommunismus waren im 19. Jahrhundert aufgekommen. Sie beruhten im Wesentlichen darauf, dass alle Menschen gleiche Rechte und Pflichten haben sollten und nicht alles Land einigen Wenigen gehören dürfte. Sie waren eine Reaktion auf die aristokratische Ordnung, die Europa bis dahin prägte. Der Adel und der Klerus wurden als „erster und zweiter Stand" bezeichnet, die Bauern, Bürger und Handwerker als der „dritte Stand". Die industrielle Revolution schuf den sogenannten „vierten Stand", die Arbeiterschaft, auch „Proletariat" genannt, der stetig wuchs. Der Aufstieg des Proletariats in der Gesellschaft war gleichzeitig der sozialistischer und kommunistischer Parteien. Die Menschen zogen vom Land in die Städte, und es kam zu gewaltigen sozialen Veränderungen. Gewerkschaften entstanden, um die Rechte der wachsenden Schar von Arbeitern gegenüber den reichen Fabrikbesitzern durchzusetzen. Gleichzeitig entstand im späten 19. Jahrhundert im kriegsgebeutelten Europa eine Anti-Kriegs-Bewegung, die eng mit dem Sozialismus verknüpft war. All das war ein „rotes Tuch" für die herrschenden und privilegierten Klassen, die sich durch die Sozialisten, die Kommunisten und die Gewerkschaften bedroht fühlten. Dies führte dazu, dass sie sich nicht ernsthaft mit diesen im Grunde friedlichen Bewegungen auseinandersetzten, sondern sie verteufelten und reflexartig zu einem Feindbild aufbauten.

Neben dem Adel und dem Geldadel war es auch der Klerus, der im Kommunismus eine große Gefahr sah, spätestens seit der Aussage von *Karl Marx*: *„Religion ist das Opium des Volkes."* Wie die europäischen Anti-Monarchisten rüttelten auch die Kommunisten an der Macht der christlichen Kirchen in Europa, die eng mit den Adelshäusern verbunden und verwandt waren. Auch die Führung der stark christlich geprägten USA hatte ein wachsames Auge auf die roten Aufrührer in der Alten Welt.

> *„Ein Gespenst geht um in Europa – das Gespenst des Kommunismus. Alle Mächte des alten Europa haben sich zu einer heiligen Hetzjagd gegen dieses Gespenst verbündet."*[141]
>
> Marx und Engels im „Kommunistischen Manifest"

Der Aufstieg der „Roten" war jedoch nicht zu stoppen. Er fand seinen Höhepunkt in der russischen Oktoberrevolution von 1917. Dem Sturz des Zaren folgte ein langer und brutaler Bürgerkrieg, der mit dem Sieg der Roten Armee über die Weiße Armee im Jahr 1922 endete. Aus dem russischen Kaiserreich war nach fünfjährigem Blutvergießen die Sowjetunion, ein Arbeiter- und Bauernstaat geworden. Mehrere Millionen, vielfach jüdischer Russen, waren in der Zeit des Umbruchs in die USA emigriert. Sie waren auf die Kommunisten und auf Russland ganz allgemein noch schlechter zu sprechen als die polnisch-stämmigen Amerikaner, die bereits eine wichtige und einflussreiche Gruppe in der Politik darstellten.[142] In den Kriegs- und Zwischenkriegsjahren kam es zu weiteren massiven Einwanderungswellen von Europäern und Russen in die USA. Hier trafen sich erneut all jene, die aus Europa fliehen mussten oder aber in der veränderten Gesellschaft keinen Platz mehr für sich sahen.

Auch sollte man vielleicht nicht ganz unerwähnt lassen, dass nach dem Zweiten Weltkrieg zahlreiche Nationalsozialisten in den USA Unterschlupf fanden, vor allem Wissenschaftler und Akademiker, die teilweise viele Jahre an amerikanischen Hochschulen unterrichteten. Es sollen auch mehr als tausend Ex-Nazis, darunter zahlreiche hochrangige SS-Offiziere, während des Kalten Krieges als Spione oder Informanten für US-Geheimdienste gearbeitet haben.[(143)] Viele von ihnen übersiedelten in die USA. Sie hatten während des Krieges wichtige Erfahrungen bei der Bekämpfung „subversiver kommunistischer Elemente" gesammelt, also stimmte US-Präsident *Harry Truman* im September 1946 dieser geheimen Aktion mit dem Namen **„Project Paperclip"** zu.

Allein diese Tatsache zeigt, dass es der US-Außenpolitik nie wirklich um den „Kommunismus" oder den „Nationalsozialismus" an sich gegangen war, sondern immer nur darum, andere zu schwächen, wenn sie drohten, zu stark zu werden.

> *„Der US-Militärgeheimdienst CIC wurde von den globalpolitischen Entwicklungen überrollt. Der Druck, Strukturen gegen Moskau aufzubauen, war enorm. Was lag da näher, als Informanten anzuwerben, die sich seit Jahren intensiv mit dem Kampf gegen den Kommunismus befasst hatten?"*[(144)]
>
> Peter Hammerschmidt, Historiker und Autor

Warum ich all das hier streife? Weil ich denke, dass es wichtig ist, sich daran zu erinnern, welche vielfältigen unterschiedlichen Strömungen in den USA vorhanden waren, deren kleinster gemeinsamer Nenner der Hass gegen die „linken europäischen Atheisten" war. Der Einfachheit halber wurden sie unter dem Begriff „Kommunisten" zusammengefasst.

Die USA hatten beide Weltkriege gewonnen, ohne eine einzige Schlacht auf eigenem Boden schlagen zu müssen. Sie hatten die Monroe-Doktrin gebrochen und sich militärisch in Europa engagiert, nachdem es sich selbst im Krieg bereits enorm geschwächt hatte. US-Banker hatten den Krieg finanziert und die europäischen Länder gegeneinander in die Schlacht geschickt. Erst als Deutschland zu gewinnen schien, griffen die USA ein. Ihre

Verluste waren gering im Vergleich zu denen der anderen Beteiligten, ihr wirtschaftlicher und politischer Gewinn hingegen immens.

Die USA strotzten in den 1950er-Jahren nur so vor Selbstvertrauen. Also begannen sie, ganz im Sinne ihrer göttlichen Bestimmung, der „Manifest Destiny", ihren Machtbereich immer weiter auszudehnen. Europa hatte man unter Kontrolle. Der Griff nach der Weltherrschaft schien möglich. Einzig Russland und China, die mit ihrer Idee des Kommunismus immer mehr Länder infizierten, standen diesem Plan im Wege – und tun dies bis heute, obwohl sie dem Kommunismus längst abgeschworen haben. Das ist ein weiterer Beleg dafür, dass es im Grunde nie um den Kommunismus an sich ging, sondern darum, die Macht aller potentiellen Konkurrenten einzudämmen. Doch für die Öffentlichkeit braucht man eben immer eine gut klingende Begründung und ein „Label" oder „Branding", wie es neudeutsch heißen würde. Also wurde der Kommunismus durch die USA überall bekämpft, im In- wie auch im Ausland. Er wurde zu einer Marke. Bis heute ist „Kommunist" ein Schimpfwort in den USA. Wenn sich jemand als „Kommunist" oder „Sozialist" bezeichnet, ist das in rechten politischen Kreisen etwa so, als würde er laut zugeben, dass er Lepra und Ebola gleichzeitig hat.

Die Ankündigung von US-Präsident *Harry S. Truman* am 12. März 1947, *„alle freien Völker zu unterstützen, die sich der Unterwerfung durch bewaffnete Minderheiten oder durch Druck von außen widersetzen"*, wurde fortan als „Truman-Doktrin" bezeichnet. Die ***Truman-Doktrin*** ersetzte die *Monroe-Doktrin* und war im Grunde eine Kriegserklärung an die Sowjetunion. Deshalb wird sie auch als Beginn des Kalten Krieges betrachtet, der erst 1989 oder 1991 endete – je nachdem, wie man die Sache betrachtet.[(145)]

In den Jahren nach dem Zweiten Weltkrieg ging es um die Aufteilung der Welt, und in Ländern wie Griechenland, Polen und der Türkei gab es sehr starke kommunistische Kräfte. Im Grunde fand zu Beginn ein Kuhhandel statt, indem etwa die Sowjetunion den Amerikanern Griechenland überließ, dafür aber Polen bekam. Das ließ sich leicht dadurch bewerkstelligen, dass Russland die finanzielle und logistische Unterstützung der Kommunisten in Griechenland einstellte und zuließ, dass die pro-amerikanischen Kräfte die Oberhand gewannen. Doch die Aufteilung lief nicht überall so glatt ab, wie das Beispiel des geteilten Deutschland bewies.

Der Antikommunismus hat in den USA eine lange Tradition. Seinen vorläufigen Höhepunkt fand er in den antikommunistischen Hexenjagden der 1950er-Jahre, der sogenannten „McCarthy-Ära". Unter dem republikanischen Senator und Großinquisitor *Joseph McCarthy* wurden Millionen Amerikaner, die angeblich mit dem Kommunismus sympathisierten, bespitzelt, abgehört, verhört, gefoltert, eingesperrt und teilweise sogar hingerichtet. Es herrschten diktatorische Zustände, die man beinahe als faschistisch bezeichnen könnte.

Zu jener Zeit bildeten sich auch viele nationalsozialistische Gruppierungen und Parteien in den USA, wie die *American Nazi Party*, die heute *Nationalsozialistische Partei des Weißen Volkes (*National Socialist White People's Party) heißt und immer wieder eng mit dem *Ku Klux Klan* zusammenarbeitete. Es gibt zahlreiche rechte extremistische Gruppierungen wie die *Aryan Nations,* die Rassenhass mit dem Hass gegen alles Linke und Nicht-Christliche vermischen. Dieser Hass gegen alles „Linke" wird auch immer wieder politisch instrumentalisiert und aus dem Hintergrund gesteuert.

Als der vom Volk gewählte und geliebte ***Jacobo Árbenz Guzmán*** 1951 neuer Präsident von Guatemala wurde, löste er eine US-Marionette im Land ab – und begann zahlreiche Veränderungen. Zu jener Zeit gehörte praktisch aller Grundbesitz in Guatemala, genau genommen in ganz Mittelamerika, der ***United Fruit Company***. *Árbenz Guzmán* führte eine Landreform ein und enteignete die *United Fruit* und begann, das Land an die arme Bevölkerung zu verteilen. Er entschädigte *United Fruit* gemäß internationalem Recht mit $ 600.000. Das Land war viel mehr wert, doch dies war genau jene Summe, die *United Fruit* beim Finanzamt angegeben hatte, um Steuern zu sparen. *Guzmán* schlug den US-Konzern mit seinen eigenen Waffen. Weil *Guzmán* die Gründung von Gewerkschaften und die Bildung einer kommunistischen Partei zuließ, unterstellte ihm *United Fruit*, Kommunist zu sein und forderte, unterstützt von der CIA, seinen Sturz. Doch die US-Regierung unter Präsident *Harry S. Truman* zeigte wenig Interesse an einem militärischen Eingreifen in Guatemala. Also heuerte die *United Fruit Company* (heute *Chiquita) Edward Bernays* an, jenen Neffen *Sigmund Freuds*, der als Guru der modernen Propaganda galt, die er in „PR" umbenannt hatte. Die *United Fruit* bezahlte *Bernays* für eine gigantische Anti-Guzmán-Kampagne, die in Printmedien, im Radio, im Fernsehen und in Filmen Lügen über ihn verbreitete und die US-Bevölkerung gegen ihn aufhetzte. Damit verstärkte sie die anti-kommunistische Geisteshaltung in den USA und unterstützte den Großinquisitor McCarthy in seiner Arbeit.

Als 1953 *Dwight D. Eisenhower* neuer Präsident der USA wurde, hatte er keine Wahl. Er wollte nicht als „Kommunisten-Freund" gelten, also ließ er dem Geheimdienst freien Lauf. Die CIA stürzte *Árbenz Guzmán* 1954 mit Hilfe einer Söldnertruppe – und nannte die Operation „PB-SUCCESS". Die USA setzten wieder eine Marionettenregierung ein, und die *United Fruit Company* erhielt ihre Ländereien zurück. 1969 wurde die Firma von der Familie *Bush* gekauft, die später zwei US-Präsidenten stellte. In den vier Jahrzehnten nach dem Sturz *Guzmáns* tobte ein blutiger Bürgerkrieg, und die USA schrieben die Geschichtsbücher Guatemalas in ihrem Sinne um. Hunderttausende Menschen verschwanden, mehrere hunderttausend wurden im Krieg getötet. Einige US-Amerikaner aber verdienten damit sehr viel Geld.

Nachdem die Operation „PB-SUCCESS" erfolgreich abgeschlossen war, startete die CIA die Operation „PB-HISTORY", bei der Agenten mehr als 150.000 Seiten von Regierungsunterlagen und Notizen der Guzmán-Regierung sichteten, um einen noch so kleinen Beweis für Guzmáns Beziehungen zur Sowjetunion zu finden und den Umsturz nachträglich zu legitimieren. Die Operation erwies sich als Reinfall. Es gab keine Verbindung zu Russland und auch keinerlei Anzeichen dafür, dass *Guzmán* „Kommunist" war. Er wurde erst im Oktober 2011 wieder offiziell rehabilitiert, indem sich die Regierung Guatemalas bei *Guzmáns* Sohn entschuldigte und die Geschichtsbücher korrigierte.

Antikommunismus ist nichts anderes als eine Waffe, die Großkonzerne benutzen, um Politiker dazu zu zwingen, nach ihrer Pfeife zu tanzen. Er führte in den 1950er- und 1960er-Jahren zu den Interventionen der USA in Indonesien. Er führte zum militärischen Eingreifen der USA in Vietnam, da man verhindern wollte, dass der kommunistische Norden des Landes während des Bürgerkrieges auch noch den Rest des Landes einnehmen würde. Der Vietnamkrieg wurde zu einem Stellvertreterkrieg zwischen dem Kommunismus und den USA. Nach und nach versuchten die USA, ein kommunistisches Land nach dem nächsten zu erobern und dessen Führer zu stürzen. Das taten sie sowohl auf wirtschaftlichem und auf geheimdienstlichem als auch auf militärischem Wege.

Die Niederlage der US-Streitkräfte in Vietnam aber versetzte dem Ego der US-Amerikaner einen schweren Schlag. Was war bloß mit dem von Gott gegebenen Recht auf Expansion passiert? Wie konnte es sein, dass man Kommunisten unterlegen war? Die Politiker erkannten, dass ein militärisches Eingreifen nicht immer so ruhmreich und schillernd sein musste, wie in den beiden Weltkriegen. Mit dem Vietnamkrieg hatte sich das Establishment im eigenen Volk viele Feinde gemacht. Die Friedens- und Umweltbewegung zwang Washington zu einem Umdenken, zumal viele Jugendliche während der Flower-Power-Ära als Protest gegen das erzkonservative Amerika offen mit den Maoisten sympathisierten, die parallel in China, unter der Führung von *Mao Zedong*, ihre Kulturrevolution (1966 bis 1976) vorantrieben. „Das kleine Rote Buch", auch als „Mao-Bibel" bezeichnet, wurde zur Standardlektüre der intellektuellen US-Amerikaner in den 1970er-Jahren. Darauf mussten die US-Politik und die Geheime Weltregierung mit geschickten Mitteln reagieren. Fortan sollten militärische Interventionen nur noch der letzte Schritt sein, wenn alle anderen Möglichkeiten ausgeschöpft waren, denn sie waren teuer und konnten nach hinten losgehen. Ab den 1970er-Jahren setzte man voll auf Wirtschaftskriege, und somit auf die Großkonzerne als militärischen Partner. Die USA besannen sich wieder auf ihren Erfolg in Panama zu Beginn des Jahrhunderts. Dieses Modell, ein Land nicht von außen, sondern von innen her zu erobern, bestimmte fortan die Politik.

> *„Zum Glück für die Strategen vollzog sich in den sechziger Jahren noch eine weitere Revolution: der Machtzuwachs von internationalen Unternehmen und multinationalen Organisationen wie der Weltbank und des Währungsfonds. Der IWF wurde hauptsächlich von den USA und unseren Gefolgsleuten auf dem Weg zur Weltherrschaft, den Europäern, finanziert. Zwischen Regierungen, Unternehmen und multinationalen Organisationen entwickelte sich ein symbiotisches Verhältnis.*"[(146)]
>
> John Perkins, „Bekenntnisse eines Economic Hit Man"

Das Geld, das von den Banken der Geheimen Weltregierung zu deren eigenen Konzernen floss, sollte fortan als Zwischenstufe von einem fremden Volk unter Zwang als Kredit aufgenommen und mit Zinsen zurückbezahlt werden. Da das Geld nicht dem Volk zugutekam, konnte es den Kredit folglich auch nicht bedienen. Irgendwann war das Land pleite. Dann musste es für den Kreditausfall haften. Es musste staatliche Firmen wie Wasserwerke, Elektrizitätswerke oder Verkehrssysteme privatisieren und an ausgewählte amerikanische Firmen „verkaufen", die damit noch mehr Gewinn machten und das fremde Volk noch weiter in die Armut und Abhängigkeit trieben. Oder die USA bekamen von dem verschuldeten Volk dafür dessen Stimme in der UNO geschenkt, oder sie erhielten das Recht, einen Militärstützpunkt in dem Land zu errichten oder nach Erdöl zu bohren. In Ecuador etwa wurden die Schulden dafür gestundet, dass das Land Urwald an US-Erdölgesellschaften verkaufte.

Bei diesem modernen System der Kolonialisierung werden einem Land in Zahlungsnot nie die Schulden erlassen, egal, was es dafür anbietet. Ihm wird immer nur Zahlungsaufschub gewährt. Mit anderen Worten bedeutet das: Dieses Land ist für immer den US-Konzernen unterworfen. Wenn das Ganze dann noch irgendwie mit „Korruption" oder „kommunistischen Machthabern" in Verbindung gebracht werden kann, dann zweifelt kaum ein Amerikaner daran, dass es sich bei der Ausbeutung und Unterwerfung um eine gute und gerechte Sache handelt.

Dabei ist bei all diesen Projekten die Verquickung von privaten und staatlichen US-Interessen bemerkenswert. In der zweiten Hälfte des 20. Jahrhunderts verschmolzen die Großkonzerne, die großen Banken, die westlichen Regierungen und die multinationalen Lobbyorganisationen wie die UNO (mit all ihren Ablegern), die Weltbank und der IWF immer mehr zu einem einzigen großen Gebilde, zu einer echten, unsichtbaren und undurchsichtigen Weltregierung, mit eigener Weltarmee und mit tausenden von Unterabteilungen. Nach außen hin wurden sie von demokratisch legitimierten Politikern geleitet, in Wahrheit aber war dieses gesamte Spitzenpersonal von der Geheimen Weltregierung legitimiert worden und diente ausschließlich ihren Interessen. Jeder westliche Spitzenpolitiker musste sich vor seinem Aufstieg erst in einem der Großkonzerne oder Großbanken seine Sporen verdienen, oder er wurde in einem der Think-Tanks, Stiftungen und NGOs der Geheimen Weltregierung so lange geprüft und geschult, bis man sich seiner Loyalität sicher war.

Der Überfall auf Panama – Panzer überrollen Leichen

Panama war seit seiner Gründung durch die USA im Jahr 1903 den US-Interessen untergeordnet. Es herrschten rechtsgerichtete, despotische Oligarchen, die an der kurzen Leine Washingtons hingen und von den US-Geheimdiensten streng kontrolliert wurden. Sie unterdrückten bis in die 1960er-Jahre hinein die eigene Bevölkerung, die wie Sklaven auf den großen Obstplantagen ausländischer Konzerne schuftete und in bitterer Armut lebte.

> *„Wie die meisten lateinamerikanischen Diktatoren, die von Washington an der Macht gehalten wurden, interpretierten auch die panamaischen Herrscher die US-Interessen dahingehend, dass jede Volksbewegung unterdrückt werden musste, die auch nur sozialistisch anmutete. Sie unterstützten die CIA und die NSA bei ihren Aktivitäten zur Bekämpfung des Kommunismus in der Hemisphäre und begünstigten große amerikanische Konzerne wie Rockefellers Standard Oil Company und die United Fruit Company.“*[146]
>
> John Perkins

Doch als im Jahr 1968 der letzte panamaische Diktator von US-Gnaden, *Arnulfo Arias*, vom Volk gestürzt wurde, wendete sich das Blatt für die USA, weil nach ihm mit ***Omar Torrijos*** ein linker Revolutionär und Volksheld an die Macht kam. *Torrijos* kam aus einfachen Verhältnissen, und er hatte ein Herz für die Nöte und Sorgen der einfachen Menschen. Er bot Verfolgten in seinem Land Zuflucht, und er wollte Frieden auf dem amerikanischen Kontinent schaffen, wofür er von allen anderen lateinamerikanischen Politikern und Bevölkerungen respektiert und geschätzt wurde.[146] Er vermittelte bei Auseinandersetzungen in Chile, Kuba, El Salvador, Nicaragua, Kolumbien, Peru, Argentinien und Paraguay. Die Sowjetunion buhlte genauso um seine Gunst wie die USA, doch er wollte sich von niemandem vereinnahmen lassen. Für Washington und die Wallstreet war er der personifizierte Albtraum, und er musste gestoppt werden, ehe er weltweit zu einem Helden wurde. *Ein* Fidel Castro war genug!

Ein einzelner Mann gefährdete die US-Politik von Jahrzehnten und rüttelte am gottgegebenen Recht der US-Amerikaner, den gesamten Kontinent zu unterwerfen. *Torrijos* schloss zahlreiche US-Einrichtungen auf panamaischem Boden, darunter mehrere Ausbildungslager für US-Streitkräfte sowie die *School of the Americas*, die jahrzehntelang südamerikanische Handlanger der Geheimen Weltregierung auf panamaischem Boden ausgebildet hatte.

Torrijos war entschlossen, die Panamakanal-Zone, die US-Territorium war und sein Land teilte, zurückzuholen. Der ehemalige NSA-Agent *John Perkins* beschreibt in seinem Buch „Bekenntnisse eines Economic Hit Man", dass er im Jahr 1972 von seinem US-Auftraggeber nach Panama geschickt wurde, um die Lage zu erkunden und *Torrijos* zu überreden, von seinem Plan abzulassen. Er sollte den Volkshelden mit Geld oder Sonstigem ködern, ihn bei seiner Eitelkeit packen oder ihn erpressen. Doch Perkins war von dem Mann, seiner Intelligenz und seiner Offenheit beeindruckt, denn *Torrijos* wusste genau Bescheid: *„Ich weiß sehr wohl, dass ihre Firma mehr Arbeit will und dass sie das normalerweise dadurch erreicht, dass sie die Projekte übermäßig aufbläht – breitere Straßen, größere Kraftwerke, tiefere Häfen. Aber dieses Mal ist es anders. Geben Sie mir, was für mein Volk am besten ist, und ich gebe Ihnen die Aufträge, die Sie wollen!"*[147]

Torrijos drohte damit, dass er ein japanisches Konsortium einen neuen, besseren Panama-Kanal würde bauen lassen, wenn sein Land den bereits bestehenden nicht zurückbekäme. Das sorgte in den USA für sehr viel Unmut. Wenn japanische Investoren in Panama einen Fuß in die Tür bekämen, dann würden US-Firmen wie *Bechtel* oder *Chas. T. Main* (für die Perkins arbeitete) leer ausgehen. Das durfte nicht sein, weil es die „Manifest Destiny", also den direkten Auftrag Gottes, gefährdet hätte. US-Präsident *Jimmy Carter* sicherte General *Omar Torrijos* im Jahr 1977 zu, dass die Kanalzone am 31. Dezember 1999 an Panama zurückgehen würde. Dafür musste er zusichern, dass der Kanal für amerikanische Schiffe weiterhin offen blieb.[148] Doch Carters Vertrag zur Rückgabe des Kanals wurde in den USA als Schwäche des Präsidenten angesehen. Vier Jahre nach Abschluss des Vertrags kam *Torrijos* unter ungeklärten Umständen am 1. August 1981 bei einem Flugzeugabsturz ums Leben. John Perkins behauptet, die CIA hätte *Torrijos* ermordet, indem sie eine Bombe an Bord seiner *de Havilland Canada DHC-6 Twin Otter* platzierte und zur Explosion brachte.[149]

Andere Stimmen behaupten, dass *Torrijos'* Geheimdienstchef *Manuel Noriega* diese Aufgabe gegen Bezahlung für die CIA erledigt haben soll. Auf jeden Fall übernahm Geheimdienst-Chef ***Manuel Noriega*** nach *Torrijos'* Tod die Führung des instabilen Panama. Er arbeitete eng mit der CIA zusammen, vor allem auf dem Gebiet des Drogenhandels. Zudem lieferte er für die CIA Waffen über Panama an die *Contra-Rebellen* in Nicaragua, die für die CIA die linksgerichteten Sandinisten stürzen sollten. Das Geld für diese Waffen stammte aus geheimen Waffenverkäufen an den Iran. Dieser ganze Sumpf wurde als die **Iran-Contra-Affäre** bekannt. Noriega wurde lange von der CIA für seine Dienste bezahlt, und sie sah ihm nach, dass er Geschäfte mit dem kolumbianischen Medellín-Kartell machte, seinerzeit der größte Kokain-Exporteur der Welt. Doch als Noriega sich der amerikanischen Kontrolle immer mehr entzog, war wieder der Punkt gekommen, an dem die USA in Panama intervenierten. Jetzt wollten sie auch *Noriega* loswerden.

Inwieweit Präsident *Ronald Reagan* und Vizepräsident *George Bush sen.*, der Nahost-Beauftragte *Donald Rumsfeld*, Verteidigungsminister *Caspar Weinberger* und der damalige CIA-Direktor *William Joseph Casey* in die Drogen- und Waffengeschäfte Noriegas im Detail eingeweiht waren, konnte nie genau geklärt werden. Letztlich wurde nie jemand wirklich dafür zur Verantwortung gezogen. Am 20. Januar 1989 wurde *George Bush sen.* als 41. Präsident der Vereinigten Staaten vereidigt. Im Lauf des Jahres wurden immer mehr US-Soldaten nach Panama verlegt. Es kam zu regelmäßigen, beabsichtigten Provokationen der Bevölkerung und des Militärs, indem US-Einheiten immer wieder ihre Kanalzone verließen und auf panamaisches Hoheitsgebiet vorstießen. Diese Provokationen wurden so lange wiederholt, bis die ersten US-Soldaten erschossen wurden. Dann wurde die US-Presse damit gefüttert. Man schob *Manuel Noriega* die Schuld in die Schuhe und bezichtigte ihn des Drogenhandels. *Wer solche Freunde hat, braucht keine Feinde mehr!*

Die US-Presse stilisierte Noriega zu einer Bestie hoch und behauptete, dass die Sicherheit der US-Amerikaner in Panama ebenso gefährdet war, wie die Freiheit und die Werte der westlichen Welt an sich. Von politischen Meinungsmachern wurde ein militärisches Eingreifen in Panama gefordert. Am 9. November 1989 fiel die Berliner Mauer, und alle Welt blickte gebannt nach Europa. Euphorie überfiel Menschen rund um den Erdball, und die Vorweihnachtszeit des Jahres 1989 war vom Glauben an den Frieden auf Erden geprägt. Niemand kümmerte sich in dieser Situation um Panama – außer den Amerikanern. Am 20. Dezember 1989 fielen um Mitternacht ohne Vorwarnung 26.000 US-Soldaten mit Flugzeugen, Helikoptern und Bodentruppen über Panama her. Sie warfen Bomben ab, beschossen Ziele mit Raketen und feuerten Augenzeugen zufolge auf alles, was sich bewegte. Innerhalb weniger Stunden töteten sie tausende Zivilisten, Männer, Frauen und Kinder. In Panama City wurden ganze Stadtteile absichtlich und systematisch niedergebrannt. Dabei handelte es sich ausschließlich um die armen Stadtviertel.

Doch das war nicht genug. Während man in Europa über Abrüstung und Entmilitarisierung sprach, setzten die US-Angreifer in Panama zum Test völlig neue Waffen ein, darunter die *Stealtfighter-Flugzeuge*, *Apache-Helikopter* und *Laserwaffen*, die sie sowohl an Objekten als auch an Menschen testeten. Sie schnitten mit ihren Lasern von Hubschraubern aus Autos entzwei und ließen Menschen vor den Augen ihrer Familien innerhalb von Sekunden in Flammen aufgehen und verglühen.

Solche **Laserwaffen** sind heute Standard. Die US-Navy setzt Laserwaffen-Systeme zur Bekämpfung von Piraten ebenso ein wie zum Abschuss von Drohnen. Die Army nutzt kleinere Laserkanonen, die auf *Humvees* (gepanzerte Fahrzeuge) montiert sind, zum Abschuss von Drohnen ebenso, wie zum Neutralisieren von Landminen. Die Russen hatten bereits in den 1970er-Jahren *1K17-Szhatie-Panzer* mit Laserkanonen, und die Chinesen besitzen seit 1999 Laserwaffen, die sowohl Satelliten als auch Raketen abschießen können.

Laserwaffen sind heute Standard, doch 1989 wurden sie in Panama City offenbar noch einem umfassenden Praxistest unterzogen. Panzer überrollten hemmungslos Leichen in den Straßen und ließen nur noch Matsch zurück. US-Soldaten wüteten tagelang in den Straßen von Panama City, sie exekutierten panamaische Soldaten und Zivilisten öffentlich auf der Straße und erschossen sie bei Personenkontrollen, wie Augenzeugen im Film „The Panama Deception" berichten. Kein einziger US-Soldat wurde je dafür vor Gericht gestellt oder verurteilt. Alle Anzeigen panamaischer Bürger wurden zurückgewiesen.

Lokale Journalisten, Fotografen und Kameraleute wurden eingesperrt oder erschossen, ihre Filme und ihr Filmmaterial wurde vernichtet. Der Name dieser barbarischen Operation lautete „Just Cause", was so viel wie „aus gutem Grund" bedeutet. Vertreter der US-Presse wurden in Militärflugzeugen nach Panama gebracht, wo man ihnen für wenige Stunden nur das zeigte, was sie aus Sicht der CIA und der US-Regierung sehen sollten. Offiziell wäre die Invasion vorbildlich verlaufen, und es hätte kaum zivile Opfer gegeben. Die US-Regierung und die von ihr instrumentalisierte Presse stellten Operation „Just Cause" als einen großen Erfolg dar, als einen Triumph des Guten über das Böse. Erst Jahre später war es investigativen Journalisten möglich, die Wahrheit zu recherchieren und Überlebende zu interviewen. Die Wahrheit war, dass innerhalb weniger Stunden zehntausende Panamaer auf teils bestialische Weise getötet worden waren. Weitere Zehntausend hatten ihre Häuser und Wohnungen verloren. Sie wurden in Internierungslagern zusammengetrieben, die von der Bevölkerung als „Konzentrationslager" bezeichnet wurden. Alle Männer im Alter zwischen 15 und 55 Jahren wurden separiert, einzeln verhört, mit Nummern versehen und katalogisiert. Alle Angehörigen der alten Regierung und deren Unterstützer wurden verhaftet und interniert, ebenso Gewerkschaftsführer und Universitätsprofessoren. Wenige Stunden vor der Invasion hatten die USA im Verborgenen bereits eigenmächtig eine neue Regierung in der Kanalzone ins Amt eingeschworen, ganz genau so, wie sie es bereits 1903 getan hatten.

Diese von den USA eingesetzte Regierung herrschte nun ab 1990 über Panama und führte ein strenges Regime. Jegliche mögliche US-Opposition wurde vernichtet. Von denen, die untertauchen konnten, wurden im ganzen Land Steckbriefe mit Fotos aufgehängt, die zur Denunziation aufriefen und Belohnungen versprachen. Die US-Truppen übernahmen alle öffentlichen Gebäude. Innerhalb weniger Tage verschwanden weitere tausende Panamaer, die nie wieder gefunden wurden. Angeblich hatten die US-Truppen Leichen mit Baggern zermahlen und auf Mülldeponien entsorgt, andere wurden einfach ins Meer geworfen, wie der Journalist *Robert Knight* behauptet. Die USA gaben die Zahl der getöteten Zivilisten mit zweihundertfünfzig an. Die Recherchen von Journalisten schätzten sie auf mehrere Zehntausend.

Im US-Fernsehen waren jubelnde und glückliche Panamaer zu sehen, die den US-Soldaten dankten. Dabei wurden ausschließlich englisch sprechende Panamaer interviewt, die in der Kanalzone für die Amerikaner arbeiteten und von den Vorkommnissen in Panama City wenig mitbekommen hatten. Die US-Bevölkerung wurde über die Invasion und ihre Folgen systematisch belogen. Die wenigen US-Soldaten, die während der Angriffe ihr Leben ließen, wurden in der Presse zu Helden hochstilisiert. Die Massengräber mit tausenden toten Panamaern wurden nie erwähnt, und Gerüchte darüber wurden immer bestritten. Offiziell war das Ganze eine saubere, perfekte, vorbildliche militärische Operation, die den Menschen in Panama Freiheit und Demokratie brachte und sie von *Manuel Noriega* befreite. Noch Jahre später aber fand man in Panama Massengräber. Darin lagen die Leichen junger Männer, deren Hände hinter dem Körper mit Plastikbändern gefesselt waren. Sie waren exekutiert worden.

Noriega hatte sich während der Invasion in der Nuntiatur des Heiligen Stuhls verschanzt. Da jede katholische Botschaft vatikanisches Gebiet ist und nicht einmal das US-Militär sich traut, sich mit dem Vatikan anzulegen, blieb nur, *Noriega* zur freiwilligen Aufgabe zu zwingen. Elf Tage lang beschallten US-Marines das Gebäude mit lauter Rockmusik. Als *Noriega* sich stellte, wurde er in die USA ausgeflogen, wo er zwei Jahre später zu vierzig Jahren Haft verurteilt wurde. 2010 wurde er an Frankreich ausgeliefert, ein Jahr später an Panama, wo er heute noch – allerdings in der Kanalzone – inhaftiert ist.

Nach der Invasion wurden von den US-Offiziellen Bilder von *Noriegas* angeblichem Büro veröffentlicht. Zu sehen war ein Schreibtisch, in dem man angeblich Pornofotos gefunden hatte. Es gab Bilder seiner angeblichen Woodoo-Ausrüstung und seines angeblichen Kokain-Vorrats, zudem ein Foto von einem roten Pyjama. Genau dieselben Bilder hatte man der Welt auch schon 1973 nach dem Sturz *Salvador Allendes* in Chile präsentiert – derselbe Schreibtisch, derselbe rote Pyjama.

Die USA hatten sich nicht einmal die Mühe gemacht, neue Bilder zu fälschen. Sie hatten *Noriega* jahrelang benutzt und bezahlt. Dann machten sie ihn zum personifizierten Bösen, und die US-Bevölkerung schluckte die Propaganda, ohne sie zu hinterfragen. *„Die Propaganda gegen Noriega wurde aufgebaut, um einen Grund für eine Invasion zu haben. Wie können die*

Amerikaner so dumm sein? Wie können sie nur so dumm sein?", erboste sich *Jose de Jesus Martinez*, ein bekannter panamaischer Intellektueller und ehemaliger Freund *Torrijos*.

Die UNO verurteilte die Invasion am 29. Dezember 1989 mit überwältigender Mehrheit als einen grausamen Akt, der jedem internationalen Recht und allen Abkommen widersprach. Doch diese Verurteilung der Invasion durch die internationale Gemeinschaft fand in der US-Presse keine Erwähnung. Vielleicht sahen Präsident *George Bush sen.*, die CIA und das Militär die Aktion auch als eine realistische Truppenübung, bei der man neue Waffensysteme getestet hatte? Die USA bereiteten sich in Panama auf die Invasion im Irak vor, die dann mit der *Operation Wüstenschild* (Desert Shield) nur wenige Monate später begann und nahtlos in *Operation Wüstensturm* (Desert Storm) überging.

Offiziell war die Invasion in Panama ausgeführt worden, um *Noriega* und seine Handlanger zu stürzen, nachdem man herausgefunden hatte, dass er in den internationalen Drogenhandel verwickelt war. In Wahrheit aber hatte Noriega jahrelang Kokain für die CIA in die USA gebracht. In den Jahren nach der Invasion stieg die Menge der Drogen, die aus Panama in die USA flossen, sogar auf das Doppelte an. Offenbar hatte *Noriega* den USA nicht genügend Kokain geliefert oder zu viel für sich selbst abgezweigt. Der wahre Grund für die Operation „Just Cause" war der, dass die CIA den Drogenhandel allein kontrollieren wollte, was ihr auch gelang. Denn die von den USA eingesetzte Marionetten-Regierung war nachweislich an Drogenhandel, Waffengeschäften und Geldwäsche beteiligt. Panama wurde zu einem Steuerparadies, in dem Banken fast all das dürfen, was ihnen anderswo verboten ist.

Für die USA war es wichtig, 1999 nicht aus Panama abziehen zu müssen. Dabei war der Kanal nur von untergeordneter Bedeutung. In Wahrheit ging es darum, den Drogennachschub aus Kolumbien, Peru und Bolivien sicherzustellen. Das ist nach Ansicht von Experten die Hauptaufgabe des *US Southern Command*. Es sichert den Drogen-Nachschub für die reichen US-Amerikaner, wie US-Präsident *George W. Bush*, der 1972 wegen des Besitzes von Kokain verurteilt wurde. Sein Vater, *George Bush sen.*, der für die Invasion in Panama verantwortlich war, hatte sämtliche Gerichtsakten über die Vergehen seines Sohnes später verschwinden lassen.

Die Politik ist ein wirklich dreckiges Geschäft, und es ist mir unverständlich, wie die Massen Politikern zujubeln und ihnen vertrauen können. An den Händen der meisten westlichen Politiker klebt Blut. Egal, wie gut sie gekleidet sind, egal, wie schön ihre Versprechungen klingen, in Wahrheit sind die meisten von ihnen Gauner. Bei seiner Rede im Kongress sagte *George Bush sen.* ein Jahr nach der Invasion, dass die Panamaer von der Diktatur befreit wurden und nun in Freiheit und Demokratie leben würden. Der gesamte Kongress sprang jubelnd auf und applaudierte. Eine kleine weiße Gangsterbande feierte sich selbst überschwänglich. Wie sagte doch der deutsche Maler *Max Liebermann* im Jahr 1933 so treffend: *„Ich kann nicht so viel fressen, wie ich kotzen möchte."*

Der von den USA im Zuge der Invasion eingesetzte panamaische Präsident *Guillermo Endara Galimany* schuf 1990 das panamaische Militär ab. Wie günstig für die USA! Die US-Behörden versuchten lange, *Carters* Verträge rückgängig zu machen, doch Präsident *Bill Clinton* entschloss sich zu einem Kompromiss und stimmte der Rückgabe zu, ließ aber festschreiben, dass künftig die US-Interessen im Land berücksichtigt werden müssten. Die US-Soldaten unter dem Kommando der *U.S. Southern Command* (SOUTHCOM) wurden schrittweise aus Panama abgezogen und zurück in die USA verlegt, wissend, dass sie jederzeit wieder in Panama einmarschieren können, da es keine Gegenwehr geben kann, vor allem, da das *U.S. Southern Command* das Land Panama mit seinen Stützpunkten in Puerto Rico, Honduras, El Salvador, Ecuador, Paraguay und auf den Inseln Aruba und Curaçao ohnehin umzingelt hält.

Der Panama-Kanal ist dank *Torrijos* seit 1999 unverkäufliches Eigentum des panamaischen Volkes und wird von der „Panamakanalbehörde" (Autoridad del Canal de Panamá) betrieben.(150) Dennoch ist Panama weiterhin schutzlos den USA ausgeliefert.

Wirtschaftsterroristen – wie man Präsidenten los wird

Es gibt heute kaum noch Unterschiede zwischen den Interessen der Großkonzerne und denen der westlichen Staaten, allen voran der USA. Die Staaten und Staatenbünde (USA und EU) sind die Diener der Großkonzerne, auch wenn das nach außen hin anders dargestellt wird. In Wahrheit ist die Macht von Politikern extrem begrenzt.

Ein eindrucksvolles Beispiel dafür ist US-Präsident *Barack Obama*. Ich kaufe ihm durchaus ab, dass er vorhatte, die Kriege seines Vorgängers zu beenden und die Foltereinrichtungen seiner Geheimdienste zu schließen, aber er konnte keines seiner vollmundigen Versprechen halten. Er ist mit Vorschusslorbeeren angetreten, bekam vorab den Friedensnobelpreis und war am Ende der Präsident, der die meisten Kriege aller Zeiten geführt hatte. Wahre Macht sieht anders aus. *John Perkins*, der lange Jahre für US-Konzerne deren Interessen in fernen Ländern durchsetzte, nennt dieses undurchsichtige Gebilde der wahren Macht im Hintergrund die „Korporatokratie“, was kein sehr schönes Wort ist. Ich nenne es daher die Interessen der „Geheimen Weltregierung“. Jeder der Großkonzerne, der in dem schmutzigen Geschäft mit der Unterwerfung anderer Nationen mitmischt, hat ein eigenes Team von Spezialisten, die gemeinsam, und meist im Geheimen, an dem Projekt arbeiten. Dazu gehören sogenannte „Economic Hit Men“. Auf Deutsch könnte man das mit „Wirtschafts-Killer“ oder „Wirtschafts-Terroristen“ übersetzen. Daneben gibt es Ingenieure und Spezialisten für den jeweiligen Fachbereich des Unternehmens sowie „Schakale“ – das sind die echten Auftragsmörder, die zum Zuge kommen, wenn alle anderen davor versagten.

> *„Leute wie ich bekommen ungeheuer viel Geld, damit sie tun, was das System befiehlt. Wenn wir zögern, übernimmt eine bösartige Form der Hit Men die Vertretung und Gestaltung dieser Interessen: die Schakale. Und wenn der Schakal scheitert, greift das Militär ein.“*[151]
>
> John Perkins

Economic Hit Men sind im Grunde moderne Krieger und Söldner der Wirtschaft. Sie können viele Gesichter und Namen haben. Sie können *Analysten, Statistiker, IT-Experten oder Manager* sein, aber der Einfachheit halber, weil Perkins den Begriff „Economic Hit Men" (EHM) geprägt hat, und weil sich diese Menschen zu seiner Zeit (1970er- bis 1980er-Jahre) auch tatsächlich selbst so nannten, möchte ich diesen Begriff weiter verwenden.

EHM unterwerfen andere für ihre Auftraggeber, die oft nicht klar zu identifizieren sind, die aber sehr gut bezahlen. Diese Auftraggeber sind selten offizielle Regierungsstellen. Meist sind es undurchsichtige Tochterfirmen großer Bau-, Energie- oder Rüstungskonzerne, die eng mit der US-Regierung, den Geheimdiensten und der Weltbank zusammenarbeiten. Sie werden jedoch nie von Regierungsstellen bezahlt, sondern immer durch die Privatindustrie, selbst wenn sie für die Regierung arbeiten. Auf diese Weise hat die Regierung immer eine weiße Weste. Wenn etwas schiefläuft, wird eine private Firma dafür verantwortlich gemacht. Sie wird geschlossen, um an anderer Stelle unter neuem Namen wieder aufzusperren und fröhlich weiterzumachen. EHM sind mit den Geldeintreibern und Auftragsmördern der Mafia vergleichbar. Sie bieten einem Laden (Land) Schutz an, wenn er dazu bereit ist, Schutzgeld zu bezahlen. Wenn nicht, tauschen sie den Pächter des Ladens (Regierungschef) aus, oder sie fackeln den Laden ab (militärische Intervention). Meist sind EHM jedoch etwas gewiefter als die Schläger der Mafia, sie sind gebildet und haben oft Wirtschaft oder Ingenieurwesen studiert. Sie sprechen mehrere Sprachen und sind Meister in der Tarnung und Verkleidung. In armen Ländern geben sie sich als Lehrer, Sozialarbeiter oder Missionare aus, in reichen Ländern als Lobbyisten, Banker oder Regierungsmitglieder.

Gemeinsam mit den Ingenieuren und Spezialisten entwerfen sie ein Konzept, das meist als Entwicklungshilfe oder Infrastrukturprojekt getarnt ist. So bieten sie etwa einem anderen Land an, neue Straßen und Kraftwerke zu bauen, im Gegenzug für die Förderrechte an dessen staatlichen Ölfeldern. Dem Land wird vorgerechnet, dass die verbesserte Infrastruktur die Wirtschaft beleben und den Wohlstand erhöhen würde – etwas, das sich auf dem Papier sehr schön und anschaulich darstellen lässt. Sie rechnen den möglichen Bedarf des Landes künstlich hoch, ebenso den Profit, den das Land aus der neuen Infrastruktur ziehen könnte. Dafür müssen sie nur geschickt einige Zahlen in den Statistiken anpassen und richtig interpretieren, andere einfach weglassen. Am Ende aller Berechnungen ist das „Angebot" für das betreffende Zielland auf dem Papier ein tolles Geschäft, während die USA oder die US-Konzerne eher als Gönner auftreten. Wenn das Ganze dann noch von den „unabhängigen Prüfern“ der Weltbank oder der großen Privatbanken offiziell abgesegnet wird, dann wagt kaum mehr jemand, dem Märchen zu widersprechen. Dadurch rechtfertigen die beteiligten Firmen absurd hohe Kredite, die dem Land von Privatbanken, unter der Schirmherrschaft der Weltbank, gewährt werden – Kredite, die das Land nie wird zurückzahlen können. Können die Entscheidungsträger des betreffenden Landes dazu bewogen werden, dieses Todesurteil für ihr Volk zu unterschreiben, werden sie dafür finanziell fürstlich belohnt. Außerdem sorgen die US-Geheimdienste dafür, dass die betreffenden Personen sehr lange im Amt bleiben und künftig keine Opposition mehr fürchten müssen.

> *„In der südlichen Hemisphäre herrscht der Westen häufig durch Bestechung. Die Methode ist kostspielig, aber sie bietet beträchtliche Vorteile. Vor allem garantiert sie eine wirksame Machtausübung. Die Korruption zerstört die Vertrauensbeziehung zwischen den Bürgern und ihrer Regierung. Sie zersetzt und schwächt den Staat. Ein schwacher Staat, in Misskredit gebracht und handlungsunfähig, ist der Traumpartner für die transkontinentalen Konzerne, zumal im Fall Nigerias, wo mehr als 90 Prozent der Haushaltsmittel des bevölkerungsreichsten Staates Afrikas aus den Gas- und Ölerlösen stammen.*[(152)]
>
> Jean Ziegler, „Der Hass auf den Westen“

Weigern sich die sturen Staatschefs aber, wie etwa *Omar Torrijos*, ihr Land zum Wohle westlicher Konzerne zu verschulden, dann werden die Schakale losgeschickt, um sie zu töten. Schlägt auch dies fehl, dann muss entweder der Geheimdienst oder tatsächlich das US-Militär eingreifen und das Land aus irgendeinem fadenscheinigen und inszenierten Anlass, einer sogenannten *False Flag* (Falsche Flagge) überfallen und die Regierung stürzen. Danach wird eine Marionette eingesetzt, die den Interessen der Geheimen Weltregierung dient, ganz genau so, wie wir es bereits am Beispiel Panamas gesehen haben und noch an weiteren Beispielen sehen werden. Seit den 1960er-Jahren wurden immer mehr Länder wirtschaftlich von den USA bekämpft und mit finanziellen und ökonomischen Mitteln unterworfen und ausgebeutet. Der Wirtschaftskrieg wurde wie zu einem

Rausch. Geheimdienste wie die NSA begannen damit, geeignete Ökonomen auszusuchen und für den Kampf an der Front zu schulen. Dies war die Geburtsstunde der „Economic Hit Men".

„Wie unsere Pendants in der Mafia bieten wir Economic Hit Men einen Dienst oder eine Gefälligkeit an. Das kann zum Beispiel ein Kredit zur Entwicklung der Infrastruktur sein: Stromkraftwerke, Schnellstraßen, Häfen, Flughäfen oder Gewerbeparks. An den Kredit ist die Bedingung geknüpft, dass Ingenieurfirmen und Bauunternehmen aus unserem Land all diese Projekte bauen. Im Prinzip verlässt ein Großteil des Geldes nie die USA, es wird einfach von Banken in Washington an Ingenieurbüros in New York, Houston oder San Francisco überwiesen."[153]

John Perkins

Es kommt durchaus vor, dass mehrere US-Firmen um ein und dasselbe Land, also um ein und denselben Auftrag, konkurrieren. Im Grunde ist der Kreis der Mitspieler aber sehr klein und überschaubar. Wenn man sich ansieht, wer heute die großen US-Projekte im Ausland abwickelt, dann stößt man immer wieder auf dieselben Firmen – von denen ich aber natürlich nicht belegen kann, dass sie in die oben beschriebenen Machenschaften verwickelt sind: *Bechtel*, *Halliburton*, die *Parsons Corporation*, *Chicago Bridge & Iron Company* (CB&I) und *KBR*, die sich selbst als den „größten Militärdienstleister der Welt" bezeichnen – um nur einige zu nennen.

„...mir wurde gesagt, einem Land werde der Bau eines modernen Stromnetzes angeboten. Dann sollte ich belegen, dass das Netz ein ausreichendes Wirtschaftswachstum garantierte, mit dem sich der Kredit rechtfertigen ließ. Der kritische Faktor war stets das Bruttoinlandsprodukt. Das Projekt, das den höchsten jährlichen Anstieg des Bruttoinlandsprodukts zur Folge hatte, gewann."[154]

John Perkins

Ein höheres Bruttoinlandsprodukt (BIP) lässt sich auf dem Papier leicht errechnen, darin sind auch die europäischen Staaten und die USA sehr gut. Doch nur, weil das BIP steigt, heißt das noch lange nicht, dass es der Bevölkerung besser geht, denn es steigt auch, wenn nur ein einziger Großkonzern oder Milliardär seine Umsätze steigert. Zudem ist nicht gesagt, dass dieser Konzern in dem Land auch Steuern zahlt. Das BIP ist im Prinzip eine Größenordnung ohne jede Aussagekraft für die Bevölkerung, es wird aber in der Volkswirtschaft gerne herangezogen.

Die Projekte in auszubeutenden Ländern werden so gestaltet, dass die US-Firmen zuallererst möglichst gut daran verdienen. Dann soll das erpresste Land möglichst lange seine Kreditraten zurückzahlen. Wenn es dazu nicht mehr in der Lage ist, weil die Zinsen und Zinseszinsen alles auffressen, dann beginnt die große Enteignung. Dann kommen die **Haie** (*financial predators*) ins Spiel. Oft werden die Schulden dann von den Banken an andere Banken und schließlich an **Aasgeier-Fonds** (*vulture fonds*) weitergereicht. Das sind Hedge-Fonds, die darauf spezialisiert sind, Schuldner in kleine Stücke zu reißen, um aus den oft sehr lukrativen Einzelteilen, die niemand mehr dem Ursprung zuordnen kann, möglichst viel Gewinn herauszuholen. Diese Vorgehensweise ist extrem brutal und abscheulich.

Der Hintergrund ist einfach: Solange ein Land bei einer bekannten Bank Schulden hat, gibt es so etwas wie eine moralische Verpflichtung den Bürgern des Landes gegenüber – zumindest in der Theorie. Würde *JP Morgan Chase* oder die *Deutsche Bank* das Land ganz offensichtlich in Armut stürzen, und würde die Presse verhungernde Menschen zeigen, dann wäre das für das Image der betreffenden Bank und ihrer Besitzer nicht gut. Da sich aber die meisten Bankenbesitzer gerne als Philanthropen, Kunstliebhaber und Gutmenschen darstellen möchten, müssen sie die Drecksarbeit – an der sie sehr gut verdienen – anderen überlassen. Also werden die Schulden in kleine Teile zerlegt und an mehrere Firmen verkauft und immer weitergereicht. Am Ende ist das Ganze so undurchsichtig, dass es kein Gesicht mehr hat, es stehen nur noch anonyme Finanzkonstrukte dahinter, die niemand greifen kann. Das verarmte und ausgebeutete Volk hat keinen klaren Feind mehr.

> *„Terroristen sind nicht nur jene Menschen, die Bomben zünden, sondern auch jene, die andere Volkswirtschaften destabilisieren, Armut, Elend und Hunger verursachen. Die Geierfonds praktizieren eine Form des wirtschaftlichen und finanziellen Terrorismus!“*[(155)]
>
> Cristina Fernández de Kirchner, Präsidentin Argentiniens, vor der UN-Vollversammlung am 25. September 2014

Es ist schwer zu sagen, inwieweit die einzelnen Beteiligten an solchen „terroristischen Akten“ auf der unteren Ebene, die Büromitarbeiter, Ingenieure, Statistiker, Mathematiker und Beamten, die für die westlichen Großkonzerne an diesen Handlungen teilnehmen, sich ihrer Rolle bewusst sind. Auch ist es schwer zu sagen, ob sie wissen, wofür (oder für wen) sie eigentlich arbeiten. Vermutlich ist es den meisten Beteiligten völlig egal, solange die Zahlen auf ihrem Konto ihrer Vorstellung entsprechen. Viele von ihnen kennen weder Skrupel noch Mitgefühl. Die anderen rechtfertigen ihr Handeln vor sich selbst und vor anderen damit, dass sie doch auf der Seite „der Guten“ stehen. Sie glauben gerne die Lügen der Regierung, dass man ein anderes Land von seinem Diktator oder von „Korruption“ befreien müsse, um die westlichen Werte, wie Frieden und Demokratie, in die Welt hinauszutragen.

> *„Solche Ansichten äußern auch Leute mit Universitätsabschlüssen und guter Ausbildung. Sie haben keine Ahnung, dass wir Botschaften auf der ganzen Welt nur einrichten, um unsere eigenen Interessen durchzusetzen. Und in der zweiten Hälfte des 20. Jahrhunderts bestand dieses Interesse darin, aus der amerikanischen Republik ein globales Imperium zu machen!“*[(156)]
>
> John Perkins

„Korruption“ ist ein oft verwendetes Schlagwort, wenn man im Westen von Ländern spricht, die manche Dinge anders regeln als wir Europäer und Amerikaner das tun. Zweifelsohne gibt es einige Länder in Afrika und Asien, in denen die Korruption noch stärker ausgeprägt ist als im Westen. Interessant ist in dem Zusammenhang nur, dass es sich dabei meist um Staaten handelt, in denen die USA (oft gemeinsam mit ihren europäischen Verbündeten) zuvor die Regierung gestürzt und ihre eigenen Marionetten eingesetzt hatten. Korruption ist meist nur ein Vorwand, um die ungesetzlichen Interventionen in anderen Ländern moralisch zu rechtfertigen.

Öl und Gas – warum Boko Haram wichtig ist

Erdöl- und Gasvorkommen zählen zu dem wichtigsten Beutegut für die westlichen Wirtschaftsterroristen. Der uneingeschränkte Nachschub von Erdöl und Gas war der bestimmende Faktor für die Außenpolitik aller westlichen Länder seit der Mitte des 20. Jahrhunderts, da unser Hunger nach Öl und Gas immer größer wurde und eng mit unserem Wohlstand verknüpft war und ist.

Es wird immer wieder behauptet, dass seit den 1980er-Jahren weltweit mehr Erdöl verbraucht wird als gleichzeitig neue Vorkommen gefunden werden. Das stimmt jedoch nicht ganz, da erst kürzlich gigantische Vorkommen, etwa im schwarzen Meer, in Uganda, auf Haiti und Kuba, gefunden wurden. Seit kurzem weiß man, dass in Uganda mehr Öl lagert als in Saudi-Arabien.[157] So schnell dürfte uns das Öl also nicht ausgehen, es wäre jedoch möglich, dass die neu entdeckten Vorkommen in der Förderung teurer kommen als wir das bislang gewohnt waren. Doch auch das scheint momentan noch in weiter Ferne, da die Rohölpreise seit 2009 verhältnismäßig niedrig sind und in der zweiten Hälfte des Jahres 2014 sogar um mehr als 50 Prozent sanken. Das soll zum Großteil am US-amerikanischen Fracking-Boom liegen, also dem vermehrten Bohren nach Schiefergas und Schieferöl. Es ist jedoch nicht der alleinige Grund, wie wir später noch sehen werden. Erdöl wird nicht nur zur Energiegewinnung und als Treibstoff für Autos, Schiffe und Flugzeuge benötigt, sondern auch zur Produktion von Kunststoffen, Kosmetik, Farben, Dünger und vielem mehr. Deswegen werden seit Jahrzehnten Kriege um den bestmöglichen Zugang zu den großen Erdölreserven auf Erden geführt.

Nigeria ist beispielsweise der größte Erdölexporteur in Afrika. Daher ist es kein Wunder, dass gerade dieses eigentlich reiche Land in Chaos und Bürgerkrieg versinkt. Korrupte Politiker, rivalisierende Clans und die Terrororganisation ***Boko Haram*** sorgen dafür, dass in Nigeria keine Ruhe einkehren kann. Der Westen sorgt stetig dafür, dass das Land sich nicht aus den Fesseln der westlichen Ölkonzerne befreien kann. Die *GreenWhite-Koalition,* eine nigerianische Aktivisten-Gruppe, behauptet, dass *Boko Haram* von der CIA erfunden und etabliert wurde, um die größte Volkswirtschaft Afrikas zu schwächen. Demnach soll Boko Haram von der US-

Botschaft in der Hauptstadt Abuja aus mit Unterstützung von Saudi-Arabien koordiniert und finanziert worden sein.[158]

Man sollte auch wissen, dass die meisten Erdöl fördernden Unternehmen bis heute aus einer Lagerstätte immer nur das oberflächliche, leicht zu fördernde Öl abschöpfen und den verbleibenden Rest (der oft mit Sanden vermischt ist) einfach im Boden lassen. Das Öl sprudelt dann aber für Jahre weiter unkontrolliert aus dem Loch und verseucht die umliegenden Böden und das Grundwasser. Aber das ist nicht alles: Es kann später nie wieder gewonnen werden, denn wenn ein Bohrloch einmal aufgegeben wurde, kann es nicht wieder in Betrieb genommen werden. Die großen, reichen, westlichen Erdölgesellschaften holen sich aus einem Gastland die leicht zu bergenden Ressourcen und hinterlassen dann dessen Bevölkerung ihren Abfall und ihre Altlasten, wie etwa das Beispiel Nigeria zeigt, wo *Shell* zusammen mit anderen Firmen Öl fördert. Nicht nur, dass die Bevölkerung finanziell wenig davon profitiert, weil die gesamten Einnahmen in korrupten Regierungskanälen versickern – sie wird von den Ölförderern auch noch verseucht.

„An den Bohrlöchern wird Erdöl gefördert. Doch mit dem Öl tritt Gas aus. Dieses Gas enthält Gifte, die für den Menschen gefährlich sind. In den Ländern mit rechtsstaatlichen Verhältnissen sind Filter Pflicht. Mit ihnen lässt sich das Gas reinigen, bevor es in die Atmosphäre gelangt. In den USA wird jeder Verstoß gegen diese Schutzvorschriften mit Geldstrafen belegt, die bis zu hundert Millionen Dollar betragen können. Doch in Nigeria wird das Gas aus dem Delta am Ende langer Schornsteine verbrannt. Tag und Nacht flammen die Fackeln, gigantische Feuersäulen, die in den Himmel schießen. Vollkommen straffrei.
Amerikanische Forscher schätzen, dass die Ölfelder des Deltas mehr Kohlendioxid ausstoßen, als alle (übrigen) Ölfelder der Erde zusammen. Auch die Öl-Leckungen (Oil Spills), unkontrolliert in die Natur austretendes Öl, ziehen die siebenundzwanzig Millionen Bewohner des Deltas in Mitleidenschaft... Die Ölmengen, die bei solchen Zwischenfällen verloren gehen, spielen für die Gesellschaften keine Rolle. Für Mensch und Tier, für Pflanzen und Trinkwasser haben sie hingegen katastrophale Folgen.“[159]

Jean Ziegler, „Der Hass auf den Westen“

Die an diesem Drama beteiligten Firmen *Shell, Chevron, BP, ENI* und *Agip* sind allesamt unter der Kontrolle der Geheimen Weltregierung. Ihr Vorgehen bei der Ölförderung widerspricht den westlichen Idealen von „Nachhaltigkeit" und „sozialer Gerechtigkeit" auf sonderbare Weise – oder habe ich diese Worte missverstanden? Waren es nicht die Besitzer genau jener Konzerne, die uns vor zu viel CO_2-Ausstoß warnten?

Es wird generell sehr verantwortungslos mit dem Rohstoff Erdöl umgegangen, und das, obwohl wir ohne ihn kaum mehr existieren könnten. Es gibt verschiedene Theorien darüber, ob wir das **Fördermaximum, „Peak Oil"** genannt, schon erreicht haben, ob uns das Öl also langsam aber sicher ausgeht, oder ob wir noch lange so weitermachen können wie bisher. Die Theorie, nach der Erdöl durch hohen Druck aus *Kerogenen* (polymere organische Materialien), also durch Verrotten kleiner Tiere (Fossilien) entsteht, stammt vom russischen Wissenschaftler *Mikhailo Lomonossov* und wurde von ihm erstmals im Jahre 1757 geäußert. Die Theorie vom „fossilen Treibstoff" ist jedoch de facto bis heute nicht bewiesen.[(160)]

Der Wissenschaftler Professor *Vladimir Kutscherov* von der *Königlich Technischen Hochschule Stockholm* hat im Jahr 2010 gezeigt, dass Erdöl nicht zwangsläufig ein fossiles, sondern auch ein abiotisches Öl sein kann, also auch ohne organisches Material in Gesteinen entsteht, was die gegenwärtige Schieferöl- und Schiefergasförderung (Fracking) belegt.[(161)] Mehr kann und will ich dazu nicht sagen, weil ich kein Experte auf dem Gebiet bin. Doch ich stelle immer wieder fest, dass die Aussagen von „Fachleuten" zu dem Thema sehr gegensätzlich sind und oft wenig Sinn ergeben – warum auch immer. Die entscheidenden Fragen aber, die mich dabei bewegen, sind folgende: Wenn Erdöl endlich ist und wir in absehbarer Zeit keines mehr haben werden, wieso gehen die Erdölförderer dann so großzügig damit um? Wieso saugen sie nicht jeden einzelnen Tropfen aus einem Bohrloch und reichen die erhöhten Kosten an den Endverbraucher weiter? Das durchzusetzen, wäre sehr einfach, da alle Erdölunternehmen ohnehin ein Kartell bilden.

Wir beobachten in der jüngsten Vergangenheit, dass immer mehr Menschen immer größere Autos fahren, die sehr viel Sprit verbrauchen. Der Preis scheint also für viele Verbraucher kein Argument zu sein. Ich will erst gar nicht danach fragen, warum sich die Autoindustrie so dumm dabei anstellt, Motoren herzustellen, die wesentlich weniger Sprit verbrauchen –

ich bin darauf ausführlich in meinem Buch „Jetzt geht's los" eingegangen. Es wundert mich, dass die mächtigen Herren mit einem so kostbaren Gut, dessen Preis sie nach Belieben bestimmen können, so verschwenderisch umgehen, wenn es angeblich begrenzt und sehr knapp sein soll! In vielen anderen Bereichen von Politik und Wirtschaft denken sie extrem langfristig, über Generationen hinweg. Warum nicht in Sachen Erdöl? Wissen sie etwas, das wir nicht wissen?

Verstehen Sie das alles bitte nur als kleinen gedanklichen Anreiz zur Vorbereitung auf das nächste Kapitel. Wichtig ist vielleicht auch noch zu wissen, dass der jährliche Pro-Kopf-Verbrauch an Erdöl in den Industriestaaten um ein Vielfaches höher ist als in den Entwicklungsländern. So verbraucht der durchschnittliche US-Amerikaner mehr als das Doppelte eines Deutschen, etwa 15-mal so viel wie ein Chinese und etwa 32-mal so viel wie der durchschnittliche Inder.[(162)] Das sollte man immer vor Augen haben, wenn „man" davon spricht, dass „wir" uns doch einschränken müssten. „Wir" selbst schränken uns nämlich nicht ein – wir verlangen es jedoch von anderen, meistens von jenen, die ohnehin weniger verbrauchen als wir selbst. Wir sind Heuchler und Verschwender. Manchmal haben wir diesbezüglich auch ein schlechtes Gewissen. Meist vergeht es aber rasch wieder.

Man kann also verstehen, warum die Amerikaner so daran interessiert sind, den technischen Fortschritt in den weniger entwickelten Ländern aufzuhalten und deren Bevölkerungszahlen zu reduzieren. Denn würden alle so viel verbrauchen wie die Amerikaner, dann wäre in Kürze definitiv nicht mehr genug für alle da. Aber könnte man denn nicht auch die Frage stellen: *„Könnten die Amerikaner sich vielleicht einschränken?* Oder ist diese Frage zu naiv?[(163)]

Für das weitere Verständnis ist es hilfreich zu wissen, wer die größten Erdölförderer (Stand 2012) auf Erden sind:

1. Saudi-Arabien
2. Russland
3. USA
4. Volksrepublik China
5. Kanada
6. Iran

Ein Blick auf diese Liste genügt vielleicht schon, um zu verstehen, warum die USA (und ihre Verbündeten Saudi-Arabien und Kanada) sich mit China, Russland und dem Iran im Wirtschaftskrieg befinden. Die USA beschuldigen sowohl die russische als auch die iranische Führung ständig, „böse“ und „unmenschlich“ zu sein. Es wird mit allen Mitteln daran gearbeitet, diese Nationen als Bedrohung für den Weltfrieden darzustellen – als ob es den je gegeben hätte oder geben sollte!

Gerade im Fall des Iran, der angeblich versuchen soll, an einer Atombombe zu bauen, muss man sich doch fragen, warum die USA, Frankreich oder Israel sie haben dürfen, der Iran jedoch nicht? Weil die USA viel verantwortungsvoller sind? Wer hat bislang die einzigen Atombomben auf ein anderes Land geworfen? Die Iraner waren es nicht. Egal, die US-Boys sind die „Guten“, die überall heroisch die westlichen Werte verteidigen müssen. Doch welche Werte sind das eigentlich genau, und wer zwingt sie im Grunde dazu?

Die Entstehung der OPEC

Erdöl und Erdgas werden auf der ganzen Welt gebraucht, sind aber nicht überall im gleichen Umfang vorhanden. Manche Länder haben mehr, als sie brauchen, und andere verbrauchen mehr, als sie haben. Seit der Elektrifizierung und dem Siegeszug des Automobils, gibt es daher einen Kampf ums Erdöl, wobei zwei Punkte entscheidend sind: die Förderung und die Verteilung. US-amerikanische Firmen, allen voran Rockefellers *Standard Oil*, hatten um 1900 herum als Erste erkannt, dass Erdöl DAS Geschäft der Zukunft ist, und in kürzester Zeit ein weltumspannendes Imperium errichtet.

Die Förderung von Erdöl ist ein technisch und logistisch aufwendiges und sehr kostspieliges Unterfangen, das viel Erfahrung und vor allem sehr großer finanzieller Mittel bedarf. Die wenigsten Länder sind dazu im Stande, das Öl in ihren Böden selbst zu fördern, daher sind sie meist auf westliche Spezialisten angewiesen – was auch daran liegt, dass diese Firmen nie ausländische Konkurrenz zugelassen haben, sondern alle Förderverträge so gestalteten, dass alle Technik immer aus den USA bezogen werden musste. Meist handelt es sich dabei um ein Konsortium von mehreren Firmen, die sich die Mittel zur Entwicklung und Förderung eines Ölvorkommens wiederum von einem Konsortium von Banken, Versicherungen und meist staatsnahen Betrieben und Vertriebsgesellschaften leihen. Meist sind diese Ölkonzerne an den Banken und Versicherungen beteiligt und umgekehrt. Die Verträge zwischen einem Gastland und einem Lizenznehmer sind daher extrem kompliziert und in jedem einzelnen Fall sehr unterschiedlich. Auch sind sie oft an andere Projekte gekoppelt – etwa an den Bau von Straßen, Flughäfen oder Pipelines, wie wir bereits in vorigen Kapiteln gesehen haben. In vielen Fällen sind neben echten Krediten auch Subventionen, Hilfsgelder oder versteckte Subventionen im Spiel, die oft von der *Weltbank* und ihren Tochterunternehmen vergeben werden. Diese nennen sich *Internationale Finanz-Corporation* (IFC) und *Multilaterale Investitions-Garantie-Agentur* (MIGA).

Meist ist die Finanzierung solcher Vorhaben extrem kompliziert und wird von einer der weltweit zehn größten Banken zusammen mit der *Weltbank* so aufgebaut, dass die Bank Wertpapiere emittiert – sogenannte „Erstrangige Bankschuldverschreibungen" (*senior securities*) – diese mit einem humanitären Projekt „unterlegt" und dann im privaten Markt handelt, also unter Ausschluss der Öffentlichkeit. Es gibt hier nur einen Emittenten, das ist die Bank und auch nur einen Käufer, das ist der Projektmann, dessen Projekt finanziert werden soll – und es gibt noch einen Endkäufer, was in der Regel eine Versicherung ist. Somit ist es kein öffentlicher Handel, sondern ein geschlossener Handelskreislauf.

Für solche Geschäfte gibt es in den großen Geschäftsbanken eigene geheime Abteilungen, in denen keine Banker, sondern Mathematiker, oft auch geschickte Quereinsteiger arbeiten. Da dieses Geschäftsmodell zwar sehr lukrativ, aber extrem unmoralisch und am Rande der Legalität ist, wird das Ganze dann von der *Weltbank* in ein seriöses Mäntelchen gepackt. Die gesamte Aktion wird als Entwicklungshilfeprojekt getarnt, und mithilfe von Förderungen wird der Geldstrom noch undurchsichtiger gemacht. Bei dieser Art von Krediten ist die Bank, die als offizieller Gläubiger auftritt, immer Gläubiger ersten Ranges. Das bedeutet, dass sich im Falle einer Zahlungsschwäche des Schuldners alle anderen hinten anstellen müssen. Am Ende sehen kleine oder mittelständische Unternehmen, die in solche Projekte eingebunden werden, oftmals ihr Geld nicht. Deren Mitarbeiter müssen Gehaltskürzungen hinnehmen oder werden entlassen. Die Banken und deren Mitarbeiter hingegen werden immer voll ausbezahlt.

An der Ausarbeitung von Förderverträgen sind oft Heerscharen von Anwälten beteiligt, und je komplizierter und umfangreicher sie sind, desto mehr Einfluss können ausländische Unternehmen und Staaten auf das Gastland ausüben. Weniger entwickelte Staaten haben meist auch weniger Erfahrung in internationalem Recht. Zudem werden Verträge immer auf Englisch verhandelt, und die meisten internationalen Schiedsstellen gehören im weitesten Sinne zur UNO oder zu anderen westlich dominierten Institutionen.

Grob gesprochen kann man folgende Arten der Förderungsvereinbarungen unterscheiden:

1. Service Vertrag
2. Konzession
3. Production Sharing Agreement (PSA)
4. Joint Venture
5. Mischformen

Bei einem ***Service Vertrag*** wird ein Unternehmen einfach dafür bezahlt, das Öl für einen anderen (etwa einen staatlichen Ölkonzern) aus dem Boden zu fördern oder sich mit Know-How oder Maschinen daran zu beteiligen. Das gesamte Öl gehört weiterhin dem jeweiligen Staat(164), und der Servicepartner wird einfach für seine Dienste entlohnt.

Mit einer ***Konzession*** hingegen erwirbt das fördernde Unternehmen vom Besitzer des Landes (meist ein Staat) das Öl im Boden und das dazugehörige Stück Land drum herum. Er erhält das Recht, dieses Öl zu fördern, außer Landes zu bringen und zu verkaufen. Meist liefen solche Verträge über mehrere Jahrzehnte, waren jedoch recht ungenau definiert. Deshalb werden sie heute in dieser Form kaum noch geschlossen. Zu Beginn des 20. Jahrhunderts waren es vor allem die Briten, die ihre Kronkolonien und Protektorate schamlos ausbeuteten und mit ihnen Konzessions-Verträge schlossen. So erwarb das englische Konsortium *Kuwait Oil Company Ltd.* 1934 von dem im Aufbau befindlichen neuen Staat Kuwait, der seit Ende des Ersten Weltkrieges unter englischem Schutz stand, das Recht, Öl zu fördern. Es wurde ein Vertrag über 75 Jahre geschlossen. Wenn man bedenkt, wie sich die Bedeutung und der Wert von Erdöl zwischen 1934 und 2009 veränderten, kann man bereits erahnen, dass dieser Vertrag langfristig eher den Briten diente als den Kuwaitern. Das Öl verhalf dem kleinen Gebiet am Persischen Golf zwar dazu, rasch ein eigener, äußerst wohlhabender Staat zu werden, dennoch blieb das Land all die Jahre über von den Briten abhängig und war ihnen auf Gedeih und Verderb ausgeliefert.

In der Zwischenkriegszeit erschlossen vor allem US-amerikanische Erdölgesellschaften rund um den Globus immer neue Ölquellen. In den wirtschaftlich unterentwickelten Ländern war die Nachfrage nach Öl noch gering, dafür gab es großen Nachholbedarf in allen Bereichen der Wirtschaft, des Lebens- und Bildungsstandards. Viele Ländergrenzen hatten sich verschoben, und neue Staaten entstanden unter Duldung der Siegermächte des Ersten Weltkrieges. Für die staatliche Anerkennung forderten die Sieger vielfach Lizenzen zur Ölbohrung in den betreffenden Ländern. Zu Anfang profitierten diese Länder vom schnellen Reichtum, den ihnen das Erdöl brachte, doch die Schattenseite war, dass ausländische Firmen und Berater in alle Bereiche der Verwaltung und Regierung eingriffen. Die westlichen „Berater" halfen beim Aufbau neuer Ministerien und Verwaltungen. Die Economic Hit Men berieten die Herrscher beim Aufbau eines modernen Steuersystems, was den westlichen Ölförder-Unternehmen – wenig überraschend – immer große Steuervorteile brachte. Die Gastländer waren vom plötzlichen Reichtum so geblendet und verstört, dass sie gar nicht realisierten, dass ihre staatlichen Institutionen bald zum größten Teil von Amerikanern geleitet wurden und sie für jeden neuen Vertrag sündteure Anwälte von der US-Ostküste beauftragen mussten. Wie alle Neureichen warfen sie mit Geld um sich, ohne groß an morgen zu denken. In Kürze tranken sie alle Alkohol und Coca Cola, fuhren große Autos und warfen ihre religiösen Traditionen und Werte über Bord. Der sogenannte **„Ressourcen-Fluch"**, manchmal auch „Ressourcen-Falle" genannt, hat nicht so sehr mit der Dummheit oder Faulheit der Betroffenen zu tun, sondern viel mehr mit ihrer Unwissenheit über die, die sich ihnen als Wohltäter präsentieren. Es dauert immer eine Weile, bis sie begreifen, dass sie über den Tisch gezogen wurden, doch dann ist es bereits zu spät.

Die Geheime Weltregierung gestaltete die ölreichen Gastländer mittels Subunternehmer und deren Economic Hit Men nach ihren Wertvorstellungen und Idealen um und setzte sich über ihre Tradition und ihre Religion hinweg, was meist die religiösen Autoritäten erzürnte und zu zahlreichen Konflikten und Spannungen im Land führte, manchmal eben auch zu

Bürgerkriegen. Durch die Erschließung immer neuer Quellen kam es während der 1950er-Jahre zu einem Überangebot und zu sinkenden Ölpreisen. Die Ölförderländer hatten jedoch mittlerweile mittels ausländischer Kredite riesige Summen in Infrastruktur- und Sozialprogramme gesteckt. Es kam zu großen Verlusten in den Staatskassen, was die Politiker dieser Länder unter Druck setzte – und ihnen mit einem Mal ihre Abhängigkeit vom Westen vor Augen führte.

Der Iran ist ein gutes Beispiel für den Ressourcen-Fluch. Das Königreich Iran (Land der Arier) stand lange unter dem Einfluss der Engländer, die es beharrlich „Persien" nannten. Die britische *Anglo-Persian Oil Company* schloss im Jahr 1901 den ersten Ölfördervertrag in der Region für einen Zeitraum von sechzig Jahren ab, wofür sie dem Land nur wenige hundert Pfund pro Jahr bezahlte. Englische Firmen bauten Pipelines, Straßen und Häfen für den Abtransport des Öls. Als der Norden des Iran dann im Ersten Weltkrieg von den Russen besetzt wurde, stellten die Engländer die Zahlung jedoch komplett ein. Sie hielten den Süden des Landes besetzt und forderten vom Iran Schadenersatz für die entstandenen Schäden an der Infrastruktur. Es folgten Jahre des Tauziehens zwischen den Sowjets, den Engländern und den Amerikanern, während die *Anglo-Persian Oil Company* weiter satte Gewinne mit dem iranischen Öl machte und das iranische Volk selbst leer ausging. Alle Seiten erhöhten den Druck auf den iranischen König *Reza Schah Pahlavi* und die Regierung. Es kam zu massiven Schmiergeldzahlungen und Umsturzversuchen. Der alte Konzessionsvertrag wurde 1933 nachverhandelt und erneut auf sechzig Jahre verlängert, die Förderfirma wurde in *Anglo-Iranian Oil Company* umbenannt. 1941 drangen die Truppen der britischen und sowjetischen Besatzer nach Teheran vor und zwangen König *Reza Schah Pahlavi* abzutreten. Seine Nachfolge trat sein ältester Sohn *Mohammad Reza Pahlavi* an, der mit dem Klerus im Land paktierte, um seine eigene Position zu stärken.

1951 beschloss das iranische Parlament die Verstaatlichung der Ölfelder und Ölförderanlagen, da es mit den Briten zu keiner vernünftigen Einigung über eine ausreichende Beteiligung an den Einnahmen kam. Der Schah ernannte *Mohammad Mossadegh* zum neuen Premierminister. Er trieb die Verstaatlichung voran, und das Tauziehen um den Iran eskalierte zusehends. Die Amerikaner und Engländer fürchteten, dass *Mossadegh* mit den Russen paktieren könnte. Also schufen sie Fakten. Die CIA stürzte Regierungschef *Mossadeq* 1953 nach monatelangen Demonstrationen und Regierungskrisen im Rahmen der „Operation Ajax" und organisierte die Heimkehr des Exil-Königs *Reza Schah Pahlavi*, der wenige Wochen zuvor ins Ausland geflohen war. Ich kann und will die Vorgänge im Detail nicht bewerten, doch das Endergebnis spricht für sich. Die Ölförderverträge wurden neu verhandelt, **die *Anglo-Iranian Oil Company* wurde in *British Petroleum Company* (BP) umbenannt**, und amerikanische und französische Unternehmen wurden an der einst rein britischen Goldgrube beteiligt. Nun war auch Rockefellers *Standard-Oil-Imperium* im Iran vertreten. Der Westen hatte, was er wollte, und das iranische Volk hatte das Nachsehen. Im Grunde war das Tauziehen des Westens um den Iran in der ersten Hälfte des 20. Jahrhunderts der Grund für die islamische Revolution im Iran im Jahr 1979. Sie ist auch der Grund für die heutige Abschottung des Iran gegenüber dem Westen und für das große Misstrauen, das England und die USA in der Region genießen. Denn solche Vorgänge waren in allen ölreichen Ländern an der Tagesordnung. Daher regte Saudi-Arabien an, den mächtigen westlichen Konzernen etwas entgegenzusetzen. Gemeinsam mit Irak, Iran, Kuwait und Venezuela gründete es im September 1960 in Bagdad die **OPEC**, die *Organisation Erdöl exportierender Länder*.

Als erstes drohten die OPEC-Mitglieder damit, alle Öllagerstätten, die in ausländischem Besitz waren, zu verstaatlichen. Sie begannen, die Fördermengen abzustimmen und Steuern für die ausländischen Unternehmen einzuführen, die bislang meist von der Zahlung von Steuern befreit gewesen waren. Anfangs beeindruckte dies den Westen nur mäßig, da der OPEC nur fünf Staaten angehörten und ihre Möglichkeit, die Preise am Weltmarkt zu bestimmen, daher gering war. Doch nach und nach schlossen sich mehr, zunächst nur muslimische Länder dem Bündnis an. Katar folgte im Jahr 1961, Indonesien und Libyen 1962, die Vereinigten Arabischen Emirate 1967 und Algerien im Jahr 1969. Damit wurde das Bündnis immer mächtiger und selbstbewusster. Im Jahr 1965 war der Sitz der OPEC von Genf nach Wien verlegt worden. Und mit Ecuador (1973) und Gabun (1975) schlossen sich auch weitere christlich geprägte Staaten dem Bündnis an, das nun zu einer immer größeren wirtschaftlichen Bedrohung für die USA und für Europa wurde. Mittlerweile förderten die OPEC-Staaten rund 55 Prozent des Weltbedarfes an Erdöl, und sie hoben dessen Weltmarktpreis kontinuierlich an.

Die Spannungen zwischen dem neuen Staat Israel und der arabischen Welt hatten sich nach dem Zweiten Weltkrieg verstärkt und waren bereits mehrmals eskaliert. Ihren vorläufigen Höhepunkt erreichten sie jedoch im Oktober 1973, im sogenannten Jom-Kippur-Krieg (Ramadan-Krieg). Israel kämpfte drei Wochen lang gegen eine Allianz aus ägyptischen, syrischen und jordanischen Streitkräften. Die Unterstützung Israels durch den Westen und die UNO bestraften die OPEC-Länder dadurch, dass sie die Erdöl-Produktion drosselten und den Ölpreis um weitere 70 Prozent in die Höhe trieben, was häufig auch als „Ölembargo“ bezeichnet wurde.

> *„Die lebenswichtigen Ressourcen der USA zu schützen, hatte schon immer vorrangige Bedeutung besessen; nach 1973 wurde es zur Obsession. Durch das Embargo stieg Saudi-Arabien zu einem wichtigen Akteur in der Weltpolitik auf.“*[(165)]
>
> John Perkins

In zahlreichen westlichen Ländern folgten ob des steigenden Ölpreises und des knappen Ölangebotes verzweifelte Maßnahmen. So wurden in Österreich und Deutschland autofreie Tage eingeführt und die Geschwindigkeitsbegrenzungen herabgesetzt. Diese Maßnahmen brachten jedoch so gut wie keine Einsparungen. Der hohe Ölpreis verstärkte die wirtschaftlichen Probleme im Westen und führte zu Kurzarbeit und Firmenschließungen. Zahlreiche europäische Staaten beschlossen 1975 die Einführung der Sommerzeit, in der Hoffnung, dadurch Energie einsparen zu können. Das Pendel schlug in die Gegenrichtung aus. Nun fühlte sich der Westen von den ölreichen Entwicklungsländern betrogen und letztlich durch seine Abhängigkeit vom Öl auch bedroht.

Vor allem die Europäer versuchten, sich von den OPEC-Staaten unabhängiger zu machen, indem sie Off-Shore-Anlagen in der Nordsee bauten und verstärkt Öl im offenen Meer förderten. Dieses Nordseeöl teilen die Briten, Deutschen, Norweger, Dänen und Niederländer untereinander auf. Doch auch sie blieben weiterhin von den ölreichen Ländern abhängig und sind es bis heute. Der drastische Preisverfall von Rohöl im Jahr 2014 setzte den europäischen Förderern massiv zu und machte die Off-Shore-Förderung wieder unrentabel. Dazu sagte der britische Gewerkschaftsführer *Jake Molloy* von der britischen *Rail and Maritime Transport Union*:

„Wir erleben die größte Misere seit 1986. Wenn das keine Krise ist, weiß ich nicht, wie man eine Krise definiert. Der gesamten Förderung in der Nordsee droht das Ende, wenn die Preise für Öl so am Boden bleiben. So ernst ist das inzwischen."[(166)]

Die USA hatten sich von Anfang an nicht auf die eigene Förderung verlassen, sondern darauf gesetzt, ein erdölreiches Land nach dem nächsten zu unterjochen. Das änderte sich erst mit der Entdeckung großer Schieferöl- und Schiefergasvorkommen zu Beginn des 21. Jahrhunderts.

Beim **Fracking** wird ein Gemisch aus Wasser, Sand und Chemikalien unter sehr hohem Druck in tiefe öl- und gashaltige Erdschichten gepumpt, wodurch feine Risse im porösen Gestein entstehen. Danach wird das Wasser wieder an die Oberfläche gepumpt. Chemikalien und Sand bleiben zurück, damit sich die Risse nicht wieder verschließen und das Gas oder das Öl an die Oberfläche gepumpt werden kann. Der Druck beim Einpumpen ist so hoch, dass es regelmäßig zu teilweise starken Erdbeben kommt. Darüber hinaus gelangen die Chemikalien ins Grund- und somit ins Trinkwasser. Fracking hat in den USA, genauer in einem riesigen Gebiet an der amerikanisch-kanadischen Grenze (Montana, North Dakota, Saskatchewan) einen wirtschaftlichen Boom ausgelöst und den Energiemarkt zu Beginn des neuen Jahrtausends verändert. Vor allem das viele neue Gas auf dem Weltmarkt führte zu stark fallenden Energiepreisen. Experten warnen jedoch davor, dass diese Party bald zu Ende sein wird, weil die Schiefervorkommen um das Jahr 2020 erschöpft sein sollen. Zudem machen viele US-Frackingkonzerne Verluste, werden aber dennoch von der Wallstreet weiter finanziert, weil die US-Wirtschaft ohne die Fracking-Branche noch schlechter aussehen würde. Der Hype erinnert zum einen an die New-Economy-Blase der 1990er-Jahre, zum anderen an den Goldrausch der 1850er-Jahre. Der endete so abrupt, wie er begonnen hatte. Zurück ließ er Geisterstädte, Müll und geplatzte Träume. Genau dasselbe dürfte sich hier ereignen, nur dass die Folgen für die Umwelt viel gravierender sind.

Vermutlich war der unrentable Fracking-Hype nichts anderes als ein weiterer Versuch, die großen Öl- und Gasexportländer zu schwächen, weiter zu verschulden und letztlich komplett zu übernehmen.

Production Sharing Agreement

Ab den 1970er-Jahren wurde das *Production Sharing Agreement* (PSA) zum Standard-Vertrag zwischen Ölländern und den westlichen Konsortien, die das Öl für sie förderten. Beim PSA erhält ein Förderer das Recht, das Erdöl aus dem Boden zu holen, abzutransportieren und zu verkaufen. Die Ressource und das Land, in dem es lagert, bleiben aber im Besitz des Gastlandes. Der Förderer (Explorer) trägt die Kosten für die Exploration (Entwicklungs- und Förderkosten) und teilt den Erlös aus dem Verkauf des Erdöls mit dem Gastland. Der Erlös des geförderten Öls wird, je nach Vertrag, nach bestimmten Schlüsseln aufgeteilt. Dabei unterscheidet man zwischen *Cost-Oil* und *Profit-Oil*. (Falls Sie das gerade langweilt, bitte ich Sie um ein, zwei Minuten Geduld. Es ist wichtig, das PSA zu verstehen, da es in den vergangenen Jahrzehnten enorme Auswirkungen auf das Weltgeschehen hatte, speziell im Hinblick auf den Machtkampf zwischen den USA und Russland.)

Als *Cost-Oil* wird jene Menge Öl bezeichnet, die verkauft werden muss, bis die Investitionskosten des Förderers gedeckt sind. Das dauert mehrere Jahre. Bis dahin erhält der Förderer den größten Teil der Erlöse, je nach Vertrag zwischen 80 und 90 Prozent. Erst wenn alle Investitionskosten eingespielt sind, wird das Öl als ***Profit-Oil*** bezeichnet und nun zu einem anderen Schlüssel geteilt, von dem auch das Gastland mehr profitiert, zum Beispiel 50:50 – alles abhängig vom Verhandlungsgeschick beider Vertragsparteien.

Jetzt besteht das Hauptproblem darin, wie die Förderkosten definiert und abgerechnet werden. In den Berechnungen und Verträgen wird eine Summe X genannt, die aber dann in der Realität oft nicht eingehalten wird, weil die Erschließungskosten doch höher waren, etwa weil es juristische Auseinandersetzungen mit Anrainern gab, die hohe Prozesskosten verursachten. Die Fantasie der Erdölgesellschaften scheint hier grenzenlos zu sein. In Wahrheit ist es so, dass im Grunde selten das eintritt, was vorher vertraglich vereinbart war.

Nun kennen wir das ja alle auch aus unserem täglichen Leben: Wenn ein Handwerker für uns eine Leistung erbringt, ist die Rechnung auch meist höher als der Kostenvoranschlag. Meist verhandelt man dann und einigt sich irgendwo in der Mitte. Nun kam es aber vor, dass Förderer nicht wie vereinbart nach 3 Jahren in die Gewinnzone kamen, sondern erst nach 10 Jahren oder nie. Das Gastland musste also lange dabei zusehen, wie sein Öl ins Ausland floss und es selbst von den Einnahmen nur zwischen 10 und 20 Prozent erhielt – wenn überhaupt!

Da die USA seit dem Abkommen von Bretton Woods (1944) darauf bestehen, dass alles Erdöl in US-Dollar gehandelt wird, bekommen die Gastländer auch nur US-Dollar aus dem PSA auf ihre ausländischen Konten überwiesen. Daher wird der US-Dollar oft auch als **„Petro-Dollar“** bezeichnet. Solche Dollar-Konten können aber, etwa im Falle von Wirtschaftssanktionen, auch schnell einmal eingefroren werden. Das Gastland muss die erwirtschafteten Dollar zudem in die eigene Währung umtauschen, was im Falle von Währungsschwankungen sehr nachteilig sein kann. Die Verrechnung allen Erdöls weltweit in US-Dollar garantiert den USA, dass ihre FED-Währung nie pleitegehen kann – so lange sich alle daran halten, ihr Öl in US-Dollar zu handeln.

„Ecuador ist ein typisches Beispiel für Länder auf der ganzen Erde, die Economic Hit Men unter ihre Kontrolle gebracht haben. Von 100 Dollar für Rohöl, das im ecuadorianischen Regenwald gewonnen wird, erhalten die Ölgesellschaften 75 Dollar. Von den verbleibenden 25 Dollar müssen drei Viertel zur Tilgung der Auslandsschulden verwendet werden. Der Rest wird größtenteils fürs Militär und andere Staatsausgaben gebraucht – damit bleiben 2,50 Dollar für Gesundheit, Bildung und Programme zur Unterstützung der Armen.“[(167)]

John Perkins

Ecuador ist vom Erdöl abhängig, doch die Verträge mit den US-Förderern waren lange so schlecht, dass das rohstoffreiche Land zu einem der ärmsten in Südamerika zählt. Um den Zynismus der Politik zu zeigen, möchte ich in dem Zusammenhang nur kurz erwähnen, dass im Dezember 2014 eine neunköpfige Delegation des deutschen Umweltausschusses im Vorfeld der UN-Weltklimakonferenz in Lima in die Erdölregionen reisen und sich dort mit Umweltschützern treffen wollte. Ecuadors Außenminister *Ricardo Patiño* untersagte ihnen jedoch persönlich die Einreise, weil sie dazu dienen könnte, ein schlechtes Licht auf sein Land zu werfen.

Nichts gegen ein Treffen mit Umweltschützern, doch wenn die deutschen Politiker etwas verändern wollten, dann sollten sie sich vielleicht dafür einsetzen, dass Ecuador seine Schulden bei den westlichen Banken erlassen werden oder dass es seine extrem schlechten Erdöl-Förderverträge nachverhandeln darf. Daran scheint die deutsche Politik aber kein Interesse zu haben oder die Politiker handeln aus Unwissenheit heraus. Natürlich ist es eine Katastrophe, Urwälder zu roden, um Erdöl zu fördern, doch wenn man daran wirklich „nachhaltig" etwas ändern wollte, dann müsste man die Ursachen beseitigen, anstatt scheinheilige Umweltdebatten zu führen.

Kommen wir zurück auf die Zeit nach der Ölkrise von 1973. Nach diesem Ereignis zielten die USA also darauf ab, ein OPEC-Land nach dem nächsten unter ihre Fittiche zu bekommen, was nicht leicht zu sein schien, da der Widerstand gegen den Petro-Dollar groß war. Zwar gab es einige arabische Familien, die gut an dem Geschäft mit dem Westen verdienten, der größte Teil der Bevölkerung aber wurde wieder Opfer des Ressourcen-Fluchs. Im Iran bildete sich eine islamistische Opposition, die Geschenke und Geld an die Armen verteilte und für sie ein offenes Ohr hatte. Als eine linke Guerillabewegung den bewaffneten Kampf gegen den westlich eingestellten Schah begann, ließ die westliche Staatengemeinschaft den von ihr eingesetzten Machthaber wieder fallen. Der Schah musste das Land verlassen. Durch diese „islamische Revolution" kam es zur Machtübernahme von *Ajatollah Chomeini*. Die Economic Hit Men hatten alle Hände voll zu tun und mussten sich ständig neue Tricks einfallen lassen. Um nicht enteignet zu werden, waren die westlichen Ölkonzerne bereit, Zugeständnisse zu machen und nachzuverhandeln. Konzessionsverträge wurden in *Production Sharing Agreements* umgewandelt, wodurch das Öl im Boden und das Land drum herum zumindest auf dem Papier wieder in den Besitz des Gastlandes zurückgingen. Es handelte sich um einen psychologisch bedeutsamen, symbolischen Schritt. Die OPEC spielte dabei eine signifikante Rolle, weil sie all ihren Mitgliedern für deren individuellen Nachverhandlungen wichtige Informationen zur Verfügung stellte.[(168)]

Die USA hielten dagegen, indem sie den Druck auf die Entscheidungsträger in den OPEC-Staaten erhöhten. Economic Hit Men, westliche „Hilfsorganisationen" und „Missionare", machten ihren Einfluss geltend, um die westlichen Firmen in der Bevölkerung als Heilsbringer darzustellen.

Die Mitarbeiter des *Summer Institute of Linguistics* etwa waren vermeintliche christliche Missionare, die überall dort aufzutauchen, wo Seismologen Öl vermuteten, und die Eingeborenen dazu zu überreden, ihr Land zu verlassen. Sie arbeiteten eng mit Shell und dem US-Militär zusammen und wurden von der Rockefeller-Stiftung unterstützt.[(169)] Als *Jaime Roldos* nach seiner Wahl zum Präsidenten Ecuadors im Jahr 1979 die Organisation aus dem Land warf und damit begann, neue Steuern von den Ölgesellschaften einzufordern, starb er ebenso überraschend bei einem Flugzeugabsturz wie zuvor der panamaische Präsident *Omar Torrijos*. Beide Unglücksfälle trugen dieselbe Handschrift: die der CIA.[(170)]

Bis Mitte der 1970er-Jahre war **Saudi-Arabien** ein streng religiöses Land, in dem die Religionspolizei dafür sorgte, dass die fünf Gebetszeiten pro Tag minutiös eingehalten wurden. Die Saudis sind Wahabiten, das ist eine sehr konservative Auslegung des Islam. Frauen müssen in der Öffentlichkeit komplett verschleiert sein, Dieben wird die Hand abgehackt, und für schwere Verbrechen werden Menschen öffentlich hingerichtet – daran hat sich bis heute nicht viel geändert. Ihr strenger Glaube und ihr großer Stolz hatten die Saudis zu der treibenden Kraft in der OPEC gemacht, die als Initiator des Ölembargos galt. Zum einen waren sie gegen die USA, weil diese Israel unterstützten, zum anderen missfiel den religiösen Führern der westliche Lebensstil zutiefst.

In seinem Buch beschreibt *John Perkins*, wie er 1974 nach Saudi-Arabien geschickt wurde, um einen Weg zu finden, den saudischen Widerstand gegen die USA zu brechen – koste es, was es wolle. Das kurze, aber eindrucksvolle Ölembargo hatte die westlichen Politiker schwer verstört, und sie waren nun noch empfänglicher für jene extremen Stimmen aus den Großkonzernen, die argumentierten, dass ein solches Ereignis nur geschehen konnte, weil die Nixon-Regierung zu lasch und freundlich gewesen war. Im Grunde ist das Ölembargo für die OPEC-Länder nach hinten losgegangen, denn nun hatten die Wirtschafts-Terroristen und Geheimdienste aus dem Westen erst recht einen Grund und einen Ansporn, diese Länder zu unterwerfen. Der neue Reichtum hatte in Saudi-Arabien bereits die ersten Verwerfungen mit sich gebracht. Die Kinder der Oberschicht studierten jetzt auf teuren Privatschulen in England, Frankreich oder in den USA. Sie wurden durch den westlichen Lebensstil dazu verführt, es mit ihrer strengen Religion nicht mehr ganz so genau zu nehmen – ein Umstand, der den Economic Hit Men ihr Leben erleichterte. Zudem wollten die Saudis keine „niederen“ Arbeiten verrichten. Das war ein weiterer Punkt, an dem der Westen geschickt ansetzen konnte, denn man bot den Wüstenbewohnern die modernsten Technologien an, damit sich keiner von ihnen mehr die Finger schmutzig machen musste.

Hatte man bis zum Embargo verächtlich auf die Saudis herabgesehen, so hatte es nun den Anschein, als führten die USA mit ihnen vermeintliche Verhandlungen auf Augenhöhe. Man tat so, als würde man sie ernst nehmen und rollte ihnen rote Teppiche aus, während die Wirtschafts-Terroristen im Hintergrund arbeiteten und zentrale Figuren im Land manipulierten. Offiziell war den USA an einer Verbesserung des Verhältnisses zum Hause Saud gelegen. Man bot ihnen umfangreiche militärische und wirtschaftliche „Hilfe“ an und gründete dafür eine sehr dubiose Firma.

„Trotz der Ablenkung durch Watergate war das Frühjahr 1974 eine heikle Phase in den amerikanisch-arabischen Beziehungen. Vereinbarungen, die Außenminister Henry Kissinger im Zuge seiner Reisediplomatie (shuttle diplomacy) getroffen hatte, beendeten die Kampfhandlungen von 1973... die arabischen Ölproduzenten, die von Saudi-Arabien angeführt wurden, beendeten ihr Ölembargo gegen die USA. Diese neue, günstige Atmosphäre veranlasste Nixon zu einer Reise in diese Region, wo er mit einem letzten Hurra der Gründung der Joint Economic Commission zustimmte, auch als JECOR bekannt.“[(171)]

Thomas W. Lippman, Journalist und Experte für den Mittleren Osten

Die ***Joint Economic Commission Office Riyadh*** (JECOR) war eine Organisation, die geschaffen wurde, um den Fluss und die Verwendung der Ölgelder, die aus dem neu verhandelten Production Sharing Agreement mit Saudi-Arabien sprudelten, zu verschleiern. US-amerikanische Firmen erhielten die größten je dagewesen Bauaufträge. Sie umfassten Straßen, Flughäfen, Ölraffinerien, Ministerien, Schulen, Einkaufszentren, Müllverbrennungsanlagen und vieles mehr. Alles wurde neu gebaut. Ganz Saudi-Arabien wurde von den bekannten US-Konzernen nach westlichem Vorbild umgebaut, so, wie die US-Berater es wollten. Finanziert wurde das Ganze von saudischem Geld, wodurch der US-Kongress keine Kontrollmöglichkeit hatte. Die Saudis kauften von ihrem Ölgeld US-Staatsanleihen.

Die Zinsen, die diese Anleihen abwarfen, wurden zur Finanzierung der Projekte verwendet. Anders ausgedrückt: Die Saudis wurden gezwungen, den USA einen Kredit über mehrere Milliarden Dollar zu gewähren, mit dem die US-Firmen dann Saudi-Arabien nach eigenem Gusto umgestalteten, und die parlamentarischen Gremien der USA hatten so gut wie keinen Einfluss darauf. In den Verträgen wurde auch geregelt, dass jedes gebaute Werk und jede aufgestellte Maschine von westlichen Spezialisten gewartet und repariert werden musste. Dadurch verdienen US-Firmen bis heute Unsummen. Aber auch zahlreiche US-Politiker, Werbeagenturen, Anwaltskanzleien und Vereine füllten sich durch das JECOR-Geldwäsche-projekt über Jahre hinweg die Taschen.[172]

Das Konzept war auch dafür geschaffen worden, um islamische Terroristen zu finanzieren. Während der 1980er-Jahre unterstützten die CIA und die Saudis die *Mudschahedin* gemeinsam mit mehreren Milliarden US-Dollar in ihrem Kampf gegen Russland. Die Saudis wurden immer abhängiger von amerikanischer Technologie, sodass sich eine US-Expertenelite in Riad einnisten konnte und US-Konzerne und Geheimdienste immer mehr Einfluss bekamen. Die Saudis pumpten Schmiergeld in Firmen wie *Harken Energy* oder die *Carlyle Group*, an denen die Familie *Bush* beteiligt war.[173]

All das war extrem undurchsichtig und lief über Umwege im Windschatten des Production Share Agreements zwischen US-Ölkonzernen und der saudischen Regierung.

„Die Joint Economic Commission (JECOR) war das wichtigste Abkommen, das die USA je mit einem Entwicklungsland geschlossen hatten. Es band Saudi-Arabien für immer an die USA.“[174]

John Perkins

Warum das Haus Saud dem zustimmte? Weil die Economic Hit Men und die Geheimdienste dem Königshaus klarmachten, dass es keine andere Wahl hatte. Die USA garantierten dem Haus Saud, dass es an der Macht blieb, solange es mitspielte. Natürlich wusste das Haus Saud, was die USA mit Herrschern machten, die sich ihnen in den Weg stellten. Also spielten sie mit, auch wenn die religiösen Führer ihres Landes sich sehr dagegen wehrten. Doch alle Skeptiker wurden reich belohnt und mundtot gemacht. Es flossen Unmengen von Geld. Es blieb für jeden etwas übrig. Zudem wussten die Economic Hit Men, wie sie einzelne Mitglieder des Königshauses glücklich machen konnten. So beschreibt *John Perkins* in seinem Buch, wie er für einen saudischen Kronprinzen eine Affäre mit einer Blondine in New York City einfädelte, nachdem er während seiner Tätigkeit in Saudi-Arabien von den geheimen Gelüsten des Kronprinzen erfuhr.

Ein weiterer wichtiger Punkt, den die USA im Jahr 1974 ausgehandelt hatten, war die vertragliche Zusicherung, dass die Saudis den Rohölpreis künftig immer auf einem Preisniveau halten würden, das die USA ihnen vorgaben. Das war entscheidend, weil Saudi-Arabien der größte Exporteur war, und damit die anderen US-kritischen Mitglieder in der OPEC, wie Indonesien, der Irak, der Iran oder Venezuela, keine Macht mehr über den Ölpreis hatten. Sie mussten sich zwangsläufig an den Preis der Saudis anpassen. Zwar versuchten sie im Lauf der nächsten Jahre immer wieder, den Ölpreis anzuheben, doch wenn die Saudis ihn niedrig hielten und gleichzeitig die Fördermenge erhöhten, liefen die Abweichler Gefahr, aus dem Markt gedrängt zu werden.[(175)] Am Ende musste sich jedes Land dem Preisdiktat aus Riad – bzw. dem Preisdiktat der USA! – unterwerfen.

Genau das haben wir auch im Jahr 2014 wieder erlebt. Saudi-Arabien hat den Rohölpreis auf Geheiß der USA fallen lassen, um Russland zu schaden. Die Russen, die nicht Mitglied der OPEC sind, waren dringend auf die Einnahmen aus Öl und Gas angewiesen, und der massive Verlust ihrer wichtigsten Einnahmequelle übte großen Druck auf die russische Regierung aus, vor allem auf *Wladimir Putin*, den die US-Regierung dadurch stürzen wollte. Beim Treffen der OPEC in Wien im November 2014 kam es zu keiner Erhöhung des Erdölpreises, obwohl dieser seit dem Sommer um 30 Prozent gesunken war, was für einige Mitglieder katastrophal war.

> *„Einige Mitglieder, darunter Venezuela, plädierten für eine Reduzierung der Fördermenge, um die Preise nach oben zu treiben. Der venezolanische Außenminister Rafael Ramírez sagte vor Beginn der Gespräche in Wien, es seien rund zwei Millionen Barrel pro Tag zu viel im Markt. Auch der iranische Ölminister Bischan Namdar Sanganeh erklärte, es müsse etwas unternommen werden, um den Markt kurzfristig zu beeinflussen. Dagegen sagte der Ölminister der Vereinigten Arabischen Emirate, Suhail al-Masruei, der Markt werde sich selbst stabilisieren.“*[(176)]
>
> BILD, 27.11.2014

Auch die **Vereinigten Arabischen Emirate** haben das zu machen, was die USA ihnen vorschreiben, denn sie sind von den USA besetzt. US-Militärs haben mehrere Stützpunkte in den Emiraten, und sie bilden die lokalen Soldaten aus. Auch hier sitzen US-Vertreter in den Ministerien und in allen Gremien. Die US-Konzerne haben den arabischen Raum in den letzten 40 Jahren völlig umgestaltet, das soziale Gefüge zerstört und die religiösen Werte und Traditionen durch westliche Dekadenz ersetzt. Nach außen hin geht es vielen dieser Länder jetzt besser, doch im Inneren herrschen Leere und Wut über die De-facto-Besatzer und deren Bevormundung. Das ist einer der Hauptgründe, warum der extreme, fundamentalistische Islam im Vormarsch ist. Er ist der Ausdruck einer Identitätssuche, aber auch eines Hasses gegen den Westen an sich. So werden alle Bewohner des Westens letztlich für die Machtgelüste einer kleinen Psychopathen-Elite bezahlen müssen.

„Keinen Grund, Amerika zu misstrauen? Irak? Libyen? Ukraine? NSA? Amerika ist eine Großmacht und handelt wie eine, ganz im Sinne des ersten modernen Geschichtsschreibers Thukydides, der den Peloponnesischen Krieg und das Verhalten der Athener mit einfachen, klaren Worten beschrieb: ‚Die Starken machen, was sie wollen, und die Schwachen erleiden, was sie müssen.'"[(177)]

Prof. Dr. Max Otte, deutsch-amerikanischer Ökonom

Der deutliche Verfall des Rohölpreises in den Jahren 2014 und 2015 war von den USA gesteuert, um Druck auf die russische Führung auszuüben. Es gibt keine freien Märkte. „Freie Marktwirtschaft" ist dieselbe leere Worthülse wie „Nachhaltigkeit". Die US-Konzerne steuern die Märkte zu ihrem politischen und wirtschaftlichen Vorteil. Eines ihrer bedeutendsten Instrumente ist Saudi-Arabien.

Saudi-Arabien hat Anfang 2015 selbst zugegeben, dass es Russland mehrfach angeboten hatte, die Öl-Fördermenge zu drosseln, um den Rohölpreis wieder in eine Höhe zu treiben, die für Russland wirtschaftlich hilfreich gewesen wäre. Russland hätte dafür „nur" seine Unterstützung für den syrischen Machthaber *Baschar al-Assad* aufgeben müssen.[(178)] Das war ein Angebot, das Russland aus Gründen des eigenen Überlebens nicht annehmen konnte.

Der Ausverkauf Russlands

Während des Kalten Krieges verhängten die USA faktisch ein Embargo gegen alle Sowjetstaaten. 1949 gründeten sie dafür das ***Coordinating Committee for East West Trade Policy*** (***CoCom***). Dieses kontrollierte, dass weder aus den USA noch aus einem verbündeten Land Waren in die Sowjetunion gelangten, die zu kriegerischen Zwecken genutzt werden konnten. Das betraf auch sogenannte „Dual-Use-Güter", also Güter, die sowohl friedlich als auch für kriegerische Zwecke eingesetzt werden konnten. Das war ein weites Feld. Auf der sogenannten „CoCom-Liste" standen alle Maschinen, Geräte, Fahrzeuge, aber auch Computer und Elektronik. Im Rahmen dieses jahrzehntelangen Wirtschaftskrieges zwangen die USA ihre zahlreichen Verbündeten gleichzeitig, hohe Zölle auf sowjetische Exportgüter zu erheben.

Nachdem die USA den arabischen Raum in den 1970er-Jahren unter ihre Kontrolle gebracht hatten, hatte die Reagan-Regierung daran gearbeitet, die Sowjetunion zu Fall zu bringen. Das Haus *Saud*, das nichts gegen den Willen Washingtons tat, unterstützte **Osama Bin Laden** in den 1980er-Jahren gemeinsam mit den USA. Es sollen mindestens 3,5 Milliarden Dollar an *Al Qaida* geflossen sein.[(179)] *Osama Bin Laden* stammte aus einer wohlhabenden saudischen Unternehmerfamilie, die enge Kontakte zur US-Präsidenten-Familie *Bush* pflegte. Er unterstützte in den 1980er-Jahren den Kampf der Mudschahedin im sowjetisch-afghanischen Krieg mit Geld, Waffen, Ausbildungslagern und Bauprojekten.

> *„Die Beweise waren unwiderlegbar: Saudi-Arabien, Amerikas langjähriger Verbündeter, hatte sich auf irgendeine Weise, wie es ein leitender US-Finanzbeamter ausdrückte, zum Epizentrum der Finanzierung des Terrorismus entwickelt."*
>
> David E. Kaplan, „The Saudi Connection"

In Afghanistan brach im Frühjahr 1979 ein Bürgerkrieg aus, bei dem es um die Orientierung des Landes entweder nach Osten oder nach Westen ging. Es ging der pro-russischen Regierung aber auch um eine Trennung zwischen Staat und Religion. Die aufständischen Mudschahedin wollten mit ihrem „Dschihad", ihrem heiligen Krieg, die Durchsetzung eines islamischen Gottestaates erreichen und die Regierung stürzen. Die CIA stieg nachweislich spätestens im Juni 1979 in den Konflikt ein – vermutlich aber bereits ein Jahr früher. Sie unterstützte die aufständischen Mudschahedin mit Waffen und Munition aus den USA, China und Ägypten. Das Ziel war, einen russischen Einmarsch in Afghanistan zu provozieren. Dieses Ziel wurde erreicht.[(180)]

Die Lage eskalierte, die NATO dachte laut darüber nach, Truppen zu entsenden, und die afghanische Regierung bat Moskau um Hilfe. Für die Sowjetunion war zum einen das Eingreifen der westlichen Organisationen eine Provokation, zum anderen wollte die Führung in Moskau verhindern, dass sich die Instabilität Afghanistans auf die angrenzenden sowjetischen Teilstaaten *Turkmenistan, Usbekistan, Tadschikistan* und *Kirgisistan* ausweitete. Nach anfänglichem Zögern schickte Moskau Ende Dezember Truppen, besetzte das Land und setzte eine pro-russische Regierung ein.

Der Einmarsch von Sowjettruppen stieß im Westen erwartungsgemäß auf wenig Gegenliebe. Die olympischen Sommerspiele 1980 in Moskau und Tallinn wurden von mehreren westlichen und islamischen Staaten boykottiert. Der Krieg wurde zu einem Stellvertreterkrieg, denn die Mudschahedin wurden fortan politisch und materiell nicht nur von der CIA, sondern auch von Saudi-Arabien, Pakistan, der NATO und der *Al Qaida* unterstützt.

Die russischen Truppen hatten nicht nur mit einem bestens ausgerüsteten Gegner zu kämpfen. Die Mudschahedin kannten sich in dem großen, gebirgigen, zerklüfteten Land mit seinen tausenden Höhlen und Verstecken besser aus, und sie waren nicht greifbar. Die Verluste auf russischer Seite wurden immer höher. Das militärische Eingreifen und die Besatzung weiteten sich zu einem aufwendigen Krieg aus, der das wirtschaftlich angeschlagene Russland sehr belastete. Genau das hatten die USA und die Geheime Weltregierung gewollt. *Jimmy Carters* ehrgeiziger und mächtiger Sicherheitsberater *Zbigniew Brzezinski* wollte diesen Krieg für die Russen zu deren „Vietnam“ machen.

Die USA warfen wieder die Anti-Kommunismus-Propaganda-Maschinerie an und unterstützten die Mudschahedin – eine Terrorgruppe! – mit allem, was sie brauchten. Damit legten sie den Grundstein für den islamistischen Terror des 21. Jahrhunderts, für *Al Qaida*, den *Islamischen Staat* (IS) und für *Boko Haram*.

Die nächste Regierung unter *Ronald Reagan* ging sogar noch weiter und rief Terroristen auf der ganzen Welt auf, nach Afghanistan zu gehen und gegen den „Hort des Bösen“ zu kämpfen. Wenn islamische „Gotteskrieger“ im Jahr 2015 Anschläge auf westliche Einrichtungen verübten, dann war die Saat dafür auch in den 1980er-Jahren von den USA und von Saudi-Arabien gesät worden.

„Zwischen 1978 und 1992 gab die US-Regierung mindestens 6 Milliarden Dollar für diesen nicht erklärten Krieg aus. Saudi-Arabien zahlte wahrscheinlich noch einmal genauso viel. Aber es handelte sich ja um eine verdeckte Operation, das heißt die CIA vermied den direkten Kontakt mit ihren Schützlingen und bediente sich des pakistanischen Geheimdienstes ISI (Inter Services Intelligence) als Vermittler.“[(181)]

Dr. Frank Westenfelder, Historiker und Autor

Unter Aufsicht der CIA zwangen die Mudschahedin die afghanischen Bauern, die bislang nur ein wenig Mohn angebaut hatten, diesen Anbau zu intensivieren. Dadurch stieg Afghanistan zum größten Opiumerzeuger der Welt auf, was es bis heute ist. Dazu sagte der damalige CIA-Direktor *Charles Cogan* später lapidar: *„Unsere Hauptaufgabe bestand darin, der Sowjetunion so viel Schaden zuzufügen wie möglich. Wir hatten weder die Mittel noch die Zeit, um den Drogenhandel zu untersuchen... Ich glaube nicht, dass wir uns dafür entschuldigen müssen. Wo gehobelt wird, fallen Späne.“*[(182)]

Genau jene Hauptaufgabe (*„der Sowjetunion so viel Schaden zuzufügen wie möglich“*) hat die CIA in Zusammenarbeit mit ihren Verbündeten auch hervorragend erfüllt. Es ist schwer zu sagen, ob man für den nuklearen Unfall in Tschernobyl im April 1986 das Embargo mitverantwortlich machen kann, doch ohne die CoCom-Liste hätte die Sowjetunion Zugang zur weltweit modernsten Technik gehabt, und die Katastrophe hätte vielleicht verhindert werden können. So aber war ***Tschernobyl*** ein weiterer Sargnagel für den Ostblock, weil es zu einem Symbol für völlig veraltete Technik wurde. Die Menschen in der Ukraine, in Russland, Weißrussland und in ganz Mitteleuropa zahlten den Preis für dieses Embargo, weil die Strahlung diese gesamte Region nuklear belastete. Tschernobyl spielte den USA in die Hände, weil es bewies, dass die Sowjetunion so nicht mehr lange überlebensfähig war.

In der Zwischenzeit hatten die USA jahrelang westliche Popkultur hinter den eisernen Vorhang geschleust, um vor allem die sowjetische Jugend gegen das kommunistische System aufzubringen. Die CIA und der MI6 unterstützten Moskau-kritische Protestbewegungen wie die *Charta 77* in der Tschechoslowakei und die *Solidarnosc* in Polen. Zudem soll die CIA bereits 1988 Teile des KGB infiltriert haben. Der Westen führte einen militärischen, einen wirtschaftlichen und einen ideologischen Krieg gegen die Sowjetunion, und er gewann alle drei.[(183)]

Als die Sowjetunion und der Westen sich 1988 auf einen Friedensplan für Afghanistan einigten und Moskau seine Truppen abziehen wollte, verstrickten die von den USA unterstützten Mudschahedin die Sowjettruppen erneut in schwere Kämpfe, was den Abzug verzögerte. Als sich die Sowjettruppen dann im Februar 1989 doch endlich nach zehnjährigem Krieg zurückzogen, war die Bilanz verheerend: mehrere Millionen getötete Afghanen, mehrere Millionen Flüchtlinge und mehrere zehntausend getötete sowjetische Soldaten. Die USA hatten Afghanistan zum sowjetischen Vietnam gemacht.

Als die Sowjetunion 1989 auseinanderbrach, überschlugen sich die Ereignisse. In ganz Europa tanzten die Menschen vor Freude auf den Straßen. Die US-Konzerne, die lange nicht in die Sowjetstaaten hatten liefern dürfen, scharrten mit den Hufen. Die Geheimdienstmitarbeiter aller westlichen Länder hatten längst ihre Koffer gepackt.

Drei Wochen nach dem Fall der Berliner Mauer, am 2. und 3. Dezember 1989, trafen sich US-Präsident *George W. Bush* und der sowjetische Präsident *Michail Gorbatschow* auf der ***Konferenz von Malta***, um auf der Mittelmeerinsel erneut die Neuordnung der Welt zu besprechen. *Gorbatschow* war der Sache überhaupt nicht gewachsen. Er schätzte sein Gegenüber völlig falsch ein. Unter anderem galt es zu besprechen, was mit all den Nuklearsprengköpfen geschehen sollte, die quer über die Sowjetunion verstreut waren. Im Lauf der folgenden Jahre wurden mehrere Abkommen (START- und ABM-Verträge) ausgehandelt, aber letztlich nie eingehalten. Zumindest wurde erreicht, dass Weißrussland, Kasachstan und die Ukraine ihre Nuklearwaffen abrüsteten, was angesichts der Lage in der Ukraine seit 2014 ein großes Glück ist.

Es mussten auf Malta und in den Monaten danach sehr viele, teils weitreichende Entscheidungen getroffen werden, und es ist vielleicht keine große Überraschung, dass die Amerikaner als Sieger aus diesen Verhandlungen hervorgingen. *Gorbatschow* war zu naiv und zu harmlos, er wollte als Friedenspräsident in die Geschichte eingehen – und das ist er auch.[(184)] Für seine „Glasnost" (Offenheit) und „Perestroika" (Umbau) erhielt er 1990 den Friedensnobelpreis. Er wollte das Image des guten, friedfertigen Russen aufbauen, verkannte aber völlig, dass die USA und der westliche militärisch-industrielle Komplex kein Interesse an Frieden hatten. Er dachte bei seinen Verhandlungen, in denen er, vermutlich ungewollt, die gesamte Sowjetunion an den Westen verschenkte, auch ganz sicher nicht an die Ukraine und schon gar nicht an die Krim, auf der sich Russlands wichtigster Marinestützpunkt befand und bis heute befindet. Diesen Fehler scheint er selbst erst im Jahr 2014, angesichts der Ukraine-Krise, realisiert zu haben, wie wir später noch lesen werden. Zahlreiche andere Russen haben diese Fehler bereits in den frühen 1990er-Jahren erkannt und *Gorbatschows* Verhalten als „Kapitulation" und „historische Niederlage" bezeichnet.

Die NATO, die westlichen Geheimdienste und alle großen US-Konzerne begannen nach der Konferenz von Malta damit, sich die Filetstücke aus den ehemaligen Sowjetstaaten herauszupicken. Sie wollten hier so weitermachen, wie sie es aus Mittel- und Südamerika und aus dem arabischen Raum gewohnt waren.

Es ist wichtig zu verstehen, dass **die Russen der deutschen Wiedervereinigung 1990 nur unter der Bedingung zustimmten, dass die NATO nicht mehr weiter nach Osten ausgedehnt würde!** So erklärte etwa der damalige Bundesaußenminister *Genscher* am 31. Januar 1990, eine Ausdehnung des NATO-Territoriums nach Osten werde es nicht geben. Auch US-Außenminister *James Baker* soll am 9. Februar 1990 im Kreml versprochen haben, dass die NATO sich *„nicht einen Inch weiter nach Osten ausdehnen würde, falls die Sowjets der NATO-Mitgliedschaft eines geeinten Deutschland zustimmten"*. (Spiegel Nr. 48/2009)

In einem gemeinsamen Interview mit *James Baker* sagte *Genscher* vor laufenden Kameras in Washington: *„Wir waren uns einig, dass nicht die Absicht besteht, das NATO-Verteidigungsgebiet auszudehnen nach Osten. Das gilt übrigens nicht nur in Bezug auf die DDR, die wir da nicht einverleiben wollen, sondern das gilt ganz generell!"*[(185)]

Der Westen hat Russland 1990 mehrfach versprochen, dass es keine NATO-Osterweiterung geben wird! Diese Beteuerungen stellten sich wenig später als glatte Lügen heraus! All das ist äußerst wichtig, um zu verstehen, warum das Wort westlicher Politiker heute in weiten Teilen der Welt keinen Pfifferling mehr wert ist.

Die Wirtschaftsterroristen liefen Amok und konnten ihr Glück kaum fassen. Sie kauften alles auf. Es war, als hing ein großes Banner über den Sowjetstaaten: *Alles muss raus!* Während die sowjetische Führung eine Neugestaltung des Staatenbundes versuchte, erklärten Litauen, Lettland und Estland ihre Unabhängigkeit. In Windeseile schlossen alle drei bilaterale Abkommen mit den USA, die ihnen das Blaue vom Himmel herunter versprachen. Im Juni 1991 wurde *Boris Jelzin* der erste demokratisch gewählte Präsident des neuen Russlands, und er schaffte es sogar, den tiefen Fall Russlands noch zu beschleunigen. Er wollte Demokratie einführen, hatte aber nur eine vage Vorstellung davon, was das war. Er war mit internen Kämpfen gegen die alten Parteikader, gegen *Michail Gorbatschow* und gegen die sich ablösenden Teilstaaten beschäftigt. Er hatte ein Alkoholproblem, und er war der Herkules-Aufgabe seines Amtes nicht gewachsen. Also suchte er Unterstützung bei den Amerikanern[(186)] – und das Verhängnis nahm seinen Lauf.

Am 20. Juni 1991 fror die sowjetische Regierung wegen Zahlungsunfähigkeit alle Bankkonten ein. Millionen von Russen verloren über Nacht all ihre Ersparnisse. Russland hatte kein Geld mehr, aber es hatte viele Waren und Güter. Es gab in Regierungskreisen den Vorschlag, den Menschen die vorhandenen Unmengen an Autos, Kühlschränken und technischen Geräten als Entschädigung anzubieten, doch Jelzin lehnte ab.[(187)] Millionen einfacher Russen starben daraufhin durch den Stress, den der Verlust ihrer Ersparnisse auslöste, oder sie nahmen sich das Leben.

In den darauffolgenden Jahren sollen in Russland Schätzungen zufolge bis zu zwölf Millionen weitere Menschen ums Leben gekommen sein, weil sie verhungerten, erfroren oder starben, da sie sich keine Medizin leisten konnten! In den 1990er-Jahren war die Sterberate in Russland deutlich höher als die Geburtenrate. Russland wurde bei lebendigem Leibe ausgeweidet. Es wurde vom Westen genüsslich filetiert. Die Regierung unter *Wiktor Tschernomyrdin* – der unter Präsident *Boris Jelzin* zum Ministerpräsidenten der russischen Föderation ernannt worden war –, war nicht in der Lage, den Umstieg von der Plan- zur Privatwirtschaft vernünftig durchzuführen. Die Privatisierung zwischen 1991 und 1994 war viel zu radikal und kopflos erfolgt.

In den ersten Jahren nach der Wende war es für Ausländer in allen Sowjet-Teilrepubliken sehr schwierig, Besitz zu erwerben. Dafür brauchte man Leute vor Ort, die den richtigen Pass und die nötigen Verbindungen zu jenen hatten, die nun in den Übergangskommissionen saßen und die alten Parteikader schmierten. Auf diese Weise machten die westlichen Mächte einige clevere Russen, die ihnen dienlich waren, sehr reich. Sie bauten einige von ihnen weiter auf und ließen sie in kurzer Zeit zu regionalen Fürsten aufsteigen, die man heute **„Oligarchen"** nennt. Russland wurde, wie die Ukraine und andere ehemalige Sowjetstaaten, nach kurzer Zeit von einigen Milliardären gelenkt, die vom Ausland gefördert und an der Macht gehalten wurden.

Während die einfachen Russen nach der Währungskrise von 1991 ihr Geld nie wieder sahen, hatten westliche Banken und Konzerne den Oligarchen mit Milliardenkrediten unter die Arme gegriffen[(188)], da sie ihnen dabei behilflich waren, russische Betriebe zu zerstören und durch westliche zu ersetzen sowie Rohstoffe und Ressourcen unter westlichen Einfluss zu bringen. Die Oligarchen kauften zusammen mit ihren westlichen Hintermännern alles auf, was privatisiert wurde.

Wurden 1991 nur fünf Prozent des Bruttoinlandsproduktes (BIP) von privaten Unternehmen erwirtschaftet, so stieg der Anteil der Privaten am BIP in nur drei Jahren auf 50 Prozent, 1998 waren es bereits 70 Prozent. Die Inflation galoppierte, der Rubel verlor immer mehr an Wert, und viele Oligarchen transferierten enorme Summen Geldes ins Ausland. Als die Regierung dann 1998 den Wechselkurs des Rubels frei gab, war das Land kurz darauf erneut zahlungsunfähig. Es kam zu einem zeitweisen Stopp der Kreditvergabe und des Zahlungsverkehrs. Doch die russische Wirtschaft erholte sich rasch und wuchs im Jahr 2000 bereits wieder um zehn Prozent.

Mit Ende des Jahres 1992 teilte sich die Tschechoslowakei in zwei neue Staaten auf. Im Nu wurden die ehemals sowjetischen Staaten im Osten Europas in die EU und in die NATO eingegliedert – **das Versprechen, die**

NATO nicht weiter nach Osten auszudehnen, wurde gebrochen. Die USA stationierten immer mehr Truppen und Raketen in Europa und waren der festen Überzeugung, dass Russland ihnen nichts mehr entgegenzusetzen hatte. Ein Betrieb nach dem anderen wurde abgewickelt und an den Westen verschleudert. In den USA wurde sogar offen darüber gesprochen, Russland in mehrere kleinere Staaten zerschlagen zu wollen.[189] Der Westen schwamm auf einer Welle der Arroganz und Selbstüberschätzung.

Anfang der 1990er-Jahre förderten neben russischen Konzernen auch mehrere westliche Firmen und Konsortien Erdöl und Erdgas, vor allem im Norden Russlands, in der rohstoffreichen und kaum besiedelten Taiga und Tundra. Die tausende Kilometer von Pipelines, mit denen das Öl abtransportiert wurde, waren alt, rostig und teilweise leck. Es fehlte dem Staat sowohl an den nötigen finanziellen Mitteln als auch an der richtigen Organisation und Infrastruktur. Alles befand sich im Prozess der Auflösung. Jeder war sich selbst der Nächste und arbeitete in die eigene Tasche. Die Korruption war verheerend. Anfang 1994 verursachte die russische Ölgesellschaft *Komineft* schließlich in der Region Komi eine der größten Umweltkatastrophen der Geschichte, als Erdölleitungen barsten und zehntausende Liter Rohöl nahe der Stadt Ussinsk den Fluss Petschora und die gesamte angrenzende Region verseuchten.[190]

In der russischen Teilrepublik Komi liegt das größte zusammenhängende Urwaldgebiet Europas, das seit 1995 UNESCO-Weltnaturerbe ist. Vielleicht war es diese Umweltkatastrophe, die *Boris Jelzin* dazu bewog, künftige Förderlizenzen lieber an ausländische anstatt an russische Firmen zu vergeben.

„Nur selten gelingt es einem Unternehmen, einen Vertrag abzuschließen, der so vorteilhaft ist, dass er in die Geschichte und in die Annalen des Unternehmens eingeht, dass er fortan Teil des Mythos dieses Unternehmens wird und spätere Generationen von Wirtschaftsstudenten darüber in ihren Büchern lesen. Im Jahr 1994 dachte die ‚Sakhalin Energy Investment Corporation' (SEIC), dass sie ein solch legendäres Geschäft mit dem russischen Staat geschlossen hätte.“[191]

Timothy Fenton Krysiek, Energieexperte

Die Insel Sachalin, nördlich von Japan, ist die größte russische Insel, und sie beherbergt riesige Öl- und Gasvorkommen. Diese wurden von *Jelzin* kurz nach der Umweltkatastrophe von Komi quasi an den Westen verschenkt. Er schloss im Juni 1994 das erste russische Production Sharing Agreement mit der ***Sakhalin Energy Investment Company Ltd.*** (SEIC). Das Konsortium bestand aus *Shell, Mitsui, Mitsubishi*, der *Japan Bank for International Cooperation*, der US-amerikanischen *Overseas Private Investment Corporation*, der *Export-Import Bank of the United States* sowie der *Europäischen Bank für Wiederaufbau und Entwicklung*. Das Besondere an dem Vertrag war, dass Russland erst an den Einnahmen beteiligt werden sollte, wenn das Konsortium seine Investitionen komplett wieder eingespielt hatte. Russland war aber darüber hinaus auch an den Investitionen beteiligt und musste dafür bei den USA Kredite aufnehmen.

Es ist schwer zu sagen, ob *Jelzin* betrunken war, als er diesen Vertrag unterschrieb, oder was ihn sonst dazu veranlasst haben mag. Auf jeden Fall war das der beste Deal, den ein westliches Unternehmen nur machen konnte. Er entsprach in etwa einem Kolonial-Abkommen aus dem 19. Jahrhundert. Shell schätzte die Kosten für das Energieförderprojekt *Sachalin-2* auf rund 10 Milliarden US-Dollar. Im Juli 1999 begann die Produktion. 2004 schuldete Russland den Amerikanern bereits über 700 Millionen Dollar für Sachalin. Bis 2005 waren die Kosten für die Erschließung bereits auf 20 Milliarden US-Dollar gestiegen, und eine Beteiligung Russlands an seinen Öl- und Gasexporten war nicht absehbar[(192)], weil die Erschließungskosten immer weiter stiegen. Während Shell das Öl und Gas abtransportierte, erfroren die Menschen in der kalten Region, und der russische Staat musste noch dafür bezahlen.

Doch Russland hatte sich zwischenzeitlich langsam vom Schock von Malta erholt. Es entwickelte wieder ein neues Selbstbewusstsein. Dieses Selbstbewusstsein hatte im Jahr 2000 ein Gesicht bekommen, als *Wladimir Wladimirowitsch Putin* zum neuen Präsidenten der Russischen Föderation gewählt worden war. *Putin* war in einfachen Verhältnissen aufgewachsen, sprach sehr gut deutsch und war bis 1990 für den KGB in der DDR stationiert. Danach ging er zurück nach Russland und begann eine steile politische Karriere. 1997 promovierte er zum Doktor der Wirtschaftswissenschaften und schrieb seine Arbeit über die „staatliche Bewirtschaftung natürlicher Ressourcen“.

1998 wurde er Direktor des Inlandsgeheimdienstes der russischen Föderation, 1999 zudem Sekretär des Sicherheitsrates und noch im selben Jahr, auf Wunsch von *Boris Jelzin*, dessen Nachfolger als Ministerpräsident. *Putin* war Kampfsportler und kam vom Geheimdienst. Er war aus anderem Holz geschnitzt als seine Vorgänger und machte es sich zur Aufgabe, Russland aus den Klauen des Westens zu befreien, es wirtschaftlich erfolgreich zu machen und den Menschen in seinem Land wieder so etwas wie Stolz und Würde zurückzugeben.

Immer wieder gab es Diskussionen darüber, ob Wladimir Putin ein „lupenreiner Demokrat" sei. Lassen Sie mich eine Gegenfrage stellen: Glauben Sie, dass er das mit Abstand größte Land der Erde, das de facto von rivalisierenden, westlich unterstützten, teils recht brutalen Oligarchen gleitet wurde, mit ausschließlich demokratischen Mitteln hätte regieren können? Finden Sie, dass die europäischen Nationen und die USA „lupenreine Demokratien" sind?

Als Putin an die Macht kam, betrug das jährliche Staatsbudget Russlands etwa 20 Milliarden US-Dollar, was in etwa dem Budget der Stadt New York entsprach. Solange die europäischen, japanischen und US-amerikanischen Ölförderer nur das Öl aus den oberen Schichten förderten, betrugen die Selbstkosten für ein Barrel russisches Rohöl nur etwa 1,5 Dollar, also dasselbe wie im Billig-Öl-Land Saudi-Arabien. Also pumpten sie nur das oberflächliche Öl ab und zogen weiter. Mit den russischen Betrieben lief es nicht besser. Sie waren größtenteils privatisiert worden. An ihnen waren US-Konzerne ebenso beteiligt wie die neuen russischen Oligarchen. Der russische Staat hatte kaum mehr Einfluss auf das Gebaren der Öl- und Gasförderer.

In Komi etwa sollen allein im Jahr 2003 ganze 240.000 Tonnen Öl aus aufgelassenen Bohrlöchern ausgelaufen sein. Es sprudelte weiter aus den verwaisten Bohrlöchern und verseuchte Böden und Gewässer. Ein Ölteppich bedeckte teilweise mehrere Quadratkilometer. Die westlichen Firmen hausten in Russland wie die Vandalen. Sie hatten keinen Respekt für das Land und seine Menschen und waren nur an maximalem Gewinn um jeden Preis interessiert. Es ist diese Respektlosigkeit vor der Natur und all ihren Schätzen, die wir vielleicht eines Tages noch sehr bereuen werden!

Evgeny Koslowski, der ehemalige Minister für Geologie der Sowjetunion, spricht davon, dass über 20.000 Bohrlöcher nicht vollständig ausgepumpt, sondern einfach sich selbst überlassen wurden. Darin befanden sich nach Schätzungen noch etwa 25 Millionen Tonnen Erdöl, die dem russischen Volk gehörten, aber für immer verloren waren, weil die westlichen Konzerne die Bohrlöcher zu früh aufgaben. Das entsprach einem Wert von etwa 4 Milliarden Dollar. Laut einer Studie aus dem Jahr 2000 hätte das Erdöl in Russland nur noch für 20 Jahre gereicht, wenn man weiter so vorgegangen wäre. Doch das wollte *Putin* nicht zulassen.

Das *Production Sharing Agreement* (PSA) und der große Ausverkauf russischer Staatsbetriebe in den frühen 1990er-Jahren hatten Russland an den Rand des Ruins gebracht. Das Ziel der Geheimen Weltregierung war, Russland in den Bankrott zu treiben, damit es seine Außenschulden nicht mehr bezahlen konnte. Dann hätten der IWF und die Weltbank das Land übernommen und es zu einer weiteren US-Provinz gemacht.

„Putin hat es vermocht, die Situation um das PSA zu ändern. Die Budgetverluste durch das PSA betrugen etwa 2/3 des gesamten russischen Staatsbudgets. Es hatte bereits ab 2000 Bestrebungen gegeben, das PSA zu ändern, aber erst nachdem Putin an die Macht kam, fing der Kampf wirklich an. Die Renten und alle Staatsausgaben waren damals dreimal niedriger als jetzt. Die Erdölgelder blieben im Ausland. Praktisch wurde Russland vom Ausland zehn Jahre lang bestohlen. Wir sprechen hier von hunderten Milliarden pro Jahr. Man kann sich also vielleicht vorstellen, wie groß das Risiko war, das Putin einging, als er das PSA aufkündigte – für Russland ebenso wie für ihn persönlich!“[(193)]

Evgeny Fedorov, russischer Politiker

Putin setzte dem Ausverkauf ein Ende. Er versuchte, das *Production Sharing Agreement* mit der *Sakhalin Energy Investment Company Ltd.* (SEIC) neu zu verhandeln. Aber das westliche Konsortium mit vorteilhaftem Firmensitz auf den Bermudas weigerte sich. Daraufhin entzog *Putin* ihm die Konzessionen wegen Verstoßes gegen Umweltauflagen und verhängte Strafen wegen Umweltverschmutzung. So zwang er sie an den Verhandlungstisch. Am 21. Dezember 2006 übernahm die staatliche russische *Gazprom* 50 Prozent plus eine Aktie.[(194)]

Fortan sprudelten die Einnahmen in die russische Staatskasse. In Russland machte sich *Putin* dadurch viele Freunde, im Westen aber mächtige Feinde. Seitdem stand er auf der Abschussliste der Geheimen Weltregierung.

Anatoli Tschubais, der ab 1991 für den Ausverkauf der russischen Staatsbetriebe zuständig war, gab später zu, dass die Privatisierung der Rohstoffbetriebe eine Forderung des IWF war. Im Gegenzug bekam Russland Kredite, die es zurückzahlen musste, aber nicht konnte, weil aus dem Sachalin-Projekt kaum Einnahmen generiert wurden. **In Tschubais' Ministerium sollen in den 1990er-Jahren 26 CIA-Agenten ganz offiziell als Angestellte gearbeitet haben.** Westliche „Berater" saßen in allen Ministerien und Gremien, in Schulbehörden und Universitäten. Sie schrieben die russische Geschichte um, indem sie neue Schulbücher drucken ließen, die von der Rockefeller-Stiftung und anderen privaten Initiativen finanziert wurden und die USA glorifizierten.[(195)] Das Ziel war es, die Identifikation der Russen mit der eigenen Geschichte zu zerstören, um nachfolgenden Generationen nach eigenem Gutdünken eine neue, pro-amerikanische Identität verpassen zu können. *Putin* setzte diesem Spuk ein Ende und griff weiter hart durch. Als Nächstes nahm er sich die Oligarchen vor, die Russland ausbeuteten. Der reichste und mächtigste unter ihnen war ***Michail Chodorkowski***. Er hatte Anfang der 1990er-Jahre mit Hilfe seiner Kontakte zur Partei eine Bank gegründet und wechselte dann in die Politik, wo er in verschiedenen Positionen im Energiesektor tätig war. Seine Bank erwarb dank *Tschubais'* Privatisierung einige sehr wertvolle Erdölgesellschaften. Dazu sagte *Tschubais* später selbst: „*Sie stehlen und stehlen ohne Unterlass. Sie klauen absolut alles, und es ist unmöglich, sie aufzuhalten. Aber sollen sie doch stehlen und sich ihren Besitz nehmen. Sie werden zu Eigentümern und anständigen Verwaltern dieses Besitzes werden.*"[(196)]

Viele Russen taten sich aber schwer damit, das Anständige in den Oligarchen zu erkennen, zumal *Chodorkowski* enge Kontakte zu den *Rothschilds* und *Rockefellers* pflegte. Er öffnete der Bank *JNR UK Ltd.* (Jacob und Nathaniel Rothschild) die Tür nach Russland. *JNR* sollte an *Chodorkowskis* Ölkonzern *Yukos* beteiligt werden, zudem wickelte die Bank (laut dem US-Präsidentschaftskandidaten *Lyndon LaRouche*) geheime Osteuropa- und Russland-Geschäfte mit den Oligarchen *Oleg Deripaska* und *Boris*

Abramowitsch Beresowski ab. *Chodorkowski* wollte zudem Rockefellers *ExxonMobil* und *Chevron* an seinen Ölkonzernen beteiligen. Er wollte das Herz der russischen Wirtschaft an die Geheime Weltregierung verschachern, weil er bei ihnen dazugehören wollte. Er hatte einen Großteil seines Geldes in die Schweiz geschafft und kritisierte *Putin* öffentlich. Er finanzierte dessen Gegner, weil *Putin* verhindern wollte, dass die ausländischen Banken und Konzerne noch mehr Macht in Russland bekamen.

Chodorkowski überschätzte sich. Gegen ihn wurde ein Haftbefehl erlassen, weil er dem russischen Staat durch Unterschlagung und Steuerhinterziehung einen Milliarden-Schaden verursacht haben soll. Er wurde verurteilt und musste 2003 ins Gefängnis, wo er bis zu seiner Begnadigung im Jahr 2013 saß. Yukos wurde 2006 von einem Gericht für bankrott erklärt und zerschlagen.

> *„Nach dem Yukos-Fall wuchsen die Steuereinnahmen aus Erdöl um das 80-fache, weil Erdölkonzerne auf einmal regulär Steuern zahlen mussten. Wie Beresowski gesagt hat: Es war ein gesteuertes Chaos! Chodorkowski und die anderen haben keine Steuern bezahlt. Chodorkowski hat in seinem Brief aus dem Totenhaus ganz klar gesagt: Russland ist ein Jagdgebiet! Auf Chodorkowskis Konto sollen mehr als 70 Morde gehen. Er soll auch versucht haben, die künstlerische Leiterin des Theaters Modern, Swetlana Wragowa, ermorden zu lassen.“*[(196)]
>
> Dr. Yuri Borisow, Historiker

Als sich die beiden Teilrepubliken *Südossetien* und *Abchasien* im Zuge des Zerfalls der Sowjetunion Anfang der 1990er-Jahre für unabhängig erklärt hatten, hatte Russland ihre Eigenständigkeit anerkannt. Viele westliche Staaten und Georgien aber erkannten die neuen Länder nicht an, da Georgien die Gebiete für sich selbst beanspruchte und dem Westen an guten Beziehungen zu Georgien gelegen war. Georgien grenzt nämlich an Russland und ans Schwarze Meer und ist daher geostrategisch von Bedeutung. Sowohl die USA als auch die EU wie auch die NATO buhlten um Georgien. Es kam immer wieder zu Spannungen, aber auch zu militärischen Konflikten in der Region, die 2008 immer mehr ausarteten. Die USA hatten die georgische Armee bis dahin mit bis zu zweihundert Millionen US-Dollar unterstützt und ausgebildet, womit sie für Russland eine Bedrohung darstellte, was genau so beabsichtigt war.[(197)]

Am 8. August 2008 fand in Peking die Eröffnung der Olympischen Sommerspiele statt, und alle Augen waren auf China gerichtet. Diesen Augenblick nutzte die georgische Armee zu einer Großoffensive, um Südossetien militärisch einzunehmen. Die genauen Abläufe der Kampfhandlungen haben für uns hier wenig Bedeutung. Fest steht, dass Georgien den Krieg begonnen hat und dass er mit brutalsten Mitteln, bis hin zu Streubomben, geführt wurde. Als im Zuge der Angriffe mehrere russische Soldaten, die zur Friedenssicherung in Südossetien stationiert waren, getötet wurden, griff Russland in den Krieg ein und schlug die georgischen Truppen zurück. Dieser „Kaukasuskrieg" oder **„Georgienkrieg"**, der in Russland oft als der „Krieg 08.08.08" bezeichnet wird, hatte für Russland große psychologische Bedeutung. Er demonstrierte zum einen die Stärke der russischen Streitkräfte, stellte zum anderen aber auch einen symbolischen Wendepunkt nach der „schmachvollen Ära" der 1990er-Jahre dar. Russland demonstrierte damit seine Entschlossenheit, sich vom Westen nicht länger bedrängen und einschüchtern zu lassen. Nach dem militärischen Desaster in Afghanistan war der Einsatz in Georgien für Russland ein Erfolg. Für Washington war der Ausgang dieses Krieges eine schmerzliche Niederlage.

Nur einen Monat später beantragte die New Yorker Investmentbank *Lehman Brothers* Insolvenz, und die US-Politiker hatten für Monate Tag und Nacht damit zu tun, den totalen Zusammenbruch der US-Wirtschaft zu verhindern. Dadurch verschwand Russland für eine Weile von ihrem Radar. Russland nutzte die Zeit, um sich wirtschaftlich weiter zu erholen. Der Westen strauchelte, während die Russen unter *Wladimir Putin* immer größeres Selbstbewusstsein entwickelten. Gemeinsam mit China, Brasilien, Indien und Südafrika (BRICS-Staaten) sagte Russland nun dem Petro-Dollar den Kampf an. Das Land akkumulierte immer mehr Gold und stieß dafür US-Dollar ab, was die FED-Währung schwächte.

Nachdem die USA sich wieder stabilisiert hatten, wandten sie sich wieder ihrem „Russland-Problem" zu. Es gab mehrere vereitelte Attentate auf *Putin*, und immer mehr amerikanische Politiker machten keinen Hehl daraus, dass sie *Putin* „weghaben" wollten. Sie intervenierten 2013 in der Ukraine, das ihr Hebel gegen Russland werden sollte. Sie inszenierten und finanzierten im Jahr 2014 die Maidan-Aufstände und zwangen Europa zu Sanktionen gegen Russland.

„Da Russen auf Vernunft nicht ansprechen, müssen der (US-)Präsident und seine europäischen Pendants deutlich machen, dass es uns nicht im Geringsten interessiert, wie diese Leute ihr Putin-Problem lösen. Wenn sie den guten alten Wladimir dazu überreden können, den Kreml mit allen militärischen Ehren und 21 Salutschüssen zu verlassen, dann können wir damit leben. Sollte Putin aber zu verbohrt sein, um zu erkennen, dass seine Karriere vorüber ist, und sollte für ihn der einzige Weg aus dem Kreml mit den Füßen voraus und mit einem Loch im Hinterkopf sein, dann könnten wir damit genauso gut leben.“[(198)]

Herbert E. Meyer, persönlicher Mitarbeiter des CIA-Direktors in der Regierung Reagan

Diese Aussage von *Herbert E. Meyer* stammt aus dem August 2014. Meyer ist Träger der *National Intelligence Distinguished Service Medal*, der höchsten Auszeichnung für Geheimdienstmitarbeiter in den USA. Zudem ist er ein weltweit gefragter politischer Redner, der für einen Vortrag zwischen 15.000 und 25.000 US-Dollar erhält. Warum rief ein halb-offizieller Vertreter der USA zum Sturz oder zur Ermordung *Wladimir Putins* auf?

Nun, vielleicht, weil der es nur wenige Wochen zuvor gewagt hatte, gemeinsam mit den Führern Chinas, Brasiliens, Indiens und Südafrikas eine eigene Entwicklungsbank als Alternative zur *Weltbank* und zum *IWF* zu gründen – und weil er sich von allen Einschüchterungen der USA im Zuge der Ukraine-Krise extrem unbeeindruckt zeigte.

Wenn die BRICS-Entwicklungsbank eine echte Alternative zu Weltbank und IWF wird, indem sie statt derer künftig Kredite an Länder in Afrika, Asien, Mittel- und Südamerika vergibt, dann werden die westlichen Mächte enorm an Einfluss verlieren. Wenn die Entwicklungsbank zudem noch die Kredite nicht in US-Dollar, sondern etwa in Rubel, Yuan oder einer neuen, gemeinsamen Währung vergibt, dann wird das Herz der Geheimen Weltregierung, die US-Notenbank FED, aufhören zu schlagen. Also musste die Geheime Weltregierung *Wladimir Putin* stoppen – so oder so. Natürlich ist China die wesentlich größere Gefahr für die Amerikaner, aber China können sie nicht direkt attackieren, weil China zu mächtig ist. Daher bestand das oberste Ziel der Amerikaner 2014 darin, China und Russland auseinanderzudividieren, indem man *Putin* zur *Persona non grata* hochstilisierte, in der Hoffnung, die Chinesen würden sich daraufhin von ihm distanzieren. Dann wäre es einfach gewesen, Russland durch einen finalen Wirtschaftskrieg zu vernichten, *Wladimir Putin* abzusetzen, Russland in kleine Happen zu teilen und eigene Marionettenregierungen einzusetzen. Die Wirtschaftssanktionen, die der Westen auf Druck der USA im Jahr 2014 gegen Russland verhängte, waren für die russische Wirtschaft hart, noch mehr für die russische Bevölkerung. Sie hatten aber genau den gegenteiligen Effekt: Sie schweißten Russland und China noch mehr zusammen und schadeten ganz massiv der europäischen Wirtschaft.

Die meisten westlichen Politiker und Geheimdienste verstehen Russland offenbar nicht. Sie versuchen, westliches Denken und Verhalten auf Russland zu übertragen, was nicht funktioniert. Sie haben die russische Führung ebenso falsch eingeschätzt wie das russische Volk, und sie haben schwere Fehler im Umgang mit Russland gemacht, vor allem in Bezug auf die Ukraine-Krise im Jahr 2014. Das Oberhaus des britischen Parlaments rügte das britische Außenministerium wegen dieser katastrophalen Fehler ebenso wie die EU-Führung. Diplomaten und Geheimdienste hätten Berichte, Vorträge und Ansprachen in russischer Sprache falsch übersetzt und falsch interpretiert. Sie reagierten auf eine äußerst heikle Situation mit Überheblichkeit, Polemik und Propaganda. Sie gingen davon aus, dass der russische Präsident *Wladimir Putin* und der russische Außenminister *Sergei Lawrow* dadurch zu beeindrucken wären.[(199)] Sie haben sich getäuscht. Vielmehr noch haben sie dadurch jenen extremen orthodox-nationalistischen russischen Strömungen, die unter dem Begriff **„Eurasianismus“** zusammengefasst werden, Vorschub geleistet. Die Vordenker dieser Geisteshaltung – allen voran *Alexander Dugin* – prangern die Gleichmacherei des Westens an, und sie erkennen in der US-Politik die Arroganz eines dekadenten, untergehenden Großreiches, dem sie eigene Werte und Philosophien entgegensetzen wollen – und sie haben großen Zulauf in allen Schichten und Altersklassen der russischen Bevölkerung.

Im Januar 2015 beschuldigte der serbische Regierungschef *Aleksandar Vucic* die EU, Journalisten dafür zu bezahlen, dass sie über ihn und seine Regierung Lügen verbreiteten. Das Werkzeug hierfür war das von mehreren Ländern der EU und von den USA finanzierte ***Balkan-Journalistennetzwerk*** (*Balkan Investigative Reporting Network*) **BIRN**. Das BIRN ist eine *Non-Profit-Organization*, die angeblich für freie Meinungsäußerung,

Menschenrechte und die Verbreitung demokratischer Werte eintritt. Über den *Balkan Trust for Democracy* wird sie unter anderem vom *German Marshall Fund of the United States* und von der ***United States Agency for International Development*** **(USAID)** finanziert[(200)], einer Organisation, die Revolutionen und Aufstände rund um den Globus mitfinanziert und mitorganisiert – und die uns auf den kommenden Seiten noch öfter begegnen wird.

Wenn eine solche Initiative vom Westen finanziert wird, dann kann man sich schnell zusammenreimen, was dahintersteckt. Zur Erinnerung sei erwähnt, dass Serbien ein enger Verbündeter Russlands ist!

Vucic warf namentlich dem ehemaligen britischen Botschafter in Serbien und jetzigen Leiter der EU-Mission in Belgrad *Michael Davenport* vor, die „kritischen" Journalisten für ihre Anti-Regierungs-Propaganda zu bezahlen. Es würde mich nicht wundern, wenn er damit richtig läge, denn *Davenport* gilt als Spezialist auf dem Gebiet der Förderung der „fünften Kolonne". Er war in den 1990ern britischer Botschafter in Russland und Polen, wo er den britischen ***Know-How Fund*** ins Leben rief, eine Initiative, die im Hintergrund in mehreren postkommunistischen Ländern den Umstieg vom Kommunismus zur Marktwirtschaft „begleitete", indem sie Kredite an ausgewählte Privatfirmen vergab und Manager im Sinne der britischen Interessen weiterbildete. *Politik ist ein schmutziges Geschäft!*

Der Begriff **„fünfte Kolonne"** stammt aus dem spanischen Bürgerkrieg. Der spanische General *Emilio Mola*, einer der Führer des Militärputsches gegen die Regierung, verkündete 1936, er werde vier Kolonnen gegen Madrid führen. Die wahre Offensive würde jedoch von der fünften Kolonne ausgehen, von jenen Anhängern Francos, die in Madrid im Untergrund lauerten und auf sein Zeichen warteten. Seitdem benutzt man den Begriff für Menschen oder Organisationen, die heimlich oder verdeckt für ausländische Kräfte arbeiten, um die eigene Regierung zu destabilisieren oder zu stürzen. Das können Soldaten oder Geheimagenten sein, die durch Waffengewalt eingreifen oder destabilisieren. Meist sind es aber Intellektuelle, Journalisten, Meinungsmacher oder Politiker, die vom Ausland eingesetzt und/oder bezahlt werden und dem eigenen Land für die Interessen anderer schaden.

Im Zuge der Anschläge auf die Satire-Zeitschrift *Charlie Hebdo* im Januar 2015 in Paris wurden die vermeintlich islamistischen Attentäter ebenfalls von manchen als „fünfte Kolonne" bezeichnet. Hier verschwimmt der Begriff jedoch mit sogenannten „Schläfern", also mit Terroristen – privater, staatlicher oder militärischer Art –, die von Geheimdiensten oder Terrororganisationen als lebende Waffen ausgebildet wurden. Sie leben oft völlig unauffällig mitten in der Gesellschaft, können aber von ihrem Dienstherren auf Wunsch freigeschaltet und zum Einsatz gebracht werden, ähnlich wie man das aus den gleichnamigen Action-Filmen über den fiktiven US-Agenten *Jason Bourne* kennt.

> *„Ich erinnere mich an einen ehemaligen Außenminister, der mir erklärte, er hasse den Kommunismus so sehr, dass er nicht einmal Dostojewski lesen könne. Diese Aussage hat sich mir über Jahrzehnte eingebrannt, und ich trage Sorge, dass die derzeitige Propaganda gegen Russland auf einem ähnlichen Argument und einer ähnlichen Denkweise basiert. Ich habe den Großteil meines Lebens in der kommunistischen Tschechoslowakei unter sowjetischer Kontrolle gelebt. Aber ich unterscheide zwischen der Sowjetunion und Russland... Die antirussische Propaganda von USA und EU ist wirklich lächerlich, und ich kann sie nicht hinnehmen... Mir geht es nicht darum, nur die Regelungen innerhalb der EU zu kritisieren – ich stehe gleichzeitig auch der Global Governance und dem Trend hin zu Transnationalismus sehr kritisch gegenüber."*[201]
>
> Václav Klaus, ehemaliger Ministerpräsident und Präsident der Tschechischen Republik im Oktober 2014

Ich bin der Meinung, dass Russland angesichts aller Anfeindungen von Seiten des Westens im Zuge der Ukraine-Krise sehr viel Besonnenheit bewiesen hat. Am 1. Januar 2015 trat die ***Eurasische Wirtschaftsunion*** (EAWU) in Kraft, eine Freihandelszone von Kasachstan, Russland und Weißrussland, ähnlich der EU. Ungeachtet aller offensichtlichen Differenzen gab es im Januar 2015 Gerüchte, wonach die EU das Angebot der EAWU zu einer Kooperation ernsthaft prüfen würde. Es gibt eindeutig einige europäische Spitzenpolitiker, die den Weg der EU-Hardliner und Kriegstreiber missbilligen. Sie fanden jedoch offenbar keine politische Mehrheit und auch vorerst keine ausreichende Unterstützung in der Bevölkerung.

Washington tat indes alles, um Europa von einem wirtschaftlichen Schulterschluss mit der EAWU abzuhalten, und versuchte stattdessen, die

Europäer im Geheimen mit einem eigenen Vorhaben zu einer de facto US-Kolonie zu machen und damit das zu beenden, was man in den 1950er-Jahren mit dem *Aktionskomitee für die Vereinigten Staaten von Europa* unter dem Vorsitz von *Jean Monnet* begonnen hatte.

TTIP – Hinter verschlossenen Türen

> *„TTIP wäre der beste Weg, um China (ebenso wie Russland und die Golfstaaten) in ihrem eigenen Wirtschaftsspiel zu schlagen.“*[(202)]
>
> Dr. Peter van Ham, EU-Lobbyist

Seit 2011 laufen hinter den Kulissen die Vorbereitungen, um Europa und Nordamerika zu vereinen. Das Ziel ist ein einziger großer Wirtschaftsraum mit einer einzigen gemeinsamen Währung und einer gemeinsamen Rechtsprechung. Diese Verhandlungen zur Schaffung der **Vereinigten Staaten von Nordamerika und Europa** laufen unter den Abkürzungen *Transatlantische Handels- und Investitionspartnerschaft* (TTIP) und *Comprehensive Economic and Trade Agreement* (CETA).

Die EU und der Euro waren die Vorstufe zu diesem westlichen Superstaat der Geheimen Weltregierung. Während in Europa immer mehr Kompetenz von den einzelnen nationalen Regierungen an die Zentralregierung in Brüssel abgegeben wurde, passierte genau dasselbe in Nordamerika, wo sich die USA, Kanada und Mexiko weitgehend unbemerkt zur ***North American Union*** (NAU), einer politischen, wirtschaftlichen und militärischen Partnerschaft zusammengeschlossen haben. Das Interessante daran ist, dass es regelmäßige NAU-Treffen der drei Präsidenten gibt, ebenso wie regelmäßige gemeinsame Militärmanöver, die NAU aber offiziell noch nicht gegründet wurde. Offenbar wurden einfach die nötigen Strukturen geschaffen, um Nordamerika mit Europa verschmelzen zu können, ohne den mühsamen Weg der vorherigen Einbeziehung der Bevölkerungen Nordamerikas vollziehen zu müssen. Offiziell könnte die NAU eines Tages die *Security and Prosperity Partnership of North America* (SPP) ablösen, die Präsident *Bush* 2005 mit seinen Pendants in Mexiko und Kanada geschlossen hatte, die wiederum eine Erweiterung der NAFTA war. All das fand unter Ausschluss der Öffentlichkeit statt. Auch in diese Verhandlungen waren nur wenige Politiker eingeweiht, der Rest von ihnen wurde ebenso wie das Volk vor vollendete Tatsachen gestellt.[203]

Bitte lachen Sie jetzt nicht über all diese Abkürzungen und Bezeichnungen, denn sie sind von großer Bedeutung. Die USA verhandeln gegenwärtig – ganz offiziell – nicht nur mit der EU über TTIP. Die USA, Mexiko und Kanada (NAU) verhandeln parallel dazu auch mit Australien, Neuseeland, Brunei, Malaysia, Singapur, Vietnam, Chile und Peru über die *Trans Pazifische Partnerschaft* (TPP).[204]

All das findet hinter verschlossenen Türen und unter absoluter Geheimhaltung statt. Nicht einmal Regierungsmitglieder der einzelnen Länder sind in die Details dieser Verhandlungen eingeweiht!

Um es noch deutlicher zu sagen: Niemand weiß in Europa genau, was all das wirklich bedeutet oder was in diesen Verträgen steht. Es gibt sehr viel Verwirrung und Geheimniskrämerei, und ich werde Ihnen nun präsentieren, was ich aus meinen Recherchen als ziemlich gesicherte Informationen bezeichnen würde: *„Dass all diese Abkommen, die als sogenannte ‚Freihandelsabkommen' bezeichnet werden, nichts anderes sind, als der Griff einiger Großkonzerne nach der Weltherrschaft.“*, hat mir genau so und unaufgefordert ein Insider aus einer EU-Rechtsabteilung erzählt. Für die Geheime Weltregierung ist es bedeutungslos, ob sie eine offizielle Weltregierung etabliert oder einen gigantischen Weltkonzern, dem letztlich alle lokalen „Regierungen“ untergeordnet sind. Das Endergebnis bleibt das Gleiche.

TTIP kann kein klassisches Freihandelsabkommen sein, weil es zwischen Europa und den USA im Grunde ohnehin keine Zölle und Handelsschranken mehr gibt. Das Ziel ist vielmehr der Abbau der sogenannten „nicht-tarifären Handelshemmnisse“, also von lokalen Verordnungen, etwa für Nahrungsmittel, technische Geräte oder aber auch im Bereich von Kunst und Kultur.

Ein einfaches Beispiel wäre hier der Blinker eines PKW: In Europa muss er orange sein, in den USA rot. Wenn also ein deutscher Autobauer einen Wagen in die USA ausliefert, dann muss er extra einen anderen Blinker einbauen, was zusätzliche Kosten bedeutet und somit als „Handelshemmnis“ bezeichnet wird. Jeder kann verstehen, dass die Industrie Interesse daran hat, solche Vorschriften zu vereinheitlichen, um sich das Leben leichter zu machen. Doch als „Handelshemmnis" können Vertragspartner alles definieren, was sie wollen. Genau dieses Beispiel vom Blinker wird dann auch immer gerne von der Industrie angeführt.

Was ich mich aber frage, ist, warum sie nicht darüber sprechen, dass in Großbritannien Linksverkehr herrscht, deutsche Autobauer also Autos für England oder Irland komplett andersrum bauen müssen, was einen wesentlich größeren Aufwand bedeutet. Da diese Länder in der EU sind, könnten sie diese Handelshemmnisse doch längst beseitigt haben, falls es wirklich darum ginge. Warum verhandeln sie nicht darüber, dass die Briten rechts fahren sollten, wie alle anderen Europäer auch? Es geht in Wahrheit nicht um Handelshemmnisse. **Es geht um die Abschaffung jeglicher lokaler Verordnungen, also um ein weltweites Gleichmachen.**

Was sind die einzelnen Punkte dieser geheimen Verhandlungen? Ganz zentral geht es um Verbraucherschutz, Kennzeichnungspflicht und Arbeitnehmerrechte. Vom Datenschutz möchte ich hier erst gar nicht sprechen, denn den gibt es ohnehin nur noch in der Theorie. Tatsache ist, dass in ganz Europa Gewerkschaften für ihr Überleben und für das Überleben von Arbeitnehmerrechten kämpfen, der Druck aber von Seiten der Wirtschaft, der Medien und der Politik immer heftiger wird. Bei den Streiks der Piloten oder der Lokführer in Deutschland im Jahr 2014 konnte man schon fast von medialen Hetzkampagnen gegen die Streikenden und ihre Führer sprechen. Wenn das TTIP zwischen der EU und den USA (NAU) Wirklichkeit wird, dann wird es künftig aber überhaupt keine Gewerkschaften mehr geben!

Die EU hat den europäischen Arbeitnehmern bereits eine Vielzahl von befristeten und schlecht bezahlten Arbeitsplätzen beschert. In Deutschland hat sich die Zahl der befristeten Arbeitsverträge innerhalb von zwanzig Jahren, zwischen 1993 und 2013, verdreifacht! Im Jahr 2014 waren 42 Prozent aller neuen Arbeitsverträge zeitlich begrenzt, vor allem die von Frauen, jungen Arbeitnehmern und Ausländern.[(205)] Doch all das ist immer noch besser als die Zustände in den USA!

Der heikelste Punkt, der im TTIP verhandelt wird, ist der **„Investorenschutz"** (*Investor-State Dispute Settlement*). Demnach sollen US-Konzerne europäische Staaten verklagen können, wenn deren Gesetze ihre Gewinne schmälern. Dies wird jedoch nicht von unabhängigen europäischen Gerichten verhandelt, sondern von ausgesuchten Wirtschaftsanwälten, die von den Konzernen selbst bestimmt werden können. Schon die Drohung solcher Klagen könnte ausreichen, um unliebsame Gesetze aus der Welt zu schaffen, denn die zu verhängenden Schadensersatzzahlungen können in die Milliarden gehen und ganze Staaten in den Ruin treiben. Damit würde sich Europa nahtlos in den Club jener Staaten einreihen, die wie Panama, Venezuela oder Russland von der Geheimen Weltregierung durch geschickte Verträge versklavt und ausgenutzt wurden. Das TTIP ist ein Vertragswerk für Dritte-Welt-Länder![206]

Um das vielleicht nochmals einfacher und klarer zu formulieren: **US-Konzerne wollen sich vertraglich das Recht zusichern lassen, überall alles tun zu dürfen, was sie tun wollen.** Sie erkennen regionale Gesetze und Bestimmungen bereits jetzt nicht mehr an und klagen überall dagegen. In Zukunft wollen sie sich die Klagen ersparen, daher wollen sie es jetzt schriftlich, dass niemand mehr sie irgendwie einschränken darf.

„Die Anhebung der ägyptischen Mindestlöhne und ein peruanisches Gesetz zur Kontrolle toxischer Emissionen werden derzeit von Unternehmen der USA wie der EU unter Berufung auf ihre Investorenprivilegien bekämpft. Andere Firmen klagten unter Berufung auf das NAFTA-Abkommen gegen Garantiepreise für die Einspeisung erneuerbarer Energie und gegen ein Fracking-Moratorium. Der Tabakgigant Philip Morris hat ein Schiedsverfahren gegen progressive Antiraucherg esetze in Uruguay und Australien angestrengt, nachdem er es nicht geschafft hatte, diese Gesetze vor einheimischen Gerichten zu kippen. Ebenso hat der US-Pharmakonzern Eli Lilly unter Hinweis auf den NAFTA-Vertrag dagegen geklagt, dass Kanada die Lizensierung von Arzneimitteln nach eigenen Kriterien wahrnimmt (um möglichst allen Leuten erschwingliche Medikamente zugänglich zu machen). Und der schwedische Energiekonzern Vattenfall will von Deutschland wegen der einschränkenden Bestimmungen für Kohlekraftwerke und der schrittweisen Stilllegung von Atomkraftwerken eine Entschädigung in Milliardenhöhe eintreiben.“[207]

Lori Wallach, US-Anwältin

Was ich ebenfalls aus EU-Kreisen erfahren habe, ist, dass Idee und Initiative zum TTIP direkt von *Angela Merkel* stammen sollen. Sie soll es gewesen sein, die *Barack Obama* dazu gedrängt hat, einen gemeinsamen amerikanisch-europäischen Raum zu schaffen, der sowohl den wirtschaftlichen als auch den monetären und militärischen Bereich einschließt. Sicher ist, dass das TTIP von europäischer Seite aus von nur vier Personen verhandelt wird, geleitet vom EU-Kommissar für Handel. **Vier Personen entscheiden also im Geheimen über die Belange von 500 Millionen Bürgern, ohne dafür von ihnen einen Auftrag zu haben!**

Ich möchte den Beteiligten hier gar nicht Durchtriebenheit unterstellen, vielmehr fürchte ich, dass die meisten von ihnen gar nicht begreifen können, welche Dimensionen und Auswirkungen ihr Tun hat, weil sie zuallererst von dem Wunsch beseelt sind, „Geschichte zu schreiben". Sie wollen Großes vollbringen. Bis 2014 war dieser Verhandlungsleiter der Belgier *Karel De Gucht*, seitdem ist es die Schwedin *Cecilia Malmström*. **Nicht einmal die Regierungsmitglieder demokratisch gewählter Parlamente in Europa sind in diese Vorgänge eingeweiht.** Es gibt in Brüssel einen von Insidern als „Darkroom" bezeichneten Raum, in dem die Zwischenstände der Verhandlungen von ausgewählten Personen eingesehen werden können. Dieser Raum darf nur einzeln und unter Aufsicht betreten werden. Wer ihn betritt, muss zuvor alles abgegeben, womit man den Bericht kopieren könnte, vom Mobiltelefon bis hin zum Bleistift. Somit ist es also nicht überraschend, dass die Allgemeinheit nicht viel über diese Verhandlungen weiß. Dasselbe gilt für die Presse. Hier gibt es nur einige wenige ausgesuchte Personen, die über das Thema schreiben dürfen und können. Das, was sie schreiben, bezeichnen manche Kritiker als „vorgefasste Propaganda", die darauf abzielt, der Bevölkerung das TTIP als „Arbeitsbeschaffungsmaßnahme" zu verkaufen. So schreibt etwa *Gabriel Felbermayr im* Oktober 2014 in DIE ZEIT unter dem Titel „Freihandel für Wohlstand":

„Doch ein Scheitern wäre fatal... Freier Handel, also die internationale Arbeitsteilung, ermöglicht die Spezialisierung; wenn jeder das tut, was er am besten kann, steigert das den Wohlstand aller. Zugleich erleichtert Handel Innovationen, weil sich Forschung und Entwicklung auf globalen Märkten mit mehr Kunden schneller auszahlen. Und er verschärft den Wettbewerb unter den Unternehmen und sorgt so für sinkende Produkt-

preise.... Die Hoffnung, dass TTIP die Beschäftigung steigern wird, ist aber berechtigt. ***Und selbst wenn TTIP keinen einzigen neuen Job schaffte, wäre das Abkommen zu begrüßen.*** *Es würde nämlich die Kaufkraft der Löhne und anderer Einkommen erhöhen... Zahlreiche Studien der OECD bestätigen, dass Wettbewerb auf den Produktmärkten die Arbeitslosigkeit mindert. Das Absenken von Handelsbarrieren sollte ähnliche Effekte entfalten. Selbst wenn kurzfristig Arbeitsplätze verloren gingen, schafft ein Handelsabkommen langfristig zusätzliche Jobs.*"[(208)]

Die Wahrheit ist, dass die Öffnung von Märkten noch nie für die Gesamtheit der Betroffenen Vorteile brachte, sondern immer nur für eine kleine Gruppe! Die Globalisierung hat zu mehr Hunger, mehr Armut und mehr Ungleichheit auf Erden geführt.[(209)] „Freier Handel" hat noch nie zu mehr Wettbewerb geführt, sondern immer zu Machtkonzentration. Er führt immer zu gravierenden Wettbewerbsvorteilen der großen gegenüber den kleinen Firmen. Wer Augen hat und selbstständig denken kann, wird das in Europa ganz einfach feststellen. Seit Inkrafttreten der EU, seit dem Wegfall von Grenzen und Zöllen, hat sich die Anzahl der Firmen in allen Bereichen dramatisch reduziert. Wer heute durch Deutschlands Provinz fährt, sieht, dass jede Kleinstadt gleich aussieht, es in jeder Fußgängerzone dieselben Geschäfte derselben multinationalen Konzerne gibt und sich in der Peripherie dieselben Supermarktketten breitgemacht haben wie in Österreich oder Spanien auch.

Felbermayr rechnet das TTIP schön und kommt langfristig trotzdem nur auf eine Senkung der Arbeitslosigkeit in Deutschland um maximal 0,4 Prozent! Wenn das nicht absurd ist? Experten der *Tufts-University* gehen dahingegen davon aus, dass in Europa bis 2025 **knapp 600.000 Arbeitsplätze verloren** gingen![(209a)]

Genau dieselben Argumente, die Herr *Felbermayr* für das TTIP anführt, haben die EU- und Euro-Befürworter für die EU und den Euro angeführt, und keine Statistik der Welt kann belegen, dass dies so eingetroffen ist. Ganz im Gegenteil! Die EU und der Euro haben in Europa zu höherer Arbeitslosigkeit, zu mehrheitlich geringerem Einkommen, zu geringerer Kaufkraft und zu schlechteren Arbeitsbedingungen für die unteren 90 Prozent geführt. Sie haben jedoch zu deutlichen Einkommenszuwächsen für die obersten 10 Prozent geführt, ganz besonders für das oberste 1 Prozent.

Wenn die EU schon für die meisten Europäer nachteilig war, wie sollte dann die Vereinigung mit einem Land, das wirtschaftlich und sozial noch viel schlechter dasteht, den Europäern Vorteile bringen können? Die USA ersticken an ihren Schulden, Armut und Arbeitslosigkeit breiten sich seuchenartig aus, knapp 50 Millionen Amerikaner leben mittlerweile von Essensmarken! In den USA waren im Jahr 2014 fast 2,5 Millionen Kinder obdachlos![(210)]

Ich finde es bemerkenswert, dass Herr Felbermayr einige Monate vor seiner TTIP-Lobpreisung in der ZEIT das Abkommen mit den USA noch durchaus kritischer sah. In der ARD-Sendung „Monitor – TTIP Freihandelsabkommen: Das Märchen vom Jobmotor" vom 30.1.2014 gesteht er ein, dass die EU fragwürdige Zahlen aus Studien zu einem angeblichen Jobwunder aufgeblasen habe und man dieses Vorgehen durchaus kritisch sehen könnte. Wie konnte ihm im Laufe des Jahres 2014 seine kritische Haltung abhandenkommen? Lag es vielleicht daran, dass er früher für den Unternehmensberatungskonzern *McKinsey* gearbeitet hat und heute für das staatlich finanzierte IFO-Institut tätig ist? Wurde er zu Kritiklosigkeit gedrängt? Das ***IFO-Institut*** berät immerhin die deutsche Politik. Es bezeichnet sich als „Wirtschaftsforschungsinstitut", stand aber jahrelang massiv in der Kritik, keine fundierte Forschung zu betreiben, sondern nur ein Lobby-Verein zu sein.[(211)] ***McKinsey*** wiederum berät nach eigenen Angaben die meisten großen amerikanischen und deutschen Unternehmen. Zu den Klienten gehören aber auch öffentliche Institutionen und Regierungsstellen. Vielleicht musste Herr *Felbermayr* TTIP also letztlich schönreden, weil seine Arbeitgeber es von ihm erwarteten?

Dieselben Versprechungen, die den Europäern in Bezug auf die EU gemacht und nicht gehalten wurden, wurden auch vor Gründung der nordamerikanischen Freihandelszone NAFTA gemacht. Entgegen der Prognosen, wonach *„20 Millionen Jobs geschaffen"* würden, hat NAFTA bislang zum Verlust von einer Million Jobs in den USA und zum Verlust hunderttausender Jobs in Mexiko geführt, wie das *Transnational Institute* erklärt. Dazu kamen sinkende Löhne in zahlreichen Industrien sowie schlechtere

Arbeitsbedingungen in den USA und in Mexiko. Das Prinzip ist immer das Gleiche.[212] Die Argumente waren bislang bei jeder Liberalisierung von Märkten, bei jedem Abbau von staatlicher Überwachung und von Grenzen dieselben, und sie haben sich immer als reine Propaganda und als Lüge erwiesen!

US-Außenministerin *Hillary Clinton* bezeichnete das TTIP im Dezember 2012 als *„eine wirtschaftliche NATO"*, als ein umfassendes Abkommen über den freien Verkehr von Waren, Dienstleistungen, Investitionen und landwirtschaftlichen Produkten.[213] Was das in vollem Umfang bedeutet, wird jeder spätestens dann verstehen, wenn er das Kapitel „Was ist die NATO wirklich?" (siehe Seite 296) gelesen hat.

Im Dienstleistungssektor ist das Ziel der Verhandlungen *„jeden innenpolitischen Spielraum für die Regulierung von Bereichen wie Transportwesen, Gesundheit, Energie- und Wasserversorgung bis hin zu den regionalen oder lokalen Flächennutzungs- und Raumplanungsgesetzen abzuschaffen"*.[214] Im Agrar-Sektor bedeutet das TTIP, dass sich der europäische Markt für die wesentlich schlechteren Lebensmittelstandards der Nordamerikaner öffnen müsste, inklusive genmanipulierter Zutaten, die nicht extra gekennzeichnet werden dürfen, weil dies eine Benachteiligung für den Hersteller bedeuten könnte! Das ist *Monsantos* direkte Antwort auf das Anbauverbot ihrer GVOs (genetisch veränderte Organismen) in einzelnen europäischen Ländern.

Die **Standards für Bio-Produkte sind in den USA wesentlich schlechter als in Europa**, zudem müsste der Einsatz von Wachstumshormonen bei Tieren erlaubt werden. In den USA ist, nur als Beispiel, der Einsatz von verseuchtem Klärschlamm als Dünger in der Bio-Landwirtschaft erlaubt. Millionen Europäer kaufen jeden Tag in Bio-Supermärkten ein, weil sie auf qualitativ hochwertige Lebensmittel zunehmend mehr Wert legen. Jeder dieser „mündigen Konsumenten" sollte gegen TTIP Sturm laufen!

> *„Wenn die EU durch TTIP in die ‚wirkliche Welt' hineingezogen wird, dann wird sie sich an die realistische amerikanische Weltsicht anpassen müssen und wird von Washington dazu gezwungen werden."*[215]
>
> Dr. Peter van Ham, EU-Lobbyist

Sollte das TTIP unterzeichnet werden und die EU auseinanderbrechen, so wird der Vertrag übrigens weiter gelten, weil er im Namen der EU für die 28 Mitgliedsstaaten ausgehandelt wurde und von ihnen unterzeichnet werden muss – auch wenn sie selbst dabei nicht mitbestimmen dürfen, weil darüber das EU-Parlament entscheidet. So viel zu der Verknüpfung der Themen „EU" und „Demokratie"! Vier Menschen handeln die Verträge aus, und alle 28 Regierungen müssen sie unterschreiben, obwohl sie damit quasi ihre eigene Absetzung unterschreiben. Und wenn die USA darauf bestehen, dann werden die zuständigen Damen und Herren unterschreiben, es sei denn, es finden sich ausreichend Bürger, die sie daran hindern!

Tatsächlich ist es so, dass wir zu wenig über die Verhandlungen wissen. Was wir jedoch wissen, ist, dass einer der größten Streitpunkte bei den Themen „Kunst" und „Kultur" besteht. Vor allem Frankreich ist erpicht darauf sicherzustellen, dass seine Kunst- und Kulturförderung nicht von den Amerikanern beschnitten werden kann – in den Verhandlungen wurde dies als *„exception culturelle"* bezeichnet. In ganz Europa werden Kunst und Kultur subventioniert, weil sie Teil der Identität einer Nation sind und nicht von privaten Mäzenen abhängig sein sollten. In den USA wird das genau gegenteilig geregelt. Frankreich hat eine Radio-Quote, wonach 60 Prozent der Sendezeit mit europäischen und 40 Prozent mit den Produktionen französischer Interpreten gefüllt werden müssen. Ähnliches gilt im Kinobereich. Das ist der Grund, warum Frankreich eine sehr starke und lebendige Musik- und Filmbranche hat. Solche Regelungen würden im Falle des TTIP ebenso fallen wie etwa regionale oder nationale Förderungen für Film, Theater, Oper oder Orchester. Auch wäre das gegenwärtige System des öffentlich-rechtlichen Rundfunks in Deutschland nicht aufrechtzuerhalten, was den Profiteuren dieses Systems bereits erhebliche Bauchschmerzen bereitet.

Natürlich könnte man in einem TTIP-Vertrag Ausnahmen regeln, worauf Frankreich besteht. Wenn jetzt aber 28 europäische Staaten anfingen, ihre eigenen Ausnahmen zu definieren, dann würde das ein sehr umfangreicher und komplizierter Vertrag werden. Um das zu verhindern, würden die Geheimverhandlungen vermutlich auf eine Generallösung hinauslaufen. Doch selbst wenn es gelänge, solche Ausnahmen in den Vertrag aufzunehmen, dann würde dies bedeuten, dass alle Regelungen (Deregulierungen und Privatisierungen), so wie sie im Vertrag stehen, für immer einzementiert sind. Es könnten künftig keine neuen Förderungen oder Regelungen eingeführt werden, die Amerikaner benachteiligen (sogenannte *Lock-in-* oder *Ratchet-Klauseln*). Sollte also künftig etwa eine neue Filmförderung in Österreich erdacht werden, dann dürfte sie nicht nur österreichische Filme fördern – wie es bislang üblich ist –, sondern jede Filmproduktionsfirma in jedem TTIP-Mitgliedsland müsste dann Zugang zu diesen Geldern haben. Das würde, um beim Beispiel zu bleiben, den österreichischen Film gegenüber dem Hollywoodfilm nicht unbedingt konkurrenzfähiger machen.

Dasselbe, was die europäischen Handelskommissare in unserem Namen mit den USA im Rahmen von TTIP ausgehandelt haben, haben sie parallel auch mit den Kanadiern zu Papier gebracht. Das nennt sich dann ***Comprehensive Economic and Trade Agreement*** (CETA). Dieses Abkommen ist schon etwas weiter gediehen als das TTIP und sollte eigentlich 2014 unterzeichnet werden, ist aber auf Grund des Drucks durch zahlreiche Bürgerinitiativen auf die Politik erst einmal verschoben worden. Der CETA-Vertrag umfasst 1.500 Seiten und wurde den 28 EU-Mitgliedsstaaten im August 2014 zur Prüfung vorgelegt.

Wer sich nun fragt, warum kein europäischer Politiker etwas dagegen tut, dem sei hier gesagt, dass die osteuropäischen Länder alle nach der Auflösung der Sowjetunion eigene bilaterale Verträge mit den USA geschlossen haben, die so katastrophal für sie sind, dass das TTIP und CETA für sie tatsächlich eine leichte Verbesserung darstellen dürften. Zudem ist mittlerweile das gesamte EU-Führungsteam pro-amerikanisch und antirussisch ausgerichtet, wie die Bestellung des ehemaligen polnischen Ministerpräsidenten *Donald Tusk* zum EU-Ratsvorsitzenden im Dezember 2014 bestätigt. *Tusk* ist ein ausgewiesener Anti-Kommunist und macht aus seiner Abscheu gegenüber *Wladimir Putin* keinen Hehl. *Tusk* war bereits als Student Mitbegründer der *Solidarnosc*, die aktiv am Zerfall der Sowjetunion beteiligt war. Die wenigen Politiker, die nicht ideologisch getrieben sind, die noch ein Gewissen haben, und nicht ausschließlich Partei- und Lobbyzwängen unterliegen, wurden einfach nicht in diese Verhandlungen eingebunden.

Doch das ist noch lange nicht alles!

Parallel zu TTIP und CETA wurde noch ein drittes Abkommen im Geheimen in Genf ausgehandelt, nämlich zwischen der Europäischen Union, den USA, Australien, Kanada, Chile, Kolumbien, Costa Rica, Hongkong, Israel, Japan, Südkorea, Mexiko, Neuseeland, Norwegen, Panama, Paraguay, Pakistan, Peru und der Schweiz. Im Jahr 2012 wurden die Geheimverhandlungen über den Handel mit Dienstleistungen, ***Trade in Services Agreement*** **(TISA)**, erstmals publik, doch wusste niemand Genaues. Heute wissen wir, dass es sich um einen völkerrechtlichen Vertrag über den weltweiten Abbau von Handelshemmnissen im Dienstleistungssektor und um eine Weiterentwicklung des *General Agreement on Trade in Services* (GATS) der WTO handelt. Kurz gesagt betrifft es die Abschaffung von Gewerkschaften, Arbeitszeitregelungen, Kündigungsschutz und Ladenöffnungszeiten. Das Abkommen macht es möglich, billige Leiharbeiter nach Europa oder in die USA zu holen, um Billig-Produktion nicht mehr in Billiglohnländern durchführen zu müssen. Es würde die Welt, wie wir sie kennen, radikal abschaffen und komplett umgestalten![216] Künftig müssten europäische Arbeitnehmer sich nicht wie bisher am Niveau des schwächsten EU-Staates orientieren, sondern am Niveau von Chile, Kolumbien, Costa Rica, Mexiko oder Panama.

Ein entscheidender Punkt in dem Abkommen ist auch die **verpflichtende Privatisierung der Trinkwasserversorgung** aller beteiligten Länder! Als der US-Konzern *Bechtel* – nur als Beispiel – im Jahr 2000 in der bolivianischen Kleinstadt Cochabamba die Trinkwasserversorgung aufkaufte, stiegen die Wassergebühren innerhalb weniger Monate um das Dreifache, und der Konzern hatte sich vertraglich zusichern lassen, dass es der Bevölkerung untersagt war, privat Regenwasser zu sammeln! Die Menschen von Cochabamba erhoben sich gegen die US-Besatzer und warfen sie aus dem Land, was jedoch einige Menschen das Leben kostete. Trinkwasser ist eines der größten Druckmittel gegen eine Bevölkerung und ein heiliges Gut jedes freien Volkes. Würden wir die Privatisierung unserer Wasserversorgung zulassen, wären wir komplette Idioten! Wasser ist die Grundlage allen Lebens! Es muss jedem Bürger zur Verfügung stehen, ohne dass private Interessen darüber entscheiden können!

Doch das ist noch lange nicht alles!

Im Vertrag war festgeschrieben, dass **die Öffentlichkeit über das Abkommen erst frühestens fünf Jahre nach Inkrafttreten oder Scheitern hätte informiert werden dürfen!** Wörtlich steht hier: *„Declassify on: Five years from entry into force of the TISA agreement or, if no agreement enters into force, five years from the close of the negotiations."*[(217)]

Doch es wird noch besser!

Die USA wollen sich das Recht aushandeln, dass die EU, die einzelnen europäischen Staaten, Bundesländer und Kommunen ihnen neue Gesetze vorlegen müssen, ehe sie diese beschließen. Das bedeutet, dass künftig in Europa kein neues Gesetz mehr ohne Zustimmung der Amerikaner erlassen werden dürfte![(218)]

Doch das ist immer noch nicht alles!

Es geht dabei in Wahrheit um noch viel mehr, nämlich um die weitere **Deregulierung von Finanzdienstleistungen**. Es geht dabei um die Weltherrschaft, und das Ganze ist bereits viel weiter gediehen, als die meisten sich vorstellen können. Alle Krisen der vergangenen Jahre, all die jugendlichen Arbeitslosen in Europa, die Umverteilung des Geldes von unten nach oben, die Finanzkrise 2008 und deren Auswirkungen waren langfristig geplant – und sie waren erst der Anfang.

> *„Es geht um fast alles, was wir zum Leben brauchen: vom Trinkwasser bis zur Abfallentsorgung, vom Kindergarten bis zum Altersheim, von Post und Bank über Eisenbahn und Elektrizitätswerke bis zum Theater... Das (Schweizer) Staatssekretariat für Wirtschaft verhandelt im Auftrag des Bundesrats – ohne Mandat des Parlaments... ‚Vor einem halben Jahr haben wir eine Pressekonferenz zu TISA gemacht', sagt Stefan Giger, Generalsekretär der Gewerkschaft VPOD. ‚Niemand ist gekommen.' Dabei wird TISA, sollte es zum Abschluss kommen, enorme Auswirkungen auf unseren Alltag haben. Das Ziel des Abkommens ist einfach: liberalisieren, so weit es irgendwie geht. Private Unternehmen sollen Zugang zu den Dienstleistungsmärkten aller beteiligten Länder erhalten und müssen dabei gleich behandelt werden wie öffentliche Institutionen. Angenommen, ein luxembur-*

gischer Konzern gründet in der Schweiz eine Privatschule, so muss diese die gleiche Unterstützung erhalten wie eine öffentliche Schule.«[219]

Bettina Dyttrich, Redakteurin der Wochenzeitung WOZ über die TTIP-Verhandlungen der Schweiz mit den USA

Dieser Skandal – der in der Öffentlichkeit noch nicht einmal einer ist – wirft die Frage auf, ob es denn nicht noch andere Abkommen gibt, ohne dass die Bevölkerung darüber informiert wurde? Da diese Abkommen sich alle irgendwo überschneiden, stellt sich des Weiteren die Frage: Wenn eines dieser Abkommen unterzeichnet ist, sind alle anderen dann hinfällig, weil eines sowieso alles einschließt? Anders ausgedrückt: Wenn die EU in unserem Namen ein Abkommen mit Kanada schließt, gilt es dann auch automatisch für die USA und Mexiko, da die ja bereits ein solches Abkommen und einen einheitlichen Markt haben? Diese Frage konnte mir bislang kein Jurist beantworten, schon allein deswegen, weil wir den Vertragsstand nicht genau kennen und alle drei Abkommen zusammen mehrere tausend Seiten Vertragstexte umfassen.

Es gibt in Europa keine Demokratie! Es wird Zeit, dass die Menschen endlich aufwachen – und den Blick von ihrem Smartphone nehmen. Dann werden sie erkennen, dass sie Ketten an den Beinen haben, dass sie Sklaven sind! Die Geheime Weltregierung hat festgestellt, dass sie mit den Menschen alles machen kann, solange sie nur abgelenkt sind. Gib jedem ein Smartphone, und ihnen ist egal, was sonst rund um sie herum passiert!

Es ist mir unbegreiflich, dass Gewerkschaften in Europa Streiks wegen Gehaltsverhandlungen führen, während es in Wahrheit um ihre eigene Abschaffung geht und um die Abschaffung aller bürgerlichen Freiheitsrechte! Sind die meisten Menschen schon so stumpf, dass sie eins und eins nicht mehr addieren können? Sind sie allesamt sehr schlecht informiert? Oder sind die betreffenden Führer der Gewerkschaften (zumindest teilweise) schon gekauft worden?

Wundern würde es mich nicht, denn Lobbyorganisationen großer europäischer und US-amerikanischer Unternehmen sowie wirtschaftsnahe Netzwerke, wie das *Transatlantic Policy Network* (TPN), üben seit Jahren gezielt großen Einfluss auf einzelne Politiker aus, vor allem in Brüssel. Ganz vorne mit dabei an der Pro-TTIP-Front sind auch *BusinessEurope*, das *European Services Forum* und der internationale Agrar-Lobbyist *Freshfel*. Aber auch Firmen wie *Walmart*, *Maersk* oder *General Motors* lassen sich das TTIP-Lobbying einiges kosten, was nahelegt, dass es wohl zu ihrem Vorteil sein dürfte. Oder glauben Sie, dass solche Konzerne im Geheimen anderen Gutes tun?

„Hat der Transatlantische Westen einen Plan B? Kann er sich ein Scheitern leisten und das Zweitbeste nehmen? Das Problem ist, wenn TTIP scheitert, dann scheitert es öffentlich, und entlarvt den Transatlantischen Westen als einen leeren Mythos.“[220]

Dr. Peter van Ham, EU-Lobbyist

TTIP, CETA und TISA sind Werkzeuge der Geheimen Weltregierung, um China und Russland vom Rest der Welt zu isolieren und so den Traum von der Weltherrschaft in die Realität umzusetzen. Als Gegenmaßnahme gegen diese amerikanische Aggression hat Peking eine eigene chinesische Version einer Freihandelszone im asiatisch-pazifischen Raum (FTAAP) angekündigt, eine „umfassende“ Handelsvereinbarung, bei der *„es nur Gewinner“* geben und die wirklich eine asiatisch-pazifische Kooperation fördern soll.

Tatsächlich erkennen aber auch immer mehr europäische Bürger, dass diese neuen transatlantischen Bündnisse offenbar nicht zu ihrem Vorteil geschaffen werden. Die **europäische Bürgerinitiative „Stop TTIP“** hatte bis Ende März 2015 bereits knapp 1,6 Millionen Unterschriften gegen TTIP und CETA gesammelt, was die Politiker in Brüssel offenbar beeindruckte. Daraufhin veröffentlichte *Cecila Malmström* einen Text der Vorverhandlungspapiere der europäischen Verhandler im Internet. Diese „Schein-Transparenz-Initiative“ gibt jedoch nur die europäischen Vorschläge wieder, nicht die amerikanischen, die weiterhin unter Verschluss bleiben. Zudem weiß niemand, ob der veröffentlichte Text vollständig ist und ob es sich wirklich um die aktuelle Fassung handelt. *Wer einmal lügt, dem glaubt man nicht, und wenn er auch die Wahrheit spricht!*

Im Jahr 2010 trat das neue **US-Steuergesetz FATCA** (*Foreign Account Tax Compliance Act*) in Kraft, das den Austausch von Steuerinformationen zwischen den US-Behörden und „ausländischen Mächten“ regelt. Die USA geben seitdem solchen „Mächten“ steuerliche Informationen über US-Bürger preis und erhalten im Gegenzug Informationen über ausländische oder eigene Bürger. Offiziell dient dies dem Kampf gegen Steuerhinterziehung. Skeptisch betrachtet könnte man es aber auch als den Aufbau einer kommenden Weltfinanzbehörde verstehen, als Finanzamt der „Vereinigten Staaten der Welt“.

Ich kann Sie nur dazu aufrufen, ihren lokalen Politikern viele Fragen zu stellen und sich nicht abwimmeln zu lassen! Seien Sie unbequem! Vergessen Sie nicht, dass Politiker nur unsere Angestellten sind! Wir bezahlen ihr Gehalt! Wir haben sie angestellt, und wir können sie auch wieder entlassen! Machen Sie von ihren demokratischen und moralischen Rechten Gebrauch, solange Sie noch welche haben!

Für all diejenigen, die noch immer nicht an eine Verschwörung glauben, die immer noch daran glauben, dass demokratisch gewählte Politiker das Weltgeschehen kontrollieren und zum Wohle der Bürger agieren, habe ich hier am Ende des zweiten Teils einen kleinen Leckerbissen: Im Jahr 1995 wurde im Rahmen des ***GATS-Abkommens*** (*General Agreement on Trade in Services*) das ***Financial Services Agreement*** **(FSA)** über den Handel mit Dienstleistungen geschlossen, das weltweit die Vorschriften für multinationale Konzerne, Banken und Finanzdienstleister lockerte und letztlich zur Banken- und Weltwirtschaftskrise von 2008 führte. Dieses Abkommen ist dafür verantwortlich, dass die Staatsschulden in den vergangenen zehn Jahren weltweit explodierten und immer weiter in nicht mehr nachvollziehbare Größenordnungen steigen. Es ist dafür verantwortlich, dass Staaten Banken retten müssen, wenn sie in Schieflage geraten, weil jeder Politiker große Angst vor der Pleite einer großen, „systemrelevanten“ Bank hat. Doch die Daumenschrauben sollen so lange weiter angezogen werden, bis alles auf Erden der Geheimen Weltregierung gehört – und ich meine wirklich ALLES! Banken sind nicht nur systemrelevant, sie *sind* das System, und Politiker sind nur ihre Handlanger. Beweise gefällig?

Das GATS-Abkommen wurde von der sogenannten **„Welthandelsorganisation“ (WTO)** geschlossen, deren Zweck es ist, die weltweite Liberalisierung von Handel und Finanzdienstleistungen voranzutreiben. Die WTO ist also eine Lobbyorganisation multinationaler Konzerne, Banken und Finanzdienstleister. Die WTO ist ein Lobbyverband der Geheimen Weltregierung.

Das GATS-Abkommen von 1995 ging vor allem den Banken nicht weit genug, also wollten sie es bereits kurz nach seiner Unterzeichnung mit den Politikern in den USA und Europa nachverhandeln. Wie das funktioniert? Im Jahr 2013 ist eine geheime Aktennotiz aufgetaucht, die der Leiter der Abteilung für Internationale Angelegenheiten im US-Finanzministerium, ***Timothy Geithner***, an seinen Vorgesetzten, den stellvertretenden US-Finanzminister ***Larry Summers***, geschickt hatte – und diese Aktennotiz hatte es in sich (siehe Abb. 12). *Geithner* erinnert *Summers* darin, Kontakt mit den Chefs von fünf US-Großbanken aufzunehmen, weil „das Endspiel" begonnen hätte. Das Endspiel sind die Verhandlungen der Bankenlobbyisten mit den US- und EU-Politikern, die Ende der 1990er-Jahre in Genf stattfanden. Das Memo wurde am 24. November 1997 verfasst und darin steht wörtlich: *„Da wir in das Endspiel der WHO-Beratungen über die Finanzdienstleistungen eintreten, denke ich, Du solltest Dich mit den Vorstandsvorsitzenden der wichtigsten Banken und Investmentfirmen in Verbindung setzen, die die WTO-Verhandlungen sehr genau verfolgt haben."* Dann nennt *Geithner* die Namen und Telefonnummern der Chefs von *Bank of Amerika, Citibank, Chase Manhattan, Goldman Sachs* und *Merrill Lynch* – sie haben ihre Handynummern übrigens nach Auftauchen dieses Memos geändert...

Des Weiteren heißt es in dem Memo: *„Diese und andere Firmen sind Teil der sogenannten* ***‚Financial Leaders Group'(FLG)****, bestehend aus Schlüsselpersonen der US-amerikanischen und europäischen Industrie, die an den WTO-Gesprächen teilnehmen. Die FLG schlug eine Regelliste vor, die bei den Verhandlungen vorzutragen ist, und hat Repräsentanten zu mehreren Verhandlungsrunden in Genf entsandt. Ich habe diese Repräsentanten (z.B. Tom Dawson von Merrill) auf Arbeitsebene kontaktiert – um sie davon zu unterrichten, dass Du sie anrufen wirst."*[221]

Es ist wichtig zu verstehen, dass zu jenem Zeitpunkt noch eine Trennung zwischen Geschäftsbanken und Investmentbanken bestand, die im ***Glass-Steagall-Gesetz*** geregelt war. Banken, die im klassischen Kreditgeschäft tätig waren und das Geld einfacher Sparer verwalteten, durften nicht zocken, also in riskante Finanzprodukte investieren.

DEPARTMENT OF THE TREASURY
WASHINGTON, D.C.

T SECRETARY

November 24, 1997

MEMORANDUM FOR DEPUTY SECRETARY SUMMERS

FROM: Timothy F. Geithner
Assistant Secretary (International Affairs)

SUBJECT: WTO Financial Services Negotiations: Industry Consultations

As we enter the end-game of WTO financial services negotiations, I believe it would be a good idea for you to touch base with the CEOs of the major U.S. banking and securities firms which have been closely following the WTO financial services negotiations. I suggest that you contact, via phone call, the following firms individually:

Banking
Bank of America: David Coulter, (415) 622-2255
Citibank: John Reed, (212) 559-2732
Chase Manhattan: Walter Shipley, (212) 270-1380

Securities
Goldman Sachs: Jon Corzine, (212) 902-8281
Merrill Lynch: David Komanski, (212) 449-6868

These and other firms participate in the so called "Financial Leaders Group" (FLG), composed of key members of U.S. and European industry with a stake in the WTO talks. The FLG proposed a list of barriers to be addressed in the negotiations, and have sent representatives to several of the negotiating sessions in Geneva. I have contacted these firms' representatives at the working level — (e.g., Tom Dawson at Merrill) to advise them of your pending phone call.

Industry's assessment of the prospects for success in December can be characterized as cautiously optimistic. As formal offers from several of the target markets have not been submitted, the firms are reluctant to be pinned down on their views. However, I believe that the securities industry is broadly satisfied with the outlines of the deal and would be prepared to support a permanent U.S. MFN commitment; the banks are more reticent. In all cases, however, industry recognizes improvements over the previous WTO round, and no firm advocates a repeat of 1995.

Our team will be departing for the final Geneva negotiating session after Thanksgiving. I intend to join them -- and Jeff Lang -- for the conclusion of the talks on December 10-12.

- TAB A: Talking Points for Your Phone Call
- TAB B: Chart of U.S. Banks/Securities Firms' Foreign Presence

Abb. 12: Memo von *Timothy Geithner* an den stellvertretenden US-Finanzminister *Larry Summers* vom November 1997, mit dem Hinweis, Kontakt mit den Spitzen der US-Großbanken aufzunehmen, zum Zwecke der weitergehenden Liberalisierung der Finanzmärkte.

Daher konnten sie auch die Gelder ihrer Kunden nicht verspielen. Investmentbanken, die sich verzockt hatten, konnte man ruhig pleitegehen lassen, weil es auf die Bevölkerung und den Staat keine große Auswirkung hatte. Solche Banken verwalteten nur die Gelder von Zockern, nicht die Gelder einfacher Sparer.

Dieses *Glass-Steagall-Gesetz* wurde in den 1990ern nun mehrfach aufgeweicht, ehe es unter Präsident *Bill Clinton* im Jahr 1999 komplett abgeschafft wurde. Damit durften ab dem Jahr 2000 fortan alle Banken zocken. Wenn aber nun Banken, die auch die Gelder von Kleinkunden und Firmen verwahrten, dank riskanter Geschäfte in Schieflage gerieten, dann musste der Staat auf Grund der versprochenen Einlagensicherung diese Banken retten. Sonst wären nicht nur die Gelder der Zocker weggewesen, sondern auch die der braven Sparer und Geschäftsleute.

Da der Staat die Summe aller Bürger ist, haben die Sparer seit dem Jahr 2000 für die Zockerei der Banken gehaftet. Doch warum lassen Politiker so etwas zu? Warum schaffen sie Gesetze ab, die eindeutig dem Schutz der Bürger und des Staates dienen? Weil sie allesamt Sklaven und Handlanger der Geheimen Weltregierung sind – ob sie sich dessen bewusst sind oder nicht. *Geithner* und *Summers* halfen den Banken, die weltweiten Gesetze für Finanzdienstleistungen zu lockern und immer weiter, Schritt für Schritt, abzuschaffen. Dank ihrer Lobbyarbeit haften heute weltweit alle Besitzer von Bankkonten für die riskanten, aber oft sehr lukrativen Geschäfte einiger Zocker. Durch die De-facto-Abschaffung des Bargeldes muss heute jeder Bürger weltweit ein Bankkonto betreiben. Der letzte und finale Schritt in diesem „Endspiel" wäre die Unterzeichnung von TTIP, TISA und CETA.

Timothy Geithner begann seine Karriere bei *Kissinger Associates Inc.*, einem guten Sprungbrett für eine große Karriere. Er wechselte ins US-Finanzministerium, stieg dort rasch auf, wechselte zum *Council on Foreign Relations* (CFR), ging dann zum *Internationalen Währungsfond* (IWF) und wurde dann Präsident der *Federal Reserve Bank NYC* (FED). Dann wurde er Mitglied in der **Group of Thirty**, einem exklusiven Club, der von *David Rockefeller* gegründet worden war und dem mehrere europäische Zentralbank-Chefs wie auch Chefs von Privatbanken angehören, den Chef der

EZB, *Mario Draghi*, eingeschlossen. Im Jahr 2009 wurde *Geithner* unter *Barack Obama* Finanzminister.[222]

Larry Summers war viele Jahre Präsident der *Harvard University*. Er war Chefökonom der *Weltbank*, dann von 1995 bis 1999 Stellvertretender US-Finanzminister und von 1999 bis 2001 Finanzminister unter *Bill Clinton* und für die Abschaffung des *Glass-Steagall-Gesetzes* zuständig. *Summers* war Mitglied der *Group of Thirty* und bei den *Bilderbergern* – über die ich ausführlich in meinem ersten Buch berichtet habe. Zwischen 2006 und 2013 soll er mit Vorträgen bei *Lehman Brothers, Goldman Sachs, JP Morgan Chase, Citigroup* und *Merrill Lynch* 2,8 Millionen US-Dollar verdient haben. Zudem wurde er berühmt durch seine abfälligen Äußerungen über Frauen in der Wissenschaft und mit seinen Vorschlägen an die Weltbank, mehr Giftmüll westlicher Firmen in Afrika zu deponieren, weil er schon immer dachte, dass *„unterbevölkerte Länder in Afrika auch unterverschmutzt waren"*.[223]

Die Liberalisierung der Finanzmärkte führte dazu, dass Banker nach und nach auch in Europa viele wichtige Schlüsselpositionen übernehmen konnten, und es scheint, als hätten gewählte Politiker ihnen nichts entgegenzusetzen. Ein Scheitern von TTIP, TISA und CETA kann die umfassend geplante Versklavung der Menschheit vielleicht verhindern oder verzögern. Doch dafür müssen sich mehr Menschen ins Zeug legen als das bisher der Fall ist. Bislang demonstrieren sie lieber gegen CO_2 und den Klimawandel als gegen die Abschaffung der Menschenrechte und der Demokratie.

Teil 3 – TERROR, REVOLUTIONEN, KRIEGE

Krieg ist ein schmutziges, doch äußerst lukratives Geschäft. Die weltweiten Militärausgaben werden auf jährlich mindestens 1,7 Billionen US-Dollar geschätzt – das sind 1.700 Milliarden –, und das sind nur die Zahlen, die offiziell angegeben werden! Im Vergleich dazu belief sich der weltweite Umsatz der Pharmaindustrie im Jahr 2012 nur auf etwas mehr als die Hälfte![224] Von diesen 1,7 Billionen entfielen mindestens 650 Milliarden US-Dollar auf die USA – das sind rund 40 Prozent der weltweiten Militärausgaben. Damit wenden die US-Bürger viermal so viel Geld für Rüstung auf wie die Chinesen, die in dieser Rangliste auf Platz zwei liegen, und etwa achtmal so viel wie Russland. Krieg und Rüstung sind der Motor der US-Wirtschaft und die einzige Möglichkeit, die Dominanz des US-Dollars und der US-Firmen auf dem großen globalen Markt zu erhalten.[225]

Jeder weiß, dass ein Motor nicht zu lange stillstehen sollte. Er muss zumindest regelmäßig gestartet werden, besser ist es jedoch, er wird regelmäßig ausgefahren.

> *„Von allen Feinden der allgemeinen Freiheit ist Krieg vielleicht derjenige, der am meisten zu fürchten ist, weil er die Keime für alle weiteren beinhaltet und nährt. Krieg ist der Vater der Armeen. Durch sie entstehen Schulden und Steuern... wohlbekannte Instrumente, um die Massen der Dominanz einiger weniger zu unterwerfen... Keine Nation kann ihre Freiheit bewahren inmitten ständiger Kriegsführung."*
>
> James Madison, 4. Präsident der USA, 1809-1817

Die Geschichtsschreibung zählte bislang knapp 14.400 Kriege, denen ungefähr 3,5 Milliarden Menschen zum Opfer gefallen sein sollen.[226] Der globale Waffenhandel hat Schätzungen zufolge ein jährliches Volumen von mehr als 500 Milliarden US-Dollar, wobei genaue Zahlen fehlen, da ein Teil dieses Handels nicht offiziell vonstattengeht. Sieben der zehn größten Waffenexporteure der Welt sind US-Firmen. Die USA ist der weltgrößte Waffenexporteur, dicht gefolgt von Russland, Deutschland, Frankreich und China. Laut dem *Stockholm International Peace Research Institute* ist der sechstgrößte Exporteur die Ukraine.[227]

„Meine Einschätzung ist aber, dass wir insgesamt auf dem Wege sind, doch auch in der Breite der Gesellschaft zu verstehen, dass ein Land unserer Größe mit dieser Außenhandelsorientierung und damit auch Außenhandelsabhängigkeit auch wissen muss, dass im Zweifel im Notfall auch militärischer Einsatz notwendig ist, um unsere Interessen zu wahren, zum Beispiel freie Handelswege…"

Horst Köhler, deutscher Bundespräsident von 2004 bis 2010

Auf Grund dieses Bekenntnisses – genauer auf Grund der Empörungen über dieses Bekenntnis – musste der deutsche Bundespräsident *Horst Köhler* im Mai 2010 zurücktreten. Er gestand ein, dass die Bundeswehr in Afghanistan war, um Handelswege zu sichern. Er dachte, dass die Gesellschaft reif war anzuerkennen, dass jeder Krieg im Grunde ein **Wirtschaftskrieg** ist – oder zumindest als solcher beginnt. Doch das war sie nicht.

Unsere Welt befindet sich spätestens seit 2011 in einem offensichtlichen, umfassenden, weltweiten Wirtschaftskrieg, der vielschichtig geführt wird – als Währungskrieg, Cyberkrieg, Propagandaschlacht und mittels Sanktionen. Es werden Zinssätze und Rohstoffpreise manipuliert. Es werden Informationen und Innovationen gestohlen. Als Grundstein für diesen aktuellen Wirtschaftskrieg wird die aggressive Politik der Regierung unter *George W. Bush* angesehen, die im Grunde bis heute von allen nachfolgenden Präsidenten weitergeführt wurde und als ***Wolfowitz-Doktrin*** bekannt ist.

Paul Wolfowitz, stellvertretender Verteidigungsminister und politischer Berater von *George W. Bush*, stellte im Jahr 2002 seine neue Nationale Sicherheitsstrategie vor, die besagte, dass die USA nach dem Zerfall der Sowjetunion die einzige verbliebene Großmacht waren und dass alles unternommen werden müsse, damit das so bliebe. Er forderte, jeden potentiellen Feind, politisch, wirtschaftlich oder militärisch mit Präventivschlägen zu bekämpfen, um ein mögliches Erstarken des anderen schon im Vorfeld zu verhindern. Jegliche mögliche Konkurrenz sollte bereits von vornherein ausgeschaltet werden. *Wolfowitz* war somit einer der Architekten unserer heutigen Weltordnung. Nachdem er die Pläne für eine Welt im immerwährenden aggressiven Angriffskrieg gezeichnet hatte, wurde *Wolfowitz* im Jahr 2005 zum Präsidenten der *Weltbank* bestellt, also jenem Institut, das seit den 1970er-Jahren die Wirtschaftskriege der USA mit organisierte, sich aber gleichzeitig als Wohltäter darstellt.

Einer der wichtigsten Wirtschaftskriege der kommenden Jahrzehnte wird der um die **Arktis** sein. In der Nordpolregion sollen etwa ein Achtel der weltweiten Ölvorräte und ein Viertel der verbliebenen Gasvorräte des Planeten lagern. Russland, Kanada, Norwegen, Dänemark und die USA erheben Anspruch auf die riesigen Rohstoffreserven am Nordpol. Im März 2014 hatte Russland ein großes Militärmanöver in dem Gebiet abgehalten, um seine Entschlossenheit zu demonstrieren. Daraufhin meldete Dänemark im Dezember 2014 seine Ansprüche bei der UNO an. Noch ist die Förderung im ewigen Eis dank der harten äußeren Bedingungen und der niedrigen Öl- und Gaspreise unrentabel, aber die russische *Rosneft*, die US-Konzerne *ExxonMobil* und *Chevron*, die europäisch-saudi-arabisch-US-amerikanische *Shell* und die norwegische *Statoil* stehen bereits in den Startlöchern, um eines Tages diese riesigen Vorräte erschließen zu können. Neben den Ressourcen geht es hier aber in einer international angespannten Phase auch um die militärisch wichtige Vormachtstellung in der Region, in der Nordamerika, Europa und Russland aufeinandertreffen.

Bedenklich wäre eine Öl- oder Gasförderung am Nordpol vor allem aus ökologischer Sicht, da dies einer der letzten Lebensräume auf Erden ist, in den der Mensch bislang noch verhältnismäßig wenig eingegriffen hat. Die Arktis ist ein wichtiger Lebensraum für mehrere Walarten, für Eisbären, Füchse, Hasen, Wölfe, Rentiere und zahlreiche Robbenarten. Zudem ist sie eine der wichtigsten Brutstätten für viele Zugvogelarten. Man kann für die Flora und Fauna nur hoffen, dass die Förderung am Nordpol noch sehr lange unrentabel bleibt.[(228)]

Immerwährender Krieg

Sind wir Menschen wirklich so primitiv, so nah am Neandertaler, dass wir nur durch Einschüchterung und Gewalt im Zaum zu halten sind? Oder ist es vielmehr so, dass jene, die sich an die Macht drängen, nicht genügend Charisma und Überzeugung haben, um auch ohne Androhung von Gewalt an der Macht bleiben zu können? Die meisten von uns träumen von einem Leben in Frieden und Freiheit. Nur wenige finden wirklich Freude an Gewalt und Zerstörung, und wenn sie es tun, dann liegt es meist daran, dass sie nichts anderes kennengelernt haben. Warum also ist die Geschichte der Menschheit eine endlose Abfolge von Kriegen, in der Friedenszeiten eher die Ausnahme darstellen? Mehr als 160 Millionen Menschen sollen im 20. Jahrhundert in bewaffneten Konflikten gestorben sein, doch es war manchen Kräften offenbar noch nicht genug.

Jeder Krieg beginnt mit einer Lüge. Unabhängig davon, was Politiker ihrem Volk erzählen, hat Krieg im Normalfall nichts mit „Verteidigung" oder „Selbstschutz" zu tun, nichts mit dem Herstellen von Ordnung. Krieg dient immer nur der Zerstörung fremden Eigentums und der Durchsetzung wirtschaftlicher Interessen. Deswegen ist es auch irreführend und heimtückisch, Rüstungsausgaben in einem „Verteidigungsetat" (Verteidigungshaushalt) zu erfassen. Vielmehr müssten sie in einem „Angriffsetat" ausgewiesen werden.

Der Überfall eines fremden Territoriums (etwa einer Bank oder einer Tankstelle) durch Zivilisten zum Zwecke der persönlichen Bereicherung wird von jedem Staat als „Verbrechen" angesehen und als solches behandelt. Wenn dasselbe Vorgehen von einer Armee ausgeführt wird, dann wird dies jedoch nicht als „Verbrechen" bezeichnet, sondern als „Krieg". Solche staatlichen Akte der Willkür werden meist scheinheilig gerechtfertigt und glorifiziert. Wer im zivilen Leben tötet, wird als „Verbrecher" stigmatisiert. Wer im Krieg tötet, wird als „Held" verehrt, weil er angeblich einer guten und gerechten Sache dient. Doch alle Kriege werden entweder um Ressourcen geführt oder um strategisch wichtige Territorien, die der jeweiligen Kriegspartei zur Erhaltung ihrer Macht dienen. Begriffe wie der von *Richard Nixon* geprägte „Krieg gegen Drogen" („War on Drugs") sind ebenso absurd wie *Lyndon B. Johnsons* „Krieg gegen Armut" („War on Poverty").[229]

Die US-Regierung hat nie einen **„Krieg gegen Drogen“** geführt, weil der Drogenhandel eine der Haupteinnahmequellen der Geheimdienste und somit des Staates ist. Der Krieg richtete sich vielmehr gegen die Drogenbarone, die der CIA ein großes Stück vom Kuchen wegnahmen und einfach in allen Bereichen zu mächtig wurden. Zudem legitimierte dieser Pseudo-Krieg ein verschärftes Vorgehen gegen die eigene Bevölkerung unter fadenscheinigen Gründen. Die USA führen ihren vermeintlichen „Krieg gegen Drogen“ seit mehr als einhundert Jahren, seit *Dr. Hamilton Wright* 1908 von US-Präsident *Theodore Roosevelt* zum ersten Opium-Beauftragten der USA ernannt wurde. Seit damals geht es darum, dass der Staat den Anbau und die Verteilung von Opiaten und Marihuana kontrollieren, und von den Einnahmen des Drogenhandels profitieren möchte. Die USA haben heute wie damals den höchsten Pro-Kopf-Verbrauch an Drogen weltweit. Zudem ist der Drogenhandel eng mit dem äußerst lukrativen Geschäftsfeld „Kriminalitätsbekämpfung“ verknüpft. In den USA saßen im Jahr 2012 rund 2,5 Millionen Gefangene ein, vorwiegend in privaten Haftanstalten, und viele von ihnen wegen Drogendelikten. Die Aktien von Haftanstaltenbetreibern wie *CCA* (*Corrections Corporation of America*) und *Geo Group* oder *Wackenhut* werden an der Wallstreet gehandelt, und ihr Wert bemisst sich daran, wie viele Menschen inhaftiert sind. Zum Glück für die Aktionäre steigt die Zahl der Inhaftierten in den USA ständig...

Jeder vermeintliche **„Krieg gegen Armut“** kann letztlich nur ein Krieg gegen die Armen selbst sein, denn wie wollte man Armut militärisch unschädlich machen? Einen „Krieg gegen Armut“ kann man nur als Oxymoron oder als „blanken Zynismus“ bezeichnen. Man könnte den armen Ländern einen großen Gefallen tun, indem man sich nicht weiter in ihre inneren Angelegenheiten einmischt und nicht immer wieder ihre gewählten Volksvertreter stürzt, um sie durch US-Marionetten zu ersetzen. Dann hätten sie eine reelle Chance, der Armut aus eigenem Antrieb zu entkommen. Doch das ist nicht gewollt.

Besonders heimtückisch aber ist der von *George W. Bush* ausgerufene **„Krieg gegen den Terror“**, der auf den Lügen von 9/11 aufbaut und der US-Regierung und ihren Verbündeten seither als Rechtfertigung für unzählige Angriffskriege gegen fremde Nationen, bestimmte Gruppen und gegen das eigene Volk galt. Und er bot die Rechtfertigung für immer stärkere Aufrüstung.

Dieser Krieg läuft seit 2001 ununterbrochen weiter. Er kann nach Belieben von einem Gebiet in ein anderes verlagert werden. Dieser US-Exportschlager und Dauerbrenner wird unter dem Produktnamen ***Operation andauernde Freiheit*** (*Operation Enduring Freedom*) vermarktet. Dank dieses „andauernden Krieges für andauernde Freiheit" waren im Jahr 2014 zwischen fünfzig und siebzig Millionen Menschen weltweit auf der Flucht. Viele davon waren Frauen, Kinder und alte Menschen, Menschen mit seelischen und körperlichen Wunden oder Verstümmelungen. Viele von ihnen werden – so sie es schaffen – nach Europa drängen, denn das, was einst ihr Zuhause war, ist dem Erdboden gleichgemacht. Es existiert nicht mehr. Sie können nicht in die USA, denn die USA sind zu weit weg und durch zwei Ozeane geschützt.

Die USA zerstören ganz bewusst und absichtlich das Leben, die Lebensgrundlage von Millionen unschuldiger Menschen, doch sie nehmen sie in ihrem Land anschließend nicht auf. Millionen dieser geschundenen, traumatisierten, entehrten und gedemütigten Menschen werden nach Europa kommen, weil es ihr einziger Ausweg sein wird. Europa aber ist längst mit den Migranten überfordert, die schon hier sind. Die Konflikte werden zunehmen. Daran verdienen einige wenige Konzerne und deren Besitzer sehr viel Geld. Alle anderen bezahlen dafür.

Im Jahr 2014 versuchten mehrere hunderttausend verzweifelter Menschen in kleinen Booten von Nordafrika aus über das Mittelmeer nach Europa zu flüchten. Mehrere tausend starben bei dem Versuch. Im Rahmen der Grenzschutz-Aktion „Mare Nostrum" hatte Europa bis Oktober 2014 noch versucht, möglichst viele dieser Flüchtlinge vor dem Ertrinken zu retten. Diese Aktion kostete neun Millionen Euro monatlich. Dann wurde *Mare Nostrum* eingestellt und durch die wesentlich kleinere **EU-Mission *Triton*** ersetzt, für die nur noch drei Millionen Euro monatlich ausgegeben werden. Sie zielt nicht mehr darauf ab, Menschenleben zu retten, sondern die Flüchtlinge von Europa fernzuhalten.[(230)]

Europa ist also aktiv dabei, den Menschen südlich des Mittelmeers ihre Lebensgrundlage zu nehmen, was sie zwingt, übers Mittelmeer nach Europa zu fliehen. Dabei unternimmt Europa alles, um dafür zu sorgen, dass immer mehr Flüchtlinge bei diesem Versuch sterben. Das Geld, das Europa bei der Grenzsicherung einspart, steckt es in die Militarisierung der Polizei- und Gendarmerieeinheiten. Wir sollten uns allesamt für unser unmenschliches Verhalten schämen!

Die Führungen mehrerer europäischer Staaten rechnen längst mit Bürgerkriegen, wie wir im Kapitel „Ausnahmezustand" bereits gesehen haben. Für einige Firmen ist die Vorbereitung darauf bereits ein fantastisches Geschäft. **Wir bezahlen dafür**, dass andere in unserem Namen Millionen unschuldiger Menschen töten und deren Kulturen auslöschen. **Wir bezahlen dafür**, dass sich die Spirale des Hasses immer weiter dreht. **Und wir bezahlen dafür**, genau so, wie wir mit unseren Steuern den Bau von Autobahnen bezahlen.

Die mehreren hunderttausend „Wirtschaftsflüchtlinge", die es jedes Jahr nach Europa schaffen, werden dann in Flüchtlingsheimen und Notunterkünften zusammengepfercht. Sie dürfen weder die jeweilige Landessprache lernen noch dürfen sie arbeiten. Sie werden zur Untätigkeit gezwungen und wie Vieh behandelt. Um ihrer Abschiebung zurück in ihre nicht mehr existente Heimat zu entgehen, bleibt vielen nichts anderes übrig, als in den Untergrund zu gehen. Wir zwingen sie in die Illegalität. Die europäische Politik ist komplett plan- und kopflos. Wenn in Europa besorgte Bürger ihre Bedenken ob einer nicht erkennbaren Einwanderungspolitik äußern, wird die Masse gegen sie aufgehetzt, indem Politik und Leitmedien ihr einreden, dass die moderne „Multi-Kulti-Gesellschaft" von „rechten Schlägern" bedroht werde. Da der karge Rest des brav abgerichteten Bildungsbürgertums immer reflexartig aggressiv auf alle vermeintlich rechten Bedrohungen reagiert, ist es leicht, jegliche Diskussion über die Versäumnisse der Politik im Keim zu ersticken. Wenn Politiker über Demonstrationen nicht erfreut sind und das Volk zu Gegendemonstrationen aufrufen, dann sollte die Bevölkerung immer sehr hellhörig werden. Unabhängig davon, ob ich persönlich mit der Meinung von bestimmten Aktivisten, Gruppierungen oder Demonstranten übereinstimme, so bin ich doch immer dafür, dass sie ihre Meinung frei äußern dürfen. Das führt im besten Fall zu einer öffentlichen Diskussion über ein bestimmtes Thema. Stattdessen neigen europäische Politiker immer häufiger dazu, selbst Gegendemonstrationen zu organisieren. Damit unterbinden sie die Meinungsfreiheit. Sie verhindern dadurch auch, sich mit ihren eigenen Fehlern auseinandersetzen zu müssen. Auf diese Weise kommt es nie zu Fortschritten und Verbesserungen, weil nur versucht wird, den Status quo zu zementieren. Da dieser Zustand jedoch offenbar für immer mehr Bürger nicht mehr hinnehmbar ist, steuert man dadurch gezielt auf einen Konflikt in der Bevölkerung hin. **Es wird augenscheinlich alles dafür getan, die Bevölkerung immer mehr zu spalten, und viele Gruppierungen und Organisationen lassen sich für dieses hinterhältige Spiel missbrauchen.**

Das, was *Bernays* im Jahr 1951 in Guatemala vorführte, wird seitdem immer und immer wieder kopiert, denn die zunehmend ungebildete Masse fällt immer wieder auf die Propaganda der Herrschenden herein. Sie lässt sich durch Spin-Doktoren und Debunker emotionalisieren und aufhetzen.

Bevor die USA Ende 2001 ihren „Krieg gegen den Terror" begannen, lag ihre Schuldenlast bei knapp 6 Billionen (6.000 Milliarden) Dollar. Ende 2014 lag sie bei mehr als 18 Billionen Dollar (18.000 Milliarden) – was hauptsächlich auf die explodierten Militärausgaben Washingtons zurückzuführen ist. Diese Schulden der US-Steuerzahler bei den Banken der Geheimen Weltregierung können natürlich nicht zurückgezahlt werden, weil das Geld dafür ja nicht vorhanden ist, aber sie sind ein hervorragendes Druckmittel gegenüber der Politik: „*Wenn Ihr nicht tut, was wir sagen, lassen wir das gesamte Kartenhaus der Wirtschaft einstürzen, und man wird Euch dafür verantwortlich machen!*"

Doch eines Tages muss das große Lügengebäude ohnehin einstürzen, denn jedes Pyramidenspiel hat eine natürliche Soll-Bruchstelle. Die unteren 90 Prozent der westlichen Bevölkerung werden vermutlich wenig erfreut reagieren, wenn sie erst einmal die wahre Tragweite der Neuen Weltordnung – und die eigene Rolle darin – erkennen. Für diesen Tag X hat die „Elite" vorgesorgt, mit Notstandsgesetzen, FEMA-Camps, geheimen Militärstützpunkten und unterirdischen Städten.[(231)]

Wer glaubt, dass verschärfte Waffengesetze in den USA dem Schutz der Bürger dienen, irrt. Sie dienen dem Schutz der oberen Zehntausend, gegen die sich die Wut des Volkes am Tag X richten wird.

Frieden würde bedeutend mehr Vorteile als Krieg bringen, er ist für die Reichen jedoch kein gutes Geschäft. Außerdem: Solange man das Volk in

Angst und Schrecken versetzt, ist es leichter regier- und manipulierbar. Daher ist Frieden für die Geheime Weltregierung keine Option. Wenn wir also Frieden wollen, werden wir dafür eintreten müssen. Wir haben die Freiheit zu entscheiden, was mit unserem Geld geschieht. Wer bezahlt, schafft an! Wollen wir wirklich immer weiter für den Krieg und den Profit anderer bezahlen?

„Kein Problem wird gelöst, wenn wir träge darauf warten, dass Gott allein sich darum kümmert."

Martin Luther King, US-Friedensaktivist

Zusätzlich zum militärischen Wettrüsten findet seit 2006 ein **Cyber-Weltkrieg** statt, ein Krieg um das Internet. Die USA und Israel begannen ihn mit ihrem Angriff auf den Iran, mit ihrer *Operation Olympic Games*. Seitdem haben China und Russland nachgezogen, wobei vor allem Russland deutlich hinterherhinken soll. Jede Nation versucht, eine eigene Armee im virtuellen Raum aufzubauen, aber die meisten Staaten sind den Angelsachsen deutlich unterlegen. Das ***US-Cyber-Command*** rekrutiert unentwegt neue Cyber-Soldaten, junge IT-Experten, die man direkt von den Universitäten wegengagiert. Ihre Aufgabe ist es, Informationen über den Gegner zu sammeln, fremde Cyberangriffe abzuwehren und mittels eigener Cyberattacken in die Stromversorgung und Waffensteuerung des Gegners einzudringen.

Alle Länder haben heute nationale Cyber-Abwehrzentren und Cyber-Angriffs-Bataillone. Die ***77. Brigade*** der britischen Armee etwa umfasst seit 2015 eintausendfünfhundert Cyber-Soldaten. Sie sollen den Widerstand von Aktivisten im eigenen Land brechen, indem sie in sozialen Netzwerken falsche Informationen streuen und Konten hacken. Sie sind aber auch auf False-Flag-Attacken und subversive Aktionen im Ausland spezialisiert. Die Cyber-Krieger werden „*Chindits*" genannt, angelehnt an jene britische Guerilla-Truppe, die im Zweiten Weltkrieg dafür zuständig war, Unfrieden in und hinter den feindlichen Linien zu stiften. Diese Chindits waren für ihre Brutalität und ihr unorthodoxes Verhalten bekannt. Soldaten tragen heute nicht mehr notwendigerweise sichtbare Waffen und Uniformen. Sie können Existenzen oder Menschenleben mit einigen Mausklicks auslöschen.

Informationskriege

Parallel zum weltweiten Cyber- und Wirtschaftskrieg tobt im Hintergrund seit Jahren ein Informationskrieg, den die USA lange zu verlieren schienen. Doch sie holen langsam auf. Ein **Informationskrieg** soll Menschen manipulieren und emotionalisieren. Er kann Unruhen, Revolutionen oder Bürgerkriege entfachen. Er kann Menschen dazu bringen, freiwillig für ihr Land in den Krieg zu ziehen, um als vermeintlicher Held zu sterben. Bereits 2011 sagte US-Außenministerin *Hillary Clinton* vor dem *Senats-Ausschuss für Auswärtige Angelegenheiten*:

> *„**Wir befinden uns in einem Informationskrieg, und wir sind dabei, diesen Krieg zu verlieren.** Al Dschasira gewinnt. Die Chinesen haben ein englischsprachiges und ein mehrsprachiges globales Fernsehnetzwerk aufgebaut, die Russen haben ein englischsprachiges Fernsehnetzwerk aufgebaut. Ich habe es in einigen Ländern gesehen, und es ist ziemlich lehrreich."*

Diese Worte *Clintons* waren kurz darauf auf besagtem russischem Sender, *Russia Today* (RT-news), in englischer Sprache zu sehen. *Clinton* hatte damit zum einen offiziell darauf aufmerksam gemacht, dass dieser Informationskrieg stattfand, zum anderen gestand sie ein, dass die USA sich zu lange nur auf militärische Interventionen konzentriert hatten und den modernen Informationskrieg verpassten. Weiter sagte sie:

> *„Während des Kalten Krieges waren wir sehr erfolgreich darin, Amerikas Sicht der Dinge deutlich zu machen. Nachdem die Berliner Mauer fiel, sagten wir ‚na gut, genug davon, das haben wir jetzt auch erledigt', und unglücklicherweise zahlen wir dafür einen hohen Preis."* (www.rt.com)

Jahrzehntelang hatten die großen westlichen Sender wie CNN und FOX (USA), BBC (Großbritannien) oder die öffentlich-rechtlichen Sender in Deutschland das Quasi-Monopol darauf, das Denken und Handeln der Bewohner der westlichen Welt zu formen. Sie hatten die Deutungshoheit über das Weltgeschehen und die Geschichte. Sie gaben vor, objektiv zu berichten, zeigten uns in Wahrheit aber nur, was wir aus Sicht der reichen westlichen Elite von der Welt wissen sollten. Diese Medien haben konstant und systematisch nur einen sehr subjektiven, kleinen Ausschnitt der Wirklichkeit abgebildet, eine Art vereinfachte Scheinwelt. Doch das Internet und die daraus resultierende neue Form der Kommunikation haben riesige Löcher in die Fassade dieser Scheinwelt gerissen.

Immer mehr Menschen haben seitdem durch die Risse in der westlichen Fassade hindurchgesehen, und sie sind wütend darüber, dass sie so lange belogen wurden. Dennoch wissen viele von ihnen noch nicht, wie sie damit umgehen sollen. Sie schimpfen auf die „Lügenpresse", deren Vertreter jedoch überhaupt nicht begreifen, was damit gemeint sein könnte. Sie haben sich so daran gewöhnt, dass ihre Sicht der Dinge der alleinige Maßstab für diese Welt ist, dass sie nicht nachvollziehen können, warum man ihnen gegenüber skeptisch geworden ist. Sie empfinden das Volk, die Konsumenten ihrer Weltsicht als undankbar. Die Vertreter der Leitmedien sind nicht in der Lage, auf ihre Kritiker zuzugehen und ihnen zuzuhören. Dies ist insofern gefährlich, als sich die Fronten zu beiden Seiten der brüchigen Fassade immer weiter verhärten. Doch genau dies scheint so gewollt und von langer Hand vorbereitet zu sein, wie wir bereits im Kapitel „Ausnahmezustand" gesehen haben.

Die aufstrebenden Nationen Russland und China hatten zu Anfang des neuen Jahrtausends erkannt, dass die USA und die NATO sie nicht als gleichwertige Partner ansahen und ihnen wenig Respekt entgegenbrachten. Eine militärische Konfrontation versuchten sie zu vermeiden, wirtschaftlich sind sie mit dem Westen zu eng verflochten. Also begannen sie einen Kampf gegen die westliche Propaganda. Sie eröffneten einen Informationskrieg, der die USA und die EU eiskalt erwischte. Durch diese Informationsschlachten wurden die Löcher in der westlichen Fassade immer weiter aufgerissen. So wurde es immer mehr Menschen möglich, einen anderen Blick auf die Vorgänge im Weltgeschehen zu bekommen, vor allem darauf, was sich hinter der Fassade abspielt. Die westlichen Regierungen gerieten enorm unter Druck, und sie werden weiter unter Druck geraten, das wissen sie selbst. Die Veröffentlichungen von Whistleblowern wie *Chelsea Manning, Edward Snowden*, *Thomas Drake* oder *Karen Hudes* verstärkten diesen Prozess. Doch es wird noch viel mehr Menschen wie sie brauchen, um die Menschheit aufzuwecken und zu einem globalen Umdenken und hin zu gegenseitigem Respekt zu bewegen.

2005 ging *RT-news* im Internet in Englisch, Arabisch, Spanisch und Russisch auf Sendung, um die russische Sichtweise auf das internationale Geschehen darzustellen. Seit November 2014 sendet RT auch auf Deutsch. Die Chinesen senden ihre Sicht der Dinge mittels CCTV weltweit auch in Englisch, Spanisch und Französisch. Darüber hinaus gibt es deutschsprachige Seiten von *Sputnik* (früher *RIA Novosti)* und von *german.china.org*. Wir befinden uns inmitten eines Informationskrieges, und es werden schwere Geschütze aufgefahren.

Doch wie konnten die USA ihren Informationskrieg verlieren, nachdem sie die Welt im 20. Jahrhundert beherrschten? Ihr US-Propaganda-Kanal *Voice of America* (VOA) sendet in 43 Fremdsprachen und hat ein Budget von 750 Millionen US-Dollar. Er sendet unter anderem in Afghanistan, im Iran oder auf Kuba, aber natürlich auch in Europa unter dem Namen *Radio Free Europe/Radio Liberty.*[232] An der Reichweite lag es nicht. Es lag schlicht daran, dass die USA den Bogen mit ihren Kriegen und Einmischungen in fremde Angelegenheiten überspannt hatten. Es waren einige Lügen zu viel, die sie unglaubwürdig machten, die einen Zersetzungsprozess selbst innerhalb der USA verursachten. Es lag nicht am zu geringen Budget der US-Propaganda, es lag am Inhalt.

Ähnliches spielte sich in Deutschland ab. Im Auftrag des NDR-Medienmagazins ZAPP befragten Meinungsforscher im Dezember 2014 über 1.000 Personen zu ihrem Vertrauen in die Ukraine-Berichterstattung der deutschen Presse. **Laut der Umfrage haben 63 Prozent wenig oder gar kein Vertrauen in die Ukraine-Berichterstattung deutscher Medien**. Fast jeder Dritte empfand die Berichterstattung als einseitig und 18 Prozent waren davon überzeugt, von den Medien bewusst falsch informiert zu werden. Das ist ein katastrophales Ergebnis für die Medien und die Politik, von der sie gefüttert werden.

Um hier keine Missverständnisse aufkommen zu lassen: Natürlich betreiben die Russen und die Chinesen mit ihren Auslandsmedien ebenso „Propaganda" wie der Westen, doch erkennen offenbar immer Menschen, dass die Wahrheit wohl nur irgendwo in der Mitte liegen kann, und es sich lohnt, Informationen von unterschiedlichen Seiten einzuholen.

Jahrzehntelang konnten wir die Welt immer nur durch die Brille des westlichen Establishments sehen, jetzt aber bieten moderne Kommunikationsmittel die Möglichkeit eines größeren Blickwinkels. Wen wundert es also, dass in letzter Zeit Politiker immer lauter eine Zensur für das Internet fordern – zu unserem eigenen Schutz natürlich. Die alten Seilschaften sind nicht bereit, sich zu verändern oder anzupassen. Sie wollen nicht „transparenter" werden. Sie wollen nichts von ihrer Macht abgeben. Vielmehr wollen sie einfach den Druck erhöhen, um so weitermachen zu können wie bisher. Der gegenwärtige Krieg ist nicht nur ein Kampf zwischen Ost und West, sondern auch zwischen der alten Energie des Fische-Zeitalters und dem neuen Bewusstsein des Wassermann-Zeitlaters. Egal, ob man es politisch, wirtschaftlich, monetär, sozial, spirituell oder astrologisch betrachtet: **Die Welt, wie wir sie bisher kannten, befindet sich in Auflösung, und jene Personen, die süchtig nach Macht sind, schlagen aus Angst vor Machtverlust wild um sich.**

Hillary Clinton hatte im Jahr 2011 im Umfeld des Arabischen Frühlings versucht, mit einem Nachrichtenkanal in *Farsi (iranisch)* die iranische Bevölkerung zum Aufstand gegen die eigene Regierung zu bewegen. Dieser Versuch scheiterte ebenso wie die meisten anderen Propaganda-Initiativen der USA in den letzten Jahren. Deshalb haben sich die USA wieder auf ihre eigentliche Stärke besonnen: den Wirtschaftskrieg, die Ausübung von Gewalt und militärische Interventionen. Die Geheime Weltregierung konnte die Vormachtstellung ihres US-Dollars als Petro-Dollar bislang gerade noch dadurch verteidigen, dass sie die Rohstoffpreise manipulierte, angefangen beim Goldpreis, bis hin zum Ölpreis. Doch im Grunde weiß sie, dass die Zeit der Dollar-Hegemonie zu Ende ist. Daher will sie die Vereinigung mit Europa so schnell wie möglich und um jeden Preis. Sie will versuchen, TTIP und TISA mit aller Macht durchzusetzen, vielleicht auch unter anderem Namen und durch eine andere Hintertür. Wenn nötig, vielleicht auch mit militärischen Mitteln.

Der militärisch-industrielle Komplex

Der Begriff „militärisch-industrieller Komplex" steht für das Zusammenspiel der Rüstungsindustrie mit dem Militär, bestimmten politischen Kräften und privaten, kriegstreiberischen Organisationen. Er wurde durch die Abschiedsrede von US-Präsident *Dwight D. Eisenhower* am 17. Januar 1961 berühmt. *Eisenhower* stellte darin fest, dass die Rüstungsindustrie und ihr Einfluss auf die Politik seit dem Zweiten Weltkrieg in den USA immens gewachsen war und mittlerweile jeden Aspekt des Lebens beeinflusste. Er bat die politischen Institutionen eindringlich, wachsam zu sein, weil der „militärisch-industrielle Komplex" dabei war, einen Staat im Staate zu schaffen, eine Macht im Hintergrund, die alles andere vor sich hertrieb und die Politiker sukzessive entmachtete:

„*...Unsere militärischen Einrichtungen sind heute nicht mehr so, wie meine Vorgänger in Friedenszeiten sie kannten oder noch unsere Soldaten an der Front des Zweiten Weltkriegs oder in Korea... diese Verknüpfung gewaltiger militärischer Institutionen und einer riesigen Waffenindustrie ist neu in den Erfahrungen Amerikas. Der umfassende Einfluss – wirtschaftlich, politisch, selbst geistig – zeigt sich in jeder Stadt, in jedem Amtssitz, in jeder staatlichen Einrichtung. Wir erkennen den zwingenden Bedarf für diese Entwicklung an. Dennoch dürfen wir keinesfalls seine gravierenden Auswirkungen unterschätzen. Unser Bemühen, unser Reichtum und unsere Existenz sind damit verknüpft, ebenso wie unsere gesellschaftliche Struktur. In den Regionalbehörden müssen wir uns davor schützen, dass der militärisch-industrielle Komplex zu starken Einfluss gewinnt, sei es beabsichtigt oder nicht. Die Gefahr, dass Macht falschen Orts vehement an Einfluss gewinnt, ist riesig, und sie wird weiter bestehen. Wir dürfen eine Gefährdung unserer Freiheiten und unserer demokratischen Prozesse durch diese einflussreichen Verbindungen niemals zulassen.*"[(233)]

Doch diese demokratischen Prozesse sind längst durch die Rüstungsindustrie zerstört worden. Think Tanks, private Organisationen (NGOs), politische Berater und Lobbyisten erschaffen zusammen mit Geheimdiensten und PR-Agenturen Feinde und Bedrohungen. Armeen führen Kriege, von denen die Besitzer und die Angestellten der Rüstungskonzerne profitieren. Baufirmen, die mit ihnen eng verbunden sind, bauen die zerstörten Gebiete und Infrastrukturen wieder auf. Mitarbeiter, Manager, Vorstände und Aufsichtsräte wechseln zwischen Unternehmen und Vereinen hin und her – und machen zwischendurch kurze Abstecher in die Politik. Auf diese Weise sind die einzelnen Stränge des Geschäfts mit dem organisierten Tod so eng miteinander verwoben, dass niemand sie mehr zu durchschauen vermag. Niemand, der involviert ist, stellt das System in Frage, weil es ihn ernährt und erhält. Wer versucht, das Knäuel zu entwirren, verzettelt sich meist oder verfängt sich darin und gibt schließlich auf.

Ende 2014 waren in mehr als 130 Staaten US-Soldaten stationiert und es gab über 700 ausländische Militärstützpunkte, die offiziell bekannt sind. Allein in Deutschland waren es 18 Stützpunkte. Da sehr viele westliche Staaten von den USA dazu gedrängt werden, ihnen bei diesen zahlreichen Kampfeinsätzen beizustehen, sind die „Angriffshaushalte" in den meisten westlichen Ländern deutlich gestiegen. Bedingt durch dieses Potential der Bedrohung, sahen sich aber auch Staaten wie China und Russland gezwungen, ihre Rüstungsausgaben zu erhöhen. Der militärisch-industrielle Komplex treibt weltweit Regierungen vor sich her, ohne dass sie auch nur dazu kämen, Luft zu holen. Er hat mehr Einfluss auf die staatlichen Ausgaben als die meisten Finanzminister. In den USA existierten im Jahr 2013 sechzehn bekannte Geheimdienste, mit mehr als 107.000 Angestellten, die ihre Legitimation dadurch begründen, dass sie ständig neue Gefahren erfinden oder notfalls selbst Konflikte vom Zaun brechen. Für sie geht es sowohl um ihre eigene Existenz als auch um die ihrer Partnerorganisationen beim Militär und den Exekutivbehörden, die nochmals mehr als eine Million Angestellte haben. Die Gefahr einer permanenten Bedrohung – von wem oder was auch immer – hält diesen militärisch-industriellen Komplex am Leben.

> *„Es gibt tausende Lobbyisten in Washington, um die ständig steigenden Budgets für Krieg und Heimatlandsicherheit zu gewährleisten. Ein Beispiel dafür ist der ehemalige DHS(Heimatschutz)-Minister Michael Chertoff, der den Kauf der sehr kritisierten (und wenig erprobten) Voll-Körperscanner durchboxte, die auf Flughäfen eingesetzt wurden. Während Chertoff Dutzende Interviews gab, um die Öffentlichkeit davon zu überzeugen, dass die Maschinen notwendig waren, um die Terrorbedrohung einzudämmen, hatten viele Menschen keine Ahnung davon, dass der Hersteller dieser Geräte ein Klient der Chertoff Group ist, seiner (Chertoffs) hoch profitablen Sicherheitsberatungsagentur. Diese sehr teuren Geräte wurden später verschrottet, nachdem die Herstellerfirma Rapiscan die Profitlawine kassiert hatte."*[(234)]
>
> Jonathan Turley, Anwalt und Autor

Sobald Politiker versuchen, die Macht der Rüstungslobby einzudämmen, werden sie als Schwächlinge hingestellt, die mit kriminellen Elementen und Terroristen sympathisieren – ein Image, dass sich kein Politiker in den USA erlauben kann. Während Minister oder Präsidenten nur für wenige Jahre im Amt sind, besteht der Filz aus Rüstungslobbyisten, Geheimdiensten, Militärs und einflussreichen politischen Organisationen immer weiter. Viele Senatoren und Kongress-Abgeordnete, in deren Bundesstaaten Rüstungskonzerne wichtige Arbeitgeber sind, können es sich nicht erlauben, gegen diese Unternehmen zu votieren.

Die Rüstungslobby hat so viel Macht, dass sie Kritiker leicht einschüchtern kann. Im August 2011 sagte der US-Verteidigungsminister *Leon Panetta* über die Vorschläge einer Kommission, die eingesetzt war, um das Potential von Einsparungen im militärischen Bereich auszuloten:

„Das wäre ein völlig inakzeptables Ergebnis, für mich als Verteidigungsminister, für den Präsidenten – und ich denke, auch für die Führer unseres Landes!“[235]

Wer sind wohl die „Führer dieses Landes“? Auch in Europa hat der militärisch-industrielle Komplex enormen Einfluss auf die Politik. Wen wundert es, dass der Verteidigungsminister der Ukraine, die seit Jahren ihre Stromrechnung nicht bezahlt hatte, im Dezember 2014 bekannt gab, die Rüstungsausgaben im Jahr 2015 verdoppeln zu wollen? Die von den USA eingesetzte ukrainische Regierung war schließlich auch dazu da, die Kriegsbedrohung durch Russland am Laufen zu halten. Finanziert wurden die gestiegenen militärischen Ausgaben von den europäischen Steuerzahlern, die der Ukraine Kredite im Umfang von vielen Milliarden Euro zur Verfügung stellten – Geld, für das die Europäer gearbeitet hatten, das sie nie wiedersehen werden und das die Gefahr eines neuerlichen Krieges auf europäischem Boden erhöhte.

Der Krieg gegen die russischen Separatisten in der Ostukraine im Jahr 2014 kostete nach Angaben des ukrainischen Finanzministeriums **monatlich 128 Millionen US-Dollar.** Gleichzeitig hatte die Regierung die Sozialausgaben rigoros gekürzt. In der Ukraine lebten etwa 100.000 Kinder in Kinderheimen. Viele Kinder wurden von ihren verarmten Eltern ausgesetzt oder in den Heimen abgegeben. Mehr als 150.000 Kinder lebten auf der Straße.[236] Hätten die Milliarden von Euro, die Europa der Ukraine geschenkt hat, nicht besser dafür eingesetzt werden können, um diesen Kindern zu helfen? Ich weiß, dass diese Frage naiv ist, dennoch muss ich sie stellen!

Als im Jahr 2008 die Weltwirtschaftskrise offen ausbrach, wollten zahlreiche Staaten ihre Rüstungsetats kürzen. Dem trat die Rüstungsindustrie entgegen, indem sie neue militärische Gefahren erfand, die von *Muammar Al-Gaddafi* über *Mahmud Ahmadinedschad* bis hin zu *Wladimir Putin* reichten.

> *„Wann immer die Spannungen hoch sind, wann immer bestimmte Länder oder ganze Regionen instabil sind, gibt das (den USA) die Möglichkeit einzugreifen... Die USA brauchen einen Feind, um zu ihrer alten Politik des Drucks zurückzukehren. Sie können nicht anders. Sie sind immer noch die Sklaven ihrer alten Politik.*“[(237)]
>
> Michail Gorbatschow im Dezember 2014

Der militärisch-industrielle Komplex beschränkt sich nicht nur auf die USA, doch er ist nirgendwo so mächtig und weit verzweigt wie dort. In den 1990er-Jahren waren es neokonservative Denkfabriken wie das *Project for the New American Century* (PNAC) und das *American Enterprise Institute for Public Policy Research* (AEI), die großen Einfluss auf die Innen- und Außenpolitik der US-Präsidenten hatten und eine konstante Erhöhung der Rüstungsetats vorantrieben. Diese Rüstungslobby-Organisationen leben von Spenden der Rüstungsindustrie und von Privatpersonen, die von ihnen profitieren.

Das PNAC und das AEI hatten bereits während der Administrationen von *George Bush sen.* und *Bill Clinton* die Ressentiments gegen *Saddam Hussein* geschürt und seine Absetzung gefordert. Unter *George W. Bush* kamen sie dann dank 9/11 ans Ziel. Die neokonservativen Falken vom AEI, *Dick Cheney, Donald Rumsfeld, Richard Perle* und *Paul Wolfowitz,* werden auch als die „Architekten“ des Irakkriegs bezeichnet.[(238)]

Als **„Neokonservative“** werden jene (vor allem US-amerikanische) Politiker bezeichnet, die großen Wert auf Tradition, Familie und Kirche legen, gleichzeitig aggressiv anti-kommunistisch auftreten und die „Manifest-Destiny“ beschwören, jenes angeblich von Gott gegebene Recht der

USA, die Welt zu beherrschen. Dieses Denkmuster einer christlich-jüdischen, weißen Upperclass neigt zu Vereinfachungen, zu Schwarz-Weiß-Malerei und zu einer Unterteilung der Welt in „gut“ und „böse“. Die Neokonservativen sind davon überzeugt, dass militärische Stärke das einzig bewährte Mittel sei, um ihre „gute Sache“ durchzusetzen.[(239)]

Besonders rabiat auftretende Vertreter dieses Denkmusters werden oft als „Hardliner“ oder „Falken“ bezeichnet. Das neokonservative außenpolitische „Architekturbüro“ *PNAC* veröffentlichte im September 2000 einen 80-seitigen Bericht mit dem Titel **„Rebuilding America's Defenses“**, in dem es die Ausweitung des US-Machtbereichs, eine härtere Haltung gegenüber Russland und die Schaffung einer neuen, modernen Truppe, die sowohl die virtuelle Welt als auch den Weltraum kontrollieren sollte, forderte: die ***U.S. Space Forces***. Diese sollten eine Fortführung von *Ronald Reagans* „Star-Wars-Projekt“ sein, das seinerzeit noch als etwas „verrückt“ galt. Der Bericht schlägt die Erhöhung des „Verteidigungsetats“ um mehrere hundert Milliarden US-Dollar jährlich vor. Auf Seite 51 des Berichts, im Kapitel „Creating tomorrow's dominant Force“, was sich mit „Schaffung der nächsten dominanten Streitmacht“ übersetzen ließe, wird beschrieben, dass die Entwicklung und Anschaffung neuer, teurer Waffen- und Informationstechniken für das Militär vermutlich viele Jahre dauern würde, es sei denn, es käme zu einem neuen *„Pearl Harbor“*, also zu einem katastrophalen Ereignis, das die Politik dazu überreden könnte, die Verteidigungsausgaben deutlich zu erhöhen. So funktioniert politische Architektur!

Ich fasse zusammen: Im September 2000 veröffentlicht die US-Rüstungsindustrie einen Bericht, der die drastische Erhöhung der Militärausgaben fordert, gleichzeitig aber einräumt, dass es für die Durchsetzung dieses Ansinnens wohl ein katastrophales Ereignis à la *„Pearl Harbor“* bräuchte. *„Pearl Harbor“* steht für den nur vordergründig unerwarteten Angriff der Japaner auf Amerika, der als Grund für den Eintritt der USA in den Zweiten Weltkrieg diente. Ein Jahr nach der Forderung, im Jahr 2001, werden die USA von angeblich ausländischen Terroristen vermeintlich unerwartet angegriffen. Der 11. September 2001 gilt als zweites „Pearl Harbor“. Unmittelbar danach traten die USA in ihren immerwährenden „Krieg gegen den Terror“ ein, und die Rüstungsausgaben stiegen jährlich, innerhalb der nächsten zehn Jahre, um bis zu 400 Milliarden US-Dollar zusätzlich pro Jahr. Wenn also jemand sein „Handwerk" versteht, dann ist das der militärisch-industrielle Komplex!

Des Weiteren war in dem PNAC-Bericht von einem Plan die Rede, mehr Augenmerk auf die biologische Kriegsführung zu legen: „*Fortschrittliche Formen der biologischen Kriegsführung, die auf ganz bestimmte Genotypen* (Erbbilder, Rassen; A.d.V.) *abzielen, könnten die biologische Kriegsführung aus dem Reich des Terrorismus holen und zu einem nützlichen politischen Werkzeug wandeln.*" Waren die kurz darauf folgenden, medial groß aufbereiteten Vogelgrippe-, Schweinegrippe- und Ebolaausbrüche also so etwas wie Feldversuche am Menschen, um unsere Resistenz und unsere Reaktion auf den jeweiligen Hype zu testen? Der PNAC-Bericht wurde von vielen Seiten so heftig kritisiert, dass das PNAC im Jahr 2006 aufgelöst wurde. Es hatte seine Aufgabe bestens erfüllt: Es gab Krieg, die Militärausgaben stiegen, Russland wurde als potentieller neuer Feind vorgestellt, und man entwickelte neue, innovative Waffensysteme.[240] 2009 übernahm dann die ***Foreign Policy Initiative*** die Aufgaben des PNAC.

Zu den einflussreichsten deutschen Vereinen und Denkfabriken im Rüstungsbereich gehören der ***Förderkreis Deutsches Heer*** (FKH), die ***Deutsche Gesellschaft für Wehrtechnik*** (DWT) und die ***Deutsche Gesellschaft für Auswärtige Politik*** (DGAP), die 1955 mit Hilfe des *Council on Foreign Relations* (CFR) und des *Chatham House* gegründet wurde und deshalb auch international ***German Council on Foreign Relations*** genannt wird. Sie wird unter anderem vom Rüstungskonzern *EADS*, aber auch vom *Auswärtigen Amt* und der *Deutschen Bank* unterstützt. Nach Angaben der Bundestagsfraktion DIE LINKE haben Unternehmen, die Mitglieder des *DWT* und des *FKH* sind, zwischen 2005 und 2010 ca. 3,7 Millionen Euro an CDU, CSU, FDP und SPD gespendet. Im selben Zeitraum sollen CDU und CSU von der *Würth-Gruppe*, der *Commerzbank, Daimler, EADS, Krauss-Maffei-Wegmann, Rheinmetall, SAP Deutschland, ESG Elektronik System und Logistik, Rohde & Schwarz* und der *Zeppelin-Gruppe* insgesamt mehr als 2 Millionen Euro erhalten haben. Die SPD soll von *Daimler, EADS, Rheinmetall* und der *Commerzbank* mehr als 1,1 Millionen Euro erhalten haben. Die FDP soll von der *Commerzbank, Daimler*, der *Würth-Gruppe* und *Rheinmetall* insgesamt mehr als 500.000 Euro bekommen haben. Daher vermutet DIE LINKE, *„dass die Rüstungsindustrie über oben genannte Vereine in organisierter und systematischer Form immensen Einfluss auf wehr- und haushaltspolitische Entscheidungen von Bundestag und Bundesregierung nimmt, um wirtschaftliche Interessen der Rüstungsindustrie zu fördern“.*[241]

Schöner kann man es kaum ausdrücken. Hier schließen wir wieder nahtlos an das Kapitel „Wieso spielen alle mit?“ im ersten Teil des Buches an. Kann es wirklich sein, dass die meisten Politiker bei einem grausamen Spiel mitspielen, wissend, dass sie großen Schaden anrichten? So, wie es aussieht, scheint alles nur eine Frage des Preises zu sein!

Auf europäischer Ebene heißen die Rüstungslobbys ***AeroSpace and Defence Industries Association of Europe*** oder ***Security and Defence Agenda***, eine NATO-Lobbygruppe, die gemeinsam mit der EU-Lobbygruppe ***Friends of Europe*** unter der gleichen Adresse residiert. Der Präsident der „Freunde Europas“ ist *Étienne Davignon*, der ehemalige Vizepräsident der *Europäischen Kommission* und Ehrenpräsident der *Bilderberg-Konferenz*.

Interessant ist auch die ***Kangaroo Group***, eine „Intergroup“ des *Europäischen Parlaments*. Intergroups sind informelle und interfraktionelle Arbeitsgruppen. Abgeordnete verschiedener Fraktionen laden Lobbyisten und Vertreter von Organisationen und Denkfabriken ein und erörtern beliebige Themen. Die EU-Parlamentarier lassen sich also von der Industrie im Rahmen des EU-Parlaments „beraten“. Die *Kangaroo Group* setzt sich nach eigenen Angaben für den freien Verkehr von Waren, Personen, Kapital und Dienstleistungen in der EU ein, und nicht umsonst finden sich also bei *Kangaroo* einige Mitglieder wie *Paul Rübig* (Österreich) und *Andres Schwab* (Deutschland) von *Transatlantic Policy Network*, jener Lobbygruppe, die das TTIP vorantreibt. Zur Kontaktpflege zwischen den EU-Parlamentariern und den Lobbyisten werden „Lunch-“ und „Dinner“-Gesprächsrunden organisiert. So kann man sich in angenehmer Atmosphäre darüber austauschen, wofür die nächsten Steuermilliarden aus Sicht der Industrie am besten ausgegeben werden sollten.

So fand am 6. Februar 2013 ein Lunch zum Thema „CO_2“ unter Leitung des damaligen Kangaroo-Präsidenten ***Othmar Karas*** statt[242], der gleichzeitig Vizepräsident des *Europäischen Parlaments* war. In einem Promo-Video auf seiner eigenen Webseite erklärt *Karas*, der ursprünglich aus der Banken- und Versicherungsbranche kommt: *„Derzeit leidet die Politik an Aufrichtigkeit, an Offenheit und an Dialogfähigkeit. Ich möchte mit den Menschen im Gespräch sein und die europäische Integration vorantreiben!“*[(243)] Kangaroo deckt die gesamte Palette der Lieblingsthemen der Geheimen Weltregierung ab, von der globalen Erderwärmung, über TTIP bis hin zu höheren Rüstungsausgaben.

Das lobbykritische Netzwerk ***Corporate Europe Observatory*** behauptet zudem, dass die Rüstungsindustrie die *Kangaroo Group* als einen ihrer Kanäle nutzt, um über ihre Arbeitsgruppe *„Space, Defence & Security“* die Sicherheits- und Verteidigungspolitik der EU zu beeinflussen.

Die größten Rüstungskonzerne der Welt sind die US-Konzerne *Lockheed Martin*, *Boeing*, *General Dynamics*, *Raytheon*, *Northrop Grumman*, *L-3 Communications* sowie der britische Konzern *BAE Systems*. Danach kommen erst Konzerne vom europäischen Festland wie etwa die europäischen Firmen *EADS* und *Airbus*, die deutschen Konzerne *Rheinmetall* und *ThyssenKrupp*, die französische *Thales Group* und die italienische *Finmeccanica*. Einmal jährlich trifft sich die Spitze des militärisch-industriellen Komplexes ganz privat im „Bayrischen Hof“ zur ***Münchner Sicherheitskonferenz***. Dort laden die Eliten aus den Bereichen Banken, Versicherungen, Chemische Industrie und Rüstungsindustrie *„hochrangige Politiker, Diplomaten, Militärs und Sicherheitsexperten aus den Mitgliedsländern der NATO und der Europäischen Union, aber auch aus anderen Ländern wie Russland, der Volksrepublik China, Japan und Indien ein, um über aktuelle Themen der Sicherheits- und Verteidigungspolitik zu debattieren“*. Ich überlasse es jedem selbst, wie er das Motto der Veranstaltung „Frieden durch Dialog“[(243a)] angesichts der derzeitigen Lage der Welt beurteilt.

Die Banken und Investmentfirmen der Geheimen Weltregierung sind an den meisten großen Rüstungskonzernen beteiligt. Ihre Denkfabriken und Lobbyorganisationen schüren kontinuierlich die Angst vor einem fiktiven Gegner, sei es der „internationale Terrorismus“ oder der „gefährliche Russe“. Politiker werden „gefördert“, um illegale Rüstungsgeschäfte zu genehmigen und die Rüstungsetats aufzublasen.

Als ein Beispiel sei der Hamburger SPD-Abgeordnete *Johannes Kahrs* genannt, der im Bundestagswahlkampf 2005 knapp 60.000 Euro Unterstützung von den beiden Panzerherstellern *Krauss-Maffei Wegmann* und *Rheinmetall* erhalten haben soll. In der nächsten Legislaturperiode saß *Kahrs* als SPD-Beauftragter für den Verteidigungsetat im Haushaltsausschuss und war dort in den Ankauf von Waffensystemen eben jener beiden Rüstungskonzerne für die Bundeswehr involviert. *Kahrs* ist Oberst der Reserve, gehört dem Präsidium des *Förderkreises Deutsches Heer* an (was er jedoch gegenüber dem Bundestag nicht angemeldet hatte) und ist Mitglied im Präsidium der *Deutschen Gesellschaft für Wehrtechnik*. Zudem ist er Schatzmeister der NATO-Lobby *Deutsch-Atlantische-Gesellschaft*, Vorsitzender der anti-kommunistischen *Kurt-Schumacher-Gesellschaft* und in unzähligen anderen Vereinen und Lobby-Organisationen tätig.[(244)] So wie ihn gibt es zahlreiche Politiker in der zweiten und dritten Reihe in ganz Europa und Nordamerika, die verdeckt für die Interessen der Rüstungsindustrie arbeiten.

Der militärisch-industrielle Komplex ist eine intransparente und dennoch kaum sichtbare Krake mit tausenden Armen, die es geschickt versteht, konstante Bedrohungen zu schaffen und am Leben zu erhalten, um unentwegt weiter gigantische Summen in die Rüstung zu stecken. Einige hunderttausend Menschen profitieren direkt oder indirekt von diesen Rüstungsausgaben. Diese sinnlose Aufrüstung zum finanziellen Vorteil einiger Weniger zu stoppen, ist ein schwieriges Unterfangen, das vor allem ein massives Aufräumen in den politischen Strukturen erfordert. Daher lohnt es sich meiner Meinung nach immer wieder, auf diesen dreckigen Filz aufmerksam zu machen. **Es ist an uns allen, entschlossen für Frieden einzutreten und die Kriegstreiber in ihre Schranken zu weisen!**

Man darf nie vergessen, dass all die tausenden von Milliarden von Euro und Dollar, die in die Rüstung fließen, aus unseren Steuergeldern stammen. Anders ausgedrückt, arbeitet jeder Einzelne von uns mehrere Jahre seines Lebens ausschließlich dafür, um diese Krake zu ernähren und immer weiter zu füttern. Wollen wir das wirklich? Stellen Sie sich einmal vor, was Sie alles Sinnvolles mit dieser Zeit oder mit dem von Ihnen erwirtschafteten Geld hätten anfangen können?

Zu Beginn des Jahres 2015 stand Europa im Zeichen von Terror, Angst und großer gesellschaftlicher Spaltung. Es wurde für oder gegen die massenhafte Zuwanderung nach Europa gestritten, ja sogar gekämpft. Politiker, Pressevertreter und diverse Bürgerbewegungen warfen einander ideologisch gesteuerten Hass entgegen und rieben sich untereinander auf. Jeder schien seinen eigenen „Dschihad" zu führen, seinen eigenen „heiligen Krieg", obwohl im Grunde niemand so genau wusste, was das wirklich bedeutete. Der Ukraine-Konfikt und der Machtkampf zwischen den USA und Russland schufen zwei weitere große Lager, die von tiefen Gräben getrennt waren. Die Gesellschaft befand sich im emotionalen und geistigen Ausnahmezustand. Dabei waren die Ursachen all dieser Konflikte und Auseinandersetzungen artverwandt. **Der vermeintlich islamistische Terror hat dieselben Wurzeln wie der Ukraine-Konflikt!** Die militärisch-industrielle Krake hat tausende Arme, und sie ist sehr gefräßig. Und sie wird von der Geheimen Weltregierung seit Jahrhunderten immerfort am Leben gehalten.

Die Mudschahedin wurden im Juli 1979 mit 500 Millionen US-Dollar durch Genehmigung von US-Präsident *Jimmy Carter* gegründet. Sie wurden von der CIA und dem britischen MI6 ausgebildet.[(245)] Ab 1980 wurde ihr Kampf gegen Russland nachweislich von Saudi-Arabien, Pakistan, den USA, der NATO und *Al Qaida* finanziert und logistisch unterstützt. *Jimmy Carters* Sicherheitsberater *Zbigniew Brzezinski* machte diesen Krieg für die Russen zu deren „Vietnam".

> *„Nach offizieller Geschichtsdarstellung begann die Hilfe der CIA für die Mudschahedin im Laufe des Jahres 1980, also nach der Intervention der sowjetischen Armee am 24. Dezember 1979. Aber die Realität, die bis heute geheim gehalten wurde, war eine ganz andere: Tatsache ist, dass Präsident Carter am 3. Juli 1979 die erste Direktive zur Unterstützung der Opposition gegen das prosowjetische Regime in Kabul unterzeichnete. Und an dem gleichen Tag habe ich dem Präsidenten eine Note geschrieben, in der ich ihm erklärte, dass dies meiner Ansicht nach eine Intervention der Sowjets nach sich ziehen würde... Wir haben die Russen nicht dazu gedrängt einzumarschieren, aber wir haben wissentlich die Wahrscheinlichkeit erhöht, dass sie es tun."*[(246)]
>
> Zbigniew Brzezinski

Aus den *Mudschahedin* ging die *Taliban-Bewegung* hervor. Sie hatte ihre Wurzeln in den religiösen Schulen für afghanische Flüchtlinge in Pakistan. Die USA steckten mehrere Millionen US-Dollar in die Finanzierung und Verteilung gewaltverherrlichender Lehrbücher, um den Hass der Geflohenen gegen die Russen zu schüren. Aus dem Zusammenhang gerissene Koranverse, Gewaltdarstellungen und historische Lügen waren die Grundlage für die Erziehung afghanischer Schulkinder zum Dschihad, der falschen Ideologie vom angeblich „Heiligen Krieg".[(247)]

Aus dieser außenpolitischen Architektur der USA wurde auch *Al Qaida* geboren, deren Führer lange in den USA hofiert, ausgebildet und empfangen wurden. Das Ziel war immer die Zerstörung Russlands und seiner Verbündeten. Das Ziel war auch der Bau von Pipelines, die Öl aus Zentralasien in den Westen schaffen sollten. Doch wie beim Zauberlehrling oder dem Geist aus der Flasche verselbständigten sich die Zöglinge, gewannen an Einfluss, und die westlichen Mächte verloren zusehends die Kontrolle über sie.

Die frühere FBI-Mitarbeiterin und Gründerin des Whistleblower-Netzwerkes (*National Security Whistleblowers Coalition*, NSWBC), *Sibel Deniz Edmonds*, behauptet, dass sich in der US-Botschaft in Baku (Aserbaidschan) zwischen 1997 und 2001 führende US-Geheimdienstmit-arbeiter mit dem späteren Al-Qaida-Führer *Aiman az-Zawahiri* trafen. Diese Treffen sollen unter dem **Codenamen „Gladio B"** stattgefunden haben. Zudem behauptet sie, dass NATO-Flugzeuge *az-Zawahiri* und andere Mudschahedin nach Zentralasien und auf den Balkan geflogen haben, *„wo sie an Destabilisierungs-Operationen"* teilgenommen haben sollen. Außerdem behauptet sie, dass einige der späteren 9/11-Attentäter auf einer Militärbasis in der Türkei ausgebildet worden sind.[(248)]

Auf jeden Fall geriet das Terrornetzwerk, das ursprünglich die Russen bekämpfen sollte, außer Kontrolle. Die von den USA radikalisierten muslimischen Gruppen wandten sich letztlich gegen die Heuchler aus Washington. Und die islamistischen Kämpfer wurden immer mehr und immer stärker. Dann kam 9/11, und *George W. Bush* erhielt die Legitimation, gegen sie vorzugehen, Krieg zu führen, das Rüstungsbudget anzuheben und mehrere Länder zu zerstören, damit Firmen, die ihm und seinem Dunstkreis nahestanden, sie wieder aufbauen konnten.

Der mittlerweile mehr als ein Jahrzehnt dauernde vermeintliche „Krieg gegen den Terror“ war in Wahrheit der Versuch, die eigenen Blutspuren zu verwischen und die Schuld – wie immer – anderen in die Schuhe zu schieben. Dieser Versuch ist gescheitert. Heute richtet sich der Hass vieler, vor allem armer und ungebildeter Muslime gegen den Westen an sich, im Speziellen aber gegen jene Länder, die an der Seite der USA kämpften und ganze Regionen völlig grundlos in Schutt und Asche legten.

Millionen von Menschen haben dank dieser US-Außenpolitik und dank des blinden Gehorsams zahlreicher westlicher Staaten alles verloren, angefangen bei ihrem Haus bis hin zu ihrer Zukunft. Sie haben keine Angst vor dem Tod. Vielen von ihnen erscheint der Tod wie eine Erlösung aus dem Albtraum, den sie seit Jahren durchleben müssen.

Dem militärisch-industriellen Komplex war das alles nur recht. Mehr Hass bedeutet mehr Ausgaben für Sicherheit und mehr Gewinn. Der Afghanistankrieg im Rahmen des „Krieges gegen den Terror“ war für die Geheime Weltregierung ein einträgliches Geschäft. Doch nach zehn Jahren zeichnete sich ab 2012 langsam ein Ende der Kriege in Afghanistan und im Irak ab. Die Bevölkerung in den USA und in Europa glaubte die Lügen nicht mehr. Das Militär selbst glaubte nicht mehr an den Einsatz. Niemand wusste mehr genau, wer da eigentlich bekämpft werden sollte. Die Soldaten waren müde. Also musste man eine neue vermeintliche Gefahr aus dem Hut zaubern, und es war letztlich wieder die alte: Russland. Die Ukraine war der Hebel, um Russland anzugreifen. Die militärisch-industrielle Krake musste weiter gefüttert werden!

„Als das Ende der Mission in Afghanistan sich langsam abzeichnete, und als andere NATO-Militär-Aktionen ganz endeten, fragten sich viele, was aus der Allianz werden würde? Die russischen Aktionen in der Ukraine seit März diesen Jahres haben all diese Spekulationen beendet...“[(249)]

Ivo Daalder, Präsident des ‚Chicago Council on Global Affairs‘ und früherer US-Botschafter bei der NATO von 2009-2013

Kriegsgründe gefällig?

Der Grund, der für den Beginn eines Krieges genannt wird, ist nie der wahre Grund. Wenn ein Krieg beginnt, dann ist er bereits lange zuvor vorbereitet worden. Kriege sind nie die spontane Reaktion auf ein Ereignis. Vielmehr sind sie meist von langer Hand vorbereitet und bedürfen eines Ereignisses, um sie gegenüber der Öffentlichkeit und für die Geschichtsbücher rechtfertigen zu können. Meist ist ein solches Ereignis ein sehr emotionales, wie die angeblichen „islamischen Terrorangriffe" auf die USA am 11. September 2001, bei denen mehr als 2.600 Amerikaner starben.

Die vom Computer animierten und hervorragend inszenierten Bilder von den 9/11-Attentaten brachten das amerikanische Volk dazu, den zu diesem Zeitpunkt extrem unbeliebten Präsidenten *George W. Bush* nicht wie ursprünglich geplant aus dem Amt zu wählen. Stattdessen stand das Volk mit einem Schlag wie ein Mann hinter ihm, ungeachtet, welcher politischen Partei die Menschen nahestanden.

> *„Das Volk kann mit oder ohne Stimmrecht immer dazu gebracht werden, den Befehlen der Führer zu folgen. Das ist ganz einfach. Man braucht nichts zu tun, als dem Volk zu sagen, es würde angegriffen, und den Pazifisten ihren Mangel an Patriotismus vorzuwerfen und zu behaupten, sie brächten das Land in Gefahr. Diese Methode funktioniert in jedem Land."*[(250)]
>
> Hermann Göring am 18. April 1946, abends in seiner Zelle

9/11 diente als Grund für den Einmarsch in Afghanistan im Jahr 2001 und für den Krieg gegen den Irak ab dem Jahr 2003 (zweiter Irakkrieg). Dieser Irakkrieg wurde damit begründet, dass der irakische Diktator *Saddam Hussein* angeblich Massenvernichtungswaffen besaß, die er gegen den Westen einsetzen wollte. Zur Untermauerung dieser These wurden gefälschte Beweise vorgelegt. Massenvernichtungswaffen gab es nie. Die Invasion in den Irak fand dennoch statt.

Der zweite Irakkrieg hatte nichts mit den Terroranschlägen des 11. September 2001 zu tun – auch wenn dies die öffentliche Rechtfertigung der US-Regierung war. In Wahrheit hatte das US-Verteidigungsministerium bereits im Juli 2001 Pläne für einen möglichen militärischen Eingriff im Irak erarbeitet, also zwei Monate vor 9/11![(251)]

Der ehemalige US-General *Wesley Clark* bestätigte in einem Interview, dass er persönlich bereits am 20. September 2001 davon erfuhr, dass der Krieg gegen den Irak längst in Vorbereitung war – also 9 Tage nach 9/11 und ganze eineinhalb Jahre, bevor er offiziell begonnen wurde. Bereits im Oktober 2001 sah *Clark* zudem eine Aktennotiz, die den Plan umriss, innerhalb der nächsten fünf Jahre insgesamt sieben Länder einzunehmen: Irak, Libyen, Syrien, Libanon, Somalia, Sudan und zu guter Letzt den Iran![252]

„Im Vorfeld des Ersten Weltkriegs war Europa kompliziert, und verschiedene Ökonomen und Historiker haben unterschiedliche Theorien bezüglich der Ursachen. Deutschland war ein aufstrebender Wirtschaftsgigant, und 1910 überstieg das BIP langsam das von Großbritannien. Wenn eine aufstrebende Macht die vorherrschende Macht herausfordert, werden die entstehenden Spannungen als ‚Thukydides Falle' bezeichnet."[253]

David Chapman, Investor und Wirtschaftsautor

Thukydides war ein griechischer Historiker, der die Geschichte der Kriege zwischen Athen und Sparta aufschrieb. Die wachsende Macht Athens bedrohte die Vormachtstellung Spartas, was zu Kriegen führte. „Thukydides Falle" bezeichnet seitdem einen Zustand, in dem ein Land für ein anderes Land dadurch zur Bedrohung wird, dass es sich zu gut entwickelt. Es wird wirtschaftlich so stark, dass andere versuchen, es zu vernichten, um selbst nicht an Macht zu verlieren. Genau das ist es, was die USA 2014 mit Russland versuchten. Und es ist das Gegenteil jener „Freien Marktwirtschaft" und „gesunden Konkurrenz", der die USA doch immer wieder huldigen.

Österreich, Deutschland und die Türkei wurden 1914, dank vieler Umbrüche und vielschichtiger Veränderungen, aber letztlich auch durch einige Großbanken, in einen Krieg hineingetrieben, der am Ende dazu führte, dass alle drei Länder im Zuge der Versailler Verträge vier Jahre später zerstückelt wurden. Im Zuge dieser Aufteilung wurde der Irak erschaffen. Wie Kuwait war er ein ölreiches Land, das zuvor nicht existierte. Der Irak wurde von den Briten geschaffen, um die Ölfelder von Kirkuk und Basra erschließen zu können, ohne Rücksicht auf die im Land lebenden kurdischen, sunnitischen und schiitischen Stämme nehmen zu müssen.[254]

Eigentlich kann es keinen Grund geben, der einen Angriffskrieg rechtfertigt, da er immer Elend über das Volk und die Soldaten bringt und jene bereichert, die den Grund für den Krieg vorsätzlich geschaffen haben. Oder um es mit den Worten eines der größten Kriegstreibers der jüngeren Geschichte, *Henry Kissinger*, zu sagen: „***Soldaten sind nur dumme Tiere, die für die Außenpolitik als Bauernopfer benutzt werden.***“[255]

Der Eintritt der USA in den Vietnamkrieg kam dadurch zustande, dass eines ihrer Schiffe, die *USS Maddox*, die im Golf von Tonkin kreuzte, am 2. August 1964 unter Beschuss geriet – angeblich durch ein nordvietnamesisches Boot. Die von *Daniel Ellsberg* im Jahr 1971 veröffentlichten Geheimpapiere des Pentagon belegten jedoch, dass die *USS Maddox* absichtlich tagelang in nordvietnamesischen Gewässern unterwegs war und den Beschuss provozierte.[256] Die Amerikaner bettelten förmlich um einen Grund für einen Angriffskrieg. Eine interne Untersuchung der NSA, die 2005 veröffentlicht wurde, zeigte sogar, dass die Amerikaner zuerst das Feuer eröffneten und die Nordvietnamesen sich nur verteidigten.[257]

Die Amerikaner wollten in diesen Krieg einsteigen, weil sie einen Domino-Effekt befürchteten: Denn wäre ganz Vietnam an die Kommunisten gefallen, dann hätte das vielleicht zu einer Ansteckung auf andere Länder geführt. Die USA hatten Angst, dass ganz Südostasien kommunistisch werden könnte. Das wollten sie verhindern. Es war eine „False-Flag-Operation, also ein Vorwand, um in den Krieg eintreten zu können!

„Es ist eine bekannte Tatsache, dass man mit gewissen Schlagworten der leichtgläubigen Menge nach Belieben Sand in die Augen streuen kann.“

Bertha von Suttner, Friedensnobelpreisträgerin

Falsche Flaggen

Eine der beliebtesten Methoden zur Schaffung falscher Kriegsgründe ist das Benutzen einer „Falschen Flagge“ (*false flag*). Der Begriff stammt ursprünglich aus der Seefahrt, wenn ein Schiff zur Tarnung unter falscher Flagge fuhr. In den 1950er-Jahren wurde er dann von der CIA, dem US-Auslandsgeheimdienst, für ihre Strategie die ***Plausible Deniability*** (Glaubhafte Abstreitbarkeit) übernommen. Die Idee dahinter war, dass man die

Kommunikation zwischen den Geheimdiensten und dem US-Präsidenten derart undurchsichtig und unklar gestalten wollte, dass der Präsident zwar über alles informiert werden konnte, was die Dienste planten, dass es aber keine Beweise dafür gab. Wenn also etwas schief lief und eine „Falsche Flagge" als solche enttarnt wurde, konnte man immer die Schuld weg vom Präsidenten lenken und einen „Bauern" opfern. Man konnte sagen, dass der Präsident davon keine Ahnung hatte und dass jemand anderes allein und eigenmächtig gehandelt habe und dafür hart bestraft würde.

Diese Taktik der verschleierten Befehlskette wenden heute auch alle großen Konzerne und Banken an, die sich illegaler Praktiken bedienen. Wenn gewinnbringende, aber illegale Praktiken auffliegen, dann sind Firma und Vorstand immer aus dem Schneider. Im militärisch-nachrichtendienstlichen Bereich bedeutet also eine „false flag", dass eine Nation einer anderen etwas unterschiebt, um dadurch einen Kriegsgrund oder den Grund für den Eintritt in einen bereits bestehenden Krieg zu schaffen.

Ein weiteres berühmtes Beispiel für eine „Falsche Flagge" ist der immer währende Krieg der USA gegen das kommunistische Kuba, für den man nach immer neuen Rechtfertigungen und Gründen suchte. Unter US-Präsident *John F. Kennedy* und seinem Bruder Oberstaatsanwalt *Robert „Bobby" F. Kennedy* sollte ***„Das kubanische Projekt"*** (*The Cuban Project*) *Fidel Castro* zur Strecke bringen, damit die USA in Kuba eine eigene Regierung hätten einsetzen können. (siehe Abb. 13)

Von 1960 an unterstützte die CIA Oppositionelle, finanzierte Propaganda-Kampagnen, versuchte Castro zu töten, ja sie heuerte sogar Mitglieder der *Cosa Nostra* an, um ihn zu vergiften. Es gab sogar Pläne, ihm eine mit Sprengstoff gefüllte Zigarre unterzujubeln. All das lief unter dem Decknamen ***Operation Mongoose***. Der US-Geheimdienst tat alles, was möglich war, um Castro zu beseitigen, doch er erwies sich als äußerst widerstandsfähig. Nachdem selbst die 1961 von der CIA organisierte „Invasion in der Schweinebucht", ein Überfall durch 1.300 Exilkubaner, gescheitert war, und der US-Geheimdienst *Fidel Castro* dadurch ungewollt sogar im Amt festigte, versuchte nun auch das *Pentagon*, die Zentrale des US-Verteidigungsministeriums, sein Glück. Dessen Beitrag zum „Kubanischen Projekt" trug den Namen ***Operation Northwoods***.

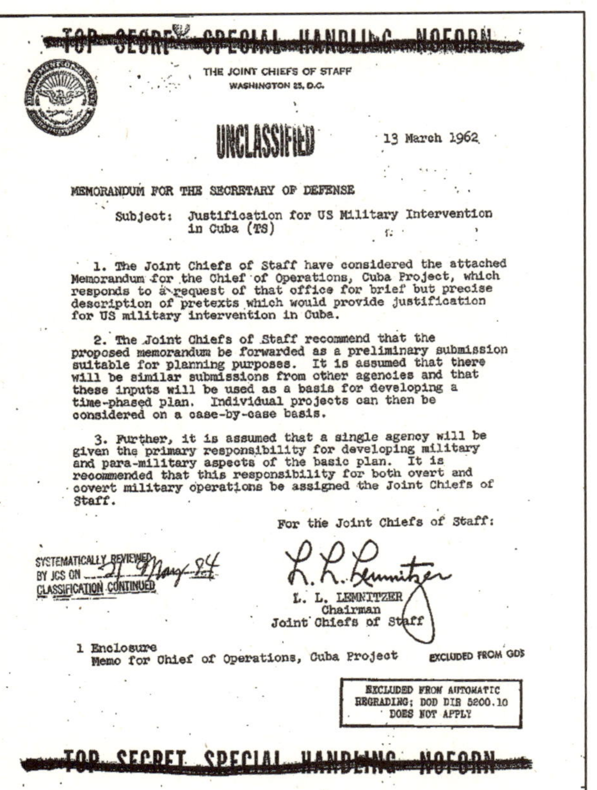

~~TOP SECRET SPECIAL HANDLING NOFORN~~

THE JOINT CHIEFS OF STAFF
WASHINGTON 25, D.C.

UNCLASSIFIED

13 March 1962

MEMORANDUM FOR THE SECRETARY OF DEFENSE

Subject: Justification for US Military Intervention in Cuba (TS)

1. The Joint Chiefs of Staff have considered the attached Memorandum for the Chief of Operations, Cuba Project, which responds to a request of that office for brief but precise description of pretexts which would provide justification for US military intervention in Cuba.

2. The Joint Chiefs of Staff recommend that the proposed memorandum be forwarded as a preliminary submission suitable for planning purposes. It is assumed that there will be similar submissions from other agencies and that these inputs will be used as a basis for developing a time-phased plan. Individual projects can then be considered on a case-by-case basis.

3. Further, it is assumed that a single agency will be given the primary responsibility for developing military and para-military aspects of the basic plan. It is recommended that this responsibility for both overt and covert military operations be assigned the Joint Chiefs of Staff.

For the Joint Chiefs of Staff:

SYSTEMATICALLY REVIEWED BY JCS ON 27 May 84 CLASSIFICATION CONTINUED

L. L. Lemnitzer
L. L. LEMNITZER
Chairman
Joint Chiefs of Staff

1 Enclosure
Memo for Chief of Operations, Cuba Project

EXCLUDED FROM GDS

EXCLUDED FROM AUTOMATIC REGRADING; DOD DIR 5200.10 DOES NOT APPLY

~~TOP SECRET SPECIAL HANDLING NOFORN~~

Abb. 13: Unter dem Namen „Das Kubanische Projekt“ arbeiteten die US-Geheimdienste und das Militär jahrelang erfolglos daran, Fidel Castro zu töten.

Insgesamt soll das ***kubanische Projekt***, das angeblich von 1961 bis 1975 lief, ein jährliches Budget von fünfzig Millionen US-Dollar verschlungen haben, was zu jener Zeit noch sehr viel Geld war. 2.500 Angestellte arbeiteten mit Hochdruck daran, sich die teils absurdesten Mordpläne auszudenken. Wenn nicht anders möglich, wollte man auch Bauernopfer erbringen. Der US-Generalstab entwickelte einen Plan der „verdeckten Kriegsführung“, der vorsah, eigene zivile, amerikanische Schiffe und Flugzeuge in die Luft zu jagen und das Ganze dann kubanischen Terroristen in die Schuhe zu schieben. *General Lyman Louis Lemnitzer* (siehe Abb. 13) regte sogar an, dass „Kubaner“ Terroranschläge in Florida oder Washington verüben könnten, was Präsident *Kennedy* jedoch schließlich zurückwies.

Über die Jahre hinweg soll die CIA insgesamt 638 Mordanschläge auf *Castro* verübt haben, die er alle überlebte, was ihm einen Platz im Guinness-Buch der Rekorde einbrachte. Das ist kein Witz![258]

> *„Im Namen des Antikommunismus schlugen die Militärs einen geheimen und blutigen Terrorkrieg gegen ihr eigenes Land vor, um die amerikanische Öffentlichkeit für den irrwitzigen Krieg zu gewinnen, den sie gegen Kuba führen wollten.“*[259]
>
> James Bamford, „NSA – Die Anatomie des mächtigsten Geheimdienstes der Welt“

Es spricht viel dafür, dass die „Terroranschläge“ des 11. September 2001 in den USA ebenfalls „Falsche Flaggen“ waren, die nur dazu dienten, einen Grund für eine Welle von Kriegen in Afghanistan und im Nahen und Mittleren Osten zu haben. Die USA haben immer wieder bewiesen, dass sie, wenn nötig, auch bereit sind, ihre eigenen Bürger zu opfern. Auch wenn die Beweise hierfür bislang fehlen, so gehen zahlreiche Menschen davon aus, dass nicht nur die 9/11-Anschläge in Wahrheit von Geheimdiensten inszeniert waren, sondern auch der Anschlag auf das französische Satire-Magazin *Charlie Hebdo* (2015), da all diese vermeintlich „islamistischen“ Anschläge dieselbe Handschrift trugen und die Täter – die immer ihre Beteiligung an den Taten bestritten hatten – dadurch „entlarvt“ wurden, dass sie einen Personalausweis am Tatort vergaßen.

Auch in Europa gibt es eine lange Tradition von Terrorattacken unter „Falscher Flagge“. Wir wissen, dass die NATO nach dem Zweiten Weltkrieg in Europa sogenannte **„Stay Behind“-Armeen** ausgebildet, finanziert und erhalten hat. Sie wurden auf geheimen Militärstützpunkten der Amerikaner und Engländer ausgebildet, etwa bei *Capo Marrargiu* auf Sardinien. Diese „Stay Behind“-Armeen waren Spezialeinheiten, die in Italien unter dem Decknamen **„Gladio“** operierten und von denen lange Zeit kein Politiker wusste. Die geheimen Einheiten waren für den Fall geschaffen worden, dass die Russen in Europa einmarschieren sollten. Dann wäre es ihre Aufgabe gewesen, alle führenden linken Politiker (Kommunisten und Sozialisten) zu eliminieren, damit sie den Russen keine Staatsgeheimnisse verraten konnten. Außerdem unterhielten diese Truppen zahlreiche versteckte

Waffen- und Sprengstofflager für einen Guerillakampf (Partisanenkrieg) im Falle eines russischen Einmarsches.

Wie wir bereits gesehen haben, hatte das politische Establishment in Europa und in den USA, das tendenziell rechts und konservativ war, nach dem Krieg eine gewisse Paranoia gegenüber den linken Parteien. In zahlreichen europäischen Ländern wurden die Kommunisten in den 1960er- und 1970er-Jahren immer stärker, und man hatte Angst, diese Länder *„an die Russen zu verlieren"*.

> *„Was man bisher sicher sagen kann, ist, dass die Geheimarmeen wirklich existierten, sie mit der NATO koordiniert waren, die CIA und MI6 diese Geheimarmeen trainierten und Rechtsextreme involviert waren."*(260)
>
> Daniele Ganser, Historiker

Hatten die Alliierten im Krieg noch eng mit den Kommunisten gegen die Faschisten zusammengearbeitet, so hatten sie nach dem Krieg die wichtigsten Nazis in ihre eigenen Dienste gestellt, wodurch diese nicht nur straffrei ausgingen, sondern sogar in zentrale Positionen in den USA integriert wurden. Die rechten Feinde wurden „inkludiert". Dann wurde offiziell die Marschrichtung geändert. Der neue Feind war nun nicht mehr rechts, sondern links. Dem militärisch-industriellen Komplex ist es egal, wer der Feind ist, solange es nur einen gibt!

Im Krieg hatten die Amerikaner die Kommunisten in Italien unterstützt und die Engländer die Kommunisten in Griechenland. Nach dem Krieg bekämpfte man die Linken mit allen Mitteln.(261) Zu den Aufgaben der Gladio-Geheimtruppen gehörte auch die Ausführung von Terroranschlägen unter „Falscher Flagge", nämlich als vermeintlich linke Terroristen. Die Geheimdienste schufen in Zusammenarbeit mit dem Militär eine fiktive linke Bedrohung, oder aber sie verübten Terroranschläge, die sie bereits bestehenden linken Gruppierungen dann offiziell zuordneten. So wurden den italienischen *Roten Brigaden* (*Brigate Rosse*) ebenso wie der deutschen *Roten-Armee-Fraktion (RAF)* Terroranschläge in die Schuhe geschoben, die sie nicht begangen hatten. Das Ziel war, Linke, also Sozialisten und Kommunisten, in der Öffentlichkeit als gefährlich und staatsfeindlich darzustellen. So wollte man sie politisch schwächen.

In welchem Umfang die Stay-Behind-Armeen am Terror in Europa beteiligt waren, ist noch nicht völlig geklärt, doch man weiß, dass sie für Terroranschläge in Italien verantwortlich waren. Im Jahr 1984 wurde der (ehemalige) Gladio-Soldat *Vincenzo Vinciguerra* des „Terroranschlags von Peteano“ im Jahre 1972 überführt. Dabei waren drei Carabinieri getötet worden, und die Tat hatte die Justiz bis zur Aufklärung fälschlicherweise den *Roten Brigaden* angelastet.[(261a)]

Gladio wird auch die Mitwirkung an vier Bombenexplosionen in Mailand und Rom, darunter der Bombenanschlag auf der Piazza Fontana mit siebzehn Toten im Dezember 1969, unterstellt sowie an dem Anschlag von Bologna im Jahr 1980 mit fünfundachtzig Toten.[(262)]

Bei mehreren Terroranschlägen besteht auch der Verdacht, dass Geheimdienste V-Leute (verdeckte Ermittler) in Untergrundgruppen eingeschleust hatten, um über all deren Vorgehen Bescheid zu wissen. Wenn sie Anschläge nicht selbst ausführen ließen, so hatten sie zumindest immer Kenntnis über bevorstehende Anschläge, ohne sie zu verhindern. Sie hatten auch die Möglichkeit, Extremisten anzustacheln und logistisch zu unterstützen. Der damalige bayerische Ministerpräsident und CSU-Vorsitzende *Franz-Josef Strauß* sagte am 16.11.1970: *„Man muss sich der nationalen Kräfte bedienen, auch wenn sie noch so reaktionär sind. Hinterher ist es immer möglich, sie elegant abzuservieren. Denn mit Hilfstruppen darf man nicht zimperlich sein.“*[(262a)]

Franz-Josef Strauß versuchte erst, die Attentate auf das Münchner Oktoberfest im Jahr 1980, die sogenannten „Wiesn-Attentate“, der RAF in die Schuhe zu schieben. Da dies nicht gelang, präsentierte man in Bayern später offiziell einen extremistischen Einzeltäter, der Mitglied der rechten *Wehrsportgruppe Hoffmann* gewesen sein soll. Diese paramilitärische Organisation war durchzogen von Agenten, Doppelagenten und V-Leuten sowohl von ost- als auch von westdeutschen Geheimdiensten und Polizeieinheiten. Ganz werden sie das „Wiesn-Attentat“ vielleicht nie aufklären, da die Behörden im Lauf der Jahre wichtige Beweisstücke vernichteten.[(263)]

Die Jahre des Terrors unter „Falscher Flagge“ hatten zur Folge, dass das Volk selber nach mehr Polizei, weniger Freiheitsrechten und mehr Überwachung durch die Nachrichtendienste verlangte oder sich zumindest nicht mehr dagegen wehrte. Damit wurde der Geist der 1970er, die Hippie- und die Friedensbewegung, zerstört und sukzessive durch einen Überwachungsstaat ersetzt.

> *„Ich habe den Verdacht, dass sich alle Terrorismen, egal, ob die deutsche RAF, die italienischen Brigate Rosse, die Franzosen, Iren, Spanier oder Araber, in ihrer Menschenverachtung wenig ausnehmen. Sie werden übertroffen von bestimmten Formen von Staatsterrorismus!"*
>
> Helmut Schmidt, Ex-Bundeskanzler in einem Interview mit der Zeitung „Die Zeit" im Jahr 2007

In den meisten europäischen Ländern gab es solche Stay-Behind-Armeen, vielleicht sogar in allen. Man weiß, dass sie in Italien unter dem namen „Gladio" liefen, in der Schweiz unter „P 26", in Belgien hießen sie „SDRA 8", und in Österreich gab es den „Österreichischen Wander-, Sport- und Geselligkeitsverein", der vom SPD-Politiker *Franz Olah* zusammen mit der CIA gegründet wurde und mehr als 100 geheime Waffendepots unterhielt, teilweise auch im Hochgebirge.[264] In Luxemburg begann 2013 ein Prozess gegen zwei Gendarmen, denen man vorwirft, sie hätten als Angehörige der *Brigade mobile de la Gendarmerie* (BMG) gemeinsam mit zwei inzwischen verstorbenen Kollegen in den 1980er-Jahren jene Terroranschläge inszeniert, die als „Bombenlegeraffäre" bekannt wurden und ungelöst blieben.

Mit dem Ende des Kalten Krieges sollen diese geheimen Terroreinheiten der NATO angeblich aufgelöst worden sein, was Experten jedoch stark bezweifeln.[265] Viel wahrscheinlicher ist, dass sie systematisch in neue Einheiten umgewandelt wurden, wie die zahlreichen sogenannten ***Stabilisierungseinheiten*** (*stability police units*) der EU-Länder, die sich zu regelmäßigen Anti-Terror-Übungen im italienischen Vicenza treffen. Dort sitzt die ***Europäische Gendarmerietruppe*** (*European Gendamerie Force – EUROGENDFOR*) und trainiert Spezialeinheiten aus ganz Europa in einem von der EU finanzierten Trainingsgelände (*Center of Excellence for Stability Police Units*) im Häuserkampf und in den Techniken der „zivilen Konfliktlösungsstrategie".[266] Und all das gleich neben dem US-Luftwaffenstützpunkt *Camp Ederle* (*Caserma Ederle*), dem Hauptquartier der *Southern European Task Force*.

Interessant ist hierbei, dass viele Bürger die *Gendarmerie* für eine Polizeieinheit halten. Das ist falsch! **Die Gendarmerie ist eine militärische Einheit und untersteht nicht dem Polizeikommando, sondern dem Militär.** Die *Europäische Gendarmerietruppe* ist ausdrücklich geschaffen worden, um im Krisenfall die Aufgaben der Polizei zu übernehmen oder die Polizei zu überwachen. Sie steht also über der Polizei. **Die *Europäische Gendarmerietruppe* kann jederzeit wahlweise unter das Kommando der EU, der Vereinten Nationen, der NATO, der OSZE oder anderer internationaler Organisationen oder „Ad-hoc-Koalitionen" gestellt werden** – was auch immer das sein mag! (Treaty of the European Gendarmerie Force: Article 5) Sie kann ausdrücklich nicht allein von einem oder mehreren EU-Mitgliedsstaaten befehligt werden. Wer in der EU das Kommando hat, ist in dem *Europäischen Gendarmerie-Abkommen* nicht explizit geregelt, vermutlich wäre das aber die EU-Kommission in Person des Präsidenten. Seit 1. November 2014 wäre das also *Jean-Claude Juncker.*

Die Weltregierung hat also de facto (durch die UNO) nicht nur die Macht über alle westlichen Armeen (NATO), sondern auch über die europäischen Gendarmerie-Einheiten und Stay-Behind-Armeen – die offenbar von keinem einzigen europäischen Verteidigungsminister befehligt werden dürfen. Es scheint tatsächlich so, als hätten selbst die meisten Spitzenpolitiker Europas, Bundeskanzler, Verteidigungsminister und Präsidenten über Jahrzehnte hinweg nichts oder nur sehr wenig von der Existenz der Stay-Behind-Armeen gewusst. Erst im Jahr 1990 kam die Wahrheit über Gladio ans Tageslicht. In Österreich bestritt die Regierung daraufhin, dass es eine solche Truppe in der Alpenrepublik gegeben hätte. Als jedoch sechs Jahre später eindeutige Beweise auftauchten, erklärten Bundespräsident *Thomas Klestil* und Kanzler *Franz Vranitzky*, nichts von der Existenz dieser Truppe gewusst zu haben. Sie forderten die USA zur Zusammenarbeit bei der Klärung auf, da *Gladio* die Neutralität Österreichs verletzt hätte. US-Präsident *Bill Clinton* aber verweigerte jegliche Zusammenarbeit, und das Thema NATO-Stay-Behind-Armeen geriet wieder in Vergessenheit.[(267)]

So viel zum Thema „Demokratie".

„Terror eignet sich mehr als irgendeine andere militärische Strategie dazu, die Bevölkerung zu manipulieren."[(268)]

Daniele Ganser, Historiker

Angesichts der vermeintlichen islamistischen Terroranschläge in Europa zu Beginn des Jahres 2015 ist vielleicht Folgendes noch erwähnenswert: In Frankreich und Belgien wurden als Reaktion darauf Soldaten eingesetzt, um zivile Gebäude zu bewachen. Sie haben damit also die Aufgaben der Polizei übernommen. Die Armee ist an und für sich nicht für Einsätze im Inland zuständig, sondern für die Grenzsicherung und für Einsätze im Ausland. Ist es nicht bemerkenswert, dass ausgerechnet die französische Armee sich seit Jahren intensivst auf Einsätze im Inland vorbereitet hatte? Denn jeder weiß doch: Wenn man an etwas nur inständig genug glaubt, dann wird es auch Realität!

Nahe der französischen Kleinstadt *Sissonne* befindet sich **Europas größtes und modernstes Ausbildungszentrum** für den Kampf in bebautem Gelände, also **für den Häuserkampf**, mit dem Namen CENZUB (*Centre d'Entrainement aux Actions en Zone Urbaine*). Auf einer Fläche von einem Quadratkilometer gliedert sich die Übungsstadt in vier Bereiche: ein Hochhausviertel, ein Gewerbe- und Industriegebiet, ein historisches Stadtviertel mit Marktplatz und in einen Bereich mit Einfamilienhäusern. „*Um das Stadtbild realitätsnah zu gestalten, wurden zahlreiche Details in der Ortschaft berücksichtigt: ein künstlicher Flusslauf mit Brücken, ein Bahnhof mit Gleisanlagen, ein Krankenhaus, eine Tiefgarage und ein umfassendes Kanalisationssystem.*", heißt es begeistert auf der Internetseite der deutschen Bundeswehr.[(269)] Die Franzosen laden sich nämlich regelmäßig Kollegen aus anderen EU-Staaten zum gemeinsamen Training ein. Da werden Häuser erobert und Aufrührer festgenommen. Wenn man sich die Bilder der künstlichen Stadt ansieht, kann man leicht feststellen, dass es sich nicht um die Simulation eines Dorfes am Hindukush handelt, sondern um das Abbild mehrerer westlicher Stadtviertel. Die europäischen Militärverbände scheinen bestens gerüstet für den Fall, dass es in Europa zu Aufständen kommen sollte. Wie kommen sie bloß auf die Idee, dass so etwas passieren könnte?

> *„Mehr als 70 Millionen Euro hat sich die französische Armee seit 2006 den Ausbau dieser Einrichtung kosten lassen. Unter diesen sehr realitätsnahen Bedingungen übten die Soldaten zunächst das ‚klassische Gefecht'... Besonders positiv empfanden die deutschen Soldaten die von Anfang an völlig selbstverständlich gelebte Gleichberechtigung und Kameradschaft. Insbesondere in den außerordentlich anspruchsvollen Ausbildungsabschnitten*

wie beispielsweise der Festnahme eines ranghohen Führers einer Gruppe Aufständischer bei Nacht zeigten sich die Früchte dieser engen Kooperation.... Selbst die französischen Ausbilder des CENZUB zeigten sich beeindruckt und meinten, ein derartiges Vorgehen von Infanterie und Pionieren noch nicht erlebt zu haben... Gerne wieder – so lautet das Urteil der Donaueschinger Jäger für die gemeinsame Übung mit ihren französischen Kameraden in dieser hochmodernen Ausbildungseinrichtung."[270]

Deutsch-Französische Brigade, 15.11.2010

Am 18. Januar 2015, nur wenige Tage nach den Anschlägen auf *Charlie Hebdo* in Paris, berichtet die WAZ, dass die deutsche Bundesregierung eine Strafbefreiung für Mitarbeiter von Geheimdiensten vorbereite. Der CDU-Außenpolitiker *Philipp Missfelder* erklärte: *„Die Dienste bräuchten den Rechtsschutz, dass sie nicht für* ***Straftaten*** *von V-Leuten belangt werden,* ***die zur Tarnung verübt wurden.****"* Diese Aussage finde ich bemerkenswert, nicht nur in Bezug auf die Anschläge von Paris, sondern auch angesichts des Absturzes der Germanwings-Maschine in Frankreich am 24. März 2015. In dem Zusammenhang möchte ich auch nochmals an das Kapitel „Die Totesser" erinnern und daran, dass Geheimdienste seit Jahrzehnten willenlose Opfer als Attentäter programmierten!

Philipp Missfelder ist Vorstand der ***Atlantik-Brücke***, einem „Think-Tank", der 1952 von einigen Privatbanken gegründet wurde, namentlich von der deutschen *Warburg-Bank* und Rockefellers *Chase Manhattan Bank*, die im Jahr 2000 mit *J. P. Morgan & Co.* zu *JP Morgan Chase fusionierte.* Die Atlantik-Brücke ist eine Unterabteilung des *Council of Foreign Relations* (CFR), das oft auch als das „Rockefeller Ministerium für Auswärtige Angelegenheiten" bezeichnet wird. Den Zweck der *Atlantik-Brücke* beschrieb der ehemalige Vorsitzende Dr. Arend Oetker wie folgt: *„Die USA werden von 200 Familien regiert. Zu denen wollen wir gute Kontakte haben."*

„Es ist keine Übertreibung, diese Gruppe als die verborgene Regierung der Vereinigten Staaten zu beschreiben. CFR-Mitglieder haben sich niemals gescheut, die Schwächung Amerikas als notwendigen Schritt auf dem Wege zum größeren Guten, nämlich einer Weltregierung, zu beschreiben. Einer der Gründer des CFR war John Foster Dulles, der später von dem CFR-Mitglied Dwight Eisenhower zum Minister ernannt wurde."[271]

G. Edward Griffin, „Die Kreatur von Jekyll Island"

Was ist die NATO wirklich?

Hatten die westlichen Mächte im Zweiten Weltkrieg mit den Russen noch gemeinsame Sache gegen Deutschland gemacht, so zerbrach diese Zweckgemeinschaft nach Kriegsende abrupt, als es um die Aufteilung der Beute und um die Neugestaltung Europas ging. Die Russen wirkten auf die wesentlich kleineren europäischen Länder sehr bedrohlich, weshalb sie vom großen Bruder USA die Zusage auf militärischen Schutz einforderten. Frankreich, Großbritannien, Niederlande, Belgien und Luxemburg schlossen bereits 1948 den **„Brüsseler Vertrag"**, der ein Bündnis für wirtschaftliche, soziale und kulturelle Zusammenarbeit und eine Militärallianz war. Doch die USA wollten den Europäern keine einseitige Zusage auf Schutz geben. Daher schlossen die Parteien des Brüsseler Vertrags 1949 mit den USA auf deren Druck einen Vertrag über ein gegenseitiges Militärbündnis, das seinen Sitz zunächst in Washington hatte: die *NATO* (*North Atlantic Treaty Organization*), im Deutschen oft als *Atlantisches Bündnis* oder *Nordatlantikpakt* bezeichnet. Der Wahlspruch lautete frei übersetzt *„einer für alle, alle für einen!"* – der sogenannte „Bündnisfall". Sollte ein NATO-Mitglied angegriffen werden, dann würden sich alle Mitglieder angegriffen fühlen und gemeinsam zur Wehr setzen.

Mit von der Partie waren 1949 auch noch Dänemark, Norwegen, Island, Italien, Portugal und Kanada. 1952 wurde der Sitz der NATO nach Paris verlagert, und es wurden zwei neue Mitglieder aufgenommen: Griechenland und die Türkei. Das war insofern von großer Bedeutung, als die Türkei direkte Grenzen mit der Sowjetunion hatte. Damit kam der Westen mit seinen Raketen und seinen Abhöranlagen näher an Russland heran. Bis dahin galt die NATO immer noch als Sicherheitsbündnis gegen Russland und auch gegen Deutschland, das zweimal hintereinander seine europäischen Nachbarn angegriffen hatte. Als jedoch am 6. Mai 1955 die BRD in das Bündnis aufgenommen wurde, war klar, dass sich alles nur noch gegen die Sowjetunion richtete. Fünf Tage danach gründete die Sowjetunion als Antwort darauf den ***Warschauer Pakt***, einen militärischen Beistandspakt des Ostblocks unter der Führung der Sowjetunion. Neben dieser gehörten dem Bündnis noch die Tschechoslowakei, Bulgarien, Rumänien, Ungarn, Polen und die DDR an. Damit waren die Fronten klar. Eine bipolare Welt war geschaffen, bestimmt durch massive nukleare Aufrüstung und Bedrohung von beiden Seiten.

Als die Sowjetunion 1991 aufgelöst wurde, wurde auch der Warschauer Pakt aufgelöst. Zu diesem Zeitpunkt hätte man auch die NATO auflösen können und müssen. Sie wurde aber, ganz im Gegenteil, noch weiter gestärkt und erweitert. Im Dezember 1991 beschloss der NATO-Kooperationsrat, künftig auch Einsätze auf fremdem Territorium („Out-of-Area"-Einsätze) durchzuführen. Anders ausgedrückt: Jetzt, wo Russland keine Bedrohung mehr darstellte, sahen die neokonservativen Hardliner die Chance, sich als „Weltarmee" überall einzumischen, wo es von Nutzen war, und taten das fortan auch. Somit wurde die NATO nach dem Zerfall der Sowjetunion von einem Verteidigungsbündnis in eine weltweite Eingreiftruppe umgewandelt. Dabei gab es nach 1991 durchaus ernsthafte Bemühungen, enger mit Russland zusammenzuarbeiten. Es gab sogar Stimmen innerhalb der NATO, die eine Aufnahme Russlands in das Bündnis forderten, jedoch damit scheiterten. Im Jahr 1994 wurde die *Russische Föderation* Mitglied des Programms „Partnerschaft für den Frieden", ein loses Bündnis, in dem NATO- und Nicht-NATO-Mitglieder gemeinsame Manöver abhielten und sich über internationale „Friedenseinsätze" abstimmten.

Im Mai 1997 kam es zur Unterzeichnung der „Grundakte über gegenseitige Beziehungen, Zusammenarbeit und Sicherheit zwischen der NATO und der Russischen Föderation", kurz **„NATO-Russland-Grundakte"** genannt. Sie war der Versuch einer engeren Zusammenarbeit, sowohl auf diplomatischer als auch auf militärischer Ebene. Sie war der Ausdruck des Wunsches besonnener Beteiligter auf beiden Seiten nach Frieden und Stabilität. Dabei wurde im **„NATO-Russland-Rat"** sowohl über Rüstungskontrolle als auch etwa über die gemeinsame Bekämpfung des Terrorismus und des Rauschgifthandels gesprochen. Doch ein langfristig gutes Verhältnis scheiterte daran, dass die unvernünftigen und aggressiven Kräfte in der NATO, die „Falken", zu dominant waren.

Es ist wichtig, nochmals daran zu erinnern, dass Russland der deutschen Wiedervereinigung 1990 nur zustimmte, weil der Westen versprach, die NATO nicht weiter gen Osten auszudehnen. Doch dieses Versprechen wurde gebrochen. 1999 wurden Polen, Tschechien und Ungarn, im Jahr

2004 Bulgarien, Estland, Lettland, Litauen, Rumänien, die Slowakei und Slowenien in die NATO aufgenommen. Seitdem kam es zu einer deutlichen Abkühlung der Freundschaft zwischen Russland und den NATO-Mächten. Dass der Westen diesen Umstand aber immer wieder verdreht, beweist die Äußerung von US-Außenminister *Chuck Hagel* im Oktober 2014, die lautete, dass man auf eine *„moderne und kampfbereite russische Armee"* gefasst sein müsse, die *„an der NATO-Schwelle steht"*. Damit erweckte er den Eindruck, als wäre Russland in Richtung NATO-Territorium vorgedrungen, was eine gewollte Verdrehung der Tatsachen ist. Wesen seines Schlages sind extrem gefährlich, und es gibt tausende wie ihn! „Doppeldenk" ist offenbar der Normalzustand der westlichen Politik geworden, ganz so, wie *George Orwell* es bereits Jahrzehnte zuvor vorausgesagt hatte.

Die NATO ist nicht nur unglaubwürdig, sie ist auch völlig undurchsichtig – nicht nur für den „Feind", sondern auch und vor allem für den Westen selbst. Wie die NATO-Geheimarmeen beweisen, ist die NATO keine transparente Organisation, was für ein militärisches Bündnis nicht weiter überraschend ist. Natürlich ist jede militärische Vereinigung bemüht, ihre kleinen Geheimnisse zu haben und auch zu hüten, aber es sollten zumindest die staatlichen Führungsgremien in die Machenschaften eingeweiht sein. Wenn es in einem Staat eine Armee gibt, von der weder der Staatschef noch der Verteidigungsminister etwas wissen, dann ist das nicht nur illegal, sondern extrem gefährlich. Damit ist die staatliche Ordnung unterwandert. Selbst Geheimdienste unterliegen einer gewissen staatlichen Kontrolle – zumindest auf dem Papier. Dieser Kontrolle entzieht sich die NATO in weiten Teilen.

Die NATO ist mit 28 Mitgliedsstaaten die größte Militärallianz der Welt und damit eine riesige Kriegsmaschinerie. Wir wissen, die Rüstungsindustrie ist ein wichtiger Wirtschaftszweig in den USA, aber auch in Europa. Die NATO wird vom Pentagon aus geleitet. Die USA sind die dominante Kraft in der NATO, die Europäer und die Kanadier sind ihr untergeordnet. Die Schweiz, Österreich, Irland, Schweden, Finnland und Malta sind keine NATO-Mitglieder, arbeiten aber mit der NATO im Programm *Partnerschaft für den Frieden* zusammen. Der **NATO-Generalsekretär** ist das öffentliche Gesicht der NATO. Er ist immer Europäer. So entsteht nach außen hin der Eindruck, dass Europa die NATO dominiere, was definitiv nicht der Fall ist. Denn die wirklich wichtige Person ist der **SACEUR** (*Supreme Allied Commander Europe*). Er ist in der Öffentlichkeit eher unbekannt, hat aber die volle Entscheidungsgewalt über die militärischen Aktionen. Der SACEUR ist immer ein US-amerikanischer General oder Admiral, weil er gleichzeitig der Kommandeur des *US European Command* (USEUCOM), also der Oberbefehlshaber aller US-Truppen in Europa ist. Seit Mai 2013 ist das *Philip M. Breedlove* (USAF). Der SACEUR-Stellvertreter (DSACEUR/Deputy SACEUR) ist immer ein britischer General. Ein deutscher General ist Chef des Stabes von SHAPE (*Supreme Headquarters Allied Powers Europe*), was auf Deutsch als das *Hauptquartier der Alliierten Streitkräfte in Europa* bezeichnet wird. Dazu gibt es NATO-Stützpunkte über ganz Europa verteilt. Die Hackordnung in der NATO ist klar definiert.[(272)]

Das eigentliche „NATO-Hauptquartier", also das politische Zentrum, sitzt seit 1967 in Brüssel, wo auch die EU ihren Sitz hat. Zuvor war es jedoch in Paris. Warum ist es von dort weggezogen?

Die Franzosen erkannten bereits im Jahr 1950, also kurz nach der Unterzeichnung der Bündnisverträge mit den USA, dass sie damit ein großes Stück ihrer Unabhängigkeit und Selbstbestimmung aufgegeben hatten und dass ihr Militär im Grunde den USA unterstand. Das wollten sie ändern. Ministerpräsident *René Pleven* schlug vor, eine eigene europäische Armee aufzustellen. Er wollte kein Bündnis, sondern eine gemeinsame Europaarmee unter einem europäischen Verteidigungsminister schaffen. Die Amerikaner waren weniger begeistert. Unter General *Charles de Gaulle* fand dann im Lauf der 1950er-Jahre der schleichende Rückzug der Franzosen aus der NATO statt. Sie behielten zwar ihren Sitz im Atlantikrat, unterstützten die NATO aber nicht mehr mit eigenen Truppen. Sie wollten nicht im Schatten der USA stehen und konzentrierten sich fortan auf ihr eigenes Atomprogramm. So musste die NATO aus Frankreich wegziehen.

Doch um ihren Einfluss auf Frankreich nicht zu verlieren, gründeten die USA nacheinander ihr *Komitee für ein vereintes Europa* (*Committee for a United Europe*), die *Europäische Föderalistische Bewegung* und ab 1955 das ***Aktionskomitee für die Vereinigten Staaten von Europa***, dessen Vorsitzender der französische Geschäftsmann *Jean Monnet* war. (siehe Kapitel

„Die europäische Lüge", Seite 115) Die Franzosen konnten sich also dem Einfluss der USA nicht entziehen, so sehr sie sich auch bemühten.

1992 nahm Frankreich an den NATO-Operationen im Kosovo teil, später auch an militärischen Aktionen in Afghanistan. Sukzessive ordneten sie sich wieder der NATO unter. Ab 2004 waren französische Militärs wieder im NATO-Stab präsent. Seitdem sind französische NATO-Soldaten wieder weltweit im Einsatz.

Im Jahr 2002 kam es aber zu schweren Verstimmungen zwischen der NATO und einigen europäischen Staaten. Der Grund waren Meinungsverschiedenheiten bezüglich des Irakkrieges. Auf dem NATO-Gipfeltreffen in Prag am 22. November 2002 wurde dennoch auf Druck von US-Verteidigungsminister *Donald Rumsfeld* eine **„Schnelle Eingrifftruppe"** (Reaktionstruppe), die sogenannte ***NATO Response Force*** (NRF), mit Land-, Luft- und Seestreitkräften ins Leben gerufen, die im November 2006 mit einer Stärke von 25.000 Soldaten voll einsatzbereit war. Am 5. Februar 2015 wurde sie um eine 5.000 Mann starke „Speerspitzeneinheit" erweitert, eine Einheit, die innerhalb von zwei bis drei Tagen an jedem beliebigen Ort zum Einsatz kommen kann(273) – offenbar als Vorbereitung für einen Krieg gegen Russland.

Während *Donald Rumsfeld* gegen den Willen einiger europäischer Staaten seine **„Schnelle Eingrifftruppe"** durchsetzte, fand im April 2003 in Brüssel ein Treffen der politischen Spitzen aus Deutschland, Frankreich, Belgien und Luxemburg statt, in dem es darum ging, eine eigene europäische Verteidigungsstrategie ohne die NATO zu entwickeln. Man war darüber verärgert, dass die Amerikaner die NATO für ihre geostrategischen Interessen missbrauchten und wollte sich davon unabhängig machen. Ein Machtkampf um die Eigenständigkeit Europas wurde immer offensichtlicher. Daraus resultierten verschiedene Vereinbarungen darüber, wer, wie, wann, mit oder ohne wen was machen darf. Dazu zählen etwa die im März 2003 verabschiedeten *Berlin-Plus-Vereinbarungen*, die es der Allianz ermöglichen, Einsätze, die von der EU durchgeführt werden, zu unterstützen, auch wenn die NATO als Ganzes nicht mit einbezogen ist.(274)

Ich habe mich bei meinen Recherchen zum Thema der Beziehungen Europa-USA-NATO immer wieder gefragt, ob die Komplexität wirklich eine

Folge der Geschichte und der Größe der NATO ist, oder ob ihre Komplexität absichtlich geschaffen wurde, damit nicht nur die Bürger, sondern auch die Politiker leicht den Überblick verlieren. Denn diese Undurchsichtigkeit und Intransparenz der NATO macht es dem militärisch-industriellen Komplex leichter, sie für seine eigenen Zwecke zu missbrauchen.

Wie eng die NATO mit dem Filz der Geheimen Weltregierung verflochten ist, zeigt beispielsweise die Tatsache, dass 1969 bei der NATO das Komitee ***Herausforderungen der modernen Gesellschaft*** geschaffen wurde. Den Vorsitz erhielt *Aurelio Peccei*, Chef von *Olivetti* und *FIAT-Lateinamerika*, Vorsitzender im Wirtschaftsausschuss des *Internationalen Atlantik Instituts* und des *Club of Rome*, der 1972 seine Visionen von der Überbevölkerung in dem Papier „Grenzen des Wachstums" veröffentlichte. Im Gründungsdokument von Pecceis NATO-Komitee wird die *„rasche Verschlechterung des Globus als ökologisches System"*[(275)] als die größte Bedrohung für die Menschheit bezeichnet. Ist die NATO letztlich auch nur eine Art Unterabteilung des *Club of Rome*, mit zuständig für die Reduzierung der Weltbevölkerung?

> *„Ich spreche hier als ein Mitglied jenes Landes, das entscheidend zur Gründung der NATO beigetragen hat. Die NATO ist tatsächlich eine große Bedrohung für die Sicherheit Kanadas, ebenso wie für alle anderen Mitglieder und den Rest der Welt. Es zieht uns immer wieder in diese Kriege hinein, die sich im Nachhinein als weniger verlässlich herausstellen, als man uns ursprünglich versicherte. Die NATO lebt in einer eigenartigen Fantasiewelt. Sie erinnert mich an den Warschauer Pakt. Irgendwo müssen sie wissen, dass jedes Wort, das sie sagen, gelogen ist, und trotzdem machen sie damit weiter. Ich weiß wirklich nicht, was da genau vor sich geht. Zu Zeiten des Kalten Krieges habe ich die NATO unterstützt. Aber im Moment ist sie nur noch destruktiv, sie zermalmt alles, walzt alles nieder, zerstört alles, wie ein riesiger Schlachtwagen."*[(276)]
>
> Patrick Armstrong, früherer politischer Berater der kanadischen Botschaft in Moskau

Im Jahr 2009 wurden auch noch Albanien und Kroatien in die NATO aufgenommen. Zudem wurde im Jahr 2014 wieder laut über eine Aufnahme der Ukraine und Georgiens in das Bündnis nachgedacht, was einer Kriegserklärung an Russland gleichkam.

Der NATO-Russland-Rat hatte bereits nach der Georgien-Krise im Jahr 2008 ein Jahr lang nicht getagt, dasselbe passierte nun wieder im Jahr 2014 wegen der Ukraine-Krise. Damit war die Diplomatie vorerst gescheitert. Die vernünftigen und besonnenen Kräfte scheinen sich in der NATO nie dauerhaft durchsetzen zu können. Die NATO hätte im Jahr 1991 parallel zum *Warschauer Pakt* aufgelöst werden müssen. Das hätte der Welt sehr viel Leid und Elend erspart.

Der Kosovokrieg – Menschenhandel & Uranmunition

Während der gesamten Zeit des Kalten Krieges war es – zum Glück – nie zum Bündnisfall der NATO-Mitglieder gekommen. Es gab keinen Krieg zwischen Ost und West. Doch das sollte sich ändern. Mit dem Zerfall der UdSSR war auch der Zerfall Jugoslawiens einhergegangen. Das künstliche Staatengebilde, das aus vielen unterschiedlichen Volks- und Religionsgruppen bestand, versank nach 1991 in einem langen, komplexen Krieg, in dem es um alte Feindschaften, um Macht und um die Gründung neuer Kleinstaaten ging. Viele unterschiedliche Staaten und Gruppierungen, westliche, östliche, christliche und islamische waren an diesem Krieg indirekt beteiligt, indem sie an die eine oder andere Partei Waffen und Munition lieferten und sie politisch oder auch militärisch unterstützten. Dieser Krieg war teilweise äußerst brutal und undurchsichtig. Woran sich die meisten Menschen noch erinnern dürften, ist der negative Höhepunkt dieses Krieges, als die serbische Armee im Juli 1995 vor den Augen der „UNO-Friedenstruppen" fast achttausend bosnische Jungen und Männer tötete, was als das ***Massaker von Srebrenica*** bezeichnet wird.

Es gibt jedoch ein anderes Ereignis, das ich hervorheben möchte, weil es in Bezug auf die NATO wichtig ist. Dabei handelt es sich um einen Vorfall während des Kosovokrieges im Jahr 1999, das sogenannte ***Massaker von Racak***. Nachdem der Krieg in Jugoslawien eigentlich bereits im November 1995 durch das *Abkommen von Dayton* beendet war, hielten die Spannungen an, vor allem im Kosovo, das ein Teil des neu gegründeten Staates Jugoslawien war. Hier standen sich die Serben auf der einen und die Kosovo-Albaner auf der anderen Seite gegenüber. Die Kosovo-Albaner waren in strengen patriarchalischen Clan-Strukturen organisiert und wenig gewillt, sich einer Zentralregierung unterzuordnen. Zu Beginn des Jahres 1998 entbrannten Kämpfe zwischen der paramilitärischen albanischen Untergrundorganisation UÇK und dem Militär der neuen Bundesrepublik Jugoslawien, das verhindern wollte, dass der Kosovo sich abspaltete. Im März 1999 versuchte die NATO, die Kosovo-Albaner und die jugoslawische Regierung zur Unterzeichnung eines Friedensvertrages („Verhandlungen von Rambouillet") zu bewegen, was jedoch an der Weigerung der Serben scheiterte, einen bestimmten Passus in dem Papier zu akzeptieren. Darin sollten sie nämlich der Stationierung von 30.000 NATO-Soldaten auf jugoslawischem Territorium zustimmen – unter Anerkennung vollständiger zivilrechtlicher und strafrechtlicher Immunität von NATO und NATO-Personal sowie unter kostenloser und uneingeschränkter Nutzung der gesamten jugoslawischen Infrastruktur durch die NATO.[(277)]

Wer würde freiwillig einen solchen Vertrag unterschreiben, nachdem er gerade jahrelang für die Unabhängigkeit seines Landes gekämpft hatte? Niemand! Dies waren keine Verhandlungen, sondern eine Erpressung. Selbst *Henry Kissinger* meinte dazu in einem Aufsatz (Newsweek, 24. Mai 1999) mit dem Titel „New World Disorder", dass es ein Fehler war *„die vorhersehbare Weigerung der Serben als Rechtfertigung für den Beginn der Bombardierung zu nutzen. Rambouillet war keine Verhandlung – wie oft behauptet –, sondern ein Ultimatum"*. Offenbar gab es innerhalb der NATO und der Regierungen, die dahinterstanden, Uneinigkeit und unterschiedliche Interessen. Der Westen hatte den Serben schon seit Jahren „ethnische Säuberungen" im Kosovo vorgeworfen. Man stilisierte die Serben zu Bestien hoch, die Albaner zu Opfern. Wer jedoch weiß, welche Rolle die Kosovo-Albaner seit den 1990er-Jahren in der kriminellen Szene in Europa spielten, weiß, dass diese Darstellung ein wenig einseitig war. Doch dies nur am Rande.

Im Januar 1999 waren nahe des Dorfes Racak, in der jugoslawischen Provinz Kosovo, mehr als 40 Leichen gefunden worden, die angeblich durch Schüsse getötet worden waren. Als die Jugoslawen zwei Monate später den Vertrag von Rambouillet nicht unterschreiben wollten, wurde offiziell argumentiert, dass es ohne NATO-Truppen im Kosovo zu weiteren „ethnischen Säuberungen" kommen würde und man die Kosovo-Albaner schützen müsse. Der serbisch-jugoslawischen Regierung wurden „Verbrechen gegen die Menschlichkeit“ vorgeworfen, die bis heute nicht bewiesen sind. Entscheidend aber ist: Das „Massaker von Racak“ war eine „Falsche Flagge“, die der NATO als Grund für einen Angriffskrieg diente, der international nicht legitimiert wurde und somit völkerrechtswidrig war. Im März 1999 griff die NATO unter Führung der USA im Kosovo ein. Achtundsiebzig Tage lang flogen die Alliierten massive Luftangriffe. Es hagelte Bomben auf Serbien, auf Märkte, Schulen, Dörfer, Regierungsgebäude, Industrieanlagen, Brücken, Raffinerien, Kommunikations-Einrichtungen, auf Flüchtlinge und auf die chinesische Botschaft. Die Gesamtzahl der Todesopfer durch die Bombardierung des serbischen Teils der Bundesrepublik Jugoslawien wird auf 3.500 geschätzt.[(278)]

Es gilt als gesichert, dass die albanische UÇK im Jahr 1998 aus den USA und aus Westeuropa – vor allem aus Deutschland und der Schweiz – Spenden bekommen hatte, mit denen sie Waffen kaufte und Rekruten anwarb. Das Ziel war es offenbar bereits im Jahr 1998 gewesen, einen Bürgerkrieg zu entfesseln und ein Eingreifen der NATO im Kosovo zu erzwingen.[(279)]

Davon profitierte vor allem die US-Politik. Zum einen gelang es ihr erstmals, die NATO ohne UNO-Mandat für ihre eigenen Zwecke als Angriffsarmee zu nutzen. Dadurch hatte sie ausgelotet, wie schwach die politischen Führer in Europa wirklich waren. Zum anderen hatte sie die Russen gedemütigt, indem sie auf dem Gebiet der ehemaligen Sowjetunion eigene Truppen stationierte und allen Beteiligten ihren Willen aufzwang. Außerdem gelang es ihr im Sommer 1999 auch noch, die Nicht-NATO-Mitglieder Finnland, Irland, Marokko, Österreich, Schweden, Schweiz und die Ukraine (!) mit einzubinden. Denn fortan bildeten diese Länder gemeinsam mit der NATO die sogenannten „KFOR-Truppen“, die im Kosovo stationiert waren und dort für „Sicherheit“ und „Frieden“ sorgen sollten – doch was sie in Wahrheit taten, war das Gegenteil!

So waren nach 1999 mehr als 50.000 Soldaten aus 40 Ländern in der spannungsgeladenen und höchst kriminellen Region Kosovo stationiert. Deren Bürger bezahlten jahrelang für die Folgen eines illegalen Angriffskrieges der NATO unter Führung der USA. Eigentlich sollten die KFOR-Soldaten Minen räumen, Waffen einziehen und eine neue lokale Polizeistruktur aufbauen. Der Kosovo war zu diesem Zeitpunkt bereits seit Jahren der wichtigste Umschlagplatz im europäischen Menschenhandel. Hier wurden Mädchen, teilweise nicht älter als 11 Jahre alt, vom Balkan nach Europa geschleust und verkauft. In diesem schwierigen Umfeld sollten die KFOR-Soldaten also für Ruhe und Ordnung sorgen!

> *„Bald nach der Ankunft der KFOR wurde eine signifikante Konzentration organisierter Prostitution, verbunden mit Frauenhandel, in 4 Gebieten, nahe den Stationierungen der KFOR beobachtet. (US-Lager Bondsteel bei Gjilan, deutsche KFOR-Truppen bei Prizren, italienische KFOR bei Pec und in N-Mitrovica)* ***Bereits 2000 wurden KFOR und UNMIK von der Internationalen Organisation für Migration öffentlich als Verantwortliche für Zwangsprostitution genannt.*** *Es wurde ihnen vorgeworfen, am Erblühen des Handels mit jungen Mädchen, die von Kriminellen zur Prostitution gezwungen würden, verantwortlich zu sein.“*[280]
>
> Amnesty International

Die *Organisation für Sicherheit und Zusammenarbeit in Europa* (OSZE) und die UNO setzten im Kosovo eigene Interimsverwaltungen und Polizeiapparate ein. Ihr Name: UNMIK (*United Nations Interim Administration Mission in Kosovo*). Neben den zehntausenden fremden Soldaten, waren nun auch noch tausende fremde Beamte in der Region stationiert. Sie alle genossen juristische Immunität und hatten genau genommen umfangreichere Rechte als Diplomaten. Sie sollten den Kosovaren die Demokratie beibringen, sie bildeten die örtliche Polizei aus und waren für die Privatisierung von Unternehmen zuständig. Doch in Wahrheit schufen sie noch mehr Anarchie, Korruption und Kriminalität. Im Grunde schuf sich die NATO hier ein eigenes Land, so, wie die USA es schon 1903 mit der Abspaltung Panamas von Kolumbien praktiziert hatten.

Zusammen mit der KFOR, die dutzende Kasernen und Feldlager in der Region unterhielt, machten die OSZE- und UNO-Beamten den Kosovo und Mazedonien zum größten Bordell Europas. Hier vergingen sich Soldaten und UNMIK-Mitarbeiter nicht nur in hunderten Etablissements an meist minderjährigen Mädchen aus Moldawien, der Ukraine, Rumänien oder Bulgarien, sondern sie organisierten auch deren Verkauf nach Europa, wo sie als Haussklavinnen oder Zwangsprostituierte endeten.[281] Dass dies eine extrem gewinnbringende, globale Industrie ist, haben wir bereits im Kapitel „die Totesser“ gesehen. (siehe Seite 146) Als der Kosovo-Skandal aufflog, wurden diejenigen, denen man die Beteiligung am Menschenhandel nachweisen konnte, straffrei in ihre jeweiligen Länder zurückgeschickt.

Im Jahr 2003 benannte sich die Bundesrepublik Jugoslawien in „Serbien und Montenegro“ um. Drei Jahre später erklärte Montenegro seine Unabhängigkeit. Was blieb, war die unabhängige Republik Serbien, deren Provinz Kosovo seit Juni 1999 aber unter UN-Verwaltung stand. UN, NATO, OSZE und KFOR bildeten zusammen einen riesigen unübersichtlichen Sumpf, der den Kosovo immer weiter ins Chaos stürzte. Diese De-facto-Besatzungsmacht ließ zu, dass der Kosovo am 17. Februar 2008 seine Unabhängigkeit erklärte – und zwar gegen den ausdrücklichen Willen der Serben, was in dem Land großen Unmut gegen den Westen und gegen die USA im Speziellen zur Folge hatte. Das wiederum verstärkte den Schulterschluss zwischen Serbien und Russland.

> *„Der Hochmut der Offiziellen in der US-Regierung ist grenzenlos. Am 18. Februar hat die US-Regierung die Wut der Serben entfacht, als sie muslimischen Separatisten mit dem Kosovo, einer historischen Provinz Serbiens, einen unabhängigen Staat zugestand. Zweihunderttausend Serben marschierten aus Protest vor die US-Botschaft in Belgrad und zündeten sie an. Konnte das jemanden überraschen? Nur die offiziellen Vertreter des amerikanischen Imperiums gaben sich überrascht. Der als notorisch neokonservativer Konsul des Imperiums bekannte Azlmay Khalilzad, Bushs Botschafter bei der UNO, wetterte: ‚Ich bin außer mir über diesen Angriff des Mobs.‘“*[(282)]
>
> Paul Craig Roberts, „Wird das amerikanische Imperium untergehen, bevor es die Welt in den Abgrund reißt?“

Das arrogante Vorgehen der USA trieb die Serben in die Arme Russlands, das dem Land Kredite in Höhe von mehreren Milliarden Dollar zur Verfügung stellte. Die russische *Gazprom* kaufte den serbischen Erdölmonopolisten *NIS* (*Naftna Industrija Srbije*). Es war geplant, die Gaspipeline *Southstream* durch Serbien zu führen, und auf dem Flughafen der südserbischen Stadt *Nis* hat Russland einen „Stützpunkt für humanitäre Zwecke“ errichtet, den der russische Verteidigungsminister *Sergei Schoigu* mehrmals besucht hat.[283] Er könnte jederzeit zu einer russischen Militärbasis ausgebaut werden – so er es denn im Geheimen nicht schon ist.

Die EU versucht seit Jahren, die Serben an die europäische Gemeinschaft heranzuführen und sieht deren Annäherung an Russland sehr kritisch. Sie wollte die Serben im Jahr 2014 auch dazu zwingen, sich an den Wirtschaftssanktionen gegen Russland zu beteiligen, was aber für Serbien ökonomischen Selbstmord bedeutet hätte. So ist das Land hin- und hergerissen. Es ist von EU-Mitgliedsstaaten und US-Militärstützpunkten umgeben, aber vom Herzen her näher an Russland dran und davon auch abhängig. Das Tauziehen zwischen dem Westen und Russland macht es Serbien unmöglich, sich selbstständig zu entwickeln und einen eigenen Weg zu gehen. Die Geschichte wiederholt sich immer und immer wieder.

Nach all den Skandalen im Kosovo war die OSZE-UNO-Interimsverwaltung (UNMIK) selbst für NATO- und US-Standards untragbar geworden – und das will etwas heißen! Also sah man sich gezwungen, das Ganze dann 2008 etwas umzustrukturieren und umzubenennen. Seitdem ist die EU-Mission EULEX für die meisten der Aufgaben im Justiz-, Polizei- und Zollwesen im Nordkosovo zuständig. Das Ganze nennt sich dann zynisch „Rechtsstaatlichkeits-Mission". Man kann den Damen und Herren, die sich solche Dinge ausdenken, ihren makaberen Sinn für Humor nicht absprechen.

Im Jahr 2013 brachte die kosovarische Zeitung *Koha Ditore* einen Stein ins Rollen, indem sie einen Korruptionsskandal aufdeckte. Demnach sollen die EULEX-Chefanklägerin *Jaroslava Novotna* und der Ex-Vorsitzende von EULEX, *Franceso Florit*, in den Jahren 2012 und 2013 mehrere Strafverfahren gegen Bezahlung fallengelassen haben. Alleine *Florit* soll 370.000 Euro an Bestechungsgeldern eingestrichen haben. Es soll großer Druck auf die regionale Presse ausgeübt worden sein, um jede weitere Berichterstattung zu dem Thema zu unterdrücken.[284]

Es gibt also anscheinend keinen großen Unterschied zwischen UMIK und EULEX – „*same, same, but different*", wie man in Indien sagen würde. Im November 2012 schildert ein deutscher Polizist seine Erfahrungen als EULEX-Gesandter im Kosovo in einem Spiegel-Interview wie folgt:

„Ich kenne das Kosovo seit über zehn Jahren, und nach meiner Meinung haben wir in dieser Zeit kaum etwas erreicht. Am meisten enttäuscht bin ich von der Polizei... An die großen Verbrecher kommt man sowieso nicht heran. Das verhindern die traditionellen Clan-Strukturen und die alten Seilschaften der ehemaligen Kosovo-Befreiungsarmee UÇK, aus der viele Polizisten rekrutiert wurden. Die wiederum möchten natürlich nicht als Nestbeschmutzer dastehen und werden wohl kaum gegen ihre alten Kommandeure ermitteln, die im Rauschgifthandel reich geworden sind... Klar ist nur: Das Kosovo ist fest im Griff der Organisierten Kriminalität. Man muss sich nur mal die vielen neuen Tankstellen und Einkaufszentren ansehen, die kaum Kunden haben. Da drängt sich der Verdacht geradezu auf, dass sie vor allem der Geldwäsche dienen... keiner der Verantwortlichen der EULEX-Mission meldet die Wahrheit nach Brüssel. Sie schicken aus dem Kosovo nur geschönte Berichte, sogenannte ‚Okay-Reportings'. Vielleicht müssen sie das auch machen, um ihren Posten zu behalten und weiterhin in Auslandsmissionen arbeiten zu können. Aber dem Kosovo hilft das nicht.“[(285)]

Der gesamte Kosovokrieg und seine Folgegeschichte sind eine Chronologie des Grauens. Auch Ende 2014 ist es laut des Deutschen Auswärtigen Amtes im Kosovo noch immer gefährlich: *„Im Kosovo befinden sich mehrere hunderttausend illegale Schusswaffen in Privatbesitz; die Hemmschwelle zu deren Einsatz ist vergleichsweise niedrig. Der Einsatz von Waffengewalt richtet sich jedoch in aller Regel nicht gegen Ausländer.“* (Kosovo: Reise- und Sicherheitshinweise, Stand 1.11.2014) Das ist doch gut für den Westen: *„Die erschießen sich da unten nur gegenseitig!“*

Der Kosovo war 2014 – fünfzehn Jahre nach dem Eingreifen der NATO – ein Mafia-Staat, in dem das Recht des Stärkeren gilt und etwa 2/3 der Bevölkerung arbeitslos sind. Das Land ist weiterhin von internationalen Militär-Einheiten besetzt. So sitzen die Deutschen und Österreicher im deutschen Camp in *Prizren* und im Hauptquartier in *Pristina*. In *Pécs* befindet sich eine abgesetzte Kompanie.[(286)] Die US-Armee unterhält bis heute ihren Kosovo-Stützpunkt ***Camp Bondsteel***, von dem aus sie ganz Südost-Europa bis zu den Ölländern im Mittleren Osten kontrollieren kann. Das mehr als 400 ha große Areal nahe der Grenze zu Mazedonien hatten die Amerikaner bereits 1999 besetzt. Gebaut wurde die Basis von *Halliburton*, jener Baufirma, deren Vorstandsvorsitzender damals *Dick Cheney* war, der zwei Jahre später Vizepräsident unter *George W. Bush* wurde. Heute sind dort immer noch über 7.000 US-Soldaten stationiert.[(287)] Im Jahr 2005 wurde bekannt, dass im *Camp Bondsteel* eine „Black Site", also ein Geheimgefängnis betrieben wurde, in dem man Personen, die des Terrorismus bezichtigt wurden, unrechtmäßig gefangen gehalten hatte. Der Menschenrechtskommissar des Europarates, *Álvaro Gil-Robles*, sprach nach einer Inspektion des Lagers von „schockierenden Zuständen".

Mit dem „unabhängigen" Kosovo hat die Geheime Weltregierung einen schwachen Staat geschaffen, den sie nach Belieben kontrollieren kann. Wäre das Kosovo ein Teil Serbiens geblieben, hätte es die NATO viel schwerer gehabt, die militärische Kontrolle darüber zu erlangen. Die Tatsache, dass die Europäer die US-Truppen im Kosovo uneingeschränkt agieren ließen und sich wie deren Lakaien verhielten, hat die politische Führung in den USA immer übermütiger werden lassen. In einer Erklärung ließ US-Außenministerin *Hillary Clinton* im Jahr 2012 verkünden, dass Washington dem Kosovo „helfen" werde, sich sowohl der NATO als auch der *Europäischen Union* anzuschließen.[(288)] Die USA bestimmen also, wer EU-Mitglied wird!

Der Kosovo war für die USA und die NATO auch aus geostrategischen Gründen bedeutend. Von dort aus hätten sie sehr gut die geplanten Öl- und Gas-Pipelines vom Kaspischen Meer und aus dem Mittleren Osten in die EU kontrollieren können, ebenso wie die geplante *South-Stream-Pipeline*, die von Russland durch das Schwarze Meer, über Bulgarien, Serbien, Ungarn und die Slowakei bis nach Österreich hätte führen sollen. Dieses Projekt hat *Wladimir Putin* jedoch im Dezember 2014 auf Grund der unsicheren Lage gestoppt. *F. William Engdahl* behauptet zudem, dass das US-Camp *Bondsteel* auch eine Schlüsselrolle im berühmten „Krieg gegen Drogen" innehat, denn die militärische Präsenz in der Region *„schützt auch den Milliarden Dollar schweren Heroin-Schmuggel aus Afghanistan, der nach Angaben von Rauschgiftexperten der UNO seit Beginn der US-Besetzung auf Rekordhöhe angestiegen ist. Durch Albanien und das Kosovo führen die Hauptrouten des Heroin-Transportes nach Europa."*[(288a)]

Er behauptet weiter, dass *Hashim Thaci*, der Premierminister des Kosovo, Mitbegründer und Führer der paramilitärischen und terroristischen Organisation UÇK war, die im Kosovokrieg gegen die Serben kämpfte und Terroranschläge verübte:

„Der heute 44-jährige Thaci war in den 1990er-Jahren schon als damals 30-jähriger Gangster ein persönlicher Protegé von Clintons Außenministerin Madeleine Albright. Die UÇK wurde von Anfang an von der CIA und vom deutschen BND unterstützt. Während des Krieges 1999 erhielt die UÇK außerdem direkte Unterstützung von der NATO. Zusammen mit dem von der NATO kontrollierten Afghanistan, aus dem das von Premierminister Thaci kontrollierte Heroin kommt, gehört das Kosovo zu einem Netz, das vom Pentagon zur Einkreisung Russlands aufgebaut wird und keinesfalls friedlichen Zwecken dient."[289]

Der Kosovokrieg ist an Heuchelei und Bigotterie kaum zu überbieten. In der Erinnerung der meisten Amerikaner ist er als Beispiel der Unentschlossenheit der Europäer und des Heldenmutes der US-Boys abgespeichert. In den USA ist die Operation im Kosovo bis heute unter dem Namen ***Operation Noble Anvil*** (*Operation barmherziger Amboss*) bekannt, in Europa jedoch vermarktete man den Krieg unter dem Namen ***Barmherziger Engel***. Angeblich kam diese Bezeichnung durch einen Übersetzungsfehler zustande. Vielleicht war es aber auch ein Meisterstück des Mind-Twisting.

Doch wer glaubt, dass dies schon alles war, der irrt, denn erst einige Jahre später kamen ganz schleichend weitere unfassbare Details dieses Krieges ans Tageslicht: **Die NATO setzte im Kosovo-Krieg Munition aus abgereichertem Uran ein!** Der Einsatz von abgereichertem Uran (depleted uranium) als Kriegsmunition ist eine der beliebtesten Arten der Entsorgung von Atommüll. Etwa 300 Tonnen dieser Munition sollen im Irak, in Kuwait und in Saudi-Arabien verstreut herumliegen. In diesen Gebieten sprechen Ärzte in den letzten zwei Jahrzehnten von einer extrem hohen Rate missgebildeter Kinder – teilweise haben sie zwei Köpfe oder mehrere Arme. Auch die Rate von Leukämie, aplastischer Anämie und von zahlreichen Krebsarten ist dort ungewöhnlich hoch.[290] Doch auch die Zahl der an Krebs erkrankten US-Veteranen ist enorm hoch. Mehr als 130.000 sollen am „Golf-Syndrom" leiden. Sie haben Krebs, bringen missgebildete

Kinder zur Welt oder sind unfruchtbar. Das Pentagon leugnet jedoch bis heute jeden Zusammenhang zwischen der strahlenden Munition und den außergewöhnlich hohen Raten an Erkrankungen bei jenen, die mit ihr hantiert hatten.[291]

Mit abgereichertem Uran ummantelt, werden Geschosse besonders hart und haben daher eine besonders hohe Durchschlagskraft. Sie werden als panzerbrechende Geschosse eingesetzt. Zudem ist es viel billiger, den Atommüll in fremden Ländern auszustreuen, als ihn im eigenen Land in Atommüll-Endlagern kontrolliert zu lagern. Während der Operation „barmherziger Engel" sollen 1999 im Kosovo mindestens 31.000 solcher Uran-Geschosse zum Einsatz gekommen sein.[292] Diese Geschosse haben die gesamte Region verstrahlt. Die Soldaten, die mit ihnen hantierten, waren dieser Strahlung nur relativ kurz ausgesetzt, verglichen mit den Menschen, die im Kosovo leben, denn zahlreiche dieser Uran-Geschosse liegen heute noch in der Erde oder in Brunnen. Das Trinkwasser und die Nahrungsmittel sind verseucht. Die Tiere sind verseucht. **Im Jahr 2013 starben im Kosovo fünfzehn Mal mehr Menschen an Krebs als noch 1999**. Dabei sind bereits Zehntausende im Lauf der letzten Jahre elendiglich zugrunde gegangen. Die Zahl der missgebildeten Kinder ist um das Zwanzigfache gestiegen!

Mit Uran abgereicherte Munition ist eine Massenvernichtungswaffe. Der Berliner Wissenschaftler *Prof. Dr. Albrecht Schott* nennt Uran-Waffen eine „Ausrottungswaffe". Ihr Einsatz ist ein Kriegsverbrechen und verstößt gegen die Genfer Konvention. Tatsächlich gab es jedoch nie Anklagen gegen die Verantwortlichen.[293]

Die Operation ***Barmherziger Engel*** dauerte nur etwa zehn Wochen. Offiziell gab es dadurch etwa 3.500 direkte Todesopfer. Die Folgen dieses Einsatzes aber werden noch Jahrzehnte lang spürbar sein, und die Liste der Toten durch die zurückgelassenen Atommüllabfälle steigt jeden Tag. Mit Uran abgereicherte Munition wurde bis heute nachweislich in Serbien, im Irak, in Afghanistan, Somalia, im Libanon und in Libyen eingesetzt und womöglich auch in Gaza.[294] Zudem gibt es Berichte über deren angeblichen Einsatz in Syrien und in der Ukraine. Man geht davon aus, dass im Irak mehr als eine Million Menschen an den direkten Folgen des Einsatzes von abgereicherter Uran-Munition gestorben sind.[295]

„Mit dem Bondsteel begann ein dramatischer Anstieg von US-Militärbasen... Jetzt befinden sich in Europa mehr US-Militärstützpunkte als auf dem Höhepunkt des Kalten Krieges. Heute ist der europäische Kontinent völlig militarisiert. All dies dient der Vorbereitung für einen Sprung an die russischen Grenzen. Dies erklärt auch den Krieg in Georgien 2008 und den ukrainischen Maidan 2014. Die Aggression gegen Jugoslawien war ein Wendepunkt für die Globalisierung der Intervention! Das Hauptziel: Sibirien! Der erklärte Plan ist es, hier das größte Reservoir an Bodenschätzen der Erde einzunehmen... Die neuen ukrainischen Machthaber sind fest entschlossen, der NATO beizutreten. Und jetzt gerade wurde in Belgrad, im ehemaligen jugoslawischen Ministerium für Verteidigung, ein Büro der NATO eröffnet – eine bittere Ironie der Geschichte! Damit wird die serbische Armee von nun an von einem amerikanischen General reformiert, oder besser gesagt, endgültig vernichtet, da sie sich der amerikanischen und der NATO-Übermacht bislang geschickt widersetzt hatte. Die Operation gegen Jugoslawien 1999 wurde ‚Barmherziger Engel' genannt. Ich kann Ihnen sagen, dass dieser ‚Barmherzige Engel' bereits nach Russland fliegt.“[(296)]

Ziivadin Jovanovic, Außenminister Jugoslawiens von 1998-2000,
am 18. Juni 2014

Das Ukraine-Puzzle – Wer steckt hinter dem Krieg?

Während ich dieses Buch fertigstelle, dauert der Konflikt in der Ukraine unvermindert an, und die Sachlage ändert sich konstant. Es ist völlig unklar, wie dieser Konflikt ausgehen wird. Eines aber ist für mich klar: Das, was uns die westlichen Leitmedien zu dem Thema präsentierten, war schwach. Wenn man den westlichen Medien im Jahr 2014 folgte, dann konnte man den Eindruck gewinnen, dass das Ukraine-Puzzle aus nur zwei Steinen bestand, einem westlichen und einem russischen. Der eine Teil war „gut“, der andere Teil war „böse“. Die Ukraine-Berichterstattung zahlreicher westlicher Medien erinnerte mich an Geschichten, wie Kleinkinder sie selbst erfinden.

Ich kann nicht behaupten, dass ich bereits selbst in der Lage wäre, das fertige Bild dieses Puzzles zu sehen, aber ich erkenne zumindest eindeutig, dass es sich beim Ukraine-Konflikt um ein sehr großes, kompliziertes Bild handelt, das aus sehr vielen kleinen Teilen zusammengesetzt wird. Ich habe mich mit einigen Exil-Ukrainern unterhalten, und die meisten erklärten mir, dass sie selbst nicht verstehen konnten, wie es zu all dem gekommen war, was ab Ende 2013 in der Ukraine geschah. Viele Ukrainer fühlten sich im Zuge dieses Konflikts benutzt, manipuliert und erniedrigt. Ganz davon zu schweigen, dass viele Ukrainer wegen des Bürgerkriegs ihr Zuhause verloren hatten, hungerten, froren, unter körperlichen und seelischen Verletzungen litten. Tausende Ukrainer waren in dem Tauziehen um die Ukraine getötet worden. Eine ganze Generation wird das Trauma des Jahres 2014 für immer belasten.

> *„Wie sollen wir verstehen, wo die Grenze zum moralischen Verfall verläuft? Wie können wir diese unsichtbare, nicht spürbare Grenze erfassen? Es gibt ein einfaches und bekanntes Verfahren: regelmäßig in die eigene Seele zu blicken – das Resultat ist physisch durchaus wahrnehmbar... Unsere professionellen Weisen leben monoton, ruhig und sicher. An der Grenze zum moralischen Verfall. In ihre Seelen werfen sie keinen Blick.“*[(297)]
>
> Semjon Glusman, ukrainischer Arzt

Ich möchte also auf den kommenden Seiten versuchen, die vielen einzelnen Steine dieses Puzzles zumindest auszubreiten und zu sortieren. Lassen Sie uns also versuchen, die Ecksteine dieses Puzzles zu finden, um nach und nach wenigstens die äußeren Umrisse des Gesamtbildes zu erkennen, damit wir nicht länger nur auf Propaganda von allen Seiten angewiesen sind. Die folgenden Seiten werden sich vielleicht nicht ganz so einfach lesen lassen, aber ich denke, dass sich Ihre Ausdauer lohnen wird, denn es hilft, das große Bild erkennen zu können, das die westlichen Medien absichtlich verschweigen.

Worum also könnte es in der Ukraine gehen?

Die Ukraine ist in ihren heutigen Grenzen das größte Land auf dem europäischen Kontinent. Sie hat rund fünfundvierzig Millionen Einwohner. Sie war nie ein homogenes, ein auf Kultur, Sprache oder Religion bezogen einheitliches Land, weil sie über die Jahrhunderte hinweg immer wieder unter den wechselnden Einflüssen Polen-Litauens, Österreich-Ungarns und Russlands stand. So wurde das Land mehrfach geteilt und wieder vereinigt,

Menschen wurden umgesiedelt und umerzogen. Die Amtssprache wechselte öfter zwischen Ukrainisch, Russisch und Deutsch. Die Ukraine ist also seit langem auf der Suche nach einer eigenen Identität.

Das Land, das an Russland, Weißrussland, Polen, Slowakei, Ungarn, Rumänien und Moldawien sowie an das Schwarze und an das Asowsche Meer grenzt, ist aus vielerlei Gründen sowohl für den Westen als auch für Russland von großer strategischer, wirtschaftlicher und politischer Bedeutung.

Zuerst ist es vielleicht wichtig, sich die Landkarte Europas vor Augen zu führen, um sich bewusst zu machen, dass die spanische Hauptstadt *Madrid* von der österreichischen Hauptstadt *Wien* etwa 400 Kilometer weiter entfernt ist als das ukrainische Kriegsgebiet *Donetsk*. Der Nordwesten der Ukraine ist von der deutschen Hauptstadt *Berlin* etwa gleich weit entfernt wie die ungarische Hauptstadt *Budapest*. (siehe Abb. 14) Ich möchte diesen Umstand nur deshalb erwähnen, weil ich oft den Eindruck habe, dass die Ukraine für die meisten Europäer sehr weit entfernt zu sein scheint. Aber das ist sie nicht!

Die Tatsache, dass es bis heute zwei große Lager in der Ukraine gibt, nämlich jene, die mehr zum Westen tendieren, und jene, die sich als Russen fühlen, ist der Grund dafür, dass es ein Leichtes für den Westen war, seit der Unabhängigkeit des Landes im Jahr 1991 eine sogenannte „Revolution" nach der anderen zu entfachen und zu unterstützen – und das Land immer weiter zu destabilisieren. Es gab zahlreiche Versuche diverser ukrainischer Regierungen, die russische Sprache in Schulen, Universitäten, Ämtern und selbst im Alltag zu verbieten, was wenig erfolgreich war, und daher wieder rückgängig gemacht wurde. Ukrainisch und Russisch sind beides slawische Sprachen, die eng miteinander verwandt sind.

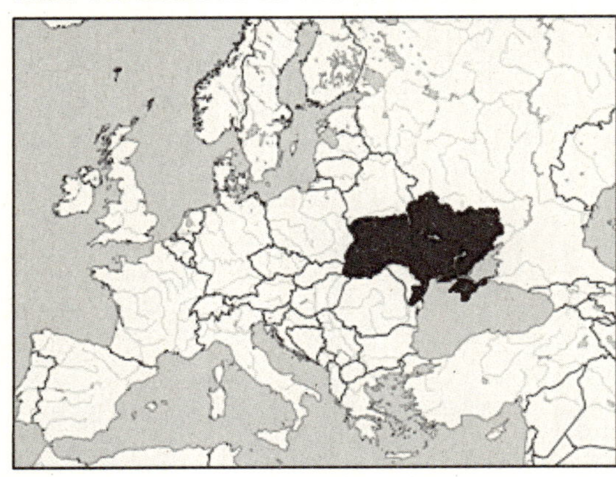

Abb. 14:
Die Ukraine ist die Brücke zwischen Russland und Europa.

Viele Ukrainer sprechen beide Sprachen, die sich in etwa die Waage halten. Im Alltag wird darüber hinaus ein Dialekt gesprochen, der eine Mischung aus beiden Sprachen ist und „Surschyk“ genannt wird.[(298)] [(299)]

Fest steht, dass der Westen und Nordwesten des Landes historisch bedingt eher westlich geprägt sind, und daher seit dem Zerfall der Sowjetunion den Anschluss an die EU suchen, während der Osten und Südosten sich sowohl sprachlich als auch kulturell als Russen sehen. Hier sprechen wir vor allem von der Halbinsel Krim mit der Stadt Sewastopol und den Regionen Luhansk und Donezk.

In einer idealen Welt hätte die Ukraine nach dem Ende der Sowjetunion, ohne Einmischung von Außen, die Chance gehabt, ein funktionierender, demokratischer und auch durchaus wohlhabender Staat zu werden, in dem „Ukrainer“ und „Russen“ friedlich hätten zusammenleben können. Die einzelnen Landesteile hätten, ähnlich wie die Bundesländer und Freistaaten in Deutschland, weitestgehende Autonomie innerhalb eines gemeinsamen ukrainischen Staates erhalten können, und alle wären vermutlich zufrieden gewesen. Ein solcher Staat wäre die Brücke zwischen Europa und Russland, und somit das Zentrum eines großen eurasischen Wirtschafts- und Handelsraumes gewesen. Doch das konnten und wollten jene Kräfte, die in der angelsächsischen Wirtschaft und Politik die Fäden ziehen, nicht zulassen. Wie in anderen Ex-Sowjetstaaten und in Russland selbst, entstand auch in der Ukraine nach dem Ende des Kalten Krieges zuerst ein Machtvakuum, das dann von einigen cleveren lokalen Geschäftsleuten und von westlichen Geheimdiensten und Großkonzernen zum eigenen Vorteil genutzt wurde. Daraus entstanden mehrere Oligarchen-Clans, die sich das Land untereinander aufteilten. Verschiedene westliche Kräfte und Russland unterstützten verschiedene Oligarchen, was das Entstehen echter Demokratie unmöglich machte.

Die Ukraine ist ein Land mit großen Rohstoffreserven und großem Nachholbedarf. Man konnte sich also zum einen Bodenschätze sichern und zum anderen westlichen Firmen lukrative Aufträge beim „Verwestlichen“ des Landes sichern. Zudem ist die Ukraine ein wichtiges Transitland für jenes russische Gas, von dem Europa abhängig ist. Die Ukraine ist aus den eben genannten Gründen für alle Seiten, für Russland, Europa und die USA, von großem strategischem Interesse. Jedoch sind die Interessen der einzelnen Akteure hier sehr unterschiedlich gelagert. *Zbigniew Brzezinski*, über Jahrzehnte hinweg einer der mächtigsten Männer in der Außenpolitik den USA, schrieb bereits im Jahr 1999 Folgendes:

> *„Die Ukraine, ein neuer und wichtiger Raum auf dem eurasischen Schachbrett, ist ein* ***geopolitischer Dreh- und Angelpunkt****, weil ihre bloße Existenz als unabhängiger Staat zur Umwandlung Russlands beiträgt. Ohne die Ukraine ist Russland kein eurasisches Reich mehr. Es kann trotzdem nach einem imperialen Status streben, würde aber dann ein vorwiegend asiatisches Reich werden, das aller Wahrscheinlichkeit nach in lähmende Konflikte mit aufbegehrenden Zentralasiaten hineingezogen werden würde... Wenn Moskau allerdings die Herrschaft über die Ukraine mit ihren... bedeutenden Bodenschätzen und dem Zugang zum Schwarzen Meer wiedergewinnen sollte, erlangte Russland automatisch die Mittel, ein mächtiges, Europa und Asien umspannendes Reich zu werden. ...“*[(300)]

Die Aussage *Brzezinskis* stammt noch aus der Zeit knapp vor *Wladimir Putin*, aus einer Zeit, als die USA Russland quasi für „besiegt“ hielten. Ab dem Jahr 2002 aber, als *Putin* begann, das PSA für Sachalin neu zu verhandeln, realisierten die US-Strategen, dass Totgeglaubte oft doch länger leben. Eines der wichtigsten Ziele der US-Außenpolitik seit Beginn des 21. Jahrhunderts war daher, einen Keil zwischen Europa und Russland zu treiben und Russland so weit wie möglich zu isolieren. Dabei kam der Ukraine eine bedeutende Rolle als Brücke zwischen Europa und Russland zu.

Europa hatte wirtschaftlich zum Teil ähnliche Interessen wie die USA. Die Ukraine bietet die Möglichkeit, einen riesigen, neuen Absatzmarkt für sich zu erschließen. Zudem gibt es große Betriebe, die immer noch vorwiegend nach Russland liefern. Diese Betriebe stehen vor allem im industriellen Osten und Südosten der Ukraine, also im russisch geprägten Teil des Landes. Will man Russland schwächen, muss man diese Betriebe entweder kontrollieren oder zerstören. Würde man sie kontrollieren, könnte man sehr von ihrem Know-How profitieren. Es handelt sich um Betriebe wie *Juschmasch* (Raketenbau, Raumfahrzeuge, Windkraftanlagen, Straßenbahnen, Omnibusse uvm.) und *Motor Sitsch* (Flugzeug-Triebwerke, Flugmotoren, Gasturbinen). *Motor Sitsch* betreibt nicht nur eine eigene Fluglinie, sondern liefert auch Flugzeug- und Hubschrauber-Motoren für die russische Armee. **Diese beiden Betriebe sind für den Westen strategisch eben-**

so bedeutsam wie für Russland. Es ist daher unwahrscheinlich, dass Russland einen direkten Zugriff des Westens auf diese Betriebe zulassen wird.

Seit Jahren kommt es in der Ukraine zu **Landgrabbing**, also zur Landnahme durch große, westliche, vorwiegend US-amerikanische, britische sowie deutsche Agrar- und Saatgutkonzerne, Banken und Investoren, aber auch durch ukrainische Oligarchen. Die Ukraine ist das europäische Land mit den größten landwirtschaftlichen Anbauflächen. Mit 32 Millionen Hektar sind sie etwa doppelt so groß wie die Deutschlands. Die Ukraine war bis zur Auflösung des Ostblocks die Kornkammer der Sowjetunion. Seit einigen Jahren werden diese Anbauflächen von Ausländern aufgekauft, weil sie nicht nur sehr ertragreich sind, sondern für westliche Standards auch sehr preiswert. Große US-Konzerne wie *DuPont* und *Monsanto* kaufen weltweit Agrarflächen, da sie ein wichtiger Bestandteil im Kampf um die Kontrolle der globalen Lebensmittelproduktion sind, und damit ein Schlüssel zum Erlangen der Weltherrschaft. *DuPont* und *Monsanto* können in der Ukraine ihr gentechnisch verändertes Saatgut (GVOs) anbauen. Die USA bestehen auf einen EU-Beitritt der Ukraine. Auf diese Weise sollen die Versuche einiger europäischer Staaten, sich gegen GVOs zu wehren, durch die Hintertür zunichte gemacht werden. Die Ukraine kann sich gegen den Ausverkauf ihres Agrarlandes nicht wehren, weil die Erlaubnis dazu Grundvoraussetzung für die Kredite der EU und der internationalen Geldgeber ist, ohne die das Land auf der Stelle zusammenbrechen würde.[(301)]

Doch neben dem wirtschaftlichen und militärischen Aspekt könnte die Ukraine für Europa noch auf einem anderen Gebiet von großem Nutzen sein. Hier handelt es sich um ein Thema, über das bislang niemand öffentlich spricht: **die Endlagerung von nuklearem Abfall!** Seit Jahrzehnten werden in Europa Unmengen an atomarem Abfall produziert, und niemand weiß, wohin damit. Vor 2020 wird es in Europa kein Atommüll-Endlager geben – vielleicht wird es nie dazu kommen. Bis 2020 werden nach Angaben aus Brüssel in der EU mindestens 1,8 Millionen Kubikmeter radioaktiven Mülls angefallen sein.[(302)]

Allein in Deutschland fallen jährlich 230 Tonnen abgebrannter Brennelemente an. Die Entscheidung über eine Endlagerung wird immer wieder vertagt, der Müll kommt von einem unsicheren Zwischenlager ins nächste, und permanent kommt es zu Atommüllunfällen, die totgeschwiegen werden.[303] Die Atommüllfässer im stillgelegten Kernkraftwerk *Brunsbüttel* sind in einem so schlechten Zustand, dass aus den Fässern seit Jahren strahlendes Material austritt und ins Grundwasser gelangt. (siehe Abb. 15) Ursprünglich sollten die Atommüllfässer bereits seit vielen Jahren im Endlager *Schacht Konrad* in Niedersachsen aufbewahrt werden. Dieses steht aber immer noch nicht bereit. Wann es in Betrieb gehen kann, ist offen. Auch an anderen Standorten in Deutschland stapeln sich kaputte Atommüllfässer, aus denen unentwegt radioaktive Strahlung austritt.[304] Die Engländer versenken ihren Atommüll sogar im Ärmelkanal.[305]

Was das mit der Ukraine zu tun hat? Nun, durch die nukleare Katastrophe von Tschernobyl im Jahr 1986 wurde eine Fläche von etwa 150.000 km² (verteilt auf Weißrussland, die Ukraine und Russland) so stark kontaminiert, dass sie für immer unbewohnbar sein wird – das entspricht einem Gebiet halb so groß wie Italien. Darauf wurde eine Sperrzone eingerichtet. **Diese Tschernobyl-Sperrzone ist der ideale Ort, um den europäischen Atommüll abzuladen.**

Dazu muss man wissen, dass die Ukraine selbst 15 Kernreaktoren in fünf Kraftwerken russischer Bauart betreibt und ihren Atommüll bislang in Russland entsorgte. Nach Angaben von *Yuri Nedashkovsky*, Präsident des staatlichen ukrainischen Kernkraftwerke-Betreibers *Energoatom*, wurde bereits im April 2014 von der pro-westlichen ukrainischen Übergangsregierung (wenige Wochen nach ihrem Amtsantritt) beschlossen, in der Sperrzone, etwa 100 km nördlich von Kiew, möglichst rasch ein erstes atomares Endlager zu errichten. Nur wenige Wochen später wurde *Yuri Nedashkovsky* in den Vorstand der *World Association of Nuclear Operators* (WANO) berufen, einer internationalen Lobby von Kernkraftwerks-Betreibern mit Sitz in London.

Abb. 15: 2012 wurden im AKW Brunsbüttel solche Atommüllfässer gefunden. Vattenfall versuchte, den Fund zu verheimlichen.

Mit der Errichtung der atomaren Endlager wurde *Holtec International*, ein US-Unternehmen, beauftragt. *Holtec* ist spezialisiert auf Atommüll, doch dem Unternehmen war in den USA die Lizenz entzogen worden, wegen der Herstellung minderwertiger Atommüllbehälter.[306] Für die Ukraine aber scheinen sie gut genug zu sein. Den Europäern dürfte das alles ohnehin egal sein, da ihre Fässer noch schlechter aussehen. Sie werden darauf drängen, dass in der Ukraine so rasch wie möglich mehr Endlager gebaut werden. In der Zwischenzeit könnte man die Fässer ja vielleicht auch einfach im Sperrgebiet „zwischenlagern"...

EuropeAid, die Zentraldirektion der EU-„Entwicklungshilfe", beauftragte bereits im Jahr 2013 ein Konsortium, bestehend aus den deutschen Firmen *Plejades* und *Brenk Systemplanung* sowie der schwedischen *Westinghouse Electric*, damit, die Entsorgung von Atommüll in der Ukraine *„kosteneffektiver und sicherer zu gestalten"* – was auch immer das bedeuten mag. Es gibt Gerüchte, wonach bereits 2014 damit begonnen wurde, nuklearen Abfall mit Eisenbahnzügen in die Ukraine zu schaffen, aber es ist mir nicht gelungen, dafür Beweise zu finden. Auch kann ich keine schlüssige Erklärung dafür finden, was die Entsorgung von Atommüll mit „Entwicklungshilfe" zu tun hat.

Um zu verstehen, in welchem Spannungsfeld sich die Ukraine heute befindet, müssen wir kurz in der Geschichte zurückblicken. Im Februar 1945 wurden auf der **Konferenz von Jalta**, auf der Schwarzmeer-Halbinsel Krim, die europäischen Grenzen von *Franklin D. Roosevelt* (USA), *Winston Churchill* (Vereinigtes Königreich) und *Josef Stalin* (UdSSR) neu gezogen. Diese Grenzen hatten im Wesentlichen bis zum Zerfall der Sowjetunion im Jahre 1989 Bestand. *Nikita Chruschtschow* gliederte die Krim im Jahr 1954 an die Ukraine an, was jedoch mehr symbolischen Charakter hatte, weil ohnehin alles zur Sowjetunion gehörte und zu diesem Zeitpunkt niemand mit ihrer Auflösung rechnete.

Auf der **Konferenz von Malta** im Dezember 1989 löste *Michail Gorbatschow* die Sowjetunion auf. Im Nu wurden mehrere ehemals sowjetische Staaten im Osten Europas von Oligarchen regiert und in die EU und in die NATO eingegliedert. Das Versprechen der Deutschen und Amerikaner, die NATO nicht weiter nach Osten auszudehnen, wurde gebrochen, die USA stationierten immer mehr Truppen und Raketen in Europa und waren der festen Überzeugung, dass Russland ihnen nichts mehr entgegenzusetzen hatte. Dann kam *Putin*. Er kündigte das *Production Sharing Agreement* mit den westlichen Firmen auf und schlug gegenüber den USA einen völlig neuen Ton an. Daraufhin erhöhten die westlichen Konzerne ihre Offensive im Kampf um die russischen Nachbarstaaten. Sie zettelten Revolutionen in Georgien, Weißrussland und der Ukraine an und unterstützten pro-westliche Kräfte mit viel Geld und Logistik.

Welches Interesse die EU und die USA an der Ukraine haben, ist also einigermaßen klar. Doch welche Bedeutung hat die Ukraine für Russland – abgesehen von Betrieben wie *Juschmasch* und *Motor Sitsch*? Es leben Millionen russisch-stämmiger Menschen in der Ukraine, die sich Russland näher fühlen als dem Westen. Für sie hat Moskau eine gewisse moralische und politische Verantwortung.

In den 1990er-Jahren beuteten Oligarchen-Clans mit Hilfe westlicher Geheimdienste und Regierungen die Ukraine aus, was das Land wirtschaftlich ruinierte. ***Leonid Kutschma*** begleitete diesen Prozess von 1994 bis 2004 als Präsident der Ukraine. Unter *Kutschma* wurden ab 1997 auch mehrfach Gespräche über einen Beitritt der Ukraine zur NATO geführt, was aber am Widerstand Russlands scheiterte. Russland musste verhindern, dass die Ukraine NATO-Mitglied wird, damit der Westen an der ukrainisch-russischen Grenze keine weiteren Raketen stationieren konnte. Zudem war für Russland ausgeschlossen, dass die Halbinsel Krim NATO-Territorium wurde. **Der Krim-Hafen in Sewastopol ist Russlands größter Marine-Stützpunkt.** *Nikita Chruschtschow* unterstellte die Krim zwar 1954 formal dem sowjetischen Teilstaat Ukraine, Sewastopol blieb jedoch immer unter der Aufsicht des Verteidigungsministeriums in Moskau. Nach dem Zusammenbruch der Sowjetunion musste Russland den Flottenstützpunkt Sewastopol von der Ukraine mieten. Dort waren zu jedem Zeitpunkt mehr als zehntausend russische Soldaten und dutzende russische Schiffe stationiert. Der erste Vertrag für den Krim-Hafen lief bis 2017. Russland zahlte der Ukraine jährlich knapp hundert Millionen US-Dollar an Pacht. Die Präsidentschaftswahlen im Jahr 2004 führten zur Ablösung *Kutschmas*. Sie wurden zu einem Kampf zwischen dem pro-westlichen Lager mit dem Kandidaten *Wiktor Juschtschenko* auf der einen Seite und dem pro-russischen Lager um den Oligarchen *Wiktor Janukowitsch* auf der anderen Seite.

Am 21. November 2004 ging der russisch orientierte *Wiktor Janukowitsch* bei einer Stichwahl als Sieger aus den Präsidentschaftswahlen gegen seinen pro-westlichen Konkurrenten hervor. Beide warfen einander Wahlbetrug vor. Die Lage war unübersichtlich. Der Westen war mit dem Wahlausgang unzufrieden, und während Russland, Usbekistan, Kasachstan und Armenien die Wahl anerkannten, zweifelten einige westliche Organisationen und Staaten das Ergebnis an. Daraufhin kam es in der Hauptstadt Kiew zu vermeintlich spontanen Demonstrationen empörter pro-westlicher Bürger auf dem Maidan, dem Platz der Freiheit. Sie wuchsen sich binnen Tagen zur sogenannten „Orangefarbenen Revolution" aus, die vom Wahlverlierer *Wiktor Juschtschenko* und von der attraktiven und entschlossenen *Julija Tymoschenko* angeführt wurde – die der Westen inszenierte und förderte, wie sich später herausstellte.

Auf internationalen Druck wurde die Stichwahl wiederholt, der pro-westliche *Juschtschenko* gewann und wurde neuer Präsident der Ukraine, *Julija Tymoschenko* wurde Ministerpräsidentin. Damit waren die EU, die USA und die NATO zufrieden. *Wiktor Juschtschenko* und *Julija Tymoschenko* wollten die Ukraine an den Westen binden, konnten sich in den folgenden Jahren aber nicht auf einen gemeinsamen Weg einigen. Die Hoffnungen auf Wohlstand, Freiheit und Unabhängigkeit, die durch die „Orangefarbene Revolution" bei vielen Ukrainern geweckt worden waren, wurden enttäuscht. Wirtschaftlich ging es bergab, aber es gab eine Annäherung an den Westen.

Unter der Regierung *Juschtschenkos* trat die Ukraine der *Welthandelsorganisation* (WTO) bei und führte mehrere Vorverhandlungen für einen EU-Beitritt, die zuletzt in einem sogenannten „Assoziierungsabkommen" endeten. Das Volk war enttäuscht von den leeren Versprechungen der Protagonisten der „Orangefarbenen Revolution". Bei den nächsten Wahlen im Jahr 2010 ging dann (erneut) *Wiktor Janukowitsch* als Sieger hervor, nachdem man ihm 2004 den Wahlsieg aberkannt hatte. Die Wahl erneut anzufechten, wäre wohl zu auffällig gewesen. Also versuchte der Westen den eher zu Russland tendierenden *Janukowitsch* auf seine Seite zu ziehen. Es gab lange Verhandlungen über eine Annäherung an die EU und über einen Beitritt zur NATO. Europa, die USA und Russland zerrten so lange an dem Land, bis es auseinanderriss – genauso wie sie es bereits Jahre zuvor mit dem Iran getan hatten.

Im April 2010 verlängerte *Janukowitsch* in Charkow Russlands Vertrag für den Marine-Hafen Sewastopol bis zum Jahr 2042. Die Russen gewährten der klammen Ukraine im Gegenzug einen satten Rabatt auf die russischen Gaslieferungen.(307) Unmittelbar darauf stellten die EU, die USA und ihnen nahestehende Organisationen eine deutliche Verschlechterung bei Pressefreiheit und den Menschenrechten in der Ukraine fest. Es ist erstaunlich, dass die Gesetze der Physik auch in der Politik immer wieder greifen – in diesem Fall das dritte mechanische Gesetz über Wirkung und Gegenwirkung.

Der ehemaligen Ministerpräsidentin *Julija Tymoschenko* wurde nun unter der Präsidentschaft von *Janukowitsch* Amtsmissbrauch vorgeworfen. Konkret ging es um die Zweckentfremdung von Einnahmen aus dem CO_2-Emissionshandel sowie um die Verträge über die Lieferung von Erdgas aus Russland, die sie zum Nachteil ihres Volkes abgeschlossen haben soll. Im Oktober 2011 wurde *Tymoschenko* nach einem sehr umstrittenen Prozess zu sieben Jahren Haft verurteilt. Sowohl die EU als auch Russland kritisierten das Urteil scharf und warfen *Janukowitsch* vor, seine politische Gegnerin ausschalten zu wollen. Der aber blieb unbeeindruckt. *Tymoschenko* saß bis zum Euro-Maidan-Putsch im Februar 2014 im Gefängnis. Sie wollte nach dem Sturz ihres Widersachers *Janukowitsch* wieder in die ukrainische Politik zurückkehren, demontierte sich aber selbst, als mitgeschnittene Telefonate veröffentlicht wurden, in denen sie sagte, dass sie *Wladimir Putin* am liebsten in den Kopf schießen und die acht Millionen russisch-stämmigen Ukrainer am liebsten mit Nuklearraketen ausradieren wollte.

Drehen wir die Uhr zwei Jahre zurück. In der Amtszeit von Präsident *Wiktor Janukowitsch* und Ministerpräsident *Mykola Asarow* waren vor der Küste der Krim reiche Gas- und Ölvorkommen entdeckt worden, deren Exploration nun im Juni 2012 international ausgeschrieben wurde. Das wichtigste der Gasfelder im Schwarzen Meer (Skifska) liegt rund 50 Kilometer südwestlich von Sewastopol, also einen Steinwurf vom russischen Militärhafen entfernt. Es gab zwei Konkurrenten: Die russische *LUKOIL* ging gegen ein westliches Konsortium aus *ExxonMobil*, *Royal Dutch Shell*, *OMV* und *Nadra Ukrainy* ins Rennen. Das Konsortium um *ExxonMobil* machte das Rennen und begann seine Verhandlungen über ein *Production Sharing Agreement*.[308]

Der schwerreiche *Wiktor Janukowitsch* spielte ein gefährliches Spiel, indem er nicht nur die EU, die USA und Russland gegeneinander auszuspielen versuchte, sondern auch noch die anderen ukrainischen Oligarchen austricksen wollte. Er überschätzte sich offenbar. Als er im Jahr 2013 die bereits vorverhandelten Verträge mit *ExxonMobil* und Partnern nicht unterzeichnete, besiegelte er sein politisches Ende. Ich gehe davon aus, dass die russische Führung ihn dazu „überredet" hatte, nicht zu unterzeichnen, weil sie nicht zulassen konnte, dass die Ukraine Teil der EU und der NATO wurde – und ihr wichtigster Marine-Stützpunkt vom Rothschild-Rockefeller-Imperium umzingelt wird. *Janukowitschs* Rückzieher konnte aber vom Westen nicht hingenommen werden, weil er wirtschaftlich schwerwiegend war und zu viele westliche Konzernbosse und Politiker bloßstellte. In der Folge zettelten westliche Organisationen und Revolutionsprofis einen Aufstand gegen den Präsidenten an, vorwiegend mit Geldern aus den USA und aus Deutschland, wie wir später noch sehen werden.

Im November 2013 kam es zu den ersten „Euro-Maidan-Protesten", angeblich, weil die Regierung von Ministerpräsident *Mykola Asarow* das Assoziierungsabkommen mit der EU nicht unterschreiben wollte. In Wahrheit war es vollkommen egal, ob er es unterschrieben hätte oder nicht, weil alle Mitgliedsstaaten der EU es einzeln hätten ratifizieren müssen, was zumindest bis 2015 nicht passiert ist. Es gab also auch innerhalb der EU starke Vorbehalte gegen einen Beitritt der Ukraine.

Dennoch weiteten sich die Proteste auf dem Kiewer Maidan im Lauf der nächsten Wochen immer weiter aus. Westliche Politiker besuchten Kiew im Dezember 2013 und im Januar 2014 in rauen Mengen. Sie verteilten Geschenke, Essen und Geld an Protestierende – und hielten Brandreden. Besonders stachen hier *Victoria Nuland* und *John McCain* hervor, der bei Umfragen im Jahr 2014 mehrfach zum unbeliebtesten Senator in den USA gewählt wurde. McCain wurde im Jahr 1936 auf dem US-Stützpunkt *Coco Solo* in der Panama-Kanalzone geboren, war Jagdbomber-Pilot im Vietnamkrieg und ist einer der lautesten US-Kriegstreiber, der seit Jahren ein hartes militärisches Vorgehen gegen den Iran fordert.

Angeführt wurden die zu Anfang friedlichen Maidan-Proteste offiziell von den oppositionellen Politikern *Vitali Klitschko*, *Arsenij Jazenjuk* und *Julija Tymoschenko*. Die legitime, demokratisch gewählte Regierung der Ukraine war zu Zugeständnissen bereit, wurde aber dennoch im Februar 2014 nach wochenlangen Straßenschlachten und mehreren hundert Todesopfern gestürzt. Aus Häusern schossen nicht identifizierte Scharfschützen auf Protestierende und töteten mehrere Dutzend unschuldiger Menschen. Westliche Medien machten dafür russische Kräfte verantwortlich. Der estische Außenminister *Urmas Paet* hingegen bestätigte, dass es klare Hinweise darauf gab, dass die Scharfschützen im Auftrag der Fraktion von *Arsenij Jazenjuk* geschossen hätten[(309)], eine BBC-Reportage kommt zu ähnlichen Ergebnissen. Horden vermummter „Protestanten“ griffen im Februar 2014 Polizisten mit Ketten und Eisenstangen an. Die Lage war extrem unübersichtlich. Friedliche Proteste wuchsen sich innerhalb weniger Wochen zu einem blutigen Bürgerkrieg aus.

In den Konflikt waren nicht nur ukrainische Polizei- und Militärverbände involviert, sondern auch Söldner westlicher Firmen. In dem Zusammenhang wurde immer die US-Sicherheitsfirma *Academi* (früher *Blackwater*) beschuldigt, an den Aufständen in Kiew und im anschließenden Krieg in der Ostukraine auf Seiten der pro-westlichen Kräfte beteiligt gewesen zu sein.[(310)] Zudem hatten die vom Westen unterstützten Kandidaten *Klitschko* und *Jazenjuk* Schützenhilfe durch extreme rechte Kräfte wie die Partei Svoboda und die faschistische UNA-UNSO, die während der Maidan-Proteste offen mit Hakenkreuz- und Ku-Klux-Klan-Fahnen auftraten und an der Seite von *Jazenjuk* marschierten.

Aus drei unterschiedlichen Quellen habe ich erfahren, dass die Demonstranten für ihr Erscheinen und Aushalten auf dem Maidan-Platz bezahlt wurden. Angeblich sollen sie das Geld einmal wöchentlich in der US-Botschaft in Kiew abgeholt haben. Dort muss es in jenen Tagen auf allen Ebenen heiß hergegangen sein. Denn während die Menschen wochenlang in eisiger Kälte „demonstrierten“, fanden auf diplomatischen und geheimdienstlichen Ebenen gewaltige Machtkämpfe statt. Die EU, die USA und Russland, die *CIA*, der *MI6*, der *BND*, der russische *SWR* und der israelische *Mossad* kämpften nämlich während der gesamten Euro-Maidan-Proteste im Hintergrund mit den Oligarchen um die ukrainischen Filetstücke und um die neue Machtverteilung.

Die Sprecherin des US-Außenministeriums, ***Victoria Nuland,*** kommentierte das Tauziehen in einem Telefonat mit dem US-Botschafter in der Ukraine, *Geoffrey Pyatt*, Anfang Februar 2014 mit ihren berühmten Worten: ***„Fuck the EU!“*** In dem Telefonat erklärte *Nuland* ihrem Botschafter, dass ein UNO-Vertreter und US-Vizepräsident *Joe Biden* die Zusammenstellung der neuen Regierung in der Ukraine in die Hand nehmen würden. Sie machte dem Botschafter klar, dass sie *Klitschko* nicht in der Regierung wollte, sondern dass sich die USA auf „Jats“ geeinigt hatte. Dass dieses geheime Telefonat den Weg an die Öffentlichkeit fand und auf der Video-Plattform YouTube unter dem Titel „Die Marionetten des Maidan“ weit mehr als eine Million mal angeklickt wurde, deutet darauf hin, dass die russischen Geheimdienste auch nicht auf Eseln reiten.[(311)]

Am 23. Februar 2014 wurde die legitime ukrainische Regierung ohne jegliche rechtliche Grundlage vom Parlament abgesetzt. Die EU erkannte diesen illegalen Putsch ebenso an, wie die neue pro-westliche Übergangsregierung. *Asarow* und *Janukowitsch* flohen vier Tage später nach Russland. Am selben Tag wurde *Arsenij „Jats“ Jazenjuk* als Übergangs-Minsterpräsident eingesetzt, sein Parteikollege, der baptistische Pastor und Romanautor *Olexandr Turtschynow* wurde übergangsweise Präsident der Ukraine.

Im März 2014 ließ die neue, vom Westen eingesetzte Regierung der Ukraine, die **Goldreserven des Volkes** in die USA ausfliegen. Augenzeugen berichteten, sie hätten gesehen, wie *„40 verschlossene Kisten von zwei Kleinbussen ohne Nummernschilder zum Kiewer Flughafen Borispol transportiert wurden und dort von 15 maskierten und teils bewaffneten Personen in ein Transportflugzeug verladen wurden.“*[(312)] Die 42 Tonnen Gold des ukrainischen Volkes wurden bei der FED in New York City bereits sehnsüchtig erwartet, da (wie ich in meinem Buch „Der Goldkrieg“ erkläre) sowohl Deutschland als auch Österreich, Belgien und die Niederlande ihr bei der FED gelagertes Gold heimholen wollten, um für den bevorstehenden Crash des Euro gerüstet zu sein. Da die FED aber dieses Gold nicht mehr hat, muss sie es irgendwo anders einsammeln.

Es ist der absolute Witz, dass westliche Politiker und Medien nach diesem Putsch immer wieder davon sprachen, dass mit der Absetzung der demokratisch gewählten Regierung in der Ukraine die Demokratie gesiegt hätte. Dies sagt sehr viel darüber aus, wie westliche Politiker „Demokratie“ definieren.

Parallel zum Putsch in Kiew im Februar 2014 verhandelten Politiker der **Republik Krim** mit Russland über eine Eingliederung der Krim in die Russische Föderation. Das darauf folgende Referendum über die Loslösung von der Ukraine im März 2014 brachte ein eindeutiges Ergebnis dafür. Da das Parlament dabei aber von russischen Soldaten bewacht wurde, bezeichneten westliche Politiker und Medien das Ergebnis nicht als demokratische Entscheidung, sondern als „Annexion" durch Russland. Es macht wenig Sinn, die Details dieses Referendums und der Abspaltung von der Ukraine hier auszubreiten, da Russland ohnehin in keinem Fall zulassen konnte, die Krim an den Westen zu verlieren. Deshalb ist es belanglos, wie man das Ganze nennt. Fest steht, dass Russland und das Krim-Parlament Fakten geschaffen und den Westen überrascht und überfordert haben.

„Die Frage ist nicht, ob ich Präsident werde, sondern wann!"[313]

Petro Poroschenko zu Journalisten im ukrainischen Präsidentschafts-Wahlkampf im Mai 2014

Bei den Präsidentschaftswahlen im Mai 2014 gewann der Oligarch ***Petro Poroschenko***. Er trat für *Vitali Klitschkos* Partei *UDAR* an und stand, wie *Klitschko* selbst, der EU nahe. *Klitschko* und seine Partei waren zuvor bereits jahrelang von der ***Konrad-Adenauer-Stiftung*** finanziert und geschult worden, also indirekt durch die deutsche Bundesregierung. *Merkels* Mann in der Ukraine, Boxweltmeister *Vitali Klitschko*, war in den Jahren zuvor bereits zweimal bei den Bürgermeisterwahlen in Kiew angetreten und hatte beide Male verloren. Nun wollte er Präsident werden, und *Angela Merkel* unterstützte ihn dabei ebenso, wie die *Europäische Volkspartei*. Doch nach (vorwiegend US-amerikanischer) Kritik an seiner Person ließ *Klitschko* seinem Parteifreund *Petro Poroschenko* den Vorzug und wurde im selben Monat dafür im dritten Anlauf Bürgermeister von Kiew.

Im selben Monat wurde auch ***Hunter Biden***, der jüngste Sohn des US-Vizepräsidenten ***Joe Biden***, in den Vorstand des ukrainischen Gasproduzenten *Burisma* „gewählt" – in dessen Aufsichtsrat kein einziger Ukrainer sitzt![314] Der 1970 geborene Politiker-Sprössling ist Mitbesitzer der Investmentfirma ***Eudora Global*** und war bereits von den Präsidenten *Bill Clinton* und *George W. Bush* protegiert worden. So war er bereits in jungen Jahren Vizepräsident der ***MBNA America Bank*** und Topmanager bei *Paradigm Global Advisors*.[315] Wie gesagt: Politik ist ein schmutziges Geschäft!

Im Oktober 2014 gewann *Arsenij „Jats" Jazenjuk* mit seiner Partei *Volksfront* wenig überraschend die Parlamentswahlen, wodurch der Liebling der USA Ministerpräsident der Ukraine blieb und noch mehr Amerikaner in ukrainischen Toppostionen unterbringen konnte. Doch wer war dieser *Arsenij Jazenjuk*, der bis 2013 für die meisten Menschen im Westen ein völlig unbeschriebenes Blatt war, um dann Anfang 2014, scheinbar aus dem Nichts zu einer der Schlüsselfiguren der internationalen Politik zu werden?

Arsenij Jazenjuk wurde am 22. Mai 1974 als Lehrerkind im ukrainischen Czernowitz geboren, wo er 1996 auch sein Jurastudium mit herausragendem Erfolg abschloss. Die steile Karriere dieses Wunderknaben begann bei der ukrainischen Bank *Aval*. Als die von der *Raiffeisen-Gruppe* übernommen wurde, avancierte *Jazenjuk* zum stellvertretenden Vorstandschef der Bank! Kurz darauf wurde er Wirtschaftsminister der Autonomen Republik Krim, um im Januar 2003, mit nur neunundzwanzig Jahren, stellvertretender Vorstandsvorsitzender der *Nationalbank der Ukraine* zu werden. Während all dem schloss er nebenbei noch ein Fernstudium der Wirtschaftswissenschaften ab. *Jazenjuk* wurde vom Oligarchen und Multimilliardär ***Wiktor Pintschuk*** gefördert. *Pintschuk* ist mit der Tochter des früheren ukrainischen Präsidenten *Leonid Kutschma* verheiratet, er pflegt enge Kontakte zur angelsächsischen Politik, setzt sich für einen EU-Beitritt der Ukraine ein und soll enge Kontakte zur CIA und zum MI6 haben.[(316)] *Jazenjuk* bekleidete mehrere politische Ämter, sowohl unter *Kutschma* als auch unter *Janukowitsch* wie auch unter *Juschtschenko*, unter dem er sogar Außenminister wurde. Er war also politisch sehr anpassungsfähig und diente jeder Partei, die ihn wollte. Er war Wirtschafts- und Außenminister, Parlamentspräsident – und soll großzügige Unterstützung von *George Soros* genossen haben! Manche Experten unterstellten ihm offenkundige Beziehungen zu Haien der *Wallstreet* und der *City of London*, von wo er üppige Unterstützung bezogen haben soll, was er jedoch selbst ständig bestritt.

Im Januar 2008 ersuchten Parlamentspräsident *Jazenjuk*, Staatspräsident *Juschtschenko* und Ministerpräsidentin *Tymoschenko* in einem gemeinsamen Brief um die Aufnahme der Ukraine in der NATO, was eine politische Krise im Land auslöste, da ein großer Teil der Bevölkerung und die politische Opposition vehement dagegen waren. Damit hatte sich *Jazenjuk* aber bei den USA sehr beliebt gemacht. Bei der Präsidentschaftswahl 2010 trat er gegen *Wiktor Janukowitsch* an, verlor aber haushoch, um dann 2013 auf dem Euro-Maidan plötzlich als Oppositionsführer neben *Vitali Klitschko* aufzutauchen. Dass er von den Demonstranten regelmäßig als „Marionette des Westens" ausgebuht wurde und im Volk nur das „Häschen" genannt wird, tat seiner „Berufung" zum Premierminister aber keinen Abbruch, denn davon berichteten westliche Medien nicht.[(317)]

Berufen wurde er von den USA. „*Jats*" war der Mann des Vertrauens der Regierung *Obama*. Wer wundert sich da, dass die Russen ihm nicht über den Weg trauen? Fragen bezüglich *Jazenjuks* Bezuges zur Realität warfen eine Erklärung auf, die er im September 2014 abgab. Er verkündete, dass die ukrainische Regierung vorhabe, eine Mauer entlang der russischen Grenze zu bauen, einen 2.000 Kilometer langen Elektrozaun mit Minen und Stacheldraht, der rund 100 Millionen Euro kosten sollte – und das zu einem Zeitpunkt, als die Ukraine zahlungsunfähig war und ein Großteil der Bevölkerung hungerte.

Um die Revolution des ukrainischen Volkes so richtig zu würdigen, besetzte der unbeliebte „*Jats*" die Schlüsselresorts seiner neuen Regierung allesamt mit Ausländern. Neue ukrainische Finanzministerin wurde die Amerikanerin ***Natalia A. Jaresko***, die immerhin ukrainische Vorfahren hat. Sie war lange Mitarbeiterin des US-State-Department und ist erfolgreiche Hedgefondsmanagerin. Einer der ersten Vorschläge *Jareskos* war, das Recht auf Bildung und das Recht auf Gesundheitsversorgung aus der Verfassung zu streichen![(318)]

Der litauische Investmentbanker ***Aivras Abromavicius*** wurde Wirtschaftsminister, und der Georgier ***Alexander Kvitashvili*** (der in den USA studierte und arbeitete) wurde neuer Gesundheitsminister der Ukraine. Alle drei wurden wenige Tage vor ihrer Vereidigung eingebürgert und in einem feierlichen Akt zu neuen ukrainischen Staatsbürgern ernannt.[(319)] Das ist wie im Fußball! Das ukrainische Volk musste offenbar mit seinem Gold die Transfergelder bezahlen.

Bemerkenswert ist auch die Biografie von *Alexander Kvitashvilis* Ehefrau ***Nicole Jordania***. Sie ist die Enkelin von *Noe Schordania*, der nach dem Ersten Weltkrieg erster Premierminister Georgiens war. Wir erinnern uns an den Georgienkrieg (08.08.08) und daran, dass Georgien ein Gegner Russlands ist! Die US-Amerikanerin *Jordania* war jahrelang leitende Angestellte der CIA-Tochter **USAID**. Die *United States Agency for International Development* (USAID), zu deutsch „Behörde der Vereinigten Staaten für internationale Entwicklung“, soll nicht nur das Balkan-Journalisten-Netzwerk BIRN finanzieren, es war auch an zahlreichen Revolutionen der letzten Jahrzehnte rund um den Globus beteiligt, wie wir im nächsten Kapitel noch sehen werden. Die USAID steckte über unterschiedliche Kanäle seit 1992 bis zu fünf Milliarden US-Dollar in die Ukraine. Das Geld ging vor allem an die Revolutionsprofis von PORA, in „Demokratisierungsprojekte“ und an Unterstützer des pro-westlichen Expräsidenten *Wiktor Juschtschenko*.[(320)] Nach Angaben des Journalisten *Jeffrey Silverman* war Frau *Jordania „in die Finanzierung tschetschenischer Kämpfer verwickelt und arbeitete unter dem Dach einer Organisation namens* ***UMCOR*** *(United Methodist Committee on Relief)“*, für die auch ihr Mann tätig war.

Tschetschenien ist – nur um das richtig einordnen zu können – eine autonome Republik, die an Georgien grenzt und bis heute um ihre völlige Unabhängigkeit von Russland ringt. Tschetschenische Terroristen verübten mehrere Terroranschläge in Russland, wie etwa in der Stadt *Beslan* im Jahr 2004. Dort nahmen sie mehr als 1.100 Kinder und Erwachsene in einer Schule in ihre Gewalt. Nach drei Tagen stürmten russische Einsatzkräfte die Schule. Der Einsatz entwickelte sich zu einer Katastrophe, bei der bis zu vierhundert Kinder und alle siebenundzwanzig Geiselnehmer getötet wurden.

Die „christliche Hilfsorganisation“ UMCOR taucht meist dort auf, wo die CIA tätig ist. Auf der UMCOR-Webseite findet sich folgender Satz, den ich unkommentiert lassen möchte: *„Wenn UMCOR-Spender ihre Zeit, ihr Geld oder Hilfsgüter zur Verfügung stellen, dann werden sie durch UMCOR zu den Händen und Füßen von Christus.“ Nicole Jordania* war zudem in zahlreichen anderen scheinheiligen „Hilfsorganisationen“ tätig, unter anderem beim *East/West Institute* (EWI), als Direktorin für Entwicklung und Programmvergabe. Das EWI ist nach eigenen Angaben für *„strategische Vertrauensbildung“* zwischen Russland und den USA sowie zwischen China und den USA zuständig und bildete nach dem Mauerfall in mehreren

Ex-Sowjetstaaten „*Führer für demokratische Staaten aus*".[(321)] Ich finde, man kann behaupten, dass sie in Sachen „Vertrauensbildung" keinen allzu guten Job machen.[(322)]

Folgendes kann man festhalten: Die USA setzten den Russen in der Ukraine eine Regierung vor die Nase, die ausschließlich aus russlandfeindlichen Ausländern bestand. Diplomatie sieht anders aus.[(323)]

Eine Skurrilität am Rande ist, dass die Ausländer, die zu ukrainischen Ministern ernannt wurden, allesamt kein Ukrainisch sprechen. Da sehr viele Ukrainer im Parlament aber kaum Englisch sprechen, mussten die Parlamentssitzungen nun komplett auf Russisch abgehalten werden – und das, obwohl gerade *Jazenjuk* wenige Monate zuvor das Benutzen der russischen Sprache auf ukrainischem Boden verbieten lassen wollte...

Die Oligarchen

Lassen Sie uns nun einen kurzen Blick auf die ukrainischen Oligarchen werfen. Sie wurden mit der Unterstützung westlicher Kräfte in den 1990er-Jahren zu einer Art moderner Fürsten, die nahezu uneingeschränkt über ihre Fürstentümer herrschten und das Erstarken Russlands zum Teil mit Besorgnis wahrnahmen. Es soll in der Ukraine im Jahr 2014 mehr als zwanzig Milliardäre gegeben haben. Die Zahlen sind hier widersprüchlich, doch das tut letztlich nichts zur Sache. Allesamt sind sie sehr gewiefte, erfolgreiche Geschäftsmänner, die mehr oder weniger Einfluss auf die Politik ihres Landes nehmen. Ich möchte nur einige von ihnen hervorheben, weil dies für das Gesamtbild des Ukraine-Konflikts hilfreich sein könnte. Vor allem ist es wichtig zu verstehen, dass einige von ihnen mehrere Staatsbürgerschaften haben und gar nicht in der Ukraine leben. Doppelte Staatsbürgerschaften sind laut ukrainischem Gesetz zwar verboten, aber für Oligarchen gelten Gesetze in der Ukraine offenbar so wenig wie für Politiker. Ministerpräsident *Jazenjuk* etwa hat einen kanadischen Pass, und damit jederzeit die Möglichkeit zur Flucht, falls die Ukraine dank seiner Politik zu gefährlich wird. Die Oligarchen steuern ihre wirtschaftlichen Interessen zum Teil aus dem Ausland, sind also von den Geschehnissen vor Ort nicht direkt betroffen. Ihre jeweilige Unterstützung für ein bestimmtes politisches Lager kann wechseln, je nach Lage der Ereignisse. Auch sollen einige von ihnen durchaus mehrere Seiten gleichzeitig unterstützen, wie der russische Historiker *Andrei Fursov* behauptet. Manchmal arbeiten sie eng zusammen, dann wieder scheinen sie sich zu bekämpfen.[324]

Die wichtigsten Akteure sind:

- ***Rinat Achmetow*** „herrscht" über Donezk, jene pro-russische Region der Ukraine, die im Jahr 2014 am stärksten umkämpft war. Er soll mehr als hundert Firmen besitzen, viele davon in der Stahl- und Kohleindustrie. Der Ex-Politiker und Präsident des Fußballclubs *Schachtjor Donezk* soll einer der reichsten Menschen der Welt sein.[325]
- ***Dmytro Firtasch*** ist im Gas-, Chemie-, Medien- und Bankengeschäft tätig und soll enge Kontakte sowohl nach Russland haben als auch zum Rothschild-Imperium. Die frühere Ministerpräsidentin *Julija Tymoschenko* soll seine erbitterte Gegnerin gewesen sein. Er finanzierte den Präsidentschaftswahlkampf von *Petro Poroschenko.*[326][327]
- ***Ihor Kolomojsky*** „regiert" die Provinz Dnipropetrovsk und besitzt drei Staatsbürgerschaften, die ukrainische, israelische und zypriotische, und lebt vorwiegend in der Schweiz. Er gründete 2012 das *Europäisch-jüdische Parlament* (EJP), das alle jüdischen Gemeinden und Organisationen in Europa vereinigen möchte.[328] Er findet in der europäischen Presse kaum Beachtung, in Israel hingegen umso mehr. *Kolomojsky* ist ein offener Kritiker *Putins* und Besitzer der *Privatbank*, die stark auf der Krim investiert haben soll. Er soll im Jahr 2014 die ukrainische Armee gegen die pro-russischen Aufständischen finanziell unterstützt haben. Die „Unabhängige Republik Krim" soll im Gegenzug *Kolomojskys* Vermögen auf der Krim konfisziert haben.[329]
- ***Wiktor Pintschuk*** gilt als der wichtigste Förderer von Ministerpräsident *Jazenjuk.* Er ist der Schwiegersohn des früheren ukrainischen Präsidenten *Kutschma.* Zu *Pintschuks „Eastone Group"* gehören metallverarbeitende Unternehmen, Fernsehsender und Verlagshäuser. *Pintschuk* war früher selbst in der Politik. Seine Stiftung *Pinchukfund* arbeitete mit der Konrad-Adenauer-Stiftung zusammen, die an der „Revolution" in der Ukraine beteiligt war und den „deutschen Kandidaten" *Vitali Klitschko* unterstützte und zum Bürgermeister von Kiew machte.[330]

- ***Petro Poroschenko*** ist mit Schokolade reich geworden, seine *Ukrprominvest*-Gruppe umfasst heute aber auch Fernsehsender und Rüstungsunternehmen. Er ist seit Mai 2014 Staatspräsident der Ukraine, war aber bereits zuvor in der Politik tätig. Unter Präsident *Janukowitsch* war er Direktor der Nationalbank, Außenminister und Wirtschaftsminister, ehe er sich zu einem Kritiker *Janukowytschs* entwickelte.[(331)]
- ***Wiktor Janukowitsch*** war bis zu seinem Sturz im Februar 2014 Präsident der Ukraine. In dieser Zeit wuchs sowohl die Zahl der Milliardäre als auch die Zahl der Armen in der Bevölkerung deutlich.[(332)] Unter seiner Führung sollen seine Söhne ein milliardenschweres Firmenimperium geschaffen haben, das u.a. ukrainische Kohle illegal ans Ausland verkaufte.[(333)] Am 27. Februar 2014 musste er überstürzt das Land verlassen. Seitdem soll ein Kampf um *Janukowitschs* Firmenimperium toben. Mehrere Oligarchen, allen voran *Ihor Kolomojsky,* sollen um die Firmen kämpfen. Es sollen regelrechte „Raubzüge" stattfinden, wie *Andri Semiritschko* vom Verein „Geschäftsleute gegen räuberische Übernahmen" behauptet.[(334)]

Der Hauptsitz von ***Dmytro Firtaschs*** Imperium *DF-Group* ist in Wien, wo *Firtasch* seit dem Jahr 2014 quasi unter Hausarrest steht. Er war auf Grund eines US-Haftbefehls festgenommen und dann gegen eine Kaution von 125 Millionen Euro wieder auf freien Fuß gesetzt worden. *Firtasch* soll *Wladimir Putin* früher sehr nahegestanden haben. Er darf Österreich zwar nicht verlassen, lenkt aber die Geschicke der Ukraine von seinem goldenen Käfig aus weiter. Als Vorsitzender des *ukrainischen Arbeitgeberverbandes* erklärte *Firtasch* im März 2015, gemeinsam mit *Rinat Achmetow* und *Wiktor Pintschuk* die **„Agentur zur Modernisierung der Ukraine"** zu gründen. Diese könnte man als Gegenpol der Oligarchen zu den US-Interessen bezeichnen. Die Umgestaltung der Ukraine im Sinne der reichsten Geschäftsleute des Landes wird nämlich von ehemaligen europäischen Spitzenpolitikern, wie dem deutschen Ex-Finanzminister und Ex-Vizekanzler *Peer Steinbrück* und dem österreichischen Ex-Finanzminister und Ex-Vizekanzler *Michael Spindelegger* betreut.[(335)] Der Machtkampf spitzt sich immer weiter zu, und er wird immer komplexer.

Eine bemerkenswerte Rolle im Ukraine-Puzzle spielte auch ***Oleh Tjahnybok***, der Vorsitzende der Partei „Allukrainische Vereinigung – Swoboda". Diese Gruppierung wird zumeist irgendwo zwischen stark nationalistisch und faschistisch eingeordnet. *Tjahnybok* gilt als judenfeindlich, er behauptet, die Ukraine werde von einer russisch-jüdischen Mafia regiert. Dennoch soll er von *Ihor Kolomojsky*, dem Gründer des europäisch-jüdischen Parlaments, unterstützt worden sein. Vielleicht, weil *Tjahnybok* ein erbitterter Feind Russlands ist, die russische Sprache in der Ukraine verbieten wollte und sich für einen NATO-Beitritt der Ukraine einsetzte? *Tjahnybok* trat während der „Maidan-Revolution" 2013 zusammen mit *Vitali Klitschko* und *Julija Tymoschenko* auf, wurde von den EU-Politikern geduldet und war Mitglied in *Jazenjuks* Übergangsparlament. Seine Partei schnitt jedoch bei den darauf folgenden Parlamentswahlen schlecht ab und verschwand in der Versenkung.[336]

Stattdessen erstarkte der sogenannte **„Rechte Sektor"**, ein Zusammenschluss mehrerer rechtsextremer paramilitärischer Gruppierungen, rund um die Gruppierung UNA-UNSO. Als die Führungen der Ukraine, Russlands, Deutschlands und Frankreichs im Februar 2015 mehrfach „Friedensgespräche" führten, um einen Waffenstillstand in der Ostukraine zu erreichen, erklärte der *Rechte Sektor*, die militärische Führung in Kiew nicht länger anzuerkennen. Mit siebzehn weiteren „Freiwilligen-Verbänden" schlossen sie sich zu einem eigenen „Generalstab" zusammen, da sie zu keiner Friedenslösung bereit waren.[337] Mehrfach vereinbarte Waffenruhen scheiterten daran, dass diese pro-westlichen Militärverbände, in denen Freiwillige aus mehreren EU-Staaten kämpften, nicht das taten, was die von den USA eingesetzte Regierung in Kiew vorgab. Jede Waffenlieferung westlicher Mächte an die Ukraine macht diese kampfbereiten Gruppierungen noch stärker und führt dazu, dass es über Jahre hinweg keinen Frieden in Europa geben könnte.

Petro Poroschenko stand der EU nahe, *Arsenij Jazenjuk* wollte hingegen die Ukraine nach US-Vorbild umgestalten. Sie bekämpften sich hinter den Kulissen gegenseitig, schienen jedoch im Kampf gegen *Putin* vereint zu sein. Wie soll die Regierung die Macht im Land übernehmen, wenn sie bei den Oligarchen liegt und der Präsident selbst einer ist?

Im ukrainischen Bürgerkrieg kämpften 2014 neben ukrainischen Soldaten und pro-russischen Separatisten zumindest auch noch russische, französische, spanische, schwedische, italienische, serbische, deutsche und amerikanische Söldner und/oder Freiwillige, teilweise auf beiden Seiten, darunter auch vier- bis fünfhundert Mann der US-Privatarmee *Academi* (ehemals *Blackwater*).[(338)] Finanziert wurden sie von so vielen unterschiedlichen Seiten, dass es den Rahmen sprengen würde, alle hier aufzuzählen.

Dabei möchte ich es mehr oder weniger belassen, denn die Verbindungen der Geschäftsmänner untereinander und gegeneinander sind sehr komplex. Es besteht wenig Zweifel daran, dass sie alle enge Verbindungen zum Westen haben, allen voran zu England, den USA und zu Israel. Es scheint aber auch so zu sein, dass viele von ihnen eng an Russland gebunden sind, wie zumindest *Mykola Knjashyzkyj* am 10. Februar 2014 recht glaubhaft in den *Ukraine-Nachrichten* schrieb:

„Die Mehrheit dieser Oligarchen ist in der einen oder anderen Weise von Russland abhängig – Firtasch über die Preise für Energieressourcen, Achmetow über die Möglichkeit, schnell Aktiva zu veräußern, Pintschuk über die Absätzmärkte für die eigenen Röhren. Lediglich Poroschenko, bereits als Politiker und nicht nur als Oligarch, könnte an einem westlichen Entwicklungsweg interessiert sein. Doch solange die Oligarchen nicht ihr Wort sprechen, kann diese Revolution nicht siegen. Und sie werden es nicht sprechen. Denn der Sieg der Revolution wäre eine Änderung des Systems, in dem Oligarchen nicht existieren sollten. So könnten sie zwar ihr Vermögen behalten, doch müssten sie den unbegrenzten Einfluss auf die politischen Prozesse abgeben. Nicht alle sind dazu bereit."[(339)]

Viele westliche Politiker und der größte Teil der westlichen Presse sahen die Schuld für die Eskalation der Ereignisse in der Ukraine, einschließlich des Bürgerkrieges im Osten des Landes, großteils beim russischen Präsidenten *Wladimir Putin*. Die Deutsche Kanzlerin *Angela Merkel* sagte beim CDU-Parteitag im Dezember 2014 dazu, dass der Druck auf Russland nicht gemindert werden dürfte, denn *„wir werden diese Probleme nicht überwinden, wenn wir die Dinge nicht klar beim Namen nennen*". Sie gab an, das Ziel sei eine territorial unversehrte Ukraine, die „frei" und „selbstbestimmt" über ihre Zukunft entscheiden könne: *„Das ist die Durchsetzung der Stärke des Rechts!*"[(340)]

Aus meiner Sicht ist das eher eine Verhöhnung des ukrainischen Volkes! Aber darin ist nicht nur Frau *Merkel* gut, sondern auch ihr „Chef", *Barack Obama.* Der sagte in seiner Rede „zur Lage der Nation" am 20. Januar 2015 wörtlich:

„Wir demonstrieren die Macht der amerikanischen Stärke und Diplomatie. Wir halten den Grundsatz aufrecht, dass größere Nationen kleine nicht schikanieren dürfen – indem wir uns der russischen Aggression entgegenstellen, die Demokratie in der Ukraine stärken und unseren NATO-Verbündeten unsere Unterstützung versichern."[341]

Größere Nationen dürfen kleinere also nach Ansicht des US-Präsidenten nicht schikanieren? Es ist schwer zu sagen, ob solche Aussagen westlicher Politiker, die in der einen oder anderen Form immer wiederkehren, als Zynismus, Dummheit, Kalkül, Arroganz oder komplette Inkompetenz zu bewerten sind. Vielleicht sind sie auch eine Mischung von allem. Auf jeden Fall geben sie Anlass zur Sorge, denn die führende politische Riege im Westen scheint den Ernst der Lage in der Ukraine genauso zu unterschätzen wie die Reaktionen der russischen Führung. Russland hat in der Ukraine eine rote Linie gezogen. Es wird diese Linie verteidigen, oder es wird untergehen!

Die von den USA unterstützte ukrainische Armee war den prorussischen Rebellen im Südosten des Landes gegen Ende des Jahres 2014 so unterlegen, dass die US-Marionetten in Kiew offenbar Angst vor Deserteuren und dem Verlust des Bürgerkrieges hatten. Im Januar 2015 wurde bekannt, dass sie ihren Soldaten Prämien für abgeschossenes gegnerisches Kriegsmaterial wie Panzer oder Flugzeuge zahlten. Auch für getötete gegnerische Soldaten? Verwundern würde es nicht, denn die Verzweiflung war groß. Im Februar 2015 erließ das ukrainische Parlament ein Gesetz, das die Bestrafung von Armeeangehörigen bei Befehlsverweigerung, bis hin zur sofortigen Erschießung durch Vorgesetzte, vorsah.[342] Dieser Konflikt war absurd und sinnlos! Europa taumelte bis zur Fertigstellung dieses Buches orientierungslos zwischen Russland und den USA hin und her und lief Gefahr, dabei selbst auseinanderzufallen. Das wussten die US-Kräfte jedoch zu verhindern. Sie zwangen Europa zu Sanktionen gegen Russland und führten EU-Politiker wie dressierte Pudel in einem zweitklassigen Zirkus vor. Die USA taten alles in ihrer Macht Stehende, um Frieden in der Ukraine zu verhindern, und den Bürgerkrieg eskalieren zu lassen. Vielleicht werden Kiew und Europa ja eines Tages im Angesicht des Verlusts dieses Bürgerkrieges gezwungen sein, auf Russland zuzugehen und Frieden zu schließen – wenn die USA dies denn zulassen.

Die Ukraine ist reich an Bodenschätzen, und sie hätte ein wohlhabendes Land mit wohlhabenden Bürgern sein können, wenn der Westen sich nicht eingemischt hätte. Nun aber scheint zwischen den verschiedenen Geheimdiensten, zwischen Europa, den USA, Israel und Russland, zwischen den ukrainischen Oligarchen und den einzelnen Fraktionen der Geheimen Weltregierung ein Machtkampf stattzufinden, der die Ukraine vermutlich völlig zerstören wird. Am Ende sind die einfachen Ukrainer die Leidtragenden, jene Menschen also, die wirklich vor Ort leben, die zwischen den vielen Fronten hin- und hergerissen sind und im Grunde nichts anders wollen als Frieden und Freiheit. Doch genau das scheint man ihnen nicht zu gönnen. Freiheit ist von der Geheimen Weltregierung nämlich für *kein* Volk auf Erden vorgesehen.

Gesteuerte Revolutionen

Im Gegensatz zur „Evolution", die ein schleichender Prozess ist, ist eine „Revolution" ein Ereignis, das einen bestehenden Zustand schlagartig verändert. Es gibt viele Arten von Revolutionen. Ich möchte hier jedoch nur die beleuchten, die in unserer jüngsten Geschichte zu politischen Veränderungen führten. Im Allgemeinen stellt man sich unter einer politischen Revolution einen Prozess vor, in dem sich ein unterdrücktes Volk gegen einen Herrscher oder gegen eine politische Kaste aus eigenem Willen erhebt. Oft ist dies nicht mit ausschließlich friedlichen Mitteln möglich – vor allem dann nicht, wenn der unbeliebte Herrscher ein Berufsheer auf seiner Seite hat. Bezüglich vieler Revolutionen der vergangenen Jahre und Jahrzehnte habe ich den Eindruck, dass gerne ein verklärtes Bild davon gezeichnet wird, wie und warum einzelne Völker sich gegen ihre Führungen erhoben. Die meisten Aufstände und Umstürze waren nämlich von ausländischen Kräften angezettelt oder zumindest unterstützt worden.

Historisch betrachtet, gab es in vielen Ländern ein **Revolutionsrecht**, das jedoch heute nicht mehr so genannt wird. Im Artikel 20 des Grundgesetzes für die Bundesrepublik Deutschland ist verankert, dass das Gewaltmonopol beim Staat liegt. Absatz 4 im Artikel 20 des Grundgesetzes sichert allerdings seit 1968 das **„Widerstandsrecht“** zu, welches besagt: „*Gegen jeden, der es unternimmt, diese (staatliche) Ordnung zu beseitigen, haben alle Deutschen das Recht zum Widerstand, wenn andere Abhilfe nicht möglich ist.*“ Das bedeutet, dass jeder Mensch unter bestimmten Umständen dem Staat den Gehorsam verweigern darf – wenn nicht sogar verweigern muss, um die eigentliche staatliche Ordnung wiederherzustellen. Die Mittel hierfür können gewaltlos oder aber auch gewaltsam sein, abhängig von den Situation.

Der legitime Widerstand gegen staatliche Organe setzt grobe Ungerechtigkeiten oder schwerwiegendes, staatliches Fehlverhalten voraus sowie die Aussichtslosigkeit, mit juristischen Mitteln dagegen erfolgreich vorzugehen. Vom Widerstandsrecht unterscheidet sich der **Zivile Ungehorsam** dadurch, dass er keine gewaltsamen Mittel erlaubt – und sich eher auf einzelne Bereiche bezieht als gegen ein ganzes System. Die genaue Abgrenzung zwischen Widerstandsrecht, Zivilem Ungehorsam und Terrorismus ist jedoch schwierig, zumal alle in einem Umfeld stattfinden, das von rechtlichen Grauzonen gekennzeichnet ist.[343]

Ich habe einen Ausschnitt aus einer Rede des US-Historikers *Howard Zinn* aus dem Jahr 1972 übersetzt, und ich kann nur jeden dazu ermuntern, im Internet den gesamten Text zu lesen, weil ich finde, dass er nach mehr als vierzig Jahren nichts an Aktualität eingebüßt hat – ganz im Gegenteil:

„Ich gehe von der Annahme aus, dass die Welt auf dem Kopf steht, dass die Dinge alle falsch sind, dass die falschen Leute im Gefängnis sind und die falschen Leute frei sind, dass die falschen Leute an der Macht sind und die falschen Leute ohne Macht sind, dass das Vermögen in diesem Land und auf der Welt so verteilt ist, dass es keine kleine Reform benötigt, sondern eine drastische Umverteilung. Ich gehe von der Annahme aus, dass wir nicht groß darüber reden müssen, denn alles, was wir tun müssen, ist, über den heutigen Zustand der Welt nachzudenken, um zu erkennen, dass alles auf dem Kopf steht.

Wenn man nicht nachdenkt, sondern nur dem Fernseher lauscht und wissenschaftliche Abhandlungen liest, dann könnte man meinen, dass alles gar

nicht so schlimm ist oder dass nur Kleinigkeiten falsch laufen. Aber wenn man ein wenig Abstand gewonnen hat, zurückblickt und die Welt betrachtet, dann ist man entsetzt. Also müssen wir von der Annahme ausgehen, dass die Welt verkehrt herum ist.
Und auch unser Thema ist verkehrt rum: ‚ziviler Ungehorsam'. Sobald man sagt, das Thema sei ‚ziviler Ungehorsam', sagt man, unser Problem sei ‚ziviler Ungehorsam'. Doch das ist nicht unser Problem... ***unser Problem ist ‚ziviler Gehorsam'.*** *Unser Problem sind unzählige Menschen auf der ganzen Welt, die dem Diktat ihrer Führer und ihrer Regierungen gehorchen und in den Krieg gezogen sind, denn Millionen Menschen starben durch diesen Gehorsam.*«[344]

Howard Zinn, Historiker

Die letzten Jahre waren von zahlreichen Demonstrationen, Aufständen und Revolutionen geprägt, in nahezu allen Teilen der Welt. Ich war im Frühjahr 1992 in den USA, als es zu der landesweiten Aufruhr (riots) kam, weil weiße Polizisten bei der Festnahme des Schwarzen *Rodney King* unverhältnismäßig hart vorgegangen waren und im anschließenden Prozess freigesprochen wurden. Bei diesen tagelangen Massenunruhen in zahlreichen US-Großstädten kamen 53 Menschen ums Leben, tausende wurden verletzt, ganze Stadtviertel wurden niedergebrannt, und es bedurfte am Ende des Militärs, um der Lage wieder Herr zu werden.

Ich sehe die Unruhen, die auch im Jahr 2014 wieder in den USA aufflammten, mit großer Sorge, denn ich habe erlebt, welchen Schaden der Volkszorn anrichten kann – zumal er sich meist an den Falschen entlädt. Gleichzeitig kann ich die Wut derer verstehen, die der Meinung sind, dass es Zeit für Zivilen Ungehorsam sei, Zeit für Widerstand gegen ein zutiefst ungerechtes System – ein System, in dem der Staat seinen Bürgern zunehmend misstraut und sie bespitzelt; ein System, in dem die Exekutive offenbar nicht mehr dem Schutz der Bürger dient, sondern dem Schutz einer reichen Elite vor den Bürgern. Dieser Volkszorn, der heute in weiten Teilen der Erde brodelt, könnte sich eines Tages zu einem Aufstand oder einer Revolution auswachsen, und dann könnte es noch sehr viel mehr Todesopfer geben als bei den „riots" im Jahr 1992.

Wenn ein Volk oder große Teile davon über lange Zeit krasse Ungerechtigkeit empfinden und bei den staatlichen Autoritäten auf taube Ohren stoßen, dann entlädt sich deren Zorn irgendwann auf eine Weise, die nur schwer zu steuern ist. Manchmal wird er jedoch auch gezielt geschürt und anschließend gezielt gesteuert. So werden die Massen zum Spielball fremder Interessen. Der sogenannte „Arabische Frühling“ begann im Dezember 2010 mit Massenprotesten gegen den tunesischen Staatschef *Ben Ali*. Auslöser war, dass der Gemüsehändler *Mohamed Bouazizi* sich selbst anzündete, um ein verzweifeltes Zeichen gegen staatliche Willkür und Erniedrigung zu setzen. Der Funke dieser Proteste sprang in den darauffolgenden Wochen auf mehrere Staaten in Nordafrika und im Nahen Osten über. Diese, anfangs spontanen, lokalen Demonstrationen auf Grund staatlicher Ungerechtigkeiten und zu hoher Lebensmittelpreise wurden im Handumdrehen zu gewaltsamen Ausschreitungen und zu Revolutionen, die vom Ausland gesteuert wurden – und die letztlich hunderttausende Menschen das Leben kosteten.

Doch lassen sie uns einige Jahre zurückgehen, um die Revolutionen in Nordafrika und in der Ukraine besser verstehen zu können. Durch das Trauma der McCarthy-Ära und des verlorenen Vietnamkrieges war es in den frühen 1970er-Jahren in den USA zu der bereits erwähnten massiven Kritik an der US-Außenpolitik gekommen. Bürgerrechts- und Friedensbewegungen stellten die Autorität des Staates in vielen Bereichen in Frage, und sie setzten umfangreiche soziale Umdenkprozesse in Gang. Der oben zitierte *Howard Zinn* rief im Jahr 1972 dazu auf, den „zivilen Gehorsam“ zu beenden und den Status quo umfassend zu hinterfragen. Nur ein Jahr später schrieb der US-Politikwissenschaftler und Philosoph ***Gene Sharp*** ein Buch, das fortan Millionen Menschen rund um den Globus inspirierte: „The Politics of Nonviolent Action“. Dieses Buch ist eine Betriebsanleitung für den gewaltfreien Widerstand gegen Regierungen oder Regimes. *Sharps* Ziel war es, die Menschen zu lehren, wie sie sich auf mehr oder weniger friedlichem Wege von Diktatoren befreien konnten, um danach eine Demokratie zu etablieren. Diesem Buch folgten noch zahlreiche weitere, die sich im weitesten Sinne mit dem Thema „Revolution“ befassten. *Sharps* Schriften hatten gravierende Auswirkungen auf unsere Welt. Wie weit er in viele politische Umstürze persönlich involviert war, ist sehr umstritten, doch hat *Sharp* selbst zugegeben, es nicht nur bei der Theorie belassen zu haben. Er reiste 1993 heimlich nach *Myanmar* (ehemals Birma), wo er Oppositionelle im gewaltlosen Widerstand schulte. Fakt ist, dass sich Revolutionäre rund um den Globus in den vergangenen dreißig Jahren immer wieder auf ihn beziehen.

In den späten 1990er-Jahren waren auf dem Balkan große Umbrüche im Gange. Wir erinnern uns daran, dass die NATO dabei eine wichtige Rolle spielte. Vom 24. März bis zum 10. Juni 1999 bombardierte die NATO Serbien, was letztlich zur Abspaltung des Kosovos von Serbien führte, das bis dahin noch „Republik Jugoslawien" hieß. Einige Monate zuvor, im Jahr 1998, hatten einige Studenten der *Universität Belgrad* die Protestbewegung **OTPOR** (zu deutsch: *Widerstand*) gegründet. Wie zahlreiche westliche Kräfte wollten sie einen Regierungswechsel und die Absetzung des serbischen Präsidenten der Republik Jugoslawien, *Slobodan Milosevic*, erreichen. Sie waren frustriert ob des Krieges und des wirtschaftlich katastrophalen Zustandes ihres Landes, das nicht einmal klar definierte Grenzen hatte und in dem niemand eine Zukunft sah. Sie wollten nicht zur Armee eingezogen werden, und sie machten Milosevic allein für die Zustände in Serbien verantwortlich.

Abb. 16: Die geballte Faust von OTPOR (links oben) wurde von zahlreichen anderen Revolutions-Bewegungen kopiert.

OTPORs Symbol, die geballte Faust (siehe Abb. 16), wurde von den Aktivisten tausendfach auf Häuser, Straßen, Brücken gesprayt, was der Gruppierung zu großer Aufmerksamkeit in der Bevölkerung verhalf und ihr eine Art „Robin-Hood-Image" einbrachte, zumal einige Aktivisten für ihr Engagement inhaftiert wurden. *„Die faschistische Optik der Fahne mit der Faust machte einigen von uns Angst"*, gab *Paul B. McCarthy* vom ***National Endowment for Democracy*** (NED) später in einem Interview zu. Das NED ist eine US-amerikanische Stiftung, die mit staatlichen Geldern die *„weltweite Förderung der Demokratie"* vorantreibt. Da kann sich jeder selbst denken, was damit gemeint ist.

In dem Interview gibt *Paul B. McCarthy* auch zu, dass die Angst schnell verflog, als man erkannte, dass OTPOR dabei helfen konnte, in Serbien Fakten zu schaffen. Von September 1998 an flossen laut *McCarthy* regelmäßig Millionen-Beträge auf die Auslandskonten von OTPOR und anderen Oppositionsgruppen. Die Rede ist hier von mehr als 25 Millionen Dollar. Zudem bekam OTPOR Gelder von *Freedom House*, einer US-Organisation unter der Leitung des früheren CIA-Direktors *James Woolsey* und von *George Soros'* Anti-Ostblock-Stiftung ***Open Society Foundation.***[(345)] Die OTPOR-Führung traf sich regelmäßig mit amerikanischen Kontaktpersonen, Politikern, Diplomaten und Militärs, vorwiegend in Montenegro und Ungarn. Dort wurden sie in der Kunst der passiven Kriegsführung und der Propaganda geschult. Sie lernten, wie man am besten die Polizei, das Militär und die Presse auf seine Seite zieht. Die Studentenbewegung wurde innerhalb weniger Monate ein Revolutions-Werkzeug, das von Washington aus gesteuert wurde.[(346)]

OTPOR hatte einen großen Anteil am Sturz des serbischen Präsidenten *Milosevic* im Jahr 2000. Doch der Anführer der Organisation, ***Srdja Popovic,*** hatte damit nicht genug. Er wurde Berater in der Übergangsregierung und gründete eine „Umweltschutzbewegung" mit dem Namen „Grüne Faust", um die Popularität von OTPOR für seine eigenen Zwecke zu nutzen. Er gründete eine eigene politische Partei, die jedoch bei den darauf folgenden Wahlen im Jahr 2003 nicht den Einzug ins Parlament schaffte, da ihre Finanzierung von OTPOR durch die USA publik geworden war, was sie bei der Bevölkerung sehr unbeliebt machte. Doch *Srdja Popovic* hatte offenbar Gefallen an der Macht und am Umsturz von Regierungen gefunden. Aus dem angehenden Politiker wurde ein professioneller Revolutionär. ***Popovic*** **gibt zu, bis heute etwas mehr als 30 weitere Regierungen gestürzt zu haben**, und es könnten sogar noch sehr viel mehr sein. Gleich nachdem er die Wahlen verloren hatte, gründete er 2003 mit seinem ehemaligen OTPOR-Mitstreiter *Slobodan Dinovic* das ***Centre for Applied Non Violent Actions and Strategies*** **(CANVAS)**. Dieses „Zentrum für angewandte gewaltfreie Aktionen und Strategien" hatte das Ziel, fremde Regierungen zu beseitigen. Dabei beruft sich *Popovic* in seinen Interviews und Vorträgen auf der ganzen Welt gerne auf *Mahatma Gandhi* und *Martin Luther King*. Aus meiner Sicht ist das eine Verhöhnung dieser beiden herausragenden Persönlichkeiten, die ihr eigenes Leben für Freiheit und Menschenrechte und für eine bessere Gesellschaft aufs Spiel gesetzt haben. Seit seiner Gründung hat CANVAS nach eigenen Angaben politische Aktivisten in mehr als 50 Staaten „beraten", unter anderem im Iran, in Zimbabwe, Burma, Venezuela, Ägypten, Weißrussland, Aserbaidschan, Tunesien, Georgien und in der Ukraine.[(347)]

In einem Interview für das *Weltjournal* im österreichischen TV-Sender ORF 2 erklärte *Popovic* am 11. Mai 2011 nicht ohne Stolz, dass CANVAS den „Arabischen Frühling" mitgestaltete und aktuell allein nur im Nahen Osten in acht oder neun Staaten aktiv sei.[(348)] Laut *F. William Engdahl* führen sie dabei nur jene Pläne aus, die in Washington zuvor erstellt werden, und sie sollen auch nach wie vor jedes Mal von genau dort finanziert werden. CANVAS scheint die moderne Variante der Economic Hit Men zu sein. Die Organisation schult Oppositionelle und Revolutionäre aus fremden Ländern in Seminaren, versorgt sie mit Literatur, Propagandamaterial und Logistik. In vielen dieser Länder hat CANVAS aus Serbien heraus die Aufstände via Internet in Echtzeit begleitet und den Revolutionären vor Ort via *facebook* und *skype* Anweisungen gegeben. Sie steuerten aus ihren sicheren Büros heraus Menschenmassen in weit entfernten Ländern so, wie US-Soldaten tödliche Drohnen aus tausenden Kilometern Entfernung lenken. In einem Vortrag an der *Columbia Universität* sagte *Popovic* in Bezug auf die ägyptische Revolution: *„Das war keine spontane Revolution von 19 Tagen. Vergessen Sie diesen Mythos. Das war alles lange vorbereitet, denn die ägyptische Jugend hatte erkannt, dass sie sehr mächtig ist!"*

Wenn man Revolutionen wie schwedische Selbstbaumöbel exportiert, dann muss man sich nicht wundern, wenn die ganze Welt bald krumm und schief ist und zusammenbricht. Es mag zwar im Grunde gut gemeint sein, aber es ist vollkommen verantwortungslos, andere Völker ins Chaos zu stürzen, nur um seine eigene Lust an der Macht zu befriedigen.

Gene Sharps Buch „Von der Diktatur zur Demokratie" gilt als die Bibel für den gewaltlosen Widerstand. Es existiert in vierunddreißig Sprachen und wird von CANVAS an seine Auszubildenden in der ganzen Welt verteilt. Gene Sharp zählt darin 198 Methoden des gewaltlosen Widerstands auf. In Georgien half CANVAS/OTPOR 2003 beim Sturz von *Eduard Schewardnadse*, im Jahr darauf waren sie in der Ukraine aktiv. Am 21. November 2004 ging der russisch orientierte *Wiktor Janukowitsch* als Sieger aus den Präsidentschaftswahlen gegen seinen westlich orientierten Widersacher *Wiktor Juschtschenko* hervor. Doch während Russland, Usbekistan, Kasachstan und Armenien die Wahl anerkannten, zweifelten einige westliche Organisationen und Staaten das Ergebnis an. CANVAS unterstützte die ukrainische Jugendbewegung PORA! (Es ist Zeit!), die in den folgenden Wochen unzählige Demonstrationen und Blockaden organisierte, die als „Orangefarbene Revolution" bezeichnet wurden. Politiker und Presse im Westen verstärkten so lange den Druck auf die Ukraine, bis der Oberste Gerichtshof sich veranlasst sah, die Wahl am 26. Dezember 2004 zu wiederholen. Daraus ging, wie wir wissen, *Juschtschenko* als Sieger hervor.[(349)]

Diese vom Westen aus gesteuerte „Revolution" könnte auch als Putsch bezeichnet werden. Finanziert wurde das Ganze von *USAID*, dem *National Democratic Institute*, dem *International Republican Institute*, *Freedom House*, dem *Open Society Institute* und der deutschen *Konrad-Adenauer-Stiftung*.[(350)] Es sind immer wieder dieselben. Die Männer von CANVAS sind die Speerspitze westlicher Abrisstrupps!

Einer der Führer der ukrainischen PORA!, ***Dmytro Potechin***, sagte im Interview für den Film „Die Revolutionsprofis": „*Wir hatten damals viel Spaß auf den Straßen!*" Aus diesem Spaß hat er einen Beruf gemacht, denn in den vergangenen Jahren unterrichtete er für CANVAS Oppositionelle im Iran, in Russland, Weißrussland und Ägypten. Dabei scheint es ihm nur um den Sturz an sich zu gehen. Er scheint nicht über die weiteren Folgen nachzudenken. Denn wer sich die Lage in Ägypten nach dem Umsturz von 2011 vor Ort angesehen hat, weiß, dass er in der Form für das Volk verheerend war. Zwar soll Ägypten jetzt langsam auf dem Weg in Richtung Demokratie sein, doch haben infolge der Revolution Armut, Arbeitslosigkeit und Kriminalität stark zugenommen. In einem Land, das einst sehr westlich orientiert und sicher war, gibt es nun starke konservativ-muslimische Tendenzen, und es ist gefährlich, nachts allein auf die Straße zu gehen. Die friedliche Revolution des ägyptischen Volkes wurde vom Westen angeheizt und für machtpolitische Spiele missbraucht. *Dmytro Potechin* gibt unumwunden zu, dass es sein nächstes großes Ziel ist, auch die Regierungen in Weißrussland und Russland zu stürzen. Damit ist er jedoch nicht allein, da wird er sich schon hinten anstellen müssen. Denn parallel zu CANVAS operiert noch eine zweite, ähnlich geartete Organisation auf dem Gebiet der weltweiten Revolutionen. Sie nennt sich ***Internationales Zentrum für gewaltfreien Konflikt*** (*The International Center on Nonviolent Conflict* – ICNC). Das ICNC hat in etwa dieselben Ziele wie CANVAS, operiert aber wesentlich subtiler und hinterhältiger, vor allem in den Bereichen Medien, Filme, Bücher und Videospiele. Das ICNC wurde 2002 von *Peter Ackerman* und *Jack DuVall* in den USA gegründet. ***Jack DuVall*** war Fernsehredakteur bei PBS und entwickelte die Fernsehserie „A Force More Powerful", einen Streifzug durch die gewaltfreien Revolutionen im 20. Jahrhundert, die auch in Buchform und als Videospiel („People Power") erschien. Letzteres wurde entwickelt, damit junge Menschen die Revolution auf spielerische Weise üben können. Das ist Umsturz-Propaganda in ihrer extremsten Form! Sie können aus dem Spielemenü unterschiedliche Formen des Umsturzes wählen, vom Massenprotest bis hin zu Sitzblockaden oder Gebäudebesetzungen.

Peter Ackerman, der auch als der „Teflon-Mann" bezeichnet wird, schrieb 1976 seine Doktorarbeit über *„Strategische Aspekte gewaltfreier Widerstandsbewegungen"* unter der Aufsicht seines Professors *Gene Sharp*. 1983 gründete er gemeinsam mit *Sharp* das *Albert-Einstein-Institut*, das jedoch nichts mit dem gleichnamigen Ableger des *Max-Planck-Instituts* zu tun hat. Das Ackerman-Sharp'sche Institut wurde gegründet, um fremde Länder mit der amerikanischen Vorstellung von Demokratie zu beglücken. In den 1980er-Jahren machte Ackerman, der ICNC selbst finanziert, hunderte Millionen Dollar mit dubiosen Anleihegeschäften, für die andere ins Gefängnis mussten.[351] Er aber wurde stattdessen von *George Soros* in den Vorstand von dessen *Freedom House* befördert und in das *Council on Foreign Relations* aufgenommen. CANVAS und ICNC arbeiten sehr eng zusammen, mehrere Mitarbeiter wechselten zwischen den beiden Organisationen hin und her, so zum Beispiel *Dr. Stephen Zunes*, der die Revolutionäre in Ägypten betreute.[352]

Was das ICNC auf seiner Webseite präsentiert, ist an krankem Zynismus kaum mehr zu überbieten. So heben sie einen Artikel von *The Daily Beast* vom 16. November 2014 von *Christopher Dickey* and *Anna Nemtsova* hervor, in dem es um *Orwells* Roman „1984" und den darin beschriebenen „Doppeldenk" geht, also um die bewusste Verdrehung von Tatsachen. Dies bringen sie in Beziehung zur russischen Berichterstattung über die Ukraine und Syrien, etwa in Bezug darauf, dass Russland und die ukrainischen Separatisten bestritten, den Malaysia-Airlines-Flug MH 17 abgeschossen zu haben.

> *„Diese Beispiele sind ungeheuerlich, aber sie sind kein Einzelfall, und sie haben System. George Orwell nannte dies ‚Doppeldenk' – sich der umfassenden Wahrhaftigkeit bewusst zu sein, während man sorgsam konstruierte Lügen erzählt... Logik gegen Logik zu stellen, moralische Grundsätze zu verletzen, während man gleichzeitig darauf verweist. Dies vergiftet systematisch die Wahrheitssuche in Bezug auf die wichtigen Fragen von Krieg und Frieden in der Ukraine, in Syrien und im Irak... Orwell erkannte das Kernproblem schon lange bevor er ‚1984' schrieb. Im Krieg lügt jeder. Wir tun es, sie tun es, auch die Täter und die Opfer tun es. Aber totalitäre Systeme sind anders. Putin, Assad und ISIS streben alle nach der totalen Kontrolle, die Stalin, Hitler oder die Kalifen einst hatten: absolute Macht über ihr eigenes Volk, brutale Einschüchterung ihrer Gegner. Und, wie Orwell 1944 in einem Aufsatz schrieb: ‚Das wirklich Beängstigende an einem totalitären System ist nicht, dass es Gräueltaten verübt, sondern dass es das Konzept der objektiven Wahrheit attackiert: Es behauptet, die Vergangenheit ebenso zu kontrollieren, wie die Zukunft!'“*[(353)]
>
> Christopher Dickey und Anna Nemtsova, „Digital Doublethink“, 16.11.2014

Das ist Mind-Twisting, das anderen Personen Mind-Twisting vorwirft. Das ist wie „Trippledenk“. Ich muss zugeben, dass ich bei meinen Recherchen gelegentlich mit Brechreiz zu kämpfen hatte, weil sich in diesem Bereich so absurde Dinge abspielen, dass man wirklich den Glauben an die Menschheit an sich verlieren könnte. Aber das tue ich nicht, deshalb mache ich weiter und informiere.

Ich habe den Eindruck, dass es den Leuten des ICNC nicht auch nur ansatzweise um Inhalte in irgendeiner Form geht, sondern ausschließlich um Ideologien und ihre Rechtfertigung vor sich selbst und vor anderen. Sie verteidigen den „American way of Life“ und die US-Außenpolitik, koste es, was es wolle. Es gibt kaum etwas, das gefährlicher ist als kalter Intellekt, der in sich selbst verliebt ist und sich selbst feiert. Intelligenz gepaart mit Gefühllosigkeit und Geltungsdrang ist eine hervorragende Voraussetzung für Krieg und Selbstzerstörung.

„Was hier auf dem Spiel steht, ist die faktische Wirklichkeit selbst, und dies ist in der Tat ein politisches Problem allererster Ordnung.“

Hannah Arendt, deutsch-amerikanische Publizistin

Wesen, die sich dafür bezahlen lassen oder andere dafür bezahlen, dass sie ganze Völker in Chaos, Leid und Armut stürzen, bezeichnen sich selbst als „Demokraten“ und „gute Menschen“, gerne auch als „Philanthropen“. Gleichzeitig vergleichen sie *Wladimir Putin* mit *Hitler* und *Stalin*. Psychopathen, die wie *Popovic*, *DuVall* oder *Ackerman* mit einer erschreckenden Selbstverständlichkeit davon ausgehen, dass ihr System und ihr Glaube der einzig legitime sei, und sie dieses Konstrukt allen anderen Menschen aufzwingen dürfen und müssen, sprechen von „objektiver Wahrheit“, als sei es das Normalste auf Erden. Diese Wesen, die in den Fußstapfen verbohrter religiöser Fanatiker wie den Kreuzrittern oder den Gotteskriegern der IS (Islamischer Staat) wandern, bezeichnen die IS als das Gefährlichste auf Erden.

Das Ausmaß der Geisteskrankheit in unserer Welt ist tatsächlich atemberaubend. Eine von Hass erfüllte, blind intellektuelle und monetäre Elite, bestehend aus Psychopathen und Zombies, herrscht über die Menschen. Dieses Herrschen scheint dabei zur Sucht geworden zu sein. Wie alle Süchtigen verdrehen auch diese Wesen die Wahrheit ins Gegenteil, nur um ihre Sucht zu stillen und sich selbst nicht eingestehen zu müssen, dass sie krank sind und dringend Hilfe bräuchten. Sie sind süchtig danach, die Welt zu beeinflussen, zu gestalten, koste es, was es wolle. Sie haben das kranke, unstillbare Verlangen nach Geltung, nach Bedeutung und danach, der Welt ihren Stempel aufzudrücken. Dabei ist es ihnen egal, was sie tun oder wie sie es tun. Es geht ihnen nur darum, sich selbst und andere zu beeindrucken. Letztlich beruht dieser Zwang auf der Angst, unwichtig zu sein und bedeutungslos. Angst ist ihr Hauptantrieb. Um ihre **Geltungssucht** zu stillen, sind sie zu allem bereit, zu jeder Lüge und zu jedem Pervertieren der Wahrheit.

Die Geheime Weltregierung und ihre Entourage haben ein System geschaffen, das sich selbst durch die Verbreitung von Angst und Schrecken, von Lüge und Unwahrheit am Leben hält und sich aus der Ohnmacht und Angst der Massen speist. Diese altbewährte Technik der US-Außenpolitik nennt sich ***„Shock-and-Awe-Taktik“***, also schockieren und einschüchtern!

Amerikanische Agitatoren, die hauptberuflich Politiker anderer Länder stürzen, werfen *Wladimir Putin* brutale Einschüchterung seiner Gegner vor. Das ist, als wenn ein Hund sich selbst im Spiegel anbellt – und immer wütender wird, weil sein Gegenüber zurückbellt. Das Shock-and-Awe-System, diese organisierte und systematische Verdrehung der Tatsachen, ist für einfach und klar denkende Menschen nicht durchschaubar, weil es letztlich keiner menschlichen Logik folgt, sondern ausschließlich darauf abzielt, aggressiver und schneller zu sein als die Gegenseite, und dadurch zu verwirren und einzuschüchtern. Ein normaler Mensch, der Gefühl und Mitgefühl empfinden kann, steht diesem aggressiven Lügengespinst völlig überwältigt gegenüber und wendet sich fassungslos und verunsichert ab. Nur wenige durchschauen das System, und die meisten davon kapitulieren davor, weil es ihnen graut.

> *„Ich gehe von der Annahme aus, dass die Welt auf dem Kopf steht, dass die Dinge alle falsch sind, dass die falschen Leute im Gefängnis sind und die falschen Leute frei sind, dass die falschen Leute an der Macht sind und die falschen Leute ohne Macht sind...*“(354)
>
> Howard Zinn

Doch letztlich wäre es falsch, die Schuld immer bei anderen zu suchen und nur von „Verschwörung“ zu sprechen. Denn viele durchschauen das System zumindest in Teilen, doch sie schweigen oder schauen weg und halten den Mund, weil das einfacher ist. Letztlich lebten wir Europäer und US-Amerikaner für eine Weile sehr gut von diesem System, denn es brachte uns Wohlstand und vermeintliche Sicherheit. Doch scheint das System langsam zu bröckeln, was auch auf unsere vermeintliche Sicherheit Auswirkungen haben dürfte. Das System zerstört sich selbst, und es wird dabei schwere Schäden anrichten, wenn wir nichts dagegen unternehmen. Wir, der Westen, haben uns viele Feinde gemacht, und wir werden für unsere Überheblichkeit und Ignoranz bezahlen müssen, wenn wir das System nicht ändern und dem Rest der Welt die Hand reichen. Um die Psychopathen in die Schranken zu weisen, muss jeder Einzelne von uns anfangen, Verantwortung für das System zu übernehmen und die bisher Verantwortlichen dort fassen und stellen, wo man ihnen begegnet. Der einzige zielführende Weg aus diesem Labyrinth der Lügen heraus ist, sie als Lügen zu erkennen und als solche zu benennen. Wir dürfen dieses Lügengespinst nicht länger tolerieren. Das ist ein hartes Stück Arbeit. Ein solch weitverzweigtes System ist nicht mit einem einzigen Großreinemachen aus der Welt zu schaffen, sondern es erfordert Ausdauer und Hartnäckigkeit.

„Zu oft genießen wir die Behaglichkeit der Überzeugung, ohne das Unbehagen des Denkens!“

John F. Kennedy, 35. Präsident der USA, von 1961-1963

Parteinahe Stiftungen wie das *International Republican Institute* (IRI) der US-Republikaner oder die *Konrad-Adenauer-Stiftung* der deutschen CDU intervenieren und manipulieren seit Jahrzehnten ungeniert und ungehindert in aller Herren Länder. Besonders zynisch finde ich, dass diese beiden Vereine im Oktober 2014 in Panama City zu einer Konferenz *„über demokratische Defizite in Panama und die Möglichkeiten ihrer Behebung“* einluden.[(355)]

Doch auch die *Friedrich-Naumann-Stiftung* der FDP war viele Jahre von Südamerika bis nach Nordafrika rege aktiv. Im Frühjahr 2013 fielen diese Organisationen aus allen Wolken, als ein ägyptischer Gerichtshof harte Urteile gegen die Mitarbeiter von ausländisch finanzierten „NGOs“ und Stiftungen verhängte. Hintergrund war offenbar deren Rolle im „Arabischen Frühling“. Die Stiftungen wurden in Ägypten verboten, ihr Vermögen wurde beschlagnahmt, und Mitarbeiter wurden zu teilweise langen Haftstrafen verurteilt. Zu den Angeklagten gehörten neben zwei Deutschen auch neunzehn US-Bürger, vierzehn Ägypter, drei Serben, ein Jordanier, ein Palästinenser, zwei Libanesen und ein Norweger. Verboten wurden neben den oben genannten Stiftungen auch noch das *National Democratic Institute* (NDI) und der OTPOR-Unterstützer *Freedom House*.[(356)]

Es ist keine Frage, dass die Führungen Chinas und Russlands zum Teil sehr hart und brutal mit ihren Kritikern umgehen. Wenn der Westen jedoch permanent in diesen Ländern interveniert und Revolutionen und Aufstände anzettelt, dann verspielt er damit jedes Recht auf sonst berechtigte Kritiken.

Die „üblichen Verdächtigen“ USAID und NED (*National Endowment for Democracy*) waren gemeinsam mit der serbischen OTPOR an der „Regenschirmrevolte“ in Hongkong im Jahr 2014 ebenso beteiligt, wie an Umsturzplänen in Kuba. Von 2010 an haben die Revolutionsprofis versucht, Kubas Jugend mittels aggressiver Hip-Hop-Bands und mittels heimlich eingerichteter sozialer Netzwerke – mit Millionen von Dollar im Rücken – gegen die Regierung zu mobilisieren, was jedoch kläglich scheiterte. Ist *Barack Obamas* Versuch der Anbiederung an Kuba im Dezember 2014 demnach als Entschuldigung zu sehen oder eher als neuer Anlauf, die kubanische Regierung zu Fall zu bringen?[(357)]

Patriotismus und Kriegsverherrlichung

„Wenn wir an diesem Wochenende den Memorial Day (Heldengedenktag) feiern, werden Familien in ganz Amerika in Hinterhöfen und Vorgärten zusammenkommen, um den Grill anzuwerfen, mit Freunden auszuspannen und Zeit mit Menschen zu verbringen, die ihnen wichtig sind. Genau so muss es sein. Doch ich hoffe, dass Sie dazwischen auch Zeit finden, darüber zu reflektieren, wofür der Memorial Day steht, warum wir diesen Tag des nationalen Gedenkens begehen. Es wäre jeden Tag passend, jene Männer und Frauen, die die Uniform der Vereinigten Staaten von Amerika tragen, zu würdigen. Dennoch gibt es spezielle Tage, die wir dafür reserviert haben, damit alle von uns dazu Gelegenheit haben...
An diesem Tag ehren wir nicht nur jene, die die Uniform dieses Landes trugen, sondern die Männer und Frauen, die für dieses Land gestorben sind, die ihr Leben hingegeben haben, um ihre Mitbürger zu verteidigen, die alles gaben, um die Vereinigten Staaten von Amerika zu beschützen... Es ist das, was Patrioten in jeder Generation dazu brachte, ihr eigenes Leben dafür zu opfern, um das Leben unserer Nation sicherzustellen, von den Schützengräben des Ersten Weltkrieges, von dem Schlachten des Zweiten Weltkrieges, von Inchon und Khe Sanh (Vietnam), von Mossul (Irak) bis Marjah (Afghanistan). Diese Hingabe – diese Bereitschaft, ihr Leben hinzugeben, damit uns der Segen dieser Nation zuteil werden kann – ehren wir am heutigen Tag. Doch an diesem Memorial Day sind wir, wie an jedem anderen Tag auch, dazu aufgerufen, ihre ultimative Hingabe mit

mehr als nur mit Worten zu ehren. Wir sind dazu aufgerufen, sie mit Taten zu ehren... An diesem Wochenende, an diesem Memorail Day, bitte ich euch also, all unsere gefallenen Helden in euren Herzen zu halten und, wenn möglich, an ihrer letzten Ruhestätte eine Blume niederzulegen..."[358]

Präsident Barack Obama, in seiner wöchentlichen Ansprache am 29. Mai 2010

In den USA wird Kritik an den militärischen Operationen des Landes sowie Kritik am Umgang mit dem Gedenken an den Krieg oft als „unpatriotisch" bezeichnet. Dabei ist „**Patriotismus**" die Identifikation mit einem Land, mit seiner Kultur, seinen Werten und seiner Geschichte. Kritik an einzelnen Bereichen eines Landes zu äußern, etwa am Umgang mit seiner Geschichte, ist nicht unpatriotisch, sondern erwachsen und notwendig. Alles andere ist ziviler Gehorsam.

Wer Kritik am Staat verbieten oder unterdrücken möchte, ist nicht Patriot, sondern Nationalist. Patriotismus kann Identität stiften, Menschen dabei helfen, zusammenzuhalten und sich zugehörig zu fühlen. **Nationalismus** ist hingegen engstirnig und ausgrenzend. Nationalismus kann leicht zu Gewalt und Krieg führen. Wer – wie die meisten US-Amerikaner – meint, sein Land sei besser als alle anderen Länder auf Erden, ist nicht Patriot, sondern Nationalist, und damit nur einen kleinen Schritt vom nächsten Krieg entfernt. Krieg bedeutet immer Tod, Zerstörung, Leid und Elend. Man spricht von „**Kriegsverherrlichung**", wenn Personen oder Institutionen die Gefahren oder Folgen eines Krieges verharmlosen oder Krieg als solches sogar als etwas Edles und Glorreiches darstellen. Meist wird dieser Begriff im Zusammenhang mit Kriegsveteranen, rechten Gruppierungen und seit Neuestem auch mit islamischen Extremisten verwendet. In Wahrheit jedoch wird die Glorifizierung eines bestimmten Krieges meist von staatlichen Seiten betrieben und von der Rüstungsindustrie gefördert. Um Menschen in einen Krieg zu schicken, brauchen die Vertreter eines Staates nicht nur einen gut klingenden Grund, sondern sie brauchen auch die dafür nötige Inszenierung. Früher waren dies schmucke Uniformen und der Marsch in Reih und Glied zu zackiger Musik, heute sind es eher martialische Fahrzeuge und moderne Waffen, die einem das Gefühl von Überlegenheit vermitteln und Lust auf Feindberührung machen sollen. Werbespots stellen Armeen heute als moderne und soziale Arbeitgeber dar, und klingen so oder so ähnlich:

„Du willst Teil einer eingeschworenen Gemeinschaft sein? Vergiss IKEA, wir zahlen besser. Komm zu uns, wir bieten Dir einen anspruchsvollen Beruf, mit guten Aufstiegs- und Weiterbildungsmöglichkeiten. Denk an Deine Kinder! Während Du bei uns im warmen Bunker sitzt, Kampfdrohnen lenkst und böse Menschen in fernen Ländern tötest, werden Deine Kinder bei uns gut versorgt und spielerisch auf ihren späteren Beruf vorbereitet! Die Armee, Dein moderner und fürsorglicher Arbeitgeber!"

Jugendliche werden bereits früh durch Videospiele und Filme zu heroischen Kriegern erzogen und zu „Helden", die bereit sind, für die Werte der westlichen Zivilisation zu sterben. Doch was Filme und Videospiele auslassen, sind das Leid, der Schmerz, die Angst und die zahlreichen Spätfolgen, mit denen Kriegsheimkehrer zu kämpfen haben. Da im späten 20. Jahrhundert immer weniger Menschen bereit waren, freiwillig als Soldaten zu dienen und in einen Krieg zu ziehen, mussten militärische Organisationen künstliche Bedrohungen schaffen, etwa durch die Stay-Behind-Armeen der NATO. Um zu zeigen, wie wichtig es ist, die vermeintlich gefährdeten Werte der westlichen Welt mit dem eigenen Leben zu beschützen, erfanden die USA Terror-Organisationen, die sie jahrelang trainierten und mit Waffen ausstatteten. Nun rekrutieren diese Organisationen selbst medienwirksam Kämpfer aus aller Welt für ihren „Heiligen Krieg", ihren Kampf gegen die dekadenten Werte der westlichen Gesellschaft.

Die „Heiligen Krieger" waren ursprünglich die katholischen Kreuzritter im Mittelalter, die auszogen, um „im Namen Gottes" die Welt zu erobern und Muslime zu bekehren und auszuplündern. Doch hier wiederholt sich nun die Geschichte. Genau genommen holt sie uns ein. Heute fühlt sich die westliche Welt von einem neuen „Heiligen Krieg" bedroht, dem „Dschihad" kleiner extremistischer, muslimischer Gruppen wie *Al-Qaida*, *IS* oder *Boko Haram*, die vom Westen geschaffen wurden. Wie beim Zauberlehrling hat der Westen den Besen, der den arabischen Raum für ihn säubern sollte, nicht mehr unter Kontrolle. In Scharen laufen den fundamentalistischen Terror-Organisationen junge Männer aus allen Teilen der Welt zu, auch – und immer mehr – aus Europa und den USA. Dieser Umstand ist ein klares Indiz dafür, dass die westliche Welt jungen Menschen immer weniger als lebenswert erscheint. Lieber wollen einige von ihnen für eine „göttliche" Sache sterben, als in dieser sinnleeren Welt zu leben.

Die Organisatoren dieses „Heiligen Krieges“ versprechen den orientierungslosen, jungen Menschen das **„Märtyrertum“**, also als Helden verehrt zu werden, wenn sie sich im Namen ihrer Religion für die Verteidigung ihrer religiösen Werte opfern.[359] Diese Aussicht, vor Gott und ihren Mitbrüdern als Helden zu sterben, gibt offenbar immer mehr Menschen Halt. Es scheint fast, als gäbe es in der westlichen Welt nicht mehr viel, was jungen Menschen erstrebenswert erscheint. Fast jeder zweite junge Mensch in der EU ist arbeitslos und wird wohl nie Arbeit finden. Wen wundert es da, dass sich einige junge Menschen dann eine andere „Aufgabe“ suchen, die ihnen sinnvoll erscheint – auch wenn sie es in meinen Augen nicht ist? Wir haben als Kollektiv versagt!

Das Perverse daran ist, dass uns auch hier wieder die Geschichte einholt, denn das Prinzip des Heldentums wurde jahrzehntelang von der amerikanischen Kriegs-Propaganda-Maschine hochstilisiert und von Hollywood in die Popkultur übertragen. Der Vietnamkrieg war ein militärisches und finanzielles Desaster für die USA, aus dem Protest dagegen entstand eine weltweite Friedensbewegung, die eng mit der amerikanischen Flower-Power-Bewegung verknüpft war. Intellektuelle und Hippies vereinigten sich in den späten 1960er- und frühen 1970er-Jahren in den USA zu einer massiven Front gegen die Regierung und ihre imperialistische Strategie. Diese intellektuellen Angriffe schufen eine Anti-Kriegs-Haltung in der amerikanischen Gesellschaft und schwächten die Bereitschaft der Soldaten, ihr Leben zu riskieren. Die US-Geheimdienste CIA und NSA versuchten, diese Bürgerbewegungen zu infiltrieren. Im Rahmen der verdeckten ***Operation CHAOS*** wurden über Jahre hinweg mehr als dreihunderttausend Gegner des Vietnamkriegs abgehört und gegeneinander ausgespielt – jedoch brachte die Aktion nicht den gewünschten Erfolg.[360]

Die Anti-Kriegsbewegung war für einige Jahre nicht aufzuhalten. Hunderttausende junge Männer widersetzten sich ihrem Einberufungsbefehl, viele von ihnen setzten sich nach Kanada ab, um sich dem staatlichen Zugriff zu entziehen. Die Weigerung von Boxweltmeister *Muhammad Ali*, in den Krieg zu ziehen, wurde zu einem Medienspektakel – und der Vietnamkrieg für die US-Politik zum Albtraum. Das saubere Image des US-Soldaten, das im Ersten und Zweiten Weltkrieg aufgebaut worden war, drohte zu zerbrechen.

1975 war der eigentliche Vietnamkrieg zu Ende, damit fing jedoch der Kampf um die Erinnerung an. Kriegsfilme dienen seit langem als Propagandainstrumente, doch mit dem Vietnamkrieg erhielt das Genre eine neue Dimension. Vietnam war der erste verlorene Krieg für die USA. Daher handelten viele Filme auch nicht vom glorreichen Sieg, sondern von der Niederlage. Die USA konnten also tatsächlich Kriege verlieren! Der Schock darüber hallte noch lange nach.

Michael Ciminos Film „The Deer Hunter" von 1978 ist das berühmteste Beispiel für einen Film, der in düsteren, bedrückenden Bildern zeigt, dass Vietnam-Veteranen als gebrochene und psychisch gestörte Wracks aus dem Krieg zurückkamen – wenn sie denn zurückkamen. Zum ersten Mal wurden sie nicht als Helden beklatscht, sondern vielfach als „Mörder" angesehen. Sie waren gesellschaftlich geächtet, erhielten weder ernsthafte psychologische Betreuung noch ausreichende soziale Absicherung. Darauf machte *Sylvester Stallone* 1982 im Film „Rambo" aufmerksam. Doch dieser Vietnam-Veteran hatte auch noch eine andere Dimension: Er überlebte in einer ihm feindlich gesonnenen Welt dank seiner Kampferfahrung aus dem Krieg. Er war die perfekte Kampfmaschine, die sich dem Establishment widersetzte.

Als der Schauspieler *Ronald Reagan* 1981 US-Präsident wurde, sorgte er dafür, dass das Image des Krieges, und somit das seiner Veteranen, wieder aufpoliert wurde. Das drückte sich zum einen in Filmen und Fernsehserien wie dem *A-Team*, *Mac Gyver* oder *Magnum* aus. In deren Zentrum standen die „guten" Vietnam-Veteranen, fleißige, ehrliche, anständige Menschen, jedoch mit besonderen Fähigkeiten auf Grund ihrer Vergangenheit. Sie waren zwar Außenseiter, aber sie hatten im Krieg und im Militär viel gelernt, was ihnen nun zugutekam. Es zeigte sich aber auch durch Gedenkstätten, wie dem 1982 eröffneten *Vietnam Veterans Memorial* in Washington, D.C.. Es war zu Ehren der Gefallenen erschaffen worden, fand jedoch von Anfang an nur das Wohlgefallen Weniger. Viele Veteranen fühlten sich für eine Image-Kampagne der Regierung missbraucht. Das Memorial wurde mehrfach erweitert und ausgebaut. Doch bis heute tobt im Grunde ein anderer Krieg in den USA, nämlich ein Krieg um das Gedenken an den Krieg.

Das Thema „Vietnamkrieg" hat die USA bis heute nicht losgelassen, doch durch all die weiteren Kriege der letzten zwei Jahrzehnte wurde das

„Heer“ der Veteranen in den USA noch deutlich erweitert. Zahlreiche Irak- und Afghanistan-Veteranen haben sich zusammengeschlossen und wurden zu einer kritischen politischen Kraft in den USA. Um ihr zu begegnen, finden unentwegt und allerorts irgendwelche Veranstaltungen statt, in denen die „Kriegshelden“ geehrt werden sollen.

Am 11.11., dem jährlichen Veteranen-Tag in den USA, fanden im Jahr 2014 erstmals nicht nur die üblichen Paraden und Partys statt. Nein, unter dem schwülstigen Titel „Konzert für Heldenmut“ (*Concert for Valor*) wurde in Washington ein gigantisches Konzert auf die Beine gestellt, bei dem Musikgrößen wie *Bruce Springsteen, Eminem, Metallica* und *Rhianna* auftraten und von Filmgrößen wie *Tom Hanks* und *Steven Spielberg* angesagt wurden. Unterstützt wurde der Mega-Event vom Fernsehsender *HBO*, von der Großbank *JP Morgan Chase* und von der Kaffeehaus-Kette *Starbucks*. Dazu fragte der Afghanistan-Veteran *Rory Fanning* vorab in einem sehr spannenden Artikel:

> *„Wird das ‚Konzert für Heldenmut' an die Billionen von Dollar erinnern, die ausgegeben wurden, um muslimische Länder wegen Öls zu terrorisieren, an den Ausbau des Polizei- und Überwachungsstaates in diesem Land seit 9/11, an die hunderttausende von Todesopfern dank der Kriege von George Bush und Barack Obama? Wird irgendjemand Chelsea Manning oder John Kiriakou ein Lied widmen oder Edward Snowden... Wird das ‚Konzert für Heldenmut' irgendjemanden darauf aufmerksam machen, dass Veteranen bis heute keine anständige medizinische Versorgung erhalten, speziell bei psychischen Erkrankungen, oder daran, dass sich in diesem Land alle 80 Minuten ein Veteran das Leben nimmt? Hoffen wir, dass sie zwischen den Schlagzeugsolos Zeit dafür finden, auch wenn ich mir das nicht so recht vorstellen kann.“*[(361)]

Es wird weltweit wieder am Image unserer Soldatinnen und Soldaten gefeilt, denn solange man sie als „Helden“ sieht, hat der militärisch-industrielle Komplex, und somit alle, die hinter ihm stehen, gewonnen. Soldaten, die als Helden verehrt werden, können die Waffen nicht niederlegen, sie können den Krieg schlecht kritisieren, und sie werden durch die Ehrungen mundtot gemacht. Jeder Orden, jede Ehrung, jede Auszeichnung erhöht den Druck auf sie und erschwert es ihnen, die Wahrheit über das zu sagen, was sie erlebt haben. Zudem sind sie ein Vorbild für die nächste Generation, was gerade bei der massiven Jugendarbeitslosigkeit in Europa und in den USA von großer Bedeutung sein dürfte. Jeder Mensch sucht nach einer sinnvollen Aufgabe, und wenn sich sonst keine bietet, dann klammert er sich an den einzigen Strohhalm.

Warum haben Staaten nie Zivildienstleistende als Helden dargestellt, wenn sie in Altenheimen Schwerstarbeit verrichteten oder als Sanitäter halfen, Leben zu retten? Warum werden in den Werbespots, die von unserem Geld finanziert werden, immer nur die Menschen glorifiziert, die sich bereit erklären, andere zu töten, aber nicht diejenigen, die anderen helfen? Weil das eine ein Geschäft ist und das andere nicht? Seit Jahren halten deutsche Verteidigungsminister Image-Veranstaltungen an Schulen und Universitäten ab, um dem Vorurteil „Dumm schießt gut" entgegenzutreten.[362] Die Deutsche Bundeswehr ist seit 2011 eine Berufsarmee, da die Wehrpflicht vorübergehend ausgesetzt wurde. Seit mit *Ursula von der Leyen* der deutschen Bundeswehr erstmals eine Frau vorsteht, wird das Image der Armee als guter Arbeitgeber aufpoliert. Der Wehrberuf soll damit auch für Frauen attraktiver gemacht werden. Die Frage muss erlaubt sein, warum ausgerechnet im Dezember 2013, im Umfeld sich anbahnender, schwerwiegender militärischer Konflikte in Europa eine ehemalige Arbeits- und Sozialministerin, die keinerlei Bezug zur Armee oder zu Waffen hat, zur Verteidigungsministerin ernannt wird? Bereits *von der Leyens* Antrittsbesuche bei der Deutschen Marine in Libyen und am Horn von Afrika sorgten für Missmut allerorts, weil der sie begleitende Pressetross vorwiegend aus „Journalisten" von Boulevardblättern wie *Gala, Bunte, Super-Illu, Bild der Frau* und *Tina* bestand.[363] War das der merkwürdige Versuch, Krieg in der Klatschpresse als bunt und schick und modern darzustellen? War das geplante Kriegsverharmlosung, oder war es der Versuch, durch jemanden, der keine Ahnung von der Materie hatte, dem Volk einfach nur einen neuen, frischen Blickwinkel zu ermöglichen?

Wir sollten auch in diesem Zusammenhang daran denken, dass in der Politik nichts zufällig geschieht! Ein Heer von Beratern, Lobbyisten und Experten hatte Einfluss auf diese Entscheidung der Bundesregierung. Die Verteidigungsministerin hat großen Einfluss darauf, welche Waffen und Waffensysteme angeschafft werden und wie die Armee aufgestellt wird.

Die entscheidende Frage bei allen politischen und diplomatischen Vorgängen lautet immer: Wem nützt es?

Nur am Rande möchte ich hier erwähnen, dass die Abschaffung der Wehrpflicht mehr ist, als die meisten Menschen glauben. Die „Revolutionen“ in Nordafrika haben gezeigt, dass sich Volksarmeen, also Zeitsoldaten aus dem Volk, nie gegen das eigene Volk stellen, Berufssoldaten und Söldner hingegen immer auf der Seite der Machthaber stehen, weil sie dafür bezahlt werden.

Eine hinterhältige Form der Kriegsverherrlichung ist die **Kriegsverharmlosung.** Sie findet meist nicht offensichtlich statt und nicht durch Leugnen oder Abstreiten. Sie findet dadurch statt, dass die Wahrheit einfach unter den Teppich gekehrt wird und dass die Kosten und die sozialen Folgen einfach ausgeblendet werden. Sie findet dadurch statt, dass sie *nicht* stattfindet.

Die Folgen eines jeden Krieges sind katastrophal, nicht nur für die Bekriegten und die Verlierer, sondern auch für die vermeintlichen Sieger. Die meisten Soldaten, die einen der Kriege überleben, sind physische und/oder psychische Krüppel. Ein hoher Prozentsatz von Veteranen leidet unter ***posttraumatischer Belastungsstörung***, einer Krankheit, die erstmals mehrere Monate nach einem traumatischen Schock zutage tritt und die meisten Betroffenen für den Rest ihres Lebens begleitet. Die meisten traumatisierten Soldatinnen und Soldaten sind nicht mehr fähig, in ein normales Leben zurückzufinden und werden von Albträumen, Angstzuständen und Selbstzweifeln geplagt. In den USA ist diese Krankheit bereits seit dem Vietnamkrieg bekannt, aber auch in Deutschland leiden immer mehr Kriegsheimkehrer darunter. Die meisten Betroffenen erhalten keine adäquate ärztliche, psychologische Unterstützung, denn viele trauen sich nicht, darüber zu sprechen. An *Rory Fanning* angelehnt, frage ich mich: Werden *Gala*, *Bunte*, *Super-Illu*, *Bild der Frau* und *Tina* darüber berichten, dass Soldaten oft als gebrochene, desillusionierte Schatten ihrer Selbst aus dem Krieg heimkehren, dass sie nachts schweißgebadet und kurzatmig aufwachen, dass viele von ihnen an der Flasche hängen oder zu viele Tabletten nehmen? Werden sie zwischen dem Promi-Klatsch, den Kochrezepten und Schönheitstipps dafür in ihren bunten Heften Platz finden?

Viele Veteranen leiden auch unter einem chronischen ***Schädel-Hirn-Trauma*** (*Traumatic Brain Injury*), einer Verletzung, verursacht durch einen starken Stoß oder Schlag gegen den Kopf, der die normale Funktion des Gehirns nachhaltig stört. ***Alkoholismus***, ***Drogenabhängigkeit*** und ***Depression*** sind weit verbreitet. Das wird jedoch in keinem Werbespot für die Bundeswehr erwähnt.

Ähnlich wie Langzeithäftlinge, finden die meisten Veteranen nicht mehr in ein „normales" Leben zurück, viele von ihnen enden als Sozialfälle. Es gibt wenige Programme zur Wiedereingliederung in die Gesellschaft, und viele Betroffene haben auf Grund ihrer Traumata eine große Aversion und ein großes Misstrauen gegenüber staatlichen Einrichtungen. Nicht zuletzt deshalb sind 30 Prozent aller Obdachlosen in den USA Kriegsveteranen.[(364)] Es gibt in den USA bereits zahlreiche Veteranen-Organisationen, die über die Folgen von Kriegen aufklären und die für Frieden eintreten. In Europa sind solche Organisationen erst langsam im Entstehen. In den USA nehmen sich täglich mehr als zwanzig Veteranen das Leben, vor allem unter jungen Kriegsheimkehrern steigt die Selbstmordrate kontinuierlich weiter an. Sie ist um ein Vielfaches höher als in der Zivilbevölkerung.[(365)]

„Das Weltgeschehen, es spiegelt sich auch in Paralympics-Kadern wider: Zur Generation der Contergankinder und Straßenverkehrsopfer kommen jetzt die neuen Kriegsversehrten."[(366)]

Henning Sußebach, Journalist

Deutschland hatte bis Ende 2014 über die Jahre bereits rund 130.000 Soldaten nach Afghanistan entsandt. Jedes Jahr kamen etwa 20.000 Veteranen zurück, doch bislang war das Thema in der Öffentlichkeit kaum präsent. Die Spätfolgen, mit denen viele zu kämpfen haben, finden in der öffentlichen Debatte nicht statt. Die meisten seien durch die Erfahrung im Kampfeinsatz stärker und selbstbewusster geworden, heißt es in offiziellen Berichten und Mitteilungen – lauter kleine *McGuyvers* also! Wer jedoch persönlich Kriegsheimkehrer kennt, dem bietet sich ein anderes Bild. Im Dezember 2002 sagte der damalige Bundesverteidigungsminister *Peter Struck* den legendären und komplett unsinnigen Satz: *„Die Sicherheit Deutschlands wird auch am Hindukusch verteidigt."* Von wem wurde Deutschland denn am Hindukusch angegriffen?

Zum ersten Mal seit dem Zweiten Weltkrieg waren deutsche Soldaten außerhalb Europas im Kampfeinsatz, nicht im „Krieg", nein, im „Einsatz" – das klingt so, als wäre eine Polizeistreife zu einer Rangelei gerufen worden. Um möglicher Kritik an den deutschen Kriegsteilnahmen zuvorzukommen, plante der deutsche Verteidigungsminister *Thomas de Maizière* 2013 kurz vor seinem Wechsel ins Innenministerium die *„gesellschaftliche Würdigung der Soldaten durch politische Maßnahmen zu befördern"*. Der deutsche Bundespräsident und ehemalige evangelische Pfarrer *Joachim Gauck* forderte sein Volk und dessen Vertreter im Juni 2014, im Umfeld eines sich anbahnenden Krieges mit Russland, gar dazu auf, mehr Kriege zu führen: *„…in diesem Kampf für Menschenrechte oder für das Überleben unschuldiger Menschen ist es manchmal erforderlich, auch zu den Waffen zu greifen!"*[367]

Für wessen Menschenrechte kämpfte denn die NATO-Allianz in Afghanistan und im Irak? Für unsere oder für die der Afghanen und Iraker? Für wessen Menschenrechte wird in der Ostukraine gestorben, Herr Pfarrer?

Bis März 2013 fielen in Afghanistan mehr als 3.200 Soldaten der internationalen Truppen, darunter 52 Soldaten der deutschen Bundeswehr. Wie viele afghanische Soldaten, Rebellen und Zivilisten umkamen, ist nicht genau bekannt, Schätzungen gehen von über 70.000 aus. Insgesamt sollen im „Krieg gegen den Terror" im Irak, in Afghanistan und Pakistan bis Anfang 2012 rund 1,7 Millionen Menschen getötet worden sein.[368] Was war mit deren Menschenrechten, Herr Pfarrer? Waren sie keine Menschen, hatten sie keine Rechte? Ein gewisser Zusammenhang zwischen Religion, Rüstungsindustrie, Krieg, Terror, Lüge und Menschenverachtung ist nur schwer von der Hand zu weisen! In einem vertraulichen Bericht des Verteidigungsministeriums an den Bundestag, den BILD.de am 17.4.2013 zitierte, heißt es: *„Die Bedrohung in Afghanistan ist insgesamt erheblich."* Und im Bericht eines Mitarbeiters der *Konrad-Adenauer-Stiftung* steht geschrieben: *„Diplomaten werden in der Regel nach einem Jahr Dienst in Kabul abgezogen, weil die psychische Belastung sonst zu hoch wäre. Ministerien, Universitäten, selbst Restaurants und Supermärkte gleichen Hochsicherheitstrakten, und immer wieder gibt es Angriffe mit zahlreichen Toten und Verletzen."*[369]

Es ging hier nie um Verteidigung oder um den Schutz irgendwelcher Menschenrechte. Es ging lediglich um wirtschaftliche und geopolitische Interessen. Alles andere ist Propaganda und Kriegsverharmlosung. Die vereinten NATO-Truppen haben andere Länder angegriffen, Millionen Menschen getötet und Leid und Elend über die Menschheit gebracht. Die Globalisierung, die seit den 1970er-Jahren konstant voranschritt, internationalisierte, verbilligte und anonymisierte nicht nur die Produktion und den Austausch von Waren, sondern auch den von Kriegen und die dafür nötige Geisteshaltung. Wie die Produkte des Kommerzes, so wurden auch die Denkmuster, Geisteshaltungen und Rechtfertigungen immer billiger und schlechter. Die Lügen, die es braucht, um all das zu rechtfertigen, was wir heute zum Schutz *„für Menschenrechte oder für das Überleben unschuldiger Menschen"* anstellen, verbreiten einen ähnlich beißenden Geruch wie billige chinesische Plastikschuhe. Das ist es, was uns die Wirtschaft und die Politik der letzten vierzig Jahre brachten: billige Waren und billige Lügen, die zum Himmel stinken!

„Ich diente während des Kalten Krieges in der US-Armee und musste einige ‚bedauerliche' Dinge erleben, die ich mit dem, was ich für mich selbst und für die Menschheit wollte, nicht in Einklang bringen konnte. Die Gewalt, Gier und Inkompetenz... die Schwingung der Angst, das räuberische Umfeld, in dem Gehorsam und Unterwerfung die Säulen von Loyalität und Ehre sind, und das Sterben, das ich durch Beschuss oder Trainingsunfälle mit ansah. Ich wollte nur noch weg, zurück ins Zivilleben fliehen. Deshalb versuchte ich nach meiner Militärzeit zu vergessen, was mir widerfahren war, und ich verfiel in ein gut funktionierendes, aber bekifftes Durchschnittsleben. Die nächsten 25 Jahre ging ich zur Arbeit, bezahlte meine Miete, fuhr meine Autos und Motorräder, ging zu meinen Konzerten und verkaufte meine Kunst für tausende von Dollar. Das alles änderte sich, als ich die Drogen aufgab und es mir wie Schuppen von den Augen fiel. Was war aus den Menschen in unserem Land geworden? Wohin ist das Amerika meiner Kindheit, das ich liebte, verschwunden? Dies ist meine Gelegenheit, den Schaden wiedergutzumachen, den ich mit angerichtet habe."[370]

Michael Clift, US-Veteran

Ein Aspekt jedes Krieges, der gerne unter den Teppich gekehrt wird, ist der **sexueller Gewalt**. Sie ist oft geduldet, manchmal aber sogar beabsichtigt und befohlen. Immer wieder vergewaltigen Soldaten im Krieg die Frauen des Gegners, besonders wenn es sich um lang anhaltende Kriege handelt, in denen sich sehr viel Wut und Frust aufgestaut haben. Oft stehen diese Soldaten nicht nur unter großem psychischen Druck, sondern auch unter dem Einfluss von Alkohol und Drogen. Vergewaltigungen entfalten auf mehreren Ebenen ihre bestialische Wirkung. Zum einen erleiden viele Frauen dabei schwere Verletzungen, wie Risse in der Vagina und im Darm und bis hin zu Beckenbrüchen. Oft leiden sie noch viele Jahre danach an den psychischen Folgen ebenso wie an den körperlichen. In weiten Teilen der Welt werden Frauen nach Vergewaltigungen aus der Gemeinschaft ausgestoßen oder es wird ihnen erst gar nicht geglaubt. So muss meist nicht der Täter mit der Schande leben, sondern das Opfer. Für die Frauen wie für ihre Ehemänner oder Kinder, die eine Vergewaltigung nicht verhindern konnten, oft sogar mit ansehen mussten, bleibt ein lebenslanges Trauma durch die extreme Erfahrung von Hilflosigkeit und Demütigung. Wenn aus diesen Vergewaltigungen Kinder entstehen, dann werden sie oft von ihren Müttern und ihrem Umfeld gehasst, weil sie an das Grauen erinnern.

Soldaten geben auf diese Weise aber auch oft absichtlich ihr Erbgut an künftige Generationen weiter, um die Kultur und die Identität des verfeindeten Landes langfristig zu zerstören. Viele Frauen werden dadurch auch unfruchtbar. *„Mit Vergewaltigung spart man Bomben!"*, soll eine Beobachterin der Balkankriege gesagt haben.[(371)] Diese Gräueltaten dienen aber auch dazu, die kulturelle Identität eines Stammes oder Volkes zu zerstören, indem Generationen von „Bastarden" heranwachsen, von jungen Menschen, die sich nirgendwo zugehörig fühlen können, was im Extremfall zum langsamen Aussterben einer Kultur führen kann.

Seit einigen Jahren dienen in westlichen Heeren immer mehr Frauen. Seitdem kommt es auch hier immer öfter zu sexuellen Übergriffen innerhalb einer Truppe. Die ehemalige US-Soldatin *Ariana Klay* berichtet, dass sie von ihrem Vorgesetzten am ersten Tag ihres Dienstes mit den Worten begrüßt wurde: *„Stell Dich nicht so an. Frauen sind hier nur dazu da, um gevögelt zu werden."* Wenige Wochen später wurde sie von ihrem Chef und einem Kollegen brutal vergewaltigt. Ihr Befehlshaber drohte ihr, wenn sie die Tat anzeige, lasse er sie umbringen. Allein im Jahr 2010 kam es zu rund 20.000 Vergewaltigungen von Soldatinnen innerhalb des US-Militärs. Nur wenige werden angezeigt, weil sie ohnehin fast nie zu Verurteilungen führen. Und das ist nur die Zahl, die das amerikanische Verteidigungsministerium öffentlich zugibt.[(372)] Doch darüber hören wir so gut wie nie etwas. Denn die hässliche Seite des Krieges will niemand sehen. Sie wird ausgeblendet. Krieg wird als sauber und heroisch dargestellt Es wird vom modernen, effektiven Krieg gesprochen.

Am 22.10.2011 ließen sich *Martin Staudinger* und *Robert Treichler* auf *profil-online* zu folgenden Worten hinreißen:

„*Der Sturz von Muammar al-Gaddafi hat bewiesen: Es gibt moralisch gerechtfertigte Militärinterventionen – und sie können sogar gut ausgehen... In Libyen hat die internationale Gemeinschaft bislang alles richtig gemacht. Und die Lehren, die daraus zu ziehen sind, wirken weit über das Ende des bizarren Revolutionsführers und seiner Diktatur hinaus... Der Krieg in Libyen hat das Image der humanitären militärischen Intervention gerettet. Nach den westlichen Militäreinsätzen in Serbien, Bosnien und im Kosovo sowie in Sierra Leone in den neunziger Jahren und um die Jahrtausendwende, galt die Intervention als moralisch gerechtfertigt. Der fragwürdige, unter falschen Vorzeichen geführte Irakkrieg machte dieses Vertrauen wieder zunichte. In Libyen hingegen hat die internationale Staatengemeinschaft gezeigt, dass Ethik und Kriegsführung einander nicht ausschließen und dass sie ihre Werte mit militärischen Mitteln gegen die Barbarei verteidigen kann, ohne am Ende als Bande von Heuchlern dazustehen. Das ist das wiedererrungene Erbe aus Libyen.*“

Nein, das war keine Satire, kein Text aus einem Kabarett-Programm, sondern ernst gemeinter „Journalismus“ eines österreichischen Nachrichtenmagazins. *Profil* wurde 1970 von ***Oscar Bronner*** gegründet, jenem Dauergast bei Bilderberger-Treffen, der später noch das Wirtschaftsmagazin *Trend* und die Tageszeitung *Der Standard* schuf.

Seit dem Sturz *Muammar al-Gaddafis* im Herbst 2011 durch NATO-Truppen befindet sich Libyen im Bürgerkrieg. Es tobt ein blutiger Machtkampf zwischen einer international anerkannten Regierung im Osten und einer fundamental-islamischen Regierung im Westen des Landes. Die meisten Botschaften rieten Ende 2014 immer noch dringend von Reisen in das Land ab, und viele Botschaften waren geschlossen.

Bis zum Sturz *Gaddafis* im Jahr 2011 war Libyen laut den Vereinten Nationen der höchstentwickelte Staat des afrikanischen Kontinents. **Seit 2011 sind bei den Kampfhandlungen mehrere hunderttausend Libyer ums Leben gekommen.** Seitdem ist Libyen ein rechtsfreier Raum, die alte Verfassung wurde außer Kraft gesetzt, eine neue gibt es nicht. Das Land steht vor dem Zerfall, ist wirtschaftlich und sozial ruiniert. Das *Danish Institute Against Torture* veröffentlichte im November 2014 eine Studie, wonach 30 Prozent aller Libyer seit dem Sturz Gaddafis an Depressionen leiden, 20 Prozent der libyschen Familien Angehörige haben, die vermisst werden, 11 Prozent haben Angehörige, die verhaftet worden sind, und 5 Prozent haben Angehörige, die hingerichtet wurden. Unter den verhafteten Menschen wurden 46 Prozent durch Schläge, 20 Prozent durch Aufhängen und 16 Prozent durch Unterbrechung der Luftzufuhr gefoltert. Außerdem sollen 3 bis 5 Prozent sexuell missbraucht oder mit heißen Bügeleisen und elektrischen Stromschlägen gefoltert worden sein!

„...In Libyen hingegen hat die internationale Staatengemeinschaft gezeigt, dass Ethik und Kriegsführung einander nicht ausschließen.“[(373)]

An dem Kriegseinsatz in Libyen waren neben den USA und Kanada, neben Katar und den Vereinigten Arabischen Emiraten auch die europäischen Staaten Frankreich, Italien, Großbritannien, Dänemark, Spanien, Belgien, Norwegen, Niederlande, Griechenland, Schweden, Bulgarien und die Türkei beteiligt. Im Jahr 2012 wurde der *Europäischen Union* der Friedensnobelpreis verliehen, und das, obwohl zahlreiche europäische Nationen direkt oder verdeckt an den Kriegen in Syrien, dem Irak, in Afghanistan und in mehreren afrikanischen Staaten beteiligt waren. *Barack Obama* hatte ja bereits im Jahr 2009 seinen Friedensnobelpreis für seinen herausragenden Beitrag zum Weltfrieden erhalten.

„Ich gehe von der Annahme aus, dass die Welt auf dem Kopf steht, dass die Dinge alle falsch sind, dass die falschen Leute im Gefängnis sind und die

falschen Leute frei sind, dass die falschen Leute an der Macht sind und die falschen Leute ohne Macht sind...«[374]

Der US-amerikanische Student *Tomas Young* war 24 Jahre alt, als er in den Krieg zog. Er war dank einer Rede von US-Präsident *George W. Bush* zu der Überzeugung gelangt, dass er seinem Vaterland den Dienst an der Waffe schuldig sei. An seinem sechsten Tag im Irak wurde er schwer verwundet und war fortan von der Brust an abwärts gelähmt. Kurz vor seinem Tod am 10. November 2014, einen Tag vor dem Veteranentag, schrieb er einen Brief an den ehemaligen US-Präsidenten *George W. Bush* und den US-Vizepräsidenten *Dick Cheney*. Ich habe einige Zeilen aus diesem Brief übersetzt:

„Ich schreibe Ihnen diesen Brief am zehnten Jahrestag des Irakkrieges im Namen unserer Irakkriegs-Veteranen. Ich schreibe diesen Brief im Namen von 4.488 Soldaten und Marines, die im Irak starben. Ich schreibe diesen Brief im Namen der hunderttausende von Veteranen, die verwundet wurden, und im Namen jener, deren Wunden, körperlicher und seelischer Art, ihr Leben zerstörten.... Mein Leben neigt sich dem Ende zu. Ich werde im Hospiz betreut. Ich schreibe diesen Brief im Namen von Ehemännern und Ehefrauen, die ihre Partner verloren, im Namen von Kindern, die ein Elternteil verloren, im Namen von Vätern und Müttern, die Söhne und Töchter verloren, und im Namen jener, die sich um tausende von Veteranen mit Hirnschäden kümmern... Ich schreibe Ihnen diesen Brief, meinen letzten Brief, Herr Bush und Herr Cheney. Ich schreibe ihn nicht, weil ich denke, dass Sie die schrecklichen menschlichen und moralischen Konsequenzen ihrer Lügen, ihrer Manipulationen und ihres Durstes nach Reichtum und Macht begreifen. Ich schreibe diesen Brief, weil ich Ihnen, ehe ich sterbe, klar zum Ausdruck bringen möchte, dass ich, ebenso wie hunderttausende anderer Veteranen, Millionen meiner Mitbürger und hunderte Millionen von Menschen im Irak und im Mittleren Osten, ganz genau weiß, was Sie getan haben. Sie mögen der Gerechtigkeit entgehen, aber in unseren Augen sind Sie beide abscheulicher Kriegsverbrechen schuldig, der Plünderung und, nicht zuletzt, des Mordes, einschließlich des Mordes tausender junger Amerikaner, meiner Veteranen-Kameraden, denen Sie die Zukunft gestohlen haben... Ich hoffe, dass Sie, bevor Ihre Zeit auf Erden endet, so wie jetzt meine endet, die Stärke und den Charakter finden wer-

den, sich vor die Öffentlichkeit der USA und der Welt zu stellen, im Speziellen vor das irakische Volk, und um Vergebung flehen."[375]

Tomas Young, 30. November 1979 bis 10. November 2014

Technische Innovationen führten in den letzten Jahren dazu, dass Kriege aus immer größerer Distanz geführt werden. Moderne Aufklärung mittels Satelliten, Internet-Überwachung und die Tötung mittels Kampfdrohnen haben nicht zu mehr Verantwortungsgefühl oder zu weniger Opfern geführt. Oft wird versucht, den Eindruck zu erwecken, als sei der moderne Krieg „sauber" und „präzise", als würde er nur die treffen, die es auch wirklich verdienten. Wie das Beispiel von *profil.at* zeigt, wird von Kriegs-Propagandisten immer wieder behauptet, *„dass Ethik und Kriegsführung einander nicht ausschließen"*. Doch das Gegenteil ist der Fall. Krieg wurde durch die moderne Technik sogar noch brutaler und unmenschlicher, weil die räumliche Distanz auch zu emotionaler Distanz und zu Gleichgültigkeit führte. So, wie Konzernchefs Entscheidungen über das Schicksal von Menschen treffen, die weit weg und ihnen völlig fremd sind, so töten Drohnen-Piloten ihnen völlig fremde Menschen aus einem geschützten und warmen Raum heraus. Sie lenken ferngesteuerte Kampfflugzeuge, die mit Kameras und Raketen bestückt sind, aus Baucontainern oder Bunkern irgendwo in den USA. Sie haben keinerlei Bezug zu denen, die sie töten, meist kennen sie nicht einmal deren Namen oder Identität. Ein Todesschütze muss seinem Opfer nicht mehr in die Augen sehen. Er bekommt Koordinaten für das Ziel seiner Rakete und drückt auf einen Knopf. Sekunden später schlägt dann irgendwo in Afghanistan oder Pakistan eine Rakete in ein Haus ein und tötet alle, die sich darin befinden. Tausende Kilometer entfernt sehen Menschen in ihrem klimatisierten Container auf einem Bildschirm dabei zu. Dann stehen sie auf, gehen nach draußen, vertreten sich die Beine, trinken ein Tasse Kaffee und genießen die warmen Sonnenstrahlen auf ihrer Haut.

Der Mann, der die Rakete abgeschossen hat, weiß nicht, wen er getötet hat. Er sah auf seinem Bildschirm nur den Einschlag einer Rakete und das Explodieren eines Hauses. Manchmal, wenn die Übertragung des Bildes gut ist, kann er auch Leichenteile erkennen. Was ein Drohnen-Operator tut, ist genau das, was er unzählige Male zuvor in Videospielen simuliert hat – so, wie es Millionen von Jugendlichen tagtäglich zum Spaß tun. Sie töten zum Zeitvertreib. Krieg ist zu einem Spiel geworden!

Hunderte US-Drohnen-Operator quittierten in den letzten Jahren den Dienst. Sie zerbrechen an der Belastung. Einige von ihnen, wie *Brandon Bryant,* sind an die Öffentlichkeit gegangen, weil sie nicht mehr länger schweigen konnten. Der Drohnen-Operator arbeitete sechs Jahre lang in einem militärischen Bunker in der Wüste von Nevada. Man versuchte ihn durch Gehaltserhöhungen und Boni zum Weitermachen zu überreden, doch er konnte nicht mehr. Als er aus dem Dienst schied, bekam er eine Urkunde überreicht, die seine Leistungen auflistete: mehr als 6.000 Flugstunden, Hunderte geflogene Einsätze, 1.626 im Kampf getötete Feinde.

> „*Wir töteten Menschen, von denen wir nicht wussten, wer sie waren, und sahen im Fernsehen, wie schwache politische Führer wie Obama und (CIA-Direktor) Brennan behaupteten, es gäbe keine zivilen Opfer und alles sei perfekt. Es gab keine Aufsicht. Ich weiß, dass das gesamte Programm im Inneren völlig krank war... Die Menschen sollen wissen, dass es an Überwachung und an Verantwortlichkeit fehlt... anhand der Reaktionen, die ich von meinen früheren Kollegen bekommen habe, musste ich feststellen, dass viele von ihnen kein Gewissen haben.*“[(376)]
>
> Brandon Bryant, im Januar 2015

Der Dritte Weltkrieg

Immer mehr Menschen haben mit Fortschreiten des Ukraine-Konfiktes Angst vor einem Dritten Weltkrieg, vor einem großen Krieg zwischen Russland und der westlichen Welt. Das Absurde daran ist, dass er im Grunde längst begonnen hat. Warum das den meisten Menschen entgangen ist, mögen Sie sich jetzt fragen? Die Antwort ist einfach: Weil Kriege heute nicht mehr, wie vor hundert Jahren, vorwiegend auf dem Schlachtfeld geführt werden. Der Krieg findet heute (zuerst) vor allem in der Wirtschaft, im Internet, im Weltraum und in den Köpfen der Menschen statt. Eine direkte militärische Auseinandersetzung des Westens mit Russland ist jedoch dennoch nicht ausgeschlossen, sie ist sogar sehr wahrscheinlich, auch wenn sie absolut wahnsinnig wäre.

Den **Weltraum** scheinen momentan – zumindest offiziell – die Russen zu beherrschen. Sowohl die amerikanische NASA als auch die europäische Raumfahrtbehörde ESA sind ohne russische Unterstützung hilflos. Mit Ausnahme der Zusammenarbeit bei der „Internationalen Raumstation" (ISS) hat die NASA den Kontakt zu den Russen jedoch im Jahr 2014 wegen der Auseinandersetzung bezüglich der Ukraine abgebrochen und ist seitdem wie gelähmt. Ohne die russischen *Sojus-Raumschiffe* sind sie nicht in der Lage, Astronauten ins All zu befördern. Der Versuch der privaten US-amerikanischen Firma *Orbital Sciences* im Auftrag der NASA, ihren Raumfrachter *Cygnus* mit Versorgungsgütern im Oktober 2014 zur ISS zu schicken, wurde zum Desaster. Die Trägerrakete explodierte kurz nach dem Start über der kalifornischen Mojave-Wüste. Der Traum von der Weltall-Großmacht USA verglühte ebenso am Himmel, wie die Rakete und der ISS-Nachschub selbst.

Der Konflikt im Weltraum reicht bis in den Kalten Krieg zurück, als die Reagan-Regierung ihre ***Strategic Defense Initiative*** startete, die allgemein als **„Star-Wars-Programm"** bekannt wurde. Die Regierung *Clinton* führte diese nach dem Zusammenbruch der Sowjetunion unter der Bezeichnung *National Missile Defense Programm* weiter. *Clintons* Nachfolger *George W. Bush* betonte, dass die USA den Weltraum für sich allein beanspruchen – und dass sie keine Konkurrenz dulden. Drei Monate später bewiesen die Chinesen, wie ernst sie *Bush* nahmen. Sie schossen vom Boden aus ihren eigenen alten *Fengyun-Wettersatelliten* mit einer Rakete ab, um den USA zu zeigen, wozu sie imstande sind. Seitdem konkurrieren die USA, Russland und China im Weltraum miteinander, da alle drei nicht nur über Spionagesatteliten verfügen, sondern auch über die Waffen, die entsprechenden Satelliten des Gegners abzuschießen. Dafür bedarf es heute keiner Raketen mehr. Sie wurden durch riesige Laserkanonen ersetzt. Neben den USA, Russland und China betreiben auch Indien und Israel sehr ehrgeizige Weltraumprogramme.

China und Russland haben mehrfach versucht, ein internationales Abkommen zu erreichen, um die weitere Aufrüstung im All und einen **Krieg im Weltraum** zu verhindern. Zuletzt reichten sie dafür im Jahr 2014 einen Vorschlag bei der UNO ein, der aber von den USA und Israel abgelehnt wurde. Daher geht das Wettrüsten im All weiter.[377] Mehr und mehr Waffen werden mit Satelliten ins All und gegen den Gegner in Stellung gebracht. Die USA arbeiten nun daran, ab 2017 wieder eigene Astronauten ohne russische Mithilfe ins All schicken zu können, und Israel will Ende 2015 ein Fahrzeug auf dem Mond landen, ein Privileg, das bis dahin nur die USA, Russland und China hatten. Der Krieg im Weltraum ist eng mit dem Cyberkrieg, dem Krieg um das Internet, aber auch mit militärischen Kriegen verbunden, da sowohl die militärische Aufklärung via Satellit als auch Weltraumwaffen selbst über Computer gesteuert werden.

Seit 2014 führen die USA einen beinharten **Wirtschaftskrieg** gegen Russland. Sie versuchen, mittels verhängter Sanktionen, durch Kontensperrungen sowie Import- und Exportverboten, die russische Volkswirtschaft langsam ausbluten zu lassen, genau so, wie sie es zur Zeit des Kalten Krieges mit der CoCom-Liste getan hatten. Als die USA Moskau im Dezember 2014 damit drohten, russischen Banken auch noch den Zugang zum internationalen Zahlungssystem *Swift* zu sperren, wurde *Andrej Kostin*, Chef der zweitgrößten Bank Russlands, *VTB*, sehr deutlich:

> *„...nach meiner persönlichen Ansicht würde es Krieg bedeuten, wenn diese Art von Sanktionen eingeführt würde. Falls russischen Banken der Zugang zu Swift untersagt würde, sollte der US-Botschafter Moskau noch am selben Tag verlassen!“*(378)

SWIFT ist ein belgisches Unternehmen, das weltweit die finanziellen Transaktionen von mehr als zehntausend Banken und Börsen untereinander abwickelt. Wir alle kennen die jeweiligen SWIFT-Codes von Banken unter der Bezeichnung „BIC-Code“. Der Ausschluss einer Nation aus diesem weltweiten Verrechnungssystem hätte für dessen Volkswirtschaft gravierende Nachteile und würde im Grunde einer totalen Handelsblockade gleichkommen. Am 6. Oktober 2014 gab SWIFT bekannt, dass das Unternehmen und seine Aktionäre bedrängt worden waren, Russland aus dem SWIFT-System auszuschließen, sich das Unternehmen aber dieser Einflussnahme widersetzt habe.(379) Russland arbeitete indes mit China an der Entwicklung eines eigenen weltweiten Transaktions-Systems, nachdem die BRICS-Staaten bereits zuvor ihre eigene *Entwicklungsbank* als Konkurrenz zu *Weltbank* und *IWF* gegründet hatten. Es war ein Wettlauf mit der Zeit.

Die USA zwangen aber auch die Europäer zu massiven Wirtschaftssanktionen gegen Russland. Noch im März 2014 sagte der deutsche Außenminister *Frank-Walter Steinmeier*, dass man mit Russland unbedingt im

Gespräch bleiben müsse, weil sich ohne Russland kein großer Konflikt überwinden lasse. Zahlreiche europäische Politiker und Teile der EU-Spitze hatten sich gegen Sanktionen gewehrt, wurden aber von den USA dazu gezwungen, wie US-Vizepräsident *Joe Biden* ganz offen und mit einem selbstgefälligen Lächeln im Oktober 2014 zugab: *„Es stimmt, sie wollten das nicht tun, aber es war erneut Amerikas Führungsrolle und die Hartnäckigkeit des Präsidenten, die Europa im Grunde bloßstellte, und sie zwang, aufzustehen und wirtschaftliche Schläge zu landen, um (den Russen) Kosten zu verursachen!"*[(380)]

Russland wurde von den westlichen **Wirtschaftssanktionen** zwar getroffen, aber nicht bezwungen. Die Effizienz von Wirtschaftssanktionen ist allgemein sehr umstritten, weil sie nur selten den gewünschten Effekt haben, nämlich die Führung eines anderen Landes in die Knie zu zwingen. Sie treffen meist nur die Ärmsten der Armen und verstärken deren Wut gegen den ausländischen Aggressor. Historisch betrachtet waren Wirtschaftssanktionen meist die Vorstufe zu einem militärischen Krieg. Wenn man diesen Weg einmal eingeschlagen hat, und er nicht die erhoffte Wirkung zeigt, ist es schwer, ihn ohne Gesichtsverlust wieder zu verlassen. Die USA und die EU wissen das. Sie wissen, dass es im Konflikt mit Russland nach dem Verhängen der Sanktionen vermutlich keine friedliche Lösung mehr geben kann. Sie wissen aber hoffentlich auch, dass eine direkte militärische Konfrontation mit Russland äußerst verhängnisvoll wäre. Entweder sie schaffen es, *Wladimir Putin* und seine Mitstreiter gezielt „vom Volk" stürzen oder vom Geheimdienst töten zu lassen, oder sie haben den schwerwiegendsten Fehler der letzten siebzig Jahre begangen!

Der Westen versuchte, Russland komplett vom internationalen Handel auszuschließen. Diese Taktik zeigte Ende 2014 teilweise Wirkung. Viele reiche Russen und internationale Investoren tauschten ihre virtuellen Rubel gegen virtuelle Euro oder Dollar ein und parkten sie auf ausländischen Konten oder investierten sie im Ausland. Reiche Russen kauften Ende des Jahres 2014 alle europäischen Luxusimmobilien auf, die sie bekommen konnten, von den teuersten Wohnungen und Palais in London bis hin zu Schlössern in Italien. Der Rubel verlor im Jahr 2014 mehr als die Hälfte seines Wertes, was Importe nach Russland sehr teuer machte. Die russische Zentralbank versuchte, die eigene Währung mittels Interventionen zu stabilisieren. Die US-Ratingagenturen stuften die Bonität Russlands rigoros herab, internationale Zocker wetteten auf einen russischen Staatsbankrott, was den Rubel, zusammen mit den russischen Börsenwerten, noch weiter in den Keller trieb. Massive Inflation war die Folge. Sie führte zu stark gestiegenen Verbraucherpreisen, was vor allem die ärmeren Russen hart traf. Dennoch war *Wladimir Putin* in Russland noch beliebter als er ohnehin schon war.

Doch **die von den USA angeordneten Sanktionen waren auch ein harter Schlag für europäische Unternehmen**, die in Russland tätig waren. Sie konnten nicht weiter mit Russland Handel treiben oder in Russland investieren. Laufende Geschäfte wurden storniert, und Russland verhängte als Gegenmaßnahme ein Einfuhrverbot für zahlreiche europäische Produkte, vor allem auf Agrarprodukte und Lebensmittel. Allein in Deutschland waren mehr als 6.000 Firmen in Russland engagiert. Sie erlitten deutliche Einbußen, die mittelfristig auch zu zahlreichen Entlassungen führen könnten. Da Europa von Russlands Gas abhängig ist, waren die Sanktionen ein Bumerang für die Europäer. Letztlich fügten die Sanktionen der gesamten Weltwirtschaft schweren Schaden zu, was angesichts der ohnehin angespannten Weltwirtschaftslage als Kriegserklärung der USA an die gesamte Welt verstanden werden konnte.

Die Sanktionen waren auch ein harter Schlag für jene europäischen Banken, die stark im Russland-Geschäft tätig waren, wie die österreichische *Raiffeisen International*, die französische *Societe Generale* oder die italienische *UniCredit*. Doch warum beendeten die Europäer dann nicht die Sanktionen gegen Russland, die ein Schuss ins eigene Knie waren? Weil die USA es ihnen nicht erlaubten!

Es gab zahlreiche Initiativen einzelner Politiker und Parteien, aber auch ganzer Staaten. Die Regierungen Österreichs, Tschechiens, Finnlands, Ungarns, Zyperns, Rumäniens, Italiens und der Slowakei sprachen sich gegen Sanktionen aus, konnten sich aber gegen Deutschland, England, Frankreich und die USA nicht durchsetzen. Europas Führung bewies im Jahr 2014 unsägliche Schwäche und Abhängigkeit. All ihr Handeln war eine traurige Demonstration ihrer Unterwürfigkeit. Man muss einfach immer wieder daran erinnern, dass die EU von den Amerikanern zu ihrem eigenen Vorteil geschaffen wurde – und ihr offenbar bis heute untersteht.

Im zweiten Halbjahr 2014 sank der Rohölpreis auf Grund des Drucks der Amerikaner auf die OPEC um rund 50 Prozent. Dadurch sanken auch entsprechend die Einnahmen aus dem Erdöl- und Erdgasverkauf der russischen Staatskonzerne. Ähnliches war Ende der 1980er-Jahre passiert und hatte letztlich mitgeholfen, die Sowjetunion in den Konkurs zu treiben. In den 1990er-Jahren hatte der Westen dann fast die gesamte russische Industrie zerstört. Deshalb wurden die Öl- und Gasexporte die wichtigste Einnahmequelle für Russland. Diese vom Westen erzwungene Einseitigkeit nutzten die USA nun im Jahr 2014 geschickt aus.

Wenn man *Wladimir Putin* nicht stürzen konnte, wollte man Russland in den Bankrott führen. Dann könnte das Land seine Außenschulden nicht mehr bezahlen. Dann könnten der *IWF* und die *Weltbank* Russland übernehmen und eine US-freundliche Regierung einsetzen, so wie sie es zuvor auch schon in der Ukraine und in Dutzenden anderer Staaten getan hatten. Des Weiteren **ging es den USA darum, Europa zu schwächen.** Auf diese Weise hätten die USA zwei Konkurrenten auf einmal ausgeschaltet. Am Ende würde nur noch China als potentieller Verhinderer der Neuen Weltordnung unter Führung der Geheimen Weltregierung übrig bleiben.

Doch bis dahin ist es noch ein langer Weg. Teile des US-Establishments versuchen zweifellos, Europa und Russland in einen militärischen Krieg zu verstricken, unter Umständen auch durch eine „Falsche Flagge", durch ein grausames Großereignis mit vielen Toten, das man den Russen in die Schuhe schieben könnte und das Europa zwingen würde, in einen Krieg gegen Russland zu ziehen. Je länger ein solcher Krieg dauern würde, desto besser, denn er würde beide Seiten wirtschaftlich ausbluten. Den ersten Versuch in jene Richtung unternahmen die USA gemeinsam mit der NATO und anderen westlichen Organisationen, nachdem am 17. Juli 2014 die Malaysia-Airlines Maschine MH 17 über der Ukraine abgeschossen wurde. Die westliche Propaganda-Maschinerie versuchte, den Abschuss der Maschine den pro-russischen Separatisten in der Ostukraine in die Schuhe zu schieben und Moskau als Unterstützer und Drahtzieher dieser Aktion zu präsentieren. Als jedoch immer mehr Zweifel an dieser Version aufkamen, verzögerten die Luftfahrtexperten die Untersuchungen. Im Juli 2014 erhielten die westlichen Experten den Flugschreiber (Blackbox) der MH17 – bis zur Fertigstellung dieses Buches im April 2015 hatte man nie wieder etwas davon gehört!

Was als Demonstration der Macht gedacht war, wurde zu einer Demonstration der eigenen Verzweiflung und Hilflosigkeit. Der Versuch, Russland als die Verkörperung des Bösen darzustellen, scheiterte. Das MH17-Projekt ging nach hinten los, was man in der Sprache der Geheimdienste als „Blowback" bezeichnet. Da die Mächte, die hinter diesem Versuch standen, jedoch sehr verbohrt und hartnäckig sind, würde es mich nicht überraschen, wenn sie einen neuen, noch grausameren Anlass inszenieren würden, der die Welt schockieren könnte.

Machen wir uns nichts vor: **Der Dritte Weltkrieg läuft längst**, doch betrifft er die meisten Menschen in Mitteleuropa noch nicht sichtbar. Er läuft noch im Verborgenen ab. Die meisten Menschen interessieren sich nicht für Wirtschafts-, Informations- und Cyberkriege, und der Osten der Ukraine ist in ihren Köpfen weit weg. Doch wir haben bereits zuvor gesehen, wie nahe die Ukraine an Mitteleuropa ist. Die Lunte für den militärischen Dritten Weltkrieg ist bereits gelegt. Die Ukraine befindet sich de facto im Krieg mit Russland. Doch könnte sich dieser Krieg wirklich ausweiten und auf ganz Europa oder die gesamte Welt übergreifen? JA! Genau das ist geplant, gewollt und vorbereitet. Die Fakten sprechen dafür, dass die Kriegstreiber in den USA nicht davor zurückschrecken werden, diesen Konflikt in einen neuen Weltkrieg zu verwandeln. Seit mehr als einhundert Jahren befinden sich bestimmte Kräfte in den USA in einem Kriegsrausch. Sie sind süchtig nach Macht und Zerstörung. Von allein werden sie nicht aufhören. Sie werden alles daran setzen, den totalen Dritten Weltkrieg vom Zaun zu brechen.

Bevor wir darauf eingehen, wie er vermutlich aussehen könnte, lassen Sie uns einige Fakten betrachten, um ein besseres Verständnis für unsere derzeitige Lage zu bekommen: Die Amerikaner haben rund um den Erdball mittlerweile so viele Militärbasen, dass sie theoretisch jedes beliebige Ziel auf Erden innerhalb einer Stunde mittels Raketen vernichten könnten – so der Gegner nicht in der Lage ist, diese Raketen abzufangen. Dies bezeichnen sie als das Konzept ***Prompt Global Strike***. Ihre nicht gewonnenen Kriege in Afghanistan und im Irak haben jedoch gezeigt, dass diese Theorie in der Praxis nicht zutrifft. Viele Militärexperten glauben dennoch, eine westliche Koalition, etwa unter dem Mäntelchen der NATO, wäre der russischen Armee überlegen. Dagegen spricht, dass die westlichen Truppen in zahlreichen anderen Kriegsgebieten im Einsatz und somit gebunden sind. Selbst wenn sie aus anderen Kriegsgebieten abgezogen würden, so würde diese Verlegung Monate dauern. Die russischen Truppen sind mittlerweile vorwiegend entlang der Grenzen zu Europa stationiert und voll einsatzbereit. Der Westen könnte einen Krieg gegen Russland theoretisch nur dann gewinnen, wenn er ihn stark in die Länge zieht – und Russland irgendwann das Geld für den Nachschub ausgeht.

Auch wenn die USA für Rüstung um ein Vielfaches mehr ausgeben als Russland und China zusammen, so verfügen die Russen trotzdem noch über Waffen, gegen die das US-Militär chancenlos sein soll. Dazu zählt vor allem die Flüssigtreibstoff-Interkontinentalrakete *R-36M2 Wojewoda*, auch *RS-20*, die von der NATO *„Satan"* genannt wird. Die Rakete steht seit 1988 in Betrieb und soll noch mindestens 20 Jahre im Dienst bleiben.[(381)] Mehr als hundert Satan-Raketen sollen über ganz Russland verteilt sein. „Satan" soll in Kürze von einer modernen Weiterentwicklung mit Mehrfachsprengkopf und der Bezeichnung *RS-24 Jars* ergänzt werden. Die gefährlichsten russischen Waffen aber sollen die atomar angetriebenen und mit Atomraketen bestückten U-Boote des Typs *955 Borej* und die mit Marschflugkörpern ausgestatteten U-Boote des *Projekts 886 Jassen* sein.[(382)]

Ich möchte Sie damit nicht langweilen, sondern nur kurz erwähnen, dass selbst US-Militärexperten teilweise zugeben, dass die USA und/oder die NATO einen Krieg gegen Russland nicht gewinnen könnten, geschweige denn einen Krieg gegen Russland und China gemeinsam. Er wäre das Ende der Welt, wie wir sie kennen. Ich lasse hier absichtlich die Möglichkeit eines nuklearen Krieges außen vor, weil ich mir dieses durchaus mögliche Szenarium nicht vorstellen möchte. Bleiben wir also bei einem konventionellen Kriegsszenarium.

Die USA haben rund um die Welt nicht nur sehr viele Raketen stationiert, sondern auch enorme Mengen an Kriegsgerät versteckt, weil sie offenbar einen klassischen altmodischen Krieg mit Bodentruppen weiter in Betracht ziehen. Ich spreche hier von Kriegsmaterial in einem Umfang, den kein normaler Mensch sich auch nur ansatzweise vorstellen kann. Dieses Kriegsgerät lagert im Rahmen des ***Prepositioning Programmes*** nicht nur in Militärbasen rund um den Globus, sondern auch auf Frachtschiffen, die überall verteilt sind – vom Mittelmeer bis hin zum Indischen und dem Pazifischen Ozean. Es gibt hunderte, riesige, klimatisierte Höhlen, in denen die USA Panzer und Waffen aller Art lagern, viele davon auch in Europa. Zuletzt modernisierte die US-Army im Jahr 2014 ihre kompletten Depots in Norwegen, in der Region Trondheim. Sie ersetzte hunderte alte Panzer durch die neueste Technik. Wer sich auf einen Krieg vorbereitet, ist meist auch gewillt, ihn zu führen!

Es soll nach Angaben ehemaliger US-Militär-Mitarbeiter weltweit etwa 1.450 ***Deep Underground Military Bases*** (*DUMB bases*) geben, allein in den USA sollen es mehr als 130 sein. *DUMB bases* sind geheime unterirdische Militärbasen, um die sich viele Gerüchte ranken. Fest steht, dass sie existieren und dass viele von ihnen nicht nur als Stützpunkte für Waffen und Kriegsgerät dienen, sondern auch über wissenschaftliche Versuchsanstalten verfügen, in denen **biologische, chemische und psychologische Waffen** getestet werden – und das, obwohl durch die *Biowaffenkonvention* die Entwicklung, die Herstellung und der Einsatz biologischer Waffen verboten sind. Diese Geheimstützpunkte, die oft kilometertief in die Erde führen, sollen aus Schattenhaushalten (*black budgets*) finanziert werden und vielfach die Größe kleiner Städte haben, in denen mehrere hundert oder mehrere tausend ausgewählte Personen im Notfall für Monate leben könnten.[(383)] *Machen wir uns nichts vor! Sie, liebe Leserin, lieber Leser und ich werden vermutlich nicht dazu gehören!*

Abb. 17: Dieses Foto aus dem Jahr 1997 zeigt den Eingang zu den Höhlen in Trondheim (Norwegen), in denen die USA große Mengen an Kriegsgerät lagern.

Diese Angaben schwanken sehr, doch die USA und Russland sind einander in der Truppenstärke etwa ebenbürtig. Beide Seiten könnten theoretisch jeweils etwa eineinhalb bis zwei Millionen Soldaten ins Feld führen, wobei die USA sehr viel Personal in anderen Kriegen gebunden hat. Daher wird sie versuchen, auch Russland in möglichst viele andere Konflikte zu verstricken. Russland hat deutlich weniger ausländische Militärstützpunkte als die USA. Dennoch sind sie strategisch gut verteilt über Weißrussland, die Ukraine, Tadschikistan, Syrien, Georgien, Moldawien, Kirgisistan, Kasachstan, Aserbaidschan und Armenien. Zudem haben sie einen Stützpunkt in Serbien und einen Flottenstützpunkt auf Zypern. China hat mehr als zwei Millionen aktive Soldaten und unzählige Reservisten. Die chinesische Armee ist den USA technisch unterlegen, aber zahlenmäßig weit überlegen. Die Chinesen haben ausländische Militärstützpunkte in Laos, auf Kuba und auf den Kokos-Inseln, nordwestlich von Australien.

Der Wirtschaftskrieg der USA hat Russland und China stärker zusammengeschweißt – ein weiterer „Blowback" für die US-Außenpolitik. Am 29. November 2014 fand in Peking ein bedeutendes Treffen statt, das im Westen völlig unbeachtet blieb. Während der „Zentralen Konferenz über Arbeit in ausländischen Angelegenheiten" hielt Chinas Präsident der zentralen Militärkommission, *Xi Jingping*, eine Rede, in der er erklärte, dass China die Beziehungen zu den Vereinigten Staaten und auch zur EU nicht mehr als oberste Priorität betrachte. Wichtiger sind für China nunmehr Russland und die übrigen BRICS-Staaten, Chinas asiatische Nachbarn sowie Afrika und andere Entwicklungsländer. Was das für einen möglichen Krieg des Westens gegen Russland bedeutet, liegt auf der Hand.

Ein Krieg gegen Russland wäre also auch ein Krieg gegen China. Dass die Chinesen dazu bereit sind, haben sie bereits im Fall des Iran klargemacht, als sie sich 2013 militärisch vor den Iran stellten und so einen Angriff der USA verhinderten.

Im Jahr 2014 weiteten die NATO-Partner ihre gemeinsamen militärischen Manöver ebenso aus, wie Russland und China die ihren. Am 19. September 2014 erklärte der polnische Präsident die Gründung einer umfassenden, gemeinsamen militärischen Einheit mit Litauen und der Ukraine. 2016 soll die schnelle NATO-Eingreiftruppe bereit sein. Wir erleben eine Aufrüstung und Kriegsvorbereitung, wie wir sie seit Ende des Zweiten Weltkriegs nicht mehr erlebt haben!

„Den Versuch der USA und der NATO, Russland, China und den Iran mit einem Raketenabwehrschild einzukreisen, kontern die drei verbündeten eurasischen Staaten mit der Ausweitung der Einsatzgebiete ihrer

Kriegsflotten. Keine dieser drei eurasischen Mächte wird sich den USA als ideales passives Ziel darbieten. Peking, Moskau und Teheran ergreifen unterschiedliche Gegenmaßnahmen, um die Pentagon-Strategie der militärischen Einkreisung zu durchkreuzen. Im Indischen Ozean bauen die Chinesen ihre eigene militärische Infrastruktur auf, die vom Pentagon als ‚String of Pearls' (Perlenschnur) bezeichnet wird. Der Iran erweitert gerade den Einsatzbereich seiner Marine über deren Heimatgewässer im Persischen Golf und im Golf von Oman hinaus. Alle drei genannten eurasischen Mächte lassen zusammen mit ihren Verbündeten ihre Kriegsschiffe auch vor den Küsten des Jemen, Dschibutis und Somalias im geostrategisch wichtigen Seegebiet des Golfs von Aden kreuzen."[(384)]

Mahdi Darius Nazemroaya, Soziologe und Autor

Im Dezember 2014 erließen der US-Kongress und der US-Senat die *Resolution 758*, die Russland unter anderem für die Annexion der Krim verurteilte und für den Abschuss von Malaysia Airlines Flug MH17 über der Ukraine verantwortlich machte. Damit wurde eine völlig unbewiesene Behauptung zum Fakt erhoben, was als offizielle Grundlage für einen Krieg ausreicht. Durch die Unterschrift von US-Präsident *Obama* am 18. Dezember 2014 wurde sie zu einer gesetzlichen Verfügung (H.R. 5859) mit dem Beinamen *Ukraine Freedom Support Act.* Damit machte er den Weg frei, um Waffen jeder Art an die Ukraine zu liefern und um die Ukraine, wenn nötig, auch militärisch zu unterstützen. Das Gesetz ermächtigt die USA zur Privatisierung ukrainischer Staatsbetriebe im Energiesektor und zum Aufbau eigener Medien in der Ukraine als Gegengewicht zur russischen Propaganda. Im Grunde ist *H.R. 5859* ein Marschbefehl für die NATO-Truppen, die nur noch auf das Signal Washingtons zum Ausrücken warten.

„*Der vermutlich beunruhigendste Teil dieser Resolution ist jedenfalls die Aussage, dass die ‚Militärintervention' der Russischen Föderation in der Ukraine eine ‚Bedrohung des internationalen Friedens und der Sicherheit' darstellt. Eine solche Wortwahl ist kein Unfall: Dieser Satz ist die mit diesem Gesetz vorgelegte Giftkapsel, auf Grund derer in der Zukunft noch aggressivere Resolutionen folgen werden. Wenn wir letztlich akzeptieren, dass Russland eine ‚Bedrohung' für den internationalen Frieden darstellt, wie* *kann so etwas dann ignoriert werden? **Das sind jene schlüpfrigen Argumente, die am Ende zum Krieg führen.**"*

Ron Paul, US-Politiker

Die USA werden nicht alleine in einen Krieg gegen Russland ziehen. Sie haben für all ihre Kriege der letzten Jahre die NATO benutzt. Genau dasselbe werden sie wieder tun. Anfang 2015 schickten sowohl die USA als auch Großbritannien militärische Ausbilder und Waffen in die Ukraine. Ein verabredeter Waffenstillstand zwischen der ukrainischen Armee und den Separatisten scheiterte mehrmals, wobei beide Parteien der jeweils anderen die Schuld dafür gaben. Daraufhin zog Russland mehrere zehntausend Soldaten zusammen, stationierte sie an der Grenze zur Ukraine und versetzte sie in Alarmbereitschaft.[385]

Der westliche militärisch-industrielle Komplex sorgt dafür, dass der Krieg zwischen der Ukraine und Russland andauert und eskaliert. Gleichzeitig eskaliert der Machtkampf zwischen dem ukrainischen Premierminister *Arsenij Jazenjuk* und dem Präsidenten *Petro Poroschenko. Jazenjuk* ist ein Kriegstreiber. *Poroschenkos* Versuche, Frieden im Osten der Ukraine zu stiften, wurden von den Männern um *Jazenjuk* boykottiert. *Vadym Prystaiko*, Ukraines Vize-Außenminister, sagte in einem Interview mit dem kanadischen Radiosender CBC im Februar 2015, **dass die Ukraine sich auf einen umfassenden militärischen Krieg gegen Russland vorbereite!**[386]

Die Europäer tun sich offenbar schwer damit, aus ihrer eigenen Geschichte zu lernen. Sowohl im Ersten als auch im Zweiten Weltkrieg haben die USA lange zugesehen, wie Europäer und Russen sich bekämpften. Die glorreiche US-Armee hat immer erst eingegriffen, wenn Europa bereits dem Erdboden gleichgemacht war. Erst wenn eine Macht drohte, gestärkt als Sieger hervorzugehen, griffen sie ein. Dann ließen sie sich feiern und feierten sich selbst. Dabei haben sie sich so berauscht, dass sie jeden Bezug zur Realität verloren. Während des Kalten Krieges ging es den USA immer nur darum, Russland davon abzuhalten, zu einem gleichwertigen Mitspieler auf der Weltbühne aufzusteigen. Es ging nie wirklich um den Kommunismus, nie um Ideologien, sondern immer nur um Macht, um Ressourcen und um die Unterdrückung des anderen. Es ging den USA und deren Hintermännern auch nie um „freundschaftliche transatlantische Beziehungen".

Europa wurde benutzt. Die Europäer wurden benutzt. Die USA haben in den letzten hundert Jahren mit der gesamten Welt gespielt. Ihr Verhalten wirkte oft pubertär und kurzsichtig, oft auch äußerst primitiv. Nun fordern weite Teil der Welt, dass die USA erwachsen werden und sich dementsprechend verhalten. **Entweder jene einflussreichen US-Amerikaner und Europäer, die Frieden wollen, setzen sich durch und weisen die Kriegstreiber in die Schranken, oder die westliche Zivilisation wird sich innerhalb kürzester Zeit selbst zerstören.**

Die USA haben bewiesen, dass sie die Kontrolle über den von ihnen geschaffenen „Islamischen Staat" (IS) verloren haben und sie können auch die Kontrolle über die gesamte ukrainische Regierung, über Saudi-Arabien und die EU verlieren. Angesichts des Krieges in Syrien fragt man sich, ob sie überhaupt noch irgendetwas unter Kontrolle haben...

Folgender Text, der in der britischen *Daily Mail* unter dem Titel „Clear as mud" („Klar wie Kloßbrühe") abgedruckt wurde, fasst das Unfassbare nicht ohne Sinn für Humor zusammen:

„Sind Sie über die Vorgänge im Mittleren Osten verwirrt? Lassen Sie es mich erklären. Wir unterstützen die irakische Regierung im Kampf gegen den Islamischen Staat. Wir mögen IS nicht, aber IS wird von Saudi-Arabien unterstützt, die wir mögen. Wir mögen den syrischen Präsidenten Assad nicht. Wir unterstützen den Kampf gegen ihn, aber nicht IS, der auch gegen ihn kämpft. Wir mögen den Iran nicht, aber der Iran unterstützt die irakische Regierung gegen IS.

Also, einige unserer Freunde unterstützen unsere Feinde, und einige unserer Feinde sind unsere Freunde, und einige unserer Feinde kämpfen gegen unsere anderen Feinde, die wir gerne los wären. Wir wollen aber nicht, dass unsere Feinde, die unsere anderen Feinde bekämpfen, gewinnen.

Wenn die Menschen, die wir bezwingen wollen, bezwungen sind, dann könnten sie durch Menschen ersetzt werden, die wir noch weniger mögen. Und all das wurde von uns dadurch begonnen, dass wir in einem Land einmarschierten, um Terroristen zu verjagen, die gar nicht da waren, bevor wir hinein sind, um sie zu verjagen. Verstehen Sie jetzt?"

Aubrey Bailey, Fleet, Hampshire

Seit Jahren toben bereits Kriege im Irak, in Syrien, in Afghanistan und Pakistan. Es gibt starke Spannungen zwischen China auf der einen und Japan, den Philippinen, Vietnam und den USA auf der anderen Seite – dabei geht es um Rohstoffe und strategisch wichtige Inseln im chinesischen Meer. Israel möchte gerne den Iran angreifen. Europa zeigt starke Auflösungstendenzen. Zudem kam es im Jahr 2014 zu deutlich wachsenden Spannungen zwischen dem fundamentalistischen Islam und der westlichen Welt. Diese Spannungen reichen vom Krieg des *IS* und von *Boko Haram* über Anschläge muslimischer Fanatiker, bis hin zu anti-islamischen Demonstrationen in mehreren europäischen Ländern. Dieser ***Cultural Clash***, der Kampf der Kulturen, wurde durch die Kriegspolitik der USA und Europas seit Beginn des 21. Jahrhunderts verursacht. Er wurde durch die Gründung, Ausbildung und Finanzierung islamistischer Terrormilizen angeheizt. Er war geplant, und er war gewollt. Und ganz im Sinne von *Orwells* „Doppeldenk“ wird er als das genaue Gegenteil dargestellt: als Unfähigkeit der europäischen Bevölkerung, mit Veränderung umzugehen. Deswegen soll die Pariser Gedankenpolizei, auch *Europäischer Rat für Toleranz und Versöhnung* genannt, jegliche Kritik an der Politik aus den Köpfen der Menschen löschen. Niemand weiß gegenwärtig, wie der weltweite Kampf der Kulturen friedlich beendet werden könnte. Er scheint, auf eine Eskalation zuzusteuern. Und die USA scheinen alles dafür zu tun.

Awad al-Awadi, ein Abgeordneter des irakischen Parlaments, warf den USA im Dezember 2014 vor, IS-Milizen regelmäßig mit Waffen und Lebensmitteln zu versorgen. Sie sollen diese aus der Luft über jenen Gebieten abwerfen, die vom IS besetzt und kontrolliert sind.[(387)] Gleichzeitig fliegen die USA angeblich mit ihren Verbündeten Luftangriffe gegen IS-Stellungen. Im Jahr 2014 waren wegen dieses Wahnsinns Millionen Menschen weltweit auf der Flucht, vor allem nach Europa, und es werden künftig immer mehr werden. Sie sind auf der Flucht vor den Kriegen der Westmächte und vor den Terrororganisationen, die deren Geheimdienste geschaffen haben. Der Westen hat im Jahr 2014 auch die Kurden im Nordirak großzügig mit Waffen und Munition versorgt, damit sie gegen IS kämpfen können. Solange sie damit beschäftigt sind, erweisen sie dem Westen einen Gefallen. Sollte dieser Krieg jedoch eines Tages beendet sein, dann könnte der nächste beginnen, da die Kurden seit Jahrzehnten ihr eigenes Land wollen und erfahrene Kämpfer sind. Sie könnten versuchen, es sich zu nehmen. Wer wollte sie an der Landnahme hindern, ohne einen neuen Krieg zu beginnen?

Durch die Kriege und die Waffenlieferungen an Konfliktparteien werden immer neue Generationen traumatisiert, vorwiegend Muslime, die unser Leben in Zukunft nachhaltig beeinflussen werden. Die Folgen dieser Kriege werden wir noch für lange Zeit zu spüren bekommen. Der militärisch-industrielle Komplex hat hier offenbar ein Perpetuum mobile geschaffen, und ein paar Psychopathen reiben sich im Hintergrund freudig die Hände.

Anfang Januar 2015 erschütterte eine Terrorwelle die französische Hauptstadt Paris. Für Tage hielt die Welt den Atem an, weil vermeintlich muslimische Fundamentalisten siebzehn Menschen in extrem spektakulären und medienwirksamen Aktionen töteten. Bitte verstehen Sie meine Reaktionen auf all das nicht falsch. Ich möchte nicht pietätlos erscheinen, denn der Tod dieser Menschen war grausam, sinnlos und zutiefst barbarisch. Doch wenn wir einige Details dieser Terroranschläge genau betrachten, dann sind Zweifel an der offiziellen Version dieser Vorkommnisse mehr als angebracht. Wir wissen heute, was die Stay-Behind-Armeen der NATO im 20. Jahrhundert angerichtet haben. Wir wissen, dass sie bis zum Äußersten gehen und keine Skrupel haben. Die Anschläge fanden im Herzen Europas zu einer Zeit statt, als der Euro innerhalb eines halben Jahres mehr als 15 Prozent an Wert verloren hatte und das heißeste Thema ein möglicher Austritt Griechenlands (Grexit) aus dem Euro war. Zahlreiche europäische Staaten waren wirtschaftlich stark angeschlagen, ganz vorne dabei war Frankreich. Dessen Präsident *François Hollande* war in der Bevölkerung zunehmend unbeliebt. Bei einer Umfrage von *YouGov* für die *Huffington Post* im November 2014 erreichte er in der französischen Bevölkerung nur noch eine Zustimmung von zwölf Prozent! Laut anderer Umfragen im selben Zeitraum hätte *Marine Le Pen* mit ihrem *„Front National“* Präsident *François Hollande* aus dem Amt geworfen, wären die Franzosen zu den Wahlurnen gerufen worden. Zur selben Zeit hatte sich in Europa eine gewaltige Front gegen einen Zusammenschluss zu einem westlichen Großstaat mit den USA unter dem Deckmantel des Freihandelsabkommens TTIP formiert. Die Initiative „Stop TTIP“ hatte bis Ende März

2015 bereits mehr als 1,6 Millionen Unterschriften gesammelt, und die Befürworter in Politik und Wirtschaft kamen gehörig ins Straucheln. Die USA machten Druck auf die Europäer, sich über die Bedenken der Bevölkerung hinwegzusetzen.

Doch das war noch nicht alles. Die Situation in der Ukraine war verfahren, die Bevölkerung misstraute der Berichterstattung der Leitmedien, die europäische Wirtschaft spürte den Rückschlag der eigenen Sanktionen gegen Russland immer stärker, und in Dresden marschierten jeden Montag zunehmend mehr Unzufriedene unter dem Sammelbegriff PEGIDA (*Patriotische Europäer gegen die Islamisierung des Abendlandes*) auf. Diese Protestbewegung wurde in zahlreichen weiteren europäischen Städten kopiert. In Spanien entstand die neue politische Partei *Podemos* („*wir können*"), die Umfragen zufolge die etablierten Parteien bei Wahlen überholt hätte. Der EU-Spitze stand das Wasser im Jahr 2014 bis zum Hals.

Dann kamen die Anschläge von Paris, und mit einem Mal konnten sie sich alle freischwimmen. Wie nach den Attentaten des 11. September 2001 drehte die Stimmung in der Bevölkerung schlagartig. Jede Kritik an der Politik und an der EU war (zumindest kurzzeitig) wie weggeblasen, weil sie als pietätlos und unpatriotisch gegolten hätte. Plötzlich marschierten alle Europäer wieder einig und entschlossen in dieselbe Richtung. Schulter an Schulter standen die Europäer tief betroffen beisammen und hielten Kerzen und Schilder in den Händen. „*Je suis Charlie*", „*Ich bin Charlie*", stand auf Transparenten, und plötzlich solidarisierten sich scheinbar alle Europäer mit einigen Karikaturisten, die seit Jahren die islamische und die jüdische Welt provoziert und gereizt hatten und von denen außerhalb Frankreichs bis zu den Anschlägen noch niemand gehört hatte. Genauso gut hätten sie Schilder mit der Aufschrift „*Ich bin ein Schaf*" hochhalten können.

Nochmals: Was da geschah, war schrecklich und zutiefst verwerflich! Doch ich möchte deutlich darauf hinweisen, wie leicht sich die Massen emotional manipulieren lassen! Täglich verhungern weltweit etwa 10.000 Kinder, doch niemand demonstriert für sie oder zündet für sie Kerzen an – und das, obwohl diese Kinder niemanden provoziert, niemanden beleidigt, niemandem etwas getan haben! Es sprach auch niemand darüber, dass die Franzosen zuvor große Mengen an Waffen nach Syrien geschickt hatten, um die Gegner von *Assad* zu unterstützen. Es sprach auch niemand darüber, dass junge französische Muslime seit Jahren mit der Unterstützung

Saudi-Arabiens als Terroristen ausgebildet wurden.[388] Niemand kann mir erzählen, dass die französischen Geheimdienste darüber nicht Bescheid wussten. Die Anschläge von Paris verschafften den EU-Politikern wieder kurzzeitig Luft zum Atmen. Mit einem Mal waren die Themen „Euro", „Griechenland" und „TTIP" vergessen. Niemand wagte es mehr, *François Hollande* zu kritisieren. Er erhielt von allen Seiten Lob für sein staatsmännisches Auftreten. Bei der Trauerfeier für drei der Opfer sagte er, sie seien *„gestorben, damit wir frei leben können, dank ihnen steht Frankreich heute aufrecht. Frankreich kann angegriffen werden und verwundet sein, aber unser großes, schönes Frankreich wird nie nachgeben, nie zerbrechen, nie einknicken"*.

Bei solchen Worten bekomme ich immer ein sehr ungutes Gefühl. Das Ganze erinnert mich stark an *George W. Bush* nach den Anschlägen des 11. September 2001. Im Angesicht einer Bedrohung setzt bei den meisten Menschen jegliche Menschlichkeit aus. Am 13. Januar 2015 sangen die Abgeordneten im französischen Parlament erstmals seit dem Ende des Ersten Weltkriegs gemeinsam die „Marseillaise", die wie folgt beginnt:

> *„Auf, Kinder des Vaterlands! Der Tag des Ruhms ist da. Gegen uns wurde der Tyrannei blutiges Banner erhoben. Hört Ihr im Land das Brüllen der grausamen Krieger? Sie rücken uns auf den Leib, Eure Söhne, Eure Frauen zu köpfen! Zu den Waffen, Bürger! Schließt die Reihen, vorwärts, marschieren wir! Das unreine Blut tränke unserer Äcker Furchen!"*[389]

Das verschlägt einem erst einmal den Atem! Doch wie waren die waffentechnisch angeblich auffallend gut ausgerüsteten und ausgebildeten Attentäter von Paris identifiziert worden? Dadurch, dass einer seinen Personalausweis im Fluchtauto vergessen hatte! Im Ernst? Wie waren die 9/11-Attentäter identifiziert worden? Dadurch, dass man *Mohammed Attas* unversehrten Reispass in den Trümmern des völlig zerstörten World Trade Centers fand!

So, wie die Politik und die Banken es zuvor verstanden hatten, die weltweite Occupy-Bewegung durch das vermeintliche Damoklesschwert der globalen Klimakatastrophe zu ersetzen, so löschten die Handlanger der Geheimen Weltregierung nun nach den Attentaten von Paris das EU- und Euro-Desaster in den Köpfen der Menschen aus. Sie instrumentalisierten den Schock und die Betroffenheit der Bevölkerung für ihre Agenda. Die Leitmedien griffen ihr bei der altbekannten „*Shock-and-Awe-Taktik*" wie immer gerne unter die Arme.

Was genau war die Reaktion der Politik auf die Attentate? Zehntausend Soldaten wurden damit beauftragt, die innere Sicherheit in Frankreich herzustellen. Zum ersten Mal in der Geschichte Frankreichs besetzten Soldaten Straßen, Gebäude und Plätze, obwohl sich das Land nicht im Krieg befand. Oder doch? Damit ist die Brücke zum ersten Teil des Buches, zum Kapitel „Ausnahmezustand" geschlagen. In Europa wurden bereits in den ersten Tagen nach den Attentaten politische Stimmen laut, die eine stärkere Überwachung des Internets, eine umfangreichere Vorratsdatenspeicherung und mehr Mittel für Geheimdienste, Polizei und Militär forderten. Die Deutschen und die Türken beschlossen, dass ihre Geheimdienste enger zusammenarbeiten würden. Der italienische Regierungschef *Matteo Renzi* forderte einen Ausbau des gemeinsamen europäischen Geheimdienstes. EU-Präsident *Juncker* kündigte an, die Zusammenarbeit von *Europol* und nationalen Geheimdiensten zu optimieren.

> *„Innerhalb der Europäischen Union hat sich in den letzten Jahren die lose nachrichtendienstliche Kooperation zwischen den Mitgliedstaaten zu einem emanzipierten nachrichtendienstlichen Netzwerk entwickelt. Doch während in fortgeschrittenen Demokratien ein Parlamentsausschuss Einblick und somit Kontrolle über die Tätigkeit der Nachrichtendienste nehmen kann, ist dies auf EU-Ebene nicht der Fall. Der Rat agiert im Dunkeln, das Europäische Parlament bleibt außen vor."*
>
> Martin Ehrenhauser, fraktionsfreies Mitglied des Europäischen Parlaments

Seit 2001 haben nicht nur die US-amerikanischen Geheimdienste immer mehr Macht erhalten, auch in Europa wurden die Geheimdienste immer aktiver, verzweigter und undurchsichtiger. Neben den nationalen europäischen Geheimdiensten gibt es mittlerweile auch mehrere EU-Geheimdienste, die sich anscheinend weitestgehend einer Kontrolle durch die Politik entziehen. So gibt es das *Europäische Satellitenzentrum* (EUSC), die *Intelligence Division* (INT), das *Joint Situation Centre* (SitCen) und die *Single Intelligence Analysis Capacity* (SIAC). Sie werden sowohl von nationalen Nachrichtendiensten als auch von der EU-Grenzkontrollbehörde *Frontex* in Warschau und von der *Europol* in Den Haag mit Informationen versorgt, die wiederum Einfluss auf die Politik der EU haben. Obwohl es für diese Geheimdienste eigentlich keine klare rechtliche Grundlage gibt, wachsen sie ständig und weitestgehend unbemerkt weiter, womit sie der Bezeichnung „Geheimdienst" alle Ehre machen.

Wer hat von den Attentaten in Paris profitiert? Der Islam und die Muslime insgesamt definitiv nicht. *Al Qaida*, *IS* oder andere fundamentalistische Organisationen vielleicht. Die Geheimdienste und der militärisch-industrielle Komplex auf jeden Fall. Die europäischen Politiker, insbesondere der französische Präsident ganz sicher. Ich möchte damit nicht andeuten, dass europäische Politiker mit diesen Attentaten etwas zu tun hätten, aber es gab bei den 9/11-Attentaten zahlreiche Hinweise darauf, dass sie hätten verhindert werden können, wenn man das gewollt hätte. Ähnliches scheint auch für die Attentate von Paris zu gelten. Sie wurden als Anschlag einiger Fanatiker auf die Meinungsfreiheit in Europa dargestellt. In Wahrheit aber war die Reaktion auf die Attentate von Paris ein Anschlag auf die Meinungsfreiheit in Europa! Sie wurden als Zeichen der Intoleranz Andersdenkender dargestellt. Welch Zufall, dass sich der *Europäische Rat für Toleranz und Versöhnung* ausgerechnet in Paris befindet!

„Wenn Sie mich fragen, ob meiner Meinung nach die Freiheit in Europa unter starkem Beschuss steht, würde ich das bejahen. Ich fühle mich unterdrückt, weil man mir nicht erlaubt, meine Meinung zu äußern. Ich gerate deswegen ständig in Schwierigkeiten. Ich werde als Keynote-Speaker auf eine Konferenz eingeladen, dann finden die Veranstalter heraus, dass ich Bedenken habe, was die EU angeht, was gleichgeschlechtliche Ehen angeht und was die Ukraine-Krise angeht. Und sie sagen mir: ‚Tut uns sehr leid, aber wir haben bereits einen anderen Keynote-Speaker gefunden, vielen Dank für Ihr Verständnis.' Das ist das erste Mal seit 20 Jahren, dass mir so etwas passiert. Das kenne ich aus den Zeiten des Kommunismus, aber nicht aus dem sogenannten freien Europa. Inzwischen gilt nur noch eine sehr enge Bandbreite an Meinungen als politisch korrekt."[(390)]

Václav Klaus, ehemaliger Ministerpräsident und Präsident der Tschechischen Republik, im Oktober 2014

Man muss die Bevölkerung in Angst versetzen, man muss sie geistig und moralisch destabilisieren, um sie in einen großen Krieg führen zu können. Man muss das Wahre als Lüge darstellen und die Lüge als Wahrheit verkaufen, bis niemand sich mehr auskennt. Genau das passiert seit Jahren in weiten Teilen von Europa und den USA. Die Politik hat die Bürger gemeinsam mit den Banken enteignet und ihnen die Kosten für das eigene Versagen aufgebürdet. Sie hat ein Umfeld der Überwachung und Angst geschaffen, sie stiftet Chaos und Verwirrung. Die Propaganda für den Endkampf läuft auf Hochtouren. Ganz vorne heizen „Macher" wie Multimilliardär *George Soros* die Politiker an. *Soros* machte sein Geld damit, dass er an den Finanzmärkten gegen Staaten und deren Währungen wettete – und dann alles tat, damit die Realität passend zu seinen Wetten ausfiel. Doch nicht das allein macht *Soros* so bemerkenswert, sondern auch die Tatsache, dass er sich selbst des Öfteren mit Gott verglichen hat und sich selbst den „Strippenzieher" nennt.[(391)]

Am 3. Januar 2015 schrieb er in einem Artikel für *Live Mint*: ***„Die EU-Mitglieder befinden sich im Krieg – und sie müssen sich endlich dementsprechend verhalten.***"[(392)]

Europa gleicht einem Lagerhaus voller Pulverfässer, und überall liegen Zündschnüre kreuz und quer. In der Ferne kracht es bereits, man ist panisch bemüht, den Funkenflug abzuwehren und die Detonationen als geplantes Feuerwerk darzustellen. Aber ein einziger starker Wind aus der richtigen Richtung könnte all diese Bemühungen zunichtemachen.

Ende Februar 2015 hielt die NATO eine große Militärparade mit Panzern und schwerem Gerät in Estland ab, nur wenige hundert Meter von der russischen Grenze entfernt. Russland antwortete mit einer eigenen Truppenübung an der estnisch-lettischen Grenze. Es ist mühsam, weiter über Details zu streiten, so wie es die beiden verfeindeten Seiten taten. Klar ist, wer angefangen hat. Daher ist auch klar, wer als erster die Hand zur Versöhnung ausstrecken müsste. Doch das wird mit ziemlicher Sicherheit nicht passieren, solange die europäische Bevölkerung stoisch wegsieht.

Ein Angriff auf die Computer des japanischen Filmstudios *Sony Pictures* in Hollywood Ende des Jahres 2014 wurde den Nordkoreanern in die Schuhe geschoben, obwohl Experten dies für unmöglich hielten und ein ehemaliger Sony-Mitarbeiter als Verursacher entlarvt wurde. Warum, fragt man sich, wollen die USA jetzt eine Bedrohung durch Nordkorea aus dem Hut zaubern? Weil Nordkorea angeblich Atombomben besitzen soll? Sollte die Weltöffentlichkeit durch die Klamaukkomödie „The Interview", in dem zwei US-Reporter den nordkoreanischen Führer *Kim Jong-un* ermorden sollen, vielleicht daran erinnert werden, welche Gefahr der Mann angeblich für die Welt darstellt? Eine bessere Publicity als den „Sony-Hack" hätte es für das Thema einer „Bedrohung durch Nordkorea" nicht geben können. Vielleicht wird *Kim Jong-un* eines Tages als Kriegsgrund herhalten müssen, wenn sich kein besserer finden lässt? Es ist wohl unnötig zu erwähnen, dass Nordkorea zu Russland und China bessere Beziehungen pflegt als zu den USA. Diese halten sich alle Türen offen. Am 2. Januar 2015 unterzeichnete Präsident *Obama* die *Executive Order 13687,* die weitere Sanktionen gegen Nordkorea verhängte und als Legitimation für einen Krieg gegen Nordkorea verstanden werden kann.

Der Dritte Weltkrieg hat bereits begonnen, auch wenn er nicht als solcher benannt wird. Seine flächendeckende militärische Ausbreitung ist vorbereitet. Die USA werden vermutlich versuchen, einen Nachbarstaat Russlands nach dem nächsten in den Konflikt um die Ukraine zu involvieren. Es wird voraussichtlich weitere Terroranschläge und „Revolutionen" geben, auch in Russland.

Am 27. Februar 2015 wurde der russische Oppositionspolitiker *Boris Nemzow*, ein Kritiker *Wladimir Putins*, auf offener Straße erschossen. Natürlich spekulierten westliche Politiker und Medien, dass *Wladimir Putin* den Mord in Auftrag gegeben hätte – die Winkelzüge bestimmter westlicher Kräfte sind so durchschaubar und einfallslos! Hätte Putin wirklich in der damaligen Situation einen kaum gehörten Kritiker, dessen Partei an der Fünf-Prozent-Hürde gescheitert war, so medienwirksam erschießen lassen, wissend, dass er damit viele Russen und den Westen gegen sich aufbringen würde? Ich halte das für unwahrscheinlich. Putin mag vieles sein, aber er ist nicht dumm! Kann eine solche Tat nicht eher als der Versuch westlicher Kräfte gesehen werden, Unfrieden und Aufstände in Russland zu erzwingen?

Die Geheimdienste und der militärisch-industrielle Komplex werden von sich aus nicht mehr die Notbremse ziehen. Das wäre gegen ihre Natur. Dieses gefräßige Monster kennt kein Ende. Die westliche Politik hat größtenteils offenbar weder die Macht noch den Willen, eine Eskalation zu stoppen. Einige Politiker heizen den Krieg sogar noch an. Es sitzt bereits zu viel „US-Personal" in europäischen Schlüsselpositionen. Und auf diese Fünfte Kolonne ist Verlass. Die Geheime Weltregierung möchte Russland, China und Europa vernichten, koste es, was es wolle. **Nur die westliche Bevölkerung könnte noch in der Lage sein, Schlimmeres zu verhindern, und den bereits begonnen Krieg beenden.** Sobald der Krieg nämlich von der Ukraine aus auf mehrere Länder übergreift, wird er vermutlich unkontrolliert ausarten, denn neben den kriegstreibenden Nationen werden auch die großen Terrororganisationen mitmischen und die Situation noch unübersichtlicher machen. Der Kampf der Kulturen wird ausarten, da die verschiedenen ethnischen Gruppen (Ethnien) unterschiedliche Kriegsparteien unterstützen und gegeneinander ausgespielt werden.

Es ist wichtig für die Europäer zu verstehen, dass das Zentrum dieses Krieges Mittel- und Osteuropa sein wird. Das Baltikum, die Ukraine und Polen werden ebenso betroffen sein wie die Kaukasus-Region. Deutschland wird eines der wichtigsten Angriffsziele für Russland sein, weil Großbritannien und die USA dort zahlreiche Stützpunkte haben. Wer glaubt, dass dieser Krieg ihn nicht betreffen wird, irrt gewaltig!

Ich möchte hier keine Panik schüren, doch ich möchte Sie dazu anregen, über das Ausmaß der Bedrohung nachzudenken, um sich des Ernstes der Lage bewusst zu werden. Bevor Raketen einschlagen und Bomben fallen, werden wir Cyberangriffe auf unsere Infrastruktur erleben. Ausfälle der Stromversorgung und des Satellitennetzes könnten die Folge sein. Im Falle eines „Blackouts" könnten Tankstellen, Geschäfte und Bankautomaten ebenso betroffen sein wie Navigationssysteme, Verkehrsleitsysteme und Telefonnetze. Womit bezahlen Sie, wenn keine Kasse und kein Kartenlesegerät funktioniert und es kein Bargeld aus dem Automaten gibt? Die meisten Geschäfte können heute ohne Elektrizität nicht einmal mehr ihre Türen öffnen. Was machen Sie, wenn Sie kein Licht haben, keinen Strom zum Kochen oder Heizen? Für viele Menschen würde bereits die

Welt zusammenbrechen, wenn sie ihr Mobiltelefon nicht aufladen können. Wie fliehen Sie aus der Stadt, wenn es kein Benzin an Tankstellen gibt?

Es gibt immer mehr ***Prepper*** in der westlichen Welt, also Menschen die für sich und ihre Familie einen konkreten Notfallplan ausgearbeitet haben. Ihre Rucksäcke sind gepackt, ihre Autos immer vollgetankt. „Prepping" leitet sich vom englischen Wort „prepared" ab, bedeutet also, vorbereitet zu sein. Millionen Menschen haben sich bereits alternative Stromversorgungen und Heizmöglichkeiten geschaffen – sie haben einen konkreten Fluchtplan aus der Stadt, Notfallrationen an Lebensmitteln und Medikamenten und teilweise auch Waffen zur Selbstverteidigung. Ist das übertrieben?

Die wenigsten Menschen sahen Anfang 1914 oder Anfang 1939 einen Weltkrieg kommen. Die meisten realisierten den Ernst der Lage erst, als der Krieg bereits voll im Gange war. Manche noch nicht einmal dann. Wir sollten dieselben Fehler nicht immer und immer wiederholen!

Wer einen möglichen militärischen Dritten Weltkrieg verhindern möchte, muss handeln! Die europäische Politik ist machtlos, also können nur die europäischen Bürger das Heft des Handelns in die Hand nehmen, indem sie die Politik nach dem **„Wenn-Dann-Prinzip"** zwingen, ihre Kriegstreiberei zu beenden. Dieses Prinzip wird von Gewerkschaften seit Jahrzehnten erfolgreich angewandt, etwa bei Tarifkonflikten. Dafür müssen sich bürgerliche Gruppierungen und Vereine zusammenschließen und klare Forderungen formulieren. *Wenn* die Politik diese Forderungen nicht erfüllt, *dann* müssen die Bürger handeln. Dann gibt es die Möglichkeit Zivilen Ungehorsams, von Arbeitsniederlegungen und Blockaden. Es gibt zahlreiche einzelne Kräfte in der Wirtschaft, in den Gewerkschaften, in der Politik, in geheimen Verbindungen und Logen, aber auch in der Exekutive, die sich einem solchen Handeln der Bürger anschließen und somit den Forderungen mehr Gewicht verleihen würden.

Ich spreche hier nicht von Revolution, sondern davon, unsere demokratischen Rechte und unsere moralischen Pflichten auszuüben. Ich habe in den Monaten vor Fertigstellung dieses Buches mit mehreren einflussreichen Persönlichkeiten aus der Wirtschaft gesprochen und erfahren, dass es eine Vielzahl von Gruppen gibt, die einen Dritten Weltkrieg verhindern wollen, aber allein nicht schlagkräftig genug sind oder selbst kein tragendes

Konzept haben. **Diese Personenkreise warten auf ein eindeutiges Zeichen aus der Bevölkerung, um selbst Druck auf jene Psychopathen auszuüben, die in der Politik an den Hebeln sitzen.**

Sie warten auf Rückendeckung. Wenn jedoch jeder auf den anderen wartet, wird sich nichts ändern. Wer einen Krieg mit Russland verhindern möchte – und ich hoffe, dass das die meisten Menschen sind –, sollte sich mit anderen Menschen zusammentun, um gemeinsam klare Forderungen zu stellen. Vereinzelte Proteste oder Demonstrationen, die keine klare Forderung formulieren, sind Energieverschwendung. Nur gemeinsam können wir Druck aufbauen und etwas bewirken. Jede Gruppe, jeder Verein kann die Unterstützer des militärisch-industriellen Komplexes auffordern, diese Unterstützung zu beenden. Bei Zuwiderhandeln müssen aber deutliche Konsequenzen folgen!

Jede Gruppe – je größer, desto besser – kann auf politische Parteien Druck ausüben: *„Wenn Ihr nicht Frieden mit Russland schließt und Euch nicht dem US-Diktat widersetzt, dann wählen wir bei der nächsten Wahl eine andere Partei!“* Solche Forderungen werden aber nur dann Wirkung zeigen, wenn man die eigenen Androhungen auch in die Tat umsetzt. Nichts fürchten Politiker mehr, als nicht mehr gewählt zu werden.

Es gibt auch im Westen zahlreiche Menschen, die auf den Ernst der Lage aufmerksam machen und sich engagieren. Es ist symptomatisch, dass dies meist ältere Menschen sind, die selbst noch den Zweiten Weltkrieg oder die Nachkriegszeit miterlebt haben, die wissen, wie sich Krieg anfühlt. Es gibt durchaus Politiker und Journalisten, die auch öffentlich im Fernsehen und in den Printmedien mutig und warnend auftreten. Oft sind es jedoch Personen, die bereits im Ruhestand sind und nicht mehr den Zwängen von Organisationen und Arbeitgebern unterworfen sind. Es ist an uns, diesen Stimmen mehr Gehör zu verschaffen und sie zu unterstützen.

Jeder Einzelne von uns hat Macht, und gemeinsam sind wir unschlagbar! Wir müssen uns zusammenschließen und organisieren. Dennoch gibt es vieles, das jeder Einzelne von uns parallel dazu tun kann:

- Informieren Sie sich so umfassend und ausgewogen wie möglich. Wenn Sie das Gefühl haben, dass die Informationen jener Zeitungen oder Fernsehsender, für die Sie bezahlen (müssen), nicht ausgewogen sind, dann lassen Sie das die Verantwortlichen wissen, indem Sie Briefe oder E-Mails schicken oder in der Beschwerdestelle anrufen. Es bringt nichts, sich im Stillen darüber zu ärgern!
- Informieren Sie andere, ohne zu missionieren oder zu belehren.
- Organisieren Sie Diskussionsrunden oder Informationsabende zur aktuellen politischen und gesellschaftlichen Lage. Sehen Sie sich etwa gemeinsam Dokumentarfilme an und diskutieren Sie anschließend darüber. Oder laden Sie in Ihren Verein oder in Ihren Berufs- oder Interessenverband Vortragende zu bestimmten wichtigen Themen wie die aktuelle Lage in der Ukraine, ein.
- Unterstützen Sie die Europäische Bürgerinitiative *STOPP TTIP UND CETA* mit Ihrer Unterschrift, um den Verhandlungsführern der EU ihr Mandat zu entziehen und Europa wieder zu Selbstbestimmung zu verhelfen. Ihre Unterstützung auf der Internetseite der Initiative kostet Sie weniger als eine Minute Zeit.
- Unterstützen Sie Friedensorganisationen wie *ATTAC*, *Amnesty International*, *Netzwerk Friedensinitiative* usw..
- Legen Sie Ihr Smartphone beiseite, und sehen Sie sich um! Wer immer und überall nur starr auf einen kleinen Bildschirm schaut, bekommt von der tatsächlichen Welt nichts mit!
- Gehen Sie auf andere Menschen zu, und suchen Sie das Gespräch. Vielleicht werden Sie herausfinden, dass wir alle mehr Gemeinsames als Trennendes haben. Nur durch Eigeninitiative und durch Interesse an anderen Menschen können wir der Isolierung und Vereinsamung durch das Internet und die „sozialen" Netzwerke entgegenwirken.
- Halten Sie sich selbst geistig und körperlich fit! Gehen Sie so oft wie möglich hinaus in die Natur, meditieren Sie und treiben Sie Sport. Achten Sie auf Ihre geistige und körperliche Nahrung! Nur wenn Sie selbst wach und gesund sind, können Sie einen sinnvollen Beitrag leisten.

- Lassen Sie sich von all diesen Informationen nicht deprimieren. Ich weiß, dass sie anfänglich überwältigend sein können, aber das ist Autofahren während der ersten Fahrstunde auch.
- Vergessen Sie nicht zu lachen! Nichts löst Stress und Angst besser als Lachen! Nichts kann Misstrauen zwischen Menschen einfacher beseitigen als ein ehrliches Lächeln! Lassen Sie Ihr Licht leuchten! Die dunkelste Stunde ist immer die kurz vor Sonnenaufgang.

Ich bin davon überzeugt, dass wir künftig wieder mehr Autonomie und lokale Selbstbestimmung brauchen, weil verantwortungsvolles Handeln nur stattfinden kann, wenn Entscheidungsträger vor Ort sind und die jeweilige Situation genau kennen. Für Europa bedeutet das, sich vom Diktat Washingtons und der EU-Zentralregierung in Brüssel zu lösen. Es sei denn, die Betreffenden kämen noch zur Besinnung. Aber die Chancen dafür stehen nicht gut.

Wir sollten gemeinsam, aber auch jeder Einzelne von uns, mehr Verantwortung übernehmen, mehr eigene Entscheidungen treffen, klarer auftreten, um unsere notorisch überforderten, Scheuklappen tragenden Politiker zu entlasten.

Lassen Sie uns eines nie vergessen: **Politiker sind nur unsere Angestellten**! Es scheint wichtig zu sein, dass wir sie, aber auch uns selbst, immer wieder daran erinnern. Ich wünsche mir nichts mehr als Frieden und Freiheit für alle Menschen, und ich werde nicht aufhören, dafür einzutreten!

Ihr *Michael Morris*

Filmliste

- *Die Revolutionsprofis*, ORF Weltjournal-Reportage, 2011
- *Margin Call*, J. C. Chandor, 2011
- *War Made Easy: How Presidents and Pundits keep spinning us to Death*, Jeremy Earp, Loretta Alper, 2007
- *Citizenfour*, Laura Poitras, 2014
- *Der unbekannte Putin*, Andrej Karaulow, 2010
- *Master of the Universe*, Marc Bauder, 2013
- *Dirty Wars / Schmutzige Kriege*, Richard Rowley, 2013
- *The Panama Deception: Exposing the Cover Up!*, Barbara Trent, 1992
- *The Century of the Self*, 2002
- *Breaking the Silence: Truth and Lies in the War on Terror*, John Pilger; Steve Connelly, 2003
- *Zeitgeist 3 – Moving Forward*, Peter Joseph, 2011

Bücherliste

- *Bekenntnisse eines Economic Hit Man: Unterwegs im Dienst der Wirtschaftsmafia*, John Perkins, 2007

Bildquellen

(1) *New York Times* vom 20.2.1969
(2) www.wmconnolley.org.uk/sci/iceage/ny-times-1975-05-21.pdf
(3) *Newsweek*, 28. April 1975
(4) Time-Magazin-Special-Report „Globale Erwärmung" vom 3. April 2006 titelt
(5) http://vademecum.brandenberger.eu/grafiken/klima/climate_changes_minds_scr.jpg
(6) https://de.finance.yahoo.com/q/bc?s=EURCHF=X&t=5y&l=on&z=m&q=l&c=
(7) www.comite-valmy.org/spip.php?article351
(8) www.exohuman.com/wordpress/wp-content/uploads/2011/12/Fema-Camps.jpg
(9) http://ireport.cnn.com/docs/DOC-1098355
(10) https://en.wikipedia.org/wiki/Project_MKUltra#mediaviewer/File:Mkultra-lsd-doc.jpg
(11) www.mediahex.com/Panama_Canal_Zone
(12) Greg Palast ‚The Confidential Memo at the Heart of the Global Financial Crisis, 22.8.13
(13) https://en.wikipedia.org/wiki/Operation_Northwoods
(14) https://raymondpronk.files.wordpress.com/2014/03/map_eur.gif
(15) www.rtl.de/cms/news/rtl-aktuell/voellig-verrostete-atommuellfaesser-gefunden-1fd4b-51ca-17-1051304.html
(16) https://greha.files.wordpress.com/2012/06/otpor_copias.jpeg
(17) http://warnewsupdates.blogspot.de/2014/08/a-look-at-massive-us-military-depots.html

Literatur- und Quellenverzeichnis

(1) www.berliner-zeitung.de/kultur/medienkrise--zeitungen-werden-unterschaetzt-,10809150,21328344.html

(2) www.rhetorik.ch/Beeinflussen/Beeinflussen.html

(3) https://web.archive.org/web/20120401012943/; http:/ca.news.yahoo.com/concerns-grow-over-children-using-tablet-computers-203057554.html

(4) www.nytimes.com/2014/09/11/fashion/steve-jobs-apple-was-a-low-tech-parent.html?_r=1

(5) http://info.kopp-verlag.de/hintergruende/enthuellungen/adnan-salazar/steve-jobs-verbot-seinen-kindern-das-ipad.html

(6) http://info.kopp-verlag.de/hintergruende/geostrategie/kurt-nimmo/cointelpro-wieder-aufgewaermt-glenn-greenwald-enthuellt-nsa-agenda-zum-vorgehen-gegen-journalisten.html und http://wearechangeaustria.wordpress.com/2010/01/16/sind-verschwoerungstheorien-gefaehrlich/

(7) http://de.wikipedia.org/wiki/Edward_Bernays

(8) http://de.wikipedia.org/wiki/Spin-Doctor

(9) www.tagesspiegel.de/meinung/merkels-berater-der-kanzlerinnen-macher/8835600.html

(10) www.theglobeandmail.com/globe-debate/im-an-adult-stop-nudging-me/article20925672/

(11) http://www.verfassungsblog.de/nudging-kommt-nach-deutschland/#.VEZe4edkjVB

(12) www.demokratie-statt-diktatur.de/DSD/DE/Menschenwuerde/Stasi-Methoden/_node.html

(13) http://de.wikipedia.org/wiki/Occupy_Wall_Street#cite_note-37

(14) http://conspiracywiki.com/articles/new-world-order/club-of-rome/

(15) https://climatism.wordpress.com/2013/09/17/the-creator-fabricator-and-proponent-of-global-warming-maurice-strong/
http://en.wikipedia.org/wiki/Maurice_Strong

(16) www.solidaritaet.com/neuesol/1999/5/strong2.htm
www.nachhaltigkeit.info/artikel/uno_konferenz_stockholm_1972_688.htm

(16a) https://sustainabledevelopment.un.org/content/documents/Agenda21.pdf

(17) www.kusi.com/story/13167480/the-amazing-story-behind-the-global-warming-scam

(18) http://lv-twk.oekosys.tu-berlin.de/project/lv-twk/02-intro-3-twk.htm

(19) http://de.wikipedia.org/wiki/Agenda_21
www.opentheory.org/uvuagenda/text.phtml

(20) www.agenda21-wiefelstee.de/index.php?option=com_content&view=article&id=79:energiesparlampen&catid=38:energie&Itemid=64

(21) www.zeit.de/wissen/umwelt/2013-09/ipcc-klimarat-bericht-meeresspiegel

(22) www.express.co.uk/news/nature/526191/Climate-change-is-a-lie-global-warming-not-real-claims-weather-channel-founder

(23) www.welt.de/welt_print/vermischtes/article6839771/Zum-Abschuss-frei.html

(24) www.canadiangeographic.ca/magazine/dec12/polar_bears.asp

(25) www.kaltesonne.de/?p=3102

(26) www.eike-klima-energie.eu/news-cache/waermstes-jahr-jemals-riesenmuschel-enthuellt-im-mittelalter-war-es-waermer-als-heute/

(27) www.nature.com/ngeo/journal/v8/n1/full/ngeo2299.html
(28) http://lv-twk.oekosys.tu-berlin.de/project/lv-twk/002-klimageschichte-kleiner%20ueberblick.htm
(29) http://gerhardschneider.at/2014/10/25/jetzt-gehts-los-wir-erschaffen-eine-neue-welt-teil-ii-von-ix/
(30) www.t-online.de/wetter/id_43911574/wetterrueckblick-2010-vom-mega-sommer-ins-schneechaos.html
(31) www.wetter24.de/wetter-news/news/ch/4a4a19ea5cca4476a1a2747d5f77b82b/article/kaeltewelle_in_peru.html
(32) www.t-online.de/wetter/id_44105084/norden-der-usa-friert-bei-minus-43-grad.html
(33) http://derstandard.at/1328507706228/Nachlese-Laengste-Kaeltewelle-seit-27-Jahren-zu-Ende
(34) www.t-online.de/wetter/id_53805934/kaelterekord-in-deutschland-schlimmste-kaelte-seit-jahrzehnten-legt-binnenschifffahrt-lahm.html
www.t-online.de/wetter/id_53791628/kaelterekord-in-deutschland-schlimmste-kaelte-seit-jahrzehnten.html
(35) www.t-online.de/wetter/id_61445982/mega-kaelte-laehmt-russland-bis-zu-minus-57-grad.html
www.pravda-tv.com/2013/02/dunkelster-winter-seit-43-jahren-neuer-kalterekord-mit-712-grad-in-sibirien-video/
(36) www.umweltbundesamt.de/themen/boden-landwirtschaft/umweltbelastungen-der-landwirtschaft/lachgas-methan
(37) www.vebu.de/themen/umwelt/klimawandel/93-klimawandel-tierisch-gut?start=3
http://de.wikipedia.org/wiki/Edward_Bernays
(38) www.weltbevoelkerung.de/aktuelles/details/show/detail/News/zum-jahresbeginn-7202951000-menschen-leben-auf-der-erde.html
(39) www.dw.de/weltweite-%C3%BCberbev%C3%B6lkerung-ein-mythos/a-17523011
(40) www.dw.de/weltweite-%C3%BCberbev%C3%B6lkerung-ein-mythos/a-17523011
(41) www.theguardian.com/environment/2014/sep/18/world-population-new-study-11bn-2100
(42) www.despatch.cth.com.au/Despatch/vol83_cut_popul.html
(43) www.theforbiddenknowledge.com/hardtruth/illuminati_reduce_population.htm
www.dw.de/weltweite-%C3%BCberbev%C3%B6lkerung-ein-mythos/a-17523011
(43a) „You Don't Say“, Fred Gielow, 1999, S. 189
(44) www.visualcapitalist.com/peak-population-means-global-resources-part-1/
(45) http://onlinelibrary.wiley.com/doi/10.1111/j.1728-4457.2014.00696.x/abstract;jsessionid=BE2198580393EA3B667C81B99CF795C4.f03t03
(46) www.thedailybell.com/editorials/35605/Anthony-Wile-Dr-Kissinger-on-the-New-World-Order--Editorial-or-Policy-Statement/
(47) www.wahrheitssuche.org/neueweltordnung.html
(48) http://de.wikipedia.org/wiki/Dick_Cheney
(49) www.wahrheitssuche.org/neueweltordnung.html
(50) www.ft.com/cms/s/0/537c7436-a892-11e4-ad01-00144feab7de.html#axzz3QrEJIEgm
(51) www.youtube.com/watch?v=6nzAwNoSbUw

(52) http://schreibfreiheit.eu/2013/05/14/die-neue-weltordnung-politisch-korrekt-oder-verschworungstheorie/
(53) www.sueddeutsche.de/leben/diskussion-um-jugendgewalt-antisoziales-verhalten-waechst-sich-nicht-aus-1.1016321
(54) www.pm-magazin.de/t/gehirn-intelligenz/gehirnforschung/woran-erkennt-man-psychopathen
(55) wie (54)
(56) www.project-syndicate.org/commentary/fca-banks-settlement-by-howard-davies-2014-12
(57) http://de.wikipedia.org/wiki/Flughafen_Berlin_Brandenburg
(58) www.bbc.co.uk/pressoffice/pressreleases/stories/2005/09_september/15/world.shtml
(59) www.bild.de/politik/2009/experten-laufen-sturm-dagegen-gehen-auf-barrikaden-10170378.bild.html
(60) www.dw.de/gauck-deutschland-muss-notfalls-zu-den-waffen-greifen/a-17709817
(61) www.spiegel.de/politik/ausland/aussenpolitik-gauck-warnt-vor-tabuisierung-von-militaer-einsaetzen-a-975165.html
(62) www.epochtimes.de/Konstantin-Wecker-schimpft-Bundespraesident-Gauck-kriegsluestern-a1160410.html
(63) www.presseportal.de/pm/113489/2747057/-der-wille-den-kapitalismus-fairer-zu-gestalten-die-mittel-dies-in-die-tat-umzusetzen
(64) http://hebrewvisionnews.blogspot.de/2014/06/lady-lynn-de-forrester-rothschild-and.html
(65) http://de.wikipedia.org/wiki/Jahr-2000-Problem
(66) Dokumentarfilm „Let's Make Money", Wagenhofer, 2008
(67) aus dem Artikel „Eine Welt im Krieg! Was bedeutet das heute?"
(68) http://deutsche-wirtschafts-nachrichten.de/2014/10/28/schaeffler-wer-im-bundestag-eine-abweichende-meinung-vertritt-gilt-als-verraeter/
(69) Michael Morris, „Der Goldkrieg", S. 169
(70) http://info.kopp-verlag.de/hintergruende/geostrategie/redaktion/der-gold-dinar-und-die-rettung-der-weltwirtschaft-vor-gaddafi.html
(71) Michael Morris, „Der Goldkrieg", S. 185
(72) www.mathaba.net/news/?x=626678
(73) Artikel von Konrad Hausener vom 9.4.2012 in „The Intelligence" www.theintelligence.de/index.php/politik/international-int/4259-china-warnt-israel-und-usa-vor-angriff-auf-iran.html
(74) Report from Iron Mountain on the Possibility and Desiability of Peace, New York, Dell Publishing 1967, Seite 39
(75) www.independent.co.uk/news/business/news/the-demise-of-the-dollar-1798175.html
(76) Sidney Rogerson, „Propaganda in the Next War", Vorwort zur 2. Auflage 2001, ursprünglich 1938 erschienen; Winston Churchill, Der Zweite Weltkrieg, Scherz, München 1960; Winston Churchill in seinen „Erinnerungen".
(77) www.telegraph.co.uk/news/worldnews/europe/1356047/Euro-federalists-financed-by-US-spy-chiefs.html
(78) http://de.wikipedia.org/wiki/Reaganomics
(79) www.theguardian.com/commentisfree/2012/jun/26/robertmundell-evil-genius-euro

(80) www.bild.de/politik/inland/gerhard-schroeder/schroeder-wirft-usa-fehlenden-respekt-vor-34547384.bild.html
(81) http://indexexpurgatorius.wordpress.com/2013/10/14/armut-in-europa-steigt-dramatisch/
(82) http://deutsche-wirtschafts-nachrichten.de/2012/08/12/zahl-der-ausgesetzten-kinder-in-europa-steigt-dramatisch/
(83) http://rt.com/news/190772-spain-gdp-crime-boost/
www.wochenblatt.es/1000003/1000000/0/32738/article.html
(83a) www.tagesschau.de/wirtschaft/korruptionsbericht108.html
(84) http://deutsche-wirtschafts-nachrichten.de/2014/12/07/neue-eu-kommissarin-ist-schockiert-ueber-die-buerokratie-in-bruessel/
(85) www.zeit.de/wirtschaft/unternehmen/2014-12/luxemburg-leaks-steuervermeidung-neue-dokument-icij
(86) www.theguardian.com/business/2014/nov/05/-sp-luxembourg-tax-files-tax-avoidance-industrial-scale
(87) www.spiegel.de/spiegel/print/d-15317086.html
(88) http://lanuovasardegna.gelocal.it/regione/2014/03/25/news/il-psd-az-lancia-il-referendum-sul-web-per-l-indipendenza-1.8919995
(89) www.faz.net/aktuell/politik/referendum-in-schottland/schotten-zweifeln-referendum-an-die-britische-verschwoerung-13168907.html
(90) www.bueso.de/node/4547
(91) www.bueso.de/node/4547
(92) www.focus.de/politik/ausland/tid-29260/politik-wir-wollen-unser-land-zurueck-wir_aid_908324.html
(93) www.europarl.europa.eu/meetdocs/2009_2014/documents/libe/dv/11_revframework_statute_/11_revframework_statute_en.pdf
(94) „Der Gewahrsam – Ausnahmezustand als Weltordnung", FAZ, 19.4.2003, No. 92, Page 33, Feuilleton, Translated from Italian by Henning Ritter
(95) www.zeit.de/digital/datenschutz/2014-07/vorratsdatenspeicherung-gchq-drip
(96) http://de.wikipedia.org/wiki/Data_Retention_and_Investigatory_Powers_Act
www.freedomfiles.org/war/fema.htm
(97) www.taz.de/!146643/
(98) www.gdp.de/gdp/gdp.nsf/id/p70606
(99) www.washingtonpost.com/news/post-nation/wp/2014/09/08/how-many-police-shootings-a-year-no-one-knows/
(100) www.zerohedge.com/print/496217
(101) https://netzpolitik.org/2012/gamma-finfisher-weltweit-gegen-aktivisten-eingesetzter-staatstrojaner-enttarnt-und-veroffentlicht/
(102) www.ag-friedensforschung.de/themen/Innere-Sicherheit/eu.html
(103) http://de.wikipedia.org/wiki/USA_PATRIOT_Act
(104) www.radio-utopie.de/2014/04/03/notstandsgesetze-11-september-totalueberwachung-die-interpretation-des-kollektiven-verteidigungsfalls/
(105) http://wariscrime.com/new/us-military-plans-the-future-as-perpetual-warfare/
(105a) http://info.kopp-verlag.de/hintergruende/enthuellungen/kurt-nimmo/ehemaliger-polizei-captain-cops-sind-soeldner-fuer-das-grosskapital.html

(106) www.tomdispatch.com/post/175881/tomgram%3A_matthew_harwood,_one_nation_under_swat/
http://de.wikipedia.org/wiki/Mine_Resistant_Ambush_Protected_Vehicle
(107) www.tomdispatch.com/blog/175881/
(108) www.focus.de/politik/deutschland/usa-an-der-spitze-diese-laender-strotzen-vor-toedlichen-schusswaffen_aid_883658.html
(109) www.handelsblatt.com/politik/deutschland/waffenrecht-in-der-schweiz-ist-fast-alles-erlaubt/7618330.html; www.swissinfo.ch/ger/knarren-ueberall-und-mehr--als-man-glaubt/34903902
(110) www.zeit.de/gesellschaft/familie/2011-08/betreuung-psychiatrie/seite-2
(111) http://chancen-online.beepworld.de/hintergrund.htm
(112) https://laotse007.wordpress.com/2010/07/25/psychiatrie-gegen-kritiker-zwangseinweisung-verstost-gegen-die-menschenrechte/
(113) http://chancen-online.beepworld.de/hintergrund.htm
(114) www.psychomeda.de/lexikon/psychopharmaka.html
(115) www.spiegel.de/gesundheit/psychologie/normal-von-allen-frances-beichte-eines-psychiater-papstes-a-893739.html
(116) www.faz.net/aktuell/feuilleton/buecher/rezensionen/sachbuch/allen-frances-normal-normalitaet-ist-ein-ziemlicher-luxus-12180277-p2.html
(117) www.3sat.de/page/?source=%2Fkulturzeit%2Fthemen%2F151238%2Findex.html
(118) Gabor Mate, im Film „Zeitgeist 3 – Moving Forward“, Peter Joseph, USA 2011
(119) Regus, M. / Gries, K. [2005]: Psychiatrische Krisenhilfe und Unterbringungspraxis in der Region. Arbeitshilfe zur Kommunalen Gesundheitsberichterstattung. Hrsg. vom Landesinstitut für den Öffentlichen Gesundheitsdienst NRW, Bielefeld, S. 180
(120) www.medfuehrer.de/Dissoziative-Identitaetsstoerung-Hintergrund
(120a) Dressierte Killer - Geheimdienste und Gehirnwäsche, Stefan Albrecht und Johannes Schäfer, ZDF, 30min. 2002
(121) https://en.wikipedia.org/wiki/Project_MKUltra
(122) Dressierte Killer - Geheimdienste und Gehirnwäsche, Stefan Albrecht und Johannes Schäfer, ZDF, 30min. 2002)
(123) https://en.wikipedia.org/wiki/Cathy_O%27Brien#Project_Monarch
(124) http://illuminationsociety.com/2014/04/16/all-about-cathy-obrien-ex-illuminati-nwo-mind-control-victim/; www.youtube.com/watch?v=FvEBmEo4IA0
(125) www.crimelibrary.com/criminal_mind/forensics/americas_missing/2.html
(125a) Seite3.ch, Montag 26. Januar 2015
(126) www.euronews.com/2012/10/01/has-anyone-seen-my-child/
(127) www.latimes.com/world/europe/la-fg-britain-pedophile-allegations-20141223-story.html
(128) www.welt.de/vermischtes/weltgeschehen/article136257539/Prinz-Andrews-Kumpel-und-seine-Schwaeche-fuer-Girls.html
(129) https://anoninsiders.net/operation-death-eaters-press-release-us-division-2739/
(130) http://nypost.com/2014/10/25/former-cbs-reporter-explains-how-the-liberal-media-protects-obama/
(130a) http://deutsche-wirtschafts-nachrichten.de/2014/10/30/ploetzlich-ohne-schulden-occupy-bewegung-loest-studenten-kredite-ab/

(131) http://deutsche-wirtschafts-nachrichten.de/2015/01/29/niederlande-leitender-abn-amro-banker-begeht-selbstmord/
(132) http://de.wikipedia.org/wiki/Pilgerv%C3%A4ter
(133) www.christianitytoday.com/gleanings/2011/august/patriotism-god-gap-is-us-greatest-country-in-world.html?paging=off
(134) www.rutherford.org/publications_resources/john_whiteheads_commentary/why_im_not_breaking_up_with_america_this_valentines_day
(135) www.june29.com/tyler/nonfiction/pan2.html
(136) http://en.wikipedia.org/wiki/History_of_Panama_%281821%E2%80%931903%29#The_spillover_from_Colombia.27s_civil_strife
(137) http://de.wikipedia.org/wiki/Panamakanal#Zweite_Bauphase_und_Fertigstellung
(138) www.jpmorgan.com/pages/jpmorgan/about/history/month/may
(139) www.hbs.edu/faculty/Publication%20Files/06-041.pdf
(140) www.ila-web.de/artikel/270vertraege.htm
(141) https://gegen-kapital-und-nation.org/gespensterjagd-zur-ideengeschichte-des-antikommunismus
(142) http://de.wikipedia.org/wiki/Russen
(143) www.dw.de/nazis-in-us-geheimdiensten/a-18024205
(144) www.heise.de/tp/artikel/34/34029/1.html
(145) http://de.wikipedia.org/wiki/Kalter_Krieg
(146) John Perkins, „Bekenntnisse eines Economic Hit Man“, S. 57, S. 116 und 117
(147) wie (146) S. 140
(148) http://de.wikipedia.org/wiki/US-Invasion_in_Panama
(149) „The Panama Deception“, 1992, Barbara Trent; http://en.wikipedia.org/wiki/Omar_Torrijos
(150) http://freedocumentaries.org/documentary/the-panama-deception-exposing-the-cover-up
(151) wie (146)
(152) Jean Ziegler, „Der Hass auf den Westen“, eBook
(153) wie (146), S. 22f
(154) wie (146), S. 51f
(155) www.un.org/apps/news/story.asp?NewsID=48819#.VDoLKVPLeME http://rt.com/news/190552-un-leaders-quotes-islamicstate/
(156) wie (146), Seite 53
(157) http://alles-schallundrauch.blogspot.com/2010/01/wissenschaftler-bestatigen-erdol-ist.html#ixzz3Jyz60hqT
(158) http://newsrescue.com/boko-haram-a-cia-covert-operation-americas-destabilization-plots-against-nigeria-greenwhite-coalition/#axzz3QZz6gOJf
(159) www.amazon.de/Der-Hass-auf-Westen-wirtschaftlichen-ebook/dp/B004OVEYAI
(160) www.nexus-magazin.de/artikel/lesen/der-grosse-oelschwindel
(161) www.nexus-magazin.de/artikel/lesen/der-grosse-oelschwindel
(162) http://de.wikipedia.org/wiki/Erd%C3%B6l/Tabellen_und_Grafiken#Verbrauch
(163) http://de.wikipedia.org/wiki/Erd%C3%B6l/Tabellen_und_Grafiken#Verbrauch
(164) http://wiki.openoil.net/index.php?title=Types_of_Oil_Contracts

(165) wie (146), S. 152
(166) http://info.kopp-verlag.de/hintergruende/europa/redaktion/nordsee-crash-kollateralschaden-am-gebeutelten-oelmarkt.html
(167) wie (146), S. 27
(168) Michael Likosky, „Contracting and regulatory issues in the oil and gas and metallic minerals industries", Seite 9
(169) wie (146), Seite 238ff
(170) wie (146), Seite 372
(171) Thomas W. Lippmann, „Cooperation under the Radar: The US-Saudi Arabian Joint Commission for Economic Cooperation (JECOR)"
(172) www.danielpipes.org/blog/2003/12/the-saudi-connection-how-billions-in-oil
(173) www.us-politik.ch/teil10.htm
(174) wie (146), S. 153
(175) wie (146), Seite 160ff
(176) www.bild.de/geld/wirtschaft/oelpreis/opec-konferenz-was-bedeutet-das-fuer-benzinpreis-strom-heizoel-38737502.bild.html
(177) www.goldseiten.de/artikel/226461--Es-scheint-offiziell~-die-Bundesbank-darf--ihr-Gold-nicht-zurueckholen.html
(178) www.nytimes.com/2015/02/04/world/middleeast/saudi-arabia-is-said-to-use-oil-to-lure-russia-away-from-syrias-assad.html?_r=0
(179) wie (146), Seite 175
(180) http://socialistworker.org/2014/11/11/osama-bin-laden-and-the-cia
(181) www.kriegsreisende.de/wieder/alkaida-cia.htm
(182) „America's war on Terrorism", Michel Chossudovsky, Seiten 26ff
(183) Czech New Wave Filmmakers in Interviews von Robert Buchar, Seite 183
(184) DER SPIEGEL 50/1989, „Alles außer Küchenspülen"
(185) ARD-Weltspiegel; www.youtube.com/watch?v=3kkreO8FajI
(186) Der unbekannte Putin / Doku 2010 – von Andrej Karaulow – Vollversion
(187) www.youtube.com/watch?v=aLiJQBR6PEI
(188) www.epochtimes.de/Russen-verloren-1991-eingefrorene-Ersparnisse-a433836.html
(189) www.currentconcerns.ch/index.php?id=1137
(190) www.spiegel.de/spiegel/print/d-13693203.html
(191) www.oxfordenergy.org/2007/11/agreements-from-another-era-production-sharing-agreements-in-putin%E2%80%99s-russia-2000-2007/
(192) wie (191)
(193) Der unbekannte Putin / Doku 2010 – von Andrej Karaulow - Vollversion
(194) http://en.wikipedia.org/wiki/Sakhalin-II
(195) Der unbekannte Putin-Doku 2010 – von Andrej Karaulow - Vollversion
(196) www.journal21.ch/sie-klauen-absolut-alles
(197) http://de.wikipedia.org/wiki/Streitkr%C3%A4fte_Georgiens
(198) www.americanthinker.com/articles/2014/08/how_to_solve_the_putin_problem.html
(199) www.theguardian.com/politics/2015/feb/20/uk-guilty-of-catastrophic-misreading-of-ukraine-crisis-lords-report-claims
(200) http://birn.eu.com/en/donors-and-partners/balkan-trust-for-democracy-btd

(201) Václav Klaus wäscht dem Westen den Kopf: „Monströse Lügen über Russland", http://info.kopp-verlag.de/hintergruende/europa/tyler-durden/v-clav-klaus-waescht-dem-westen-den-kopf- monstroese-luegen-ueber-russland-.htm

(202) Clingendael Policy Brief No. 23; October 2013, Clingendael Institute, The Geopolitics of TTIP

(203) www.youtube.com/watch?v=6wA9aCgUob8

(204) www.ustr.gov/about-us/press-office/press-releases/2012/june/ustr-kirk-welcomes-canada-as-new-tpp-partner

(205) www.welt.de/politik/deutschland/article126625402/Mehr-befristete-Arbeitsvertraege-in-Deutschland.html

(206) www.campact.de/ttip/appell/5-minuten-info/; www.jbs.org/home/cfr-globalists-outline-strategy-for-north-american-community

(207) https://linksunten.indymedia.org/node/100636

(208) www.zeit.de/2014/10/freihandelsabkommen-europa-usa

(209) www.epo.de/index.php?option=com_content&view=article&id=1248:ilo-studie-globalisierung-schafft-keine-neuen-qualifizierten-arbeitspltze&catid=17:-sp-702&Itemid=87

(209a) The Trans-Atlantic Trade and Investment Partnership:, European Disintegration, Unemployment and Instability, Jeronim Capaldo, Oktober 2014

(210) www.spiegel.de/wirtschaft/soziales/usa-2-5-millionen-obdachlose-kinder-a-1003489.html

(211) http://de.wikipedia.org/wiki/McKinsey_%26_Company

(212) https://linksunten.indymedia.org/node/100636

(213) www.washingtonpost.com/opinions/david-ignatius-a-free-trade-agreement-with-europe/2012/12/05/7880b6b2-3f02-11e2-bca3-aadc9b7e29c5_story.html

(214) https://linksunten.indymedia.org/node/100636

(215) wie (202)

(216) https://wikileaks.org/tisa-financial/

(217) https://wikileaks.org/tisa-financial/

(218) www.faz.net/aktuell/wirtschaft/ttip-und-freihandel/ttip-amerika-soll-bei-unseren-gesetzen-mitreden-13391816.html

(219) www.woz.ch/1443/dienstleistungsabkommen-tisa/der-service-public-ist-in-gefahr

(220) wie (202)

(221) Greg Palast, „The Confidential Memo at the Heart of the Global Financial Crisis", August 22, 2013

(222) http://de.wikipedia.org/wiki/Timothy_F._Geithner

(223) http://en.wikipedia.org/wiki/Lawrence_Summers

(224) http://de.statista.com/statistik/daten/studie/72992/umfrage/umsatz-auf-dem-weltweiten-pharamamarkt-seit-2004/

(225) www.globalissues.org/article/75/world-military-spending

(226) https://de.wikipedia.org/wiki/Krieg#cite_ref-3

(227) David Chapman, „Eine Welt im Krieg! Was bedeutet das heute?"

(228) www.tomdispatch.com/post/175963/tomgram%3A_subhankar_banerjee%2C_arctic_nightmares/#more; http://uk.businessinsider.com/the-arctic-is-now-a-frozen-conflict-2014-12?r=US

(229) Report from Iron Mountain on the Possibility and Desiability of Peace, New York, Dell Publishing 1967, Seite 39
(230) http://orf.at/stories/2259694/2257032/
http://diepresse.com/home/panorama/welt/4660435/Fluchtlinge-im-Mittelmeer_Warum-EUMission-Triton-nicht-greift
(231) www.goldseiten.de/content/diverses/artikel.php?storyid=16880
(232) www.youtube.com/watch?v=LyjnEm8DZkI
(233) http://en.wikipedia.org/wiki/Military%E2%80%93industrial_complex
(234) http://antikrieg.com/aktuell/2014_01_14_dasgrosse.htm
(235) http://tribune.com.pk/story/224896/pentagon-chief-warns-wont-accept-extra-spending-cuts/
(236) www.aktiv-gegen-kinderarbeit.de/welt/europa/ukraine/
(237) http://rt.com/news/214367-us-needs-perestroika-gorbachev/
(238) http://de.wikipedia.org/wiki/American_Enterprise_Institute
(239) The Legacy of the Trozkyte Right, The Neoconservative Revolution, Jewish Intellectuals and the Shaping of Public Policy, Murray Friedman, Cambridge, UK: Cambridge University Press, 2005
(240) http://de.wikipedia.org/wiki/Project_for_the_New_American_Century
(241) www.lobbypedia.de/wiki/F%C3%B6rderkreis_Deutsches_Heer
(242) https://lobbypedia.de/wiki/Kangaroo_Group
(243) www.othmar-karas.at/de/index.php
(243a) http://de.wikipedia.org/wiki/M%C3%BCnchner_Sicherheitskonferenz# Finanzierung
(244) http://de.wikipedia.org/wiki/Johannes_Kahrs_%28Politiker%29
(245) www.youtube.com/watch?v=-6xT4vyq4mI
(246) www.vsp-vernetzt.de/soz/0122092.htm
(247) Joe Stephens and David B. Ottaway, Washington Post, 23. März 2002
(248) http://en.wikipedia.org/wiki/Sibel_Edmonds#Gladio_B
(249) www.friendsofeurope.org/security-defence-agenda/three-past-ages-nato-add-future/
(250) zitiert nach G.M. Gilbert, Nürnberger Tagebuch, Frankfurt 1962, S. 455
(251) http://de.wikipedia.org/wiki/Begr%C3%BCndung_f%C3%BCr_den_Irakkrieg#cite_note-11, Bernd Greiner: 9/11. Der Tag, die Angst, die Folgen. München 2011, S. 122f.
(252) www.youtube.com/watch?v=9RC1Mepk_Sw
(253) aus dem Artikel „Eine Welt im Krieg! Was bedeutet das heute?“
(254) David Chapman, „Eine Welt im Krieg! Was bedeutet das heute?“
(255) Carl Bernstein and Bob Woodward, „The Final Days“; Simon & Schuster, 2005
(256) www.friedenskooperative.de/ff/ff10/3-68.htm
(257) www.fr-online.de/politik/vietnam-krieg-die-luege-im-golf-von-tonkin,1472596,28012314.html
(258) http://derstandard.at/1323916587889/Eintrag-ins-Buch-der-Rekorde-Fidel-Castro-ueberlebte-638-Mordanschlaege
(259) James Bamford, „NSA – Die Anatomie des mächtigsten Geheimdienstes der Welt, 2001, S. 89, http://de.wikipedia.org/wiki/Falsche_Flagge
(260) www.heise.de/tp/artikel/28/28766/1.html
(261) www.heise.de/tp/artikel/28/28766/1.html

(261a) Der Europäer. 9, Nr. 6, April 2005
(262) http://de.wikipedia.org/wiki/Gladio#Italien
(262a) Der Spiegel 12/1970
(263) www.taz.de/!38171/
(264) https://en.wikipedia.org/wiki/Operation_Gladio#cite_note-Ganser-3
(265) Daniele Ganser: NATO's Secret Armies: Operation Gladio and Terrorism in Western Europe: An Approach to NATO's Secret Stay-Behind Armies. London 2005, S. 195
(266) www.heise.de/tp/artikel/31/31626/1.html, www.trend.infopartisan.net/trd1209/t201209.html
(267) https://en.wikipedia.org/wiki/Operation_Gladio#cite_note-Ganser-3
(268) „Gladio", Der Europäer. 9, Nr. 6, April 2005
(269) www.deutschesheer.de, „Infanterie greift an: Deutsche und Franzosen üben Häuserkampf"
(270) www.df-brigade.de/mitteilung5010.htm
(271) G. Edward Griffin, „Die Kreatur von Jekyll Island", Kopp Verlag, S. 137
(272) http://de.wikipedia.org/wiki/NATO
(273) www.nato.int/cps/en/natolive/topics_49755.htm
(274) http://europa.eu/legislation_summaries/foreign_and_security_policy/cfsp_and_esdp_implementation/l33243_de.htm
(275) http://inge09.blog.de/2010/01/29/geheime-friedensspiele-7899818/
(276) Patrick Armstrong, früherer politischer Berater der kanadischen Botschaft in Moskau http://rt.com/op-edge/200547-nato-west-russia-conflict-stoltenberg/
(277) http://de.wikipedia.org/wiki/Kosovokrieg#cite_ref-Loquai_2000_S90-94u152f_70-0
(278) http://de.wikipedia.org/wiki/Kosovokrieg
(279) http://volksbetrugpunktnet.wordpress.com/2014/03/26/vor-15-jahren-nato-krieg-gegen-jugoslawien/
(280) http://osteuropa.amnesty.at/laender/serbien/kosovo_frauenhandel.htm
(281) www.amnesty.de/umleitung/2004/deu05/079
(282) Paul Craig Roberts, „Wird das amerikanische Imperium untergehen, bevor es die Welt in den Abgrund reißt?"
(283) www.taz.de/!144513/
(284) http://deutsche-wirtschafts-nachrichten.de/2014/11/01/korruptions-vorwuerfe-gegen-eu-beamte-im-kosovo/
(285) www.spiegel.de/spiegel/print/d-89470560.html
(286) http://kurier.at/politik/ausland/kosovo-unabhaengig-aber-mit-nato-kontrolle/811.070
(287) http://principiis-obsta.blogspot.se/2012/04/der-mafia-staat-kosovo-und-das-camp.html
(288) http://principiis-obsta.blogspot.se/2012/04/der-mafia-staat-kosovo-und-das-camp.html
(288a) 12.4.12, „Der Mafia-Staat Kosovo und das Camp Bondsteel"
(289) 12.4.12, „Der Mafia-Staat Kosovo und das Camp Bondsteel"
(290) www.uranmunition.ch/allgemein/
(291) www.ag-friedensforschung.de/themen/DU-Geschosse/kosovo.html
(292) www.zeitenschrift.com/news/uran-munition-denn-sie-wissen-genau-was-sie-tun#.VFc1Lecopcw

(293) http://german.ruvr.ru/2014_06_13/Nato-Bombenkrieg-in-Jugoslawien-Das-Sterben-geht-weiter-7789/
(294) http://tv-orange.de/2014/05/die-verheimlichte-massenvernichtungswaffe-interview-mit-frider-wagnere/
(295) http://tv-orange.de/2014/05/die-verheimlichte-massenvernichtungswaffe-interview-mit-frider-wagnere/
(296) www.neopresse.com/politik/nato-bombenkrieg-1999-wie-jelzin-jugoslawien-verkaufte/
(297) http://ukraine-nachrichten.de/in-die-eigene-seele-geschaut-erbrochen_4190_meinungen-analysen
(298) http://de.wikipedia.org/wiki/Ukraine
(299) Gertjan Dijkink: The Territorial Factor: Political Geography in a Globalising World. Vossiuspers Amsterdam University Press, Amsterdam 2001, ISBN 90-5629-188-2, S. 359
(300) „Die einzige Weltmacht – Amerikas Strategie der Vorherrschaft", Taschenbuchausgabe 1999, S. 74f"
(301) http://deutsche-wirtschafts-nachrichten.de/2015/02/27/kredite-aus-steuergeldern-saatgut-konzerne-kaufen-land-in-der-ukraine/
(302) http://www.sueddeutsche.de/politik/endlager-problematik-atommuell-muss-in-europa-bleiben-1.1015187
(303) www.greenpeace.de/themen/atomkraft/atommuell_zwischen_endlager/
(304) www.deutschlandfunk.de/akw-brunsbuettel-mehr-atommuell-faesser-rostig.1818.de.html?dram:article_id=298558
(305) siehe 25.09.2014, Atommüllfässer in Ärmelkanal entdeckt
(306) http://german.ruvr.ru/2014_04_27/Atommull-Endlager-in-der-Ukraine-Bau-ist-beschlossen-5321/
(307) http://de.rbth.com/politik/2014/03/03/legendaeres_sewastopol_unangreifbar_fuer_die_feinde_28357.html
(308) http://theoligarchkings.wordpress.com/2014/03/12/rothschild-russia-and-why-everyone-is-getting-upset-about-crimea/
(309) www.dailymail.co.uk/news/article-2573923/Estonian-Foreign-Ministry-confirms-authenticity-leaked-phone-call-discussing-Kiev-snipers-shot-protesters-possibly-hired-Ukraines-new-leaders.html; www.bbc.com/news/magazine-31359021
(310) www.spiegel.de/politik/ausland/ukraine-krise-400-us-soeldner-von-academi-kaempfen-gegen-separatisten-a-968745.html
(311) www.spiegel.de/politik/ausland/us-diplomatin-victoria-nuland-entschuldigt-sich-fuer-fuck-the-eu-a-952016.html
(312) www.rohstoff-welt.de/news/artikel.php?sid=47871
(313) www.zeit.de/2014/19/petro-poroschenko-ukraine-schokomilliardaer
(314) www.spiegel.de/wirtschaft/unternehmen/biden-und-ukraine-sohn-des-us-vizepraesidenten-arbeitet-fuer-gaskonzern-a-969348.html
(315) http://nypost.com/2012/07/28/the-biden-family-business/
(316) „Battleground Ukraine", A lecture transcript by Andrei Fursov, 14.4.2014, Subjects: Ukraine coup 2014, The Great Game

(317) http://alles-schallundrauch.blogspot.com/2014/01/arsenij-jazenjuk-von-wegen-ein.html#ixzz3PXvTnXXB
(318) http://deutsche-wirtschafts-nachrichten.de/2015/01/19/star-pianistin-lisitsa-es-gibt-plaene-fuer-einen-grossen-ausverkauf-der-ukraine/
(319) http://info.kopp-verlag.de/hintergruende/europa/f-william-engdahl/auslaendische-banker-vergewaltigen-die-ukraine.html
(320) www.huffingtonpost.com/2014/03/07/us-foreign-aid-ukraine_n_4914682.html
(321) www.rferl.org/content/ukraine-new-ministers-foreign-born-jaresko-abromavicius-kvitashvili/26723564.html
(322) http://info.kopp-verlag.de/hintergruende/europa/f-william-engdahl/die-bemerkenswerte-ehefrau-des-neuen-ukrainischen-gesundheitsministers.html
(323) www.manager-magazin.de/politik/weltwirtschaft/ukraine-buergert-finanzinvestoren-jaresko-und-abromavicius-ein-a-1006338.html
(324) http://ukraine-nachrichten.de/privatisierung-nikopoler-eisenwerkes-weiter-rechtm%E3%A4%E3%9Fig_172_wirtschaft
(325) http://de.wikipedia.org/wiki/Rinat_Achmetow
(326) http://de.wikipedia.org/wiki/Dmytro_Firtasch
(327) „Battleground Ukraine" A lecture transcript by Andrei Fursov dated 2014/04/14 Subjects: Ukraine coup 2014, The Great Game
http://diepresse.com/home/politik/aussenpolitik/1593586/Timoschenko_Die-Oligarchie-muss-ein-fur-alle-Mal-weg
(328) www.israelaktuell.de/index.php/israelnews/191-europaeisch-juedisches-parlament-konstituiert-sich) https://en.wikipedia.org/wiki/European_Jewish_Parliament
(329) www.israel-nachrichten.org/archive/9737; http://deutsche-wirtschafts-nachrichten.de/2014/09/04/russland-enteignet-ukrainischen-oligarchen-auf-der-krim/
(330) https://de.wikipedia.org/wiki/Wiktor_Pintschuk
(331) http://de.wikipedia.org/wiki/Petro_Poroschenko
(332) „Battleground Ukraine" A lecture transcript by Andrei Fursov dated 2014/04/14 Subjects: Ukraine coup 2014, The Great Game
(333) www.tagesanzeiger.ch/wirtschaft/Das-versteckte-Imperium-von-Janukowitschs-Familie/story/23787227
(334) www.tagesschau.de/ausland/ukraine-unter- kleptokratie-verdacht-101.html
(335) http://orf.at/stories/2267451/2267455/
(336) http://de.wikipedia.org/wiki/Allukrainische_Vereinigung_%E2%80%9ESwoboda%E2%80%9C; „Battleground Ukraine" A lecture transcript by Andrei Fursov dated 2014/04/14 Subjects: Ukraine coup 2014, The Great Game
(337) http://deutsche-wirtschafts-nachrichten.de/2015/02/20/rechtsextreme-in-der-ukraine-es-gibt-nur-eine-militaerische-loesung/
(338) http://deutsche-wirtschafts-nachrichten.de/2015/01/22/ukraine-russische-soldaten-und-blackwater-soeldner-kaempfen-gegeneinander/; BBC News EUROPE31 August 2014 Last updated at 23:32 GMT
(339) http://ukraine-nachrichten.de/versp%E3%A4tete-verfr%E3%BChte-revolution_3907_meinungen-analysen
(340) http://deutsche-wirtschafts-nachrichten.de/2014/12/09/merkel-verschaerft-ton-gegen-putin-er-zerstoert-alles/

(341) www.whitehouse.gov/the-press-office/2015/01/20/remarks-president-state-union-address-january-20-2015
(342) http://de.sputniknews.com/militar/20150205/300974011.html
(343) Casebook „Einführung in die Rechtswissenschaft“ Christian M. Piska, Stephan Lenzhofer, 3. überarbeitete Auflage 2009/2010
(344) Howard Zinn, Historiker, www.informationclearinghouse.info/article36950.htm
(345) http://de.wikipedia.org/wiki/Otpor!
(346) www.nytimes.com/library/magazine/home/20001126mag-serbia.html
(347) http://en.wikipedia.org/wiki/Centre_for_Applied_Nonviolent_Action_and_Strategies
(348) www.youtube.com/watch?v=5ifKyciJMcc#t=100
(349) http://de.wikipedia.org/wiki/Pora!
(350) http://de.wikipedia.org/wiki/United_States_Agency_for_International_Development
(351) http://en.wikipedia.org/wiki/Peter_Ackerman#cite_ref-3
(352) http://maidhcocathail.wordpress.com/2011/02/18/the-junk-bond-%E2%80%9Cteflon-guy%E2%80%9D-behind-egypt%E2%80%99s-nonviolent-revolution/
(353) www.thedailybeast.com/articles/2014/11/16/digital-doublethink-playing-truth-or-dare-with-putin-and-assad.html
(354) wie (344)
(355) www.kas.de/wf/de/33.39153/
(356) www.reuters.com/article/2013/06/04/us-egypt-ngos-idUSBRE9530C420130604 www.fundraiser-magazin.de/index.php/aktuelle-nachrichten-archiv/stiftungsarbeit-und-politische-bildung-in-aegypten.html
(357) http://landdestroyer.blogspot.de/2014/12/usaid-exposed-in-cuba-what-it-tells-us.html; http://bigstory.ap.org/article/ce2a878ea7a941fb93fe718ee6d46e9e/us-co-opted-cubas-hip-hop-scene-spark-change; http://bigstory.ap.org/article/ee9756deb9be416089cd37b894e5b929/5-things-know-about-usaids-cuban-hip-hop-plan
(358) www.whitehouse.gov/the-press-office/weekly-address-president-obama-invites-all-americans-honor-america-s-fallen-heroes-
(359) www.focus.de/familie/psychologie/islamisten-werben-mit-maertyrerromantik-zum-toeten-bereit-darum-ziehen-deutsche-jugendliche-in-den-dschihad_id_4449551.html
(360) http://de.wikipedia.org/wiki/Operation_CHAOS
(361) www.tomdispatch.com/post/175912/tomgram%3A_rory_fanning%2C_why_do_we_keep_thanking_the_troops/#me
(362) http://fuwatch.de/?p=2004
(363) http://de.wikipedia.org/wiki/Ursula_von_der_Leyen
(364) www.veteransforpeace.org/our-work/join-working-group/homeless-veterans-working-group/
(365) www.stripes.com/report-suicide-rate-spikes-among-young-veterans-1.261283
(366) www.zeit.de/2014/13/bundeswehr-veteranen-afghanistan
(367) www.spiegel.de/politik/ausland/aussenpolitik-gauck-warnt-vor-tabuisierung-von-militaer-einsaetzen-a-975165.html
(368) www.ippnw.de/startseite/artikel/a8966af902/body-count-opferzahlen-nach-10-ja.html

(369) www.bild.de/politik/inland/afghanistan/bundeswehr-bilanz-am-hindukusch-30067658.bild.html
(370) www.veteransforpeace.org/take-action/tell-your-story-why-i-became-a-veteran-for-peace/
(371) www.huffingtonpost.de/2014/05/09/vergewaltigung-waffe_n_5295100.html
(372) www1.wdr.de/fernsehen/dokumentation_reportage/die-story/sendungen/derniedertraechtigekrieg100.html
(373) http://www.profil.at/home/gaddafi-der-krieg-310063
(374) wie (344)
(375) www.zerohedge.com/news/2014-11-15/paralyzed-iraq-war-veterans-writes-last-words-bush-cheney
(376) http://rt.com/news/225355-us-drone-operator-bryant/
(377) http://thebricspost.com/russia-china-present-new-joint-draft-to-prevent-outer-space-war/#.VO9YbYds3VA
(378) www.handelsblatt.com/unternehmen/banken/chef-der-zweitgroessten-bank-russlands-diese-art-von-sanktionen-wuerde-krieg-bedeuten/11071276.html
(379) www.swift.com/about_swift/shownews?param_dcr=news.data/en/swift_com/2014/PR_swift_sanctions_statement.xml
(380) www.youtube.com/watch?v=ZDRBzk0lTVY
(381) http://german.ruvr.ru/2014_07_15/Neue-russische-Raketen-sollen-US-Raketenschild-sinnlos-machen-1649/
(382) http://nationalinterest.org/feature/5-russian-nuclear-weapons-war-the-west-should-fear-12159?page=2
(383) http://tjcoop3.wordpress.com/under-your-feet/some-underground-bases-listed-by-state/
(384) www.globalresearch.ca/militarische-einkreisung-und-globale-uberlegenheit-russland-kontert-den-us-raketenabwehrschild-auf-den-meeren/5313657
(385) http://amadeusmusicinstruction.typepad.com/blog/2015/02/february-11-2015-russian-troops-move-to-border-as-catastrophic-ukrainian-army-defeat-looms.html
(386) www.cbc.ca/news/politics/ukraine-preparing-for-full-scale-war-says-former-envoy-to-canada-1.2964887
(387) http://de.sputniknews.com/politik/20141231/300489595.html
(388) www.zerohedge.com/news/2015-01-14/what-will-you-do-when-government-tyranny-and-terrorism-work-hand-hand
(389) www.ambafrance-de.org/Nationalhymne-Die-Marseillaise
(390) Václav Klaus wäscht dem Westen den Kopf: „Monströse Lügen über Russland“, http://info.kopp-verlag.de/hintergruende/europa/tyler-durden/v-clav-klaus-waescht-dem-westen-den-kopf- monstroese-luegen-ueber-russland-.htm
(391) www.foxnews.com/story/2010/11/12/glenn-beck-making-puppet-master/
(392) www.livemint.com/Opinion/vMhn5F3UZO8miWQ86TnXmK/George-Soros--Europe-at-war.html

Namenregister

Sachregister

WAS SIE NICHT WISSEN SOLLEN!

Michael Morris

Einigen wenigen Familien gehört die gesamte westliche Welt – und nun wollen sie den Rest!

Eine kleine Gruppe von Privatbankiers regiert im Geheimen unsere Welt. Das Ziel dieser Geldelite ist kein Geringeres als die Weltherrschaft, genannt die *Neue Weltordnung*!
Michael Morris erklärt über die Zukunft der Finanz- und Wirtschaftswelt: *„Die Ländergrenzen werden bleiben, aber die Währungsgrenzen fallen! Ich habe in diesem Buch den Fokus auf die Wirtschaft, auf Geld und das Bankwesen gelegt, denn die Mechanismen des Geldes sind der Schlüssel zur Macht dieser Bankiers-Clans. Seit fast zweihundert Jahren sind wir immer wieder auf dieselben Tricks hereingefallen... Jeder Börsencrash war geplant und so ist es auch der nächste – und der kommt sehr bald!"*

ISBN 978-3-938656-13-6 • 21,00 Euro

JETZT GEHT'S LOS!

Michael Morris

Wir sind diejenigen, auf die wir immer gewartet haben!

Alles in uns und um uns herum ist im Wandel, ob wir es wollen oder nicht. Alte Strukturen geraten ins Wanken. Immer mehr Organisationen entstehen, die versuchen, jene Fehler zu beheben, die durch eine rückwärtsgewandte Wirtschaft und Politik entstanden sind – eine Politik, die sich völlig vom Menschen und dessen Bedürfnissen entfernt hat. Doch was kann jeder Einzelne von uns tun, um mit einer Welt Schritt zu halten, die sich immer rascher verändert? Sind die Machthaber der Erde denn nicht schon viel zu mächtig, als dass man noch irgendetwas ausrichten könnte?
Genau diese Fragen wurden Michael Morris von vielen seiner Leser gestellt, die seinen Polit-Bestseller „Was Sie nicht wissen sollen!" gelesen hatten, in dem er beschreibt, wie sich ein paar hundert mächtige Familien über die letzten zweihundert Jahre die Rohstoffe der Welt unter den Nagel gerissen haben und heute über Wirtschaftsstrukturen die Weltgeschicke lenken.
Im vorliegenden Buch zeigt er Möglichkeiten auf, wie wir uns aus dem Sumpf befreien können, in dem wir uns gegenwärtig befinden. Michael Morris erklärt, welche praktischen Wege es gibt, einen sinnvollen, hilfreichen Beitrag für das Wohl der Erde und der Menschheit an sich zu leisten. Er zeigt zudem Alternativen in der Wirtschaft und im Geldwesen auf, ebenso wie im Bereich der Bildung – denn jede Revolution beginnt im Geiste.

ISBN 978-3-938656-14-3 • 21,00 Euro

ES IST KRIEG

Michael Morris

Die Superreichen gegen den Rest der Welt!

Wir befinden uns in jener Zeit, die künftig vielleicht als die Endschlacht um das Überleben der Menschheit in die Geschichtsbücher eingehen wird, und der Ausgang dieses Krieges ist ungewiss. • Die vermeintliche „Corona-Impfung" zerstört das Immunsystem der Geimpften und führt dazu, dass jeder Betroffene an seiner ganz individuellen Schwachstelle erkrankt oder daran verstirbt. • Die Regisseure dieser künstlich geschaffenen Krise kommen vorwiegend aus dem Bereich der IT, der Pharmaindustrie, des militärisch-industriellen Komplexes und der Geheimdienste. • Im Rahmen der Corona-Inszenierung sollen wir Menschen auf eine digitale Identität (QR-Code) reduziert werden, um uns uneingeschränkt kontrollieren zu können (Social Ranking System). • Die Lüge vom menschengemachten Klimawandel dient dem Zweck, die Bevölkerung in Angst zu halten und immer neue Steuern zu erheben und Verbote auszusprechen. • Die grassierende gewollte Inflation könnte schon bald zu einer Hyperinflation ausarten und in einer Währungsreform enden, um eine neue, rein digitale Weltwährung zu etablieren. All diese Themen sind eng miteinander verflochten und verfolgen dasselbe Ziel: den klassischen Menschen abzuschaffen und durch einen digital gesteuerten Sklaven zu ersetzen.

ISBN 978-3-938656-96-9 • 24,00 Euro

LOCKDOWN

Michael Morris

Der Ausnahmezustand ist die neue Norm!

- Wie kann man den längst überfälligen systemischen Crash der Weltwirtschaft organisieren, ohne dass es einen Schuldigen gibt?
- Wie kann man die Nutzung von Bargeld abschaffen, ohne Widerstand aus der Bevölkerung zu erzeugen?
- Wie kann man problemlos die flächendeckende und lückenlose Überwachung aller Menschen etablieren?
- Wie kann man Versammlungs- und Demonstrationsverbote ohne Widerstand durchsetzen?
- Wie kann man die Menschen dazu bewegen, sich freiwillig impfen und chippen zu lassen?
- Wie kann man die Weltbevölkerung reduzieren, ohne dass irgendjemand Verdacht schöpft?

ISBN 978-3-938656-19-8 • 21,00 Euro

BLACKOUT

Michael Morris

Regelmäßige Strom-Abschaltungen für einzelne Gebiete und Großstadt-Teile sind in mehreren europäischen Staaten bereits in Vorbereitung, sogenannte „Rollierende Blackouts", bei denen Millionen von Haushalten für mehrere Stunden täglich der Strom abgestellt werden soll, um einen echten, flächendeckenden Blackout zu verhindern. Unabhängig davon befürchten viele Experten, dass ein großflächiger Ausfall des Stromnetzes – egal, ob durch Militär, Sonnensturm, Hackerangriff oder durch die Energiewende ausgelöst – kaum noch zu verhindern ist. Doch bereits ein Blackout von nur wenigen Tagen würde monatelange Versorgungsprobleme zur Folge haben, und so gut wie niemand ist darauf adäquat vorbereitet. Von staatlicher Seite ist keine Hilfe zu erwarten, also sollten wir dringend für unsere Liebsten und uns selbst vorsorgen. Dafür benötigen wir einen Plan, ein maßgeschneidertes Konzept, bei dem es viel zu berücksichtigen gibt, worüber wir uns normalerweise nie Gedanken gemacht haben. In diesem Buch wird aufgezeigt, wie man selbst mit geringem finanziellen Aufwand im Notfall auch weiterhin heizen und kochen kann, aber auch, welche stilvollen Lösungen es für die ansonsten dunklen und kalten Tage gibt.

ISBN 978-398562-003-6 • 15,00 Euro

KLIMATERROR

Michael Morris

Im Namen des „Klimas" wird alles zerstört, was Generationen vor uns aufgebaut haben. Ahnungslose Klima-Aktivisten sind nur Statisten in einer Inszenierung, die als militärische Operation in den 1940er-Jahren begann und heute von den US-Multimilliardären hinter der Klima-Agenda zu einem immensen Geschäftsmodell ausgebaut wurde. Michael Morris deckt in seinem neuen Buch auf, dass der weltweit propagierte „Klimawandel" nichts mit dem von den Menschen ausgestoßenen CO_2 oder mit Umweltschutz oder dem Retten des Planeten zu tun hat. Etwas viel, viel Größeres steckt dahinter. Der Autor zeigt die Zusammenhänge zwischen Geo-Engineering, Wettermodifikation, der Agenda 2030, dem European Green Deal und dem Plan 50/50, der neuen Eugenik und der drastischen Reduktion der Weltbevölkerung. Und wieso baut die reiche Elite unterirdische Städte. Weil sie Kenntnis hat von einem alle 12.000 Jahre stattfindenden Kataklysmus, der gravierende Veränderungen bringen wird: Vulkanausbrüche, Erdbeben und Wetterextreme

ISBN 978-398562-015-9 • 21,00 Euro

GRÜNLAND

Werner Pilipp

Der Wahnsinn hat eine Farbe – Grün!

Für den normalen Bürger ist unsere Politik kaum mehr zu ertragen. Sind die denn alle bekloppt? Dass junge Klimakleber sich vor einen dieologischen Karren spannen lassen, weil sie es nicht besser wissen, ist das Eine. Doch was ist mit unseren Akademikern, mit den Wissenschaftlern? Die Klimadiskussion ist völlig absurd, ebenso wie unsere derzeitige Migrationspolitik, das leidige Impf-Thema oder das großkotzige Verhalten gegenüber Russland oder China, von denen wir wirtschaftlich abhängig sind. Wir verschulden uns für Länder, die laut Außenministerin Baerbock „hunderttausende Kilometer von uns entfernt" sind, das Verbrennerverbot nimmt uns unsere Mobilität, und das Verbot von Öl- oder Gasheizungen lässt uns im Kalten sitzen. Firmensterben oder -abwanderung sowie hohe Strom- und Heizpreise verarmen die Menschen noch weiter. Und was macht unsere Politik? Gender-Gaga, LGBTQ+-Wahnsinn, jährlich möglicher Geschlechterwechsel, Rassismuswahn, immer einschneidendere Bürgerentrechtung usw. Mal ganz ehrlich: Sind die noch ganz dicht?

Doch welch Glück, dass es einen Sündenbock gibt, den man für all das verantwortlich machen kann – sein Name beginnt mit P. Er hat die Ukraine überfallen, und da man die Geschichte vor dem Krieg geflissentlich verschweigt, erscheint dies auf den ersten Blick auch plausibel. Aber der Sündenbock kann noch viel mehr. So lebte unser Land über viele Jahre sehr gut auch aufgrund der billigen russischen Energie. Dies war der US-Hochfinanz schon immer ein Dorn im Auge. Tja, und so ein Zufall, da sprengt der böse P. auch noch seine eigene Gas-Pipeline... Die unkritische Masse bekommt nur wenig mit, was im Hintergrund alles vorbereitet wird und wie man unsere Gesellschaft langsam, aber sicher in eine ganz bestimmte Richtung lenkt. Und dieser links-grün-woke Singsang schallt uns tagtäglich im Radio oder im Fernsehen entgegen – fast alle machen mit. Gäbe es die sozialen Medien nicht, so wären wir restlos verloren. Vor allem ist das Tempo beängstigend, mit dem unsere grünen Politiker alles zerstören, was Generationen vor uns wirtschaftlich, aber auch kulturell und an Werten mühsam aufgebaut haben.

Doch wer steuert das alles? Wer bestimmt, dass überall das Gleiche propagiert und Widerspruch nicht toleriert wird? Werner Pilipp hat in diesem Buch extrem detailliert aufgeführt, welche Interessensgruppen diesen Trend wollen, wem unsere Politiker eifrig dienen, welchen Kartellen fast alle Medien und TV-Sender gehören und was ihr wahres Endziel ist.

ISBN 978-398562-012-8 • 33,00 Euro

HANDBUCH FÜR GÖTTER

Jan van Helsing

Egal, was die Illuminaten vorhaben, was ist DEIN Plan?

In diesem Buch spricht Jan van Helsing, der bereits im August 2019 über den Corona-Plan informiert war, mit Johannes, einem Hellsichtigen, der sozusagen einen guten „Draht nach oben" hat. Beide gehen der Frage nach, wieso die Mächtigen dieser Welt – die Illuminaten –, die hinter all diesen Szenarien stecken, eine solche Angst haben, dass ihre Machenschaften auffliegen, dass sie deswegen Videos, Bücher sowie Menschen auf dem gesamten Globus zensieren. Wovor haben sie Angst? Die Illuminaten kennen ein Geheimnis, das sie ganz schnell ihrer eigenen Macht berauben würde – hätten die Menschen Kenntnis davon. Es ist etwas, das in jedem von uns verborgen ist, weshalb man uns durch eine gigantische Ablenkungsindustrie davon abhält, uns auf die Suche nach diesem Geheimnis zu machen. Das „Handbuch für Götter" zeigt Möglichkeiten auf, wie jeder Einzelne diese Kraft entdecken und im täglichen Leben zum Einsatz bringen kann.

ISBN 978-3-938656-64-8 • 21,00 Euro

WIR TÖTEN DIE HALBE MENSCHHEIT

Eileen DeRolf   Jan van Helsing

„China wird eine Erkältung bekommen.' Diese Epidemie soll sich dann über die ganze Welt ausbreiten – entweder als Rache der Chinesen oder weil das Virus mutiert ist – und die Menschen generell dezimieren, um zirka 50 Prozent!" Das sagte ein britischer Hochgradfreimaurer im Gespräch mit Bill Ryan (Project Camelot) im Jahr 2010.

Über die Jahrzehnte haben verschiedene Autoren über die kommende Neue Weltordnung geschrieben und darüber, dass eine kleine Elite die Welt an sich reißen und alles privatisieren will. Die Corona-Epidemie ist ein geschickt genutztes Werkzeug, einen Finanzcrash zu tarnen, Bargeld zu entziehen, Zwangsimpfungen und möglicherweise auch ein Chippen von Menschen zu erwirken. Und es gibt einen Plan: Zum einen gibt es den für die Menschheit der Zukunft, die auf mindestens die Hälfte reduziert werden soll. Wie sie das machen werden und wen sie als erstes im Visier haben, erfahren Sie in diesem Buch. Die Neue Weltordnung selbst wird u.a. über die Agenda 21 und Agenda 2030 im links-grünen Gewand eingeführt. Dies schildert die Aktivistin Eileen DeRolf am Beispiel der USA in aller Ausführlichkeit. Um die 'Privatisierung der Welt' und die historischen Hintergründe derselben besser verstehen zu können, hat Jan van Helsing mit dem Insider Hannes Berger und dem Climate-Engineering-Spezialisten Andreas Ungerer ein langes Interview geführt.

ISBN 978-3-938656-53-2 • 21,00 Euro

KENNEDY-VERSCHWÖRUNG

Dan Davis

War es eine Freimaurer-Hinrichtung?

Etwa 2.800 bislang geheime Dokumente zum Mord an John F. Kennedy wurden von Präsident Donald Trump zur Veröffentlichung freigegeben. In diesem Buch werden die neuesten Erkenntnisse über den Mord an JFK am 22. November 1963 in Dallas, Texas, thematisiert und aufgelistet. Neben den brandaktuellen Fakten werden weitere offene Fragen erstmals beantwortet: Warum waren alle Entscheidungsträger, die mit der „Aufklärung" des Mordes zu tun hatten, Freimaurer? Welche von JFK geplanten Gesetzesänderungen verschwanden nach dem Attentat umgehend wieder? Warum kam es zu einem Massensterben von Augenzeugen? War es reiner „Zufall", dass Kennedys Sohn 1999 mit seinem Flugzeug abstürzte, wenige Tage vor einer geplanten Kandidatur zum US-Präsidenten?

ISBN 978-3-938656-52-5 • 21,00 Euro

GEHEIMGESELLSCHAFTEN 3

Jan van Helsing

Halten Sie es für möglich, dass ein paar mächtige Organisationen die Geschicke der Menschheit steuern? Jan van Helsing ist es nun gelungen, einen aktiven Hochgradfreimaurer zu einem Interview zu bewegen, in dem dieser detailliert über das verborgene Wirken der weltgrößten Geheimverbindung spricht – aus erster Hand! Dieser Insider informiert uns darüber: Was die Neue Weltordnung darstellt, wie sie aufgebaut wurde und seit wann sie etabliert ist – weshalb die Menschen einen Mikrochip implantiert bekommen – dass die Menschheit massiv dezimiert wird – welche Rolle Luzifer in der Freimaurerei spielt – dass der Mensch niemals vom Affen abstammen kann – welche Rolle die Blutlinie Jesu spielt – dass es eine Art Meuterei in der Freimaurerei gibt, und was aus Sicht der Freimaurer auf die Menschheit zukommt.

ISBN 978-3-938656-80-8 • 26,00 Euro

Alle hier aufgeführten Bücher erhalten Sie im Buchhandel oder bei:

ALDEBARAN-VERSAND

Tel: 0221 – 737 000 • Fax: 0221 – 737 001

Email: bestellung@buchversand-aldebaran.de

www.amadeus-verlag.de